Andreas Edmüller und Thomas Wilhelm · Manipulationstechniken

Manipulationstechniken

So wehren Sie sich

Andreas Edmüller
und
Thomas Wilhelm

Haufe Gruppe
Freiburg-Berlin-München

Bibliografische Information der Deutschen Nationalbibliothek

Die Deutsche Nationalbibliothek verzeichnet diese Publikation in der Deutschen Nationalbibliografie; detaillierte bibliografische Daten sind im Internet über http://www.d-nb.de abrufbar.

2., aktualisierte Auflage 2012

Print: ISBN 978-3-648-02637-3 Bestell-Nr. 00261-0003
ePub: ISBN 978-3-648-02638-0 Bestell-Nr. 00261-0101
ePDF: ISBN 978-3-648-02639-7 Bestell-Nr. 00261-0151

Redaktionsanschrift: Fraunhoferstraße 5, 82152 Planegg/München
Telefon: (089) 895 17-0,
Telefax: (089) 895 17-290
www.haufe.de
online@haufe.de
Redaktion: Jürgen Fischer

Umschlaggestaltung: Atelier Seidel, 84576 Teising
DTP: Agentur: Satz & Zeichen, Karin Lochmann, 83071 Stephanskirchen
Druck: Schätzl Druck, 86609 Donauwörth

Zur Herstellung der Bücher wird nur alterungsbeständiges Papier verwendet.

Inhalt

Teil 1: Überzeugen

Vorwort

Dieses Buch besteht aus zwei Teilen. Im ersten Teil beschäftigen wir uns mit dem Thema **Überzeugen**. Wir wollen ein paar Wege aufzeigen, wie man ohne unfaire Mittel Menschen für seine Ideen gewinnen kann. Der zweite Teil handelt von unfairen Gesprächsmethoden und wie man sich davor schützen kann.

Tarnkappen, der Stein der Weisen, Flugbesen, Drachen, das Perpetuum mobile, Superman, Zeitmaschinen und Wichtelmänner gehören ins Reich der Fabel, des Wunschdenkens und der Phantasie. Diese Dinge gibt es nicht. Genau das gilt auch für vermeintlich todsicher funktionierende Überzeugungstechniken. Es gibt sie nicht.

Warum dann ein Buch zum Thema Überzeugen? Die Antwort fällt leicht: Auch wenn es die absolut sichere Überzeugungsmethode nicht gibt, kann man seine Überzeugungskraft immer weiter verbessern. Durch Nachdenken, Ausprobieren, Beobachten, Auswerten der eigenen Erfahrung und erneutes Ausprobieren können wir ein immer besseres Gespür dafür entwickeln, wie andere Menschen überzeugt werden können.

Wir haben in diesem Buch sehr vieles, das beim Überzeugen eine wichtige Rolle spielt, zusammengetragen, geordnet und möglichst anschaulich und nachvollziehbar beschrieben. Unser Anspruch ist „bodennah" und praxisbezogen: Wir möchten Ihnen viele Anregungen, Ideen, Tipps und Hinweise bieten, mit denen Sie Ihre Überzeugungskraft verbessern können. Und die Arbeit mit unserem Buch soll Ihnen Spaß machen.

Freiherr von Knigge hat einmal gesagt: „Die Kunst des Umgangs mit Menschen besteht darin, sich geltend zu machen, ohne andere unerlaubt zurückzudrängen." Besser kann man nicht beschreiben, worauf es bei der Kunst des Überzeugens ankommt.

Wir wünschen Ihnen viel Freude mit unserem Buch!

Andreas Edmüller
Thomas Wilhelm

Die häufigsten Fehler beim Überzeugen

Sie wissen, wie spannend, knifflig, schwierig, unberechenbar, kräftezehrend und sogar nervenaufreibend es sein kann, jemanden von etwas zu überzeugen. Sie kennen das gute Gefühl, es geschafft zu haben: „Ja, du hast Recht!“ – das hören wir alle sehr gern. Sie wissen auch, wie unheimlich schwer oder spielerisch leicht es oft fällt, sich den Argumenten des Gesprächspartners zu entziehen. Härteste Abwehrarbeit und elegantes Ins-Leere-laufen-Lassen – beide Extreme und alle Abstufungen dazwischen sind aus eigener Erfahrung bestens bekannt. Es kann übrigens sehr unterhaltsam und emotional befriedigend sein, Überzeugungsversuche des Gesprächspartners einfach abzublocken und keinen Millimeter vom eigenen Standpunkt abzuweichen („Richtig nett, wie er sich abmüht! – Herrje, da sehe ich ja schon die ersten Schweißperlen!“). Wir wissen auch, wie es ist, die eigene Meinung zu verändern, Argumente zu würdigen, neue Überzeugungen zu bilden und alte Meinungen abzulegen. Alle diese Erfahrungen umreißen den Themenkreis unseres Buches: Es geht um das Spiel des Überzeugens in der ganzen Vielfalt seiner Facetten.

In unseren Konfliktlösungs- und Verhandlungsseminaren starten wir häufig mit einem Experiment, bei dem den Teilnehmern schnell klar wird, dass es beim Überzeugen nicht nur auf Beharrlichkeit und Redegewandtheit ankommt.

Für unser Experiment teilen wir die Teilnehmer in Gruppen auf. Jede Gruppe bekommt die Aufgabe, sich in die Lage einer Familie zu versetzen, die gemeinsam in Urlaub fahren will. Die Herausforderung besteht darin, sich auf ein gemeinsames Urlaubsziel zu einigen.

Die Spielregeln: Es wird keine Einigung akzeptiert, bei der die Familienmitglieder ihren Urlaub an verschiedenen Orten verbringen. Sie dürfen den Einigungsprozess nicht zu einem Streit eskalieren lassen.

Jedes Familienmitglied erhält eine kurze Rollenbeschreibung, die seine Argumentation bestimmen soll. Folgende Rollen gibt es:

- Vater: Er möchte nach Garmisch fahren, weil er das Bergsteigen liebt.
- Mutter: Sie schwärmt für Mallorca. Sie will am Strand liegen und die Sonne genießen.
- Sohn: Er will zum Fischen nach Schottland.

- Tochter: Sie bevorzugt Südfrankreich, denn sie fährt gern Rennrad und dort gibt es anspruchsvolle Fahrradstrecken.
- Großmutter: Sie möchte nach Holland, um Windmühlen zu malen.

Anfangs ist man noch sachlich

Nachdem jeder seinen Urlaubswunsch vorgestellt hat, beginnt meist eine leidenschaftlich geführte Argumentationsphase. Jedes Familienmitglied versucht, die jeweils anderen Familienmitglieder für das eigene Urlaubsziel zu gewinnen. Dabei werden entweder Argumente für die eigene Position vorgebracht oder man versucht, die der anderen zu entkräften. Natürlich funktioniert das nicht so leicht, da jeder erst einmal Widerstand leistet und sein eigenes Ziel durchsetzen will.

Später wird es unfair

Erkennen die Familienmitglieder, dass sie durch rationales Argumentieren nicht weiterkommen und nur auf Widerstände bzw. Gegenargumente stoßen, greifen sie schnell und voller Einsatzfreude zu weniger freundlichen, manipulativen Methoden. Hier ist die Bandbreite groß: Es werden versteckte, manchmal auch offene Drohungen ausgesprochen (Eltern gegenüber den Kindern); man versucht, Mitleid zu heischen (Großmutter spricht davon, dass es ihr letzter Urlaub sein könnte); man schmiedet Koalitionen und versucht, einzelne Familienmitglieder zu isolieren usw. Kurz: Es dauert keine fünf Minuten in diesem Spiel, da begegnet uns die ganze Palette unfairer Beeinflussungsmethoden. Sicher, das Ganze ist nur ein Spiel. Aber eines, in dem die Teilnehmer wie in einem Spiegel ihr Kommunikationsverhalten im Alltag sehr präzise wiedererkennen. „Das ging ja zu wie im richtigen Leben!“ ist der Grundtenor der kurzen Auswertungsphase.

... und bist du nicht willig, so brauch ich Gewalt!

Man kann niemanden zwingen, von etwas überzeugt zu sein. Diese Einsicht des gesunden Menschenverstandes wird oft nicht beherzigt. So mancher Zeitgenosse glaubt, andere nur lange, intensiv und ausdauernd genug mit Argumenten beharken zu müssen, um sie zu überzeugen. „Dir werde ich meine Meinung jetzt einfach einhämmern!“ lautet hier das Motto. Andere wiederum warten darauf, dass ihnen das Superargument einfällt, dessen innewohnender Kraft sich ihr Gegenüber einfach beugen muss – ein Argument also, dem sich niemand, der einigermaßen vernünftig und guten Willens ist, verschließen kann. „Na warte, ich kriege dich noch – ob du willst oder nicht!“ lautet ihr Schlachtruf.

Hinter diesen Vorgehensweisen stecken zwei unrealistische bzw. falsche Annahmen.

Erstens: Will man jemanden für die eigene Idee oder Position gewinnen, muss man ihn nur so lange gekonnt verbal bearbeiten, bis er diese übernimmt. Das ist falsch! Durch argumentatives Trommelfeuer gelingt es vielleicht, den Gesprächspartner momentan zu überreden und ihn durch Ermüdung entweder in die Scheinzustimmung oder die Abnutzungskapitulation zu treiben. Aber das alles heißt nicht, dass er überzeugt wurde. Es heißt eigentlich nur, dass er nicht mehr mag.

Zweitens: Wenn es ein gutes (oder vielleicht sogar ein optimales) Argument gibt, dann muss es derjenige, der damit konfrontiert wird, zwangsläufig akzeptieren. Der andere hat die bessere Qualität des eigenen Arguments unbedingt zu erkennen. Aber das ist leider falsch! Ein gutes Argument garantiert nicht automatisch, dass es vom Gegenüber auch akzeptiert wird. Wenn es so wäre, dann hätte Galileo Galilei mit Sicherheit ein ruhigeres Leben gehabt.

In Überzeugungssituationen lassen wir uns gern von dem Bild leiten, dass Überzeugen eine Tätigkeit sei, bei der man nur „die richtigen Knöpfe drücken“ müsse. Viele meinen, der Erfolg dieser Handlung oder Tätigkeit hänge ganz von uns als Überzeuger ab. Es ist zwar richtig, dass man Überzeugen als eine Art Tätigkeit oder Handlung auffassen kann – die Sprachphilosophen reden hier von Sprechakten –, der Sprechakt des Überzeugens aber ist eine weitaus komplexere Handlung, als viele denken. Man vollzieht sie in der Kommunikation mit anderen Menschen. Solche Sprechakte sind:

- Informieren
- Warnen
- Versprechen
- Überzeugen
- Überreden

Wenn ich zum Beispiel sage: „Ich werde morgen sicher zur Party kommen“, so vollziehe ich mit dieser Äußerung den Sprechakt des Versprechens. Ob ich den Sprechakt erfolgreich vollzogen habe, hängt dabei letztendlich ganz von mir und natürlich noch von einigen Konventionen ab, die bestimmen, was überhaupt als Versprechen gilt. Beim Sprechakt des Überzeugens verhält es sich dagegen anders. Wie ich diesen zu vollziehen habe, wird nicht durch Konventionen geregelt. Denn der Erfolg einer solchen Handlung hängt nicht nur von mir, sondern ganz wesentlich von meinem Gesprächspartner ab. Und den können die unterschiedlichsten Dinge überzeugen. Deshalb ist mit dem Überzeugen kein festes Bündel von Tätigkeiten verknüpft, die ich nur in einer bestimmten Reihenfolge ausführen muss, damit sich mein Gesprächspartner in meine Richtung bewegt. Allein schon aus diesen Überlegungen folgt, dass es sich beim Überzeugen nicht um ein sprachliches Standardverfahren mit Erfolgsgarantie handeln kann. Sie sollten trotzdem weiterlesen. Überzeugen ist nämlich auch kein reines Glücksspiel!

Der Erfolg guter Überzeugungsarbeit hängt eindeutig von der Reaktion meines Gesprächspartners ab. Und hier kommt eine unserer Grundthesen ins Spiel.

Achtung: So leistet man Überzeugungskraft

Wenn man jemanden von etwas überzeugen möchte, hat man ihm stets Entscheidungsfreiheit zu lassen. Der Gesprächspartner muss sich aus freien Stücken dem neuen Standpunkt anschließen und ihn sich zu Eigen machen können.

Wenn sich jemand überzeugen lässt, entscheidet er sich also ganz bewusst für eine bestimmte Position. Was wir als Überzeuger dazu beitragen können, ist, ihn bei seiner Entscheidungsfindung kompetent zu unterstützen.

Ein bisschen Manipulation kann doch nicht schaden!

So mancher glaubt, besonders geschickt vorzugehen, wenn er sein Gegenüber manipuliert. Doch wenn zum Überzeugen die Entscheidungsfreiheit des anderen gehört, dann können wir Manipulation als Überzeugungsmethode nicht akzeptieren. Denn durch offenen oder versteckten manipulativen Druck wird die Entscheidungsfreiheit eingeschränkt. Überzeugen heißt gerade nicht, dass ich meinem Gesprächspartner so zusetze, dass er die Waffen streckt, die weiße Fahne schwenkt und ruft: „Ich ergebe mich!“ Überzeugen heißt auch nicht, ihn auf raffinierte Weise so über den Tisch zu ziehen, dass er den gar nicht bemerkt oder ihn sogar für ein Bett aus Rosen hält. Überzeugen in unserem Sinne hat nichts mit „Schwitzkasten-Argumenten“ oder Verführung zu tun. (Damit wollen wir natürlich nicht sagen, Letztere hätte keinen Platz im Leben …).

Es gibt zwei Gründe, aus denen wir manipulative Beeinflussungsmethoden ablehnen:

1. Manipulationen wirken meist nur kurzfristig
Zuerst das handfeste und pragmatische Argument: Der Wirkungsgrad einer Manipulation im Alltag wird oft überschätzt. Heerscharen unzufriedener Kunden „pfiffiger" Superverkäufer sind nur ein Indiz dafür. Beim manipulierten Gesprächspartner bleibt oft ein schaler Beigeschmack zurück, ein ungutes Gefühl im Bauch. Er fühlt ganz deutlich, dass er über den Tisch gezogen oder dass zumindest genau das versucht wurde – auch wenn er nicht konkret sagen kann, was mit ihm passiert ist. Das heißt, dass Manipulationen oft nicht so funktionieren, wie der Manipulator es sich gewünscht hatte. Wer an langfristigen, tragfähigen und guten Beziehungen interessiert ist, sollte also schon aus purer Klugheit Menschen nicht durch Manipulationsversuche verärgern, enttäuschen oder unterlegen zurücklassen.

2. Manipulationen sind moralisch fragwürdig
Und jetzt unser Hauptargument: Wer manipuliert, nutzt Schwachpunkte seines Gesprächspartners aus, um ihn zu etwas zu bewegen, das er freiwillig wahrscheinlich nicht tun würde. Das ist in vielen Situationen (ja, die berühmten Ausnahmen gibt es auch hier) unmoralisch und deshalb inakzeptabel.

Wir unterschätzen den Faktor Trägheit

Überzeugen heißt also für uns: Jemand entscheidet sich dafür, eine Meinung, einen Standpunkt, einen Vorschlag zu akzeptieren. Warum genügt es dann nicht einfach, ein paar gute Argumente parat zu haben, sie bei unserem Gesprächspartner abzuliefern und ihm dann Entscheidungsfreiheit zu lassen? Ganz einfach: Das genügt nicht, weil beim Überzeugen gleichzeitig immer eine bestimmte Form der Trägheit berücksichtigt werden muss.
Stellen wir uns den Prozess des Überzeugens einmal bildlich vor:

> Nehmen wir an, dass die Summe unserer Überzeugungen oder Meinungen, die wir zu einem bestimmten Zeitpunkt akzeptieren, eine Art Netz oder Gewebe bildet. Wenn wir eine neue Meinung akzeptieren, fügen wir dem Netz einen neuen Faden hinzu. Das kann freilich bedeuten, dass wir eine andere Meinung, also einen alten Faden, aus unserem Überzeugungsnetz entfernen müssen. Vielleicht haben wir geglaubt, dass sich die japanische Wirtschaft im nächsten Jahr wieder erholen und ein positives Wachstum

aufweisen wird. Aber ein Gespräch mit einem Experten überzeugt uns davon, dass dies unwahrscheinlich ist. So haben wir in unserem Meinungsnetz eine Meinung durch eine andere ersetzt.

Jemanden von etwas zu überzeugen hat also die Konsequenz, dass er sein Meinungsnetz umbauen und vielleicht einige seiner Meinungen entfernen muss. Gerade das fällt uns allen – die Autoren eingeschlossen – sehr schwer! Unsere Meinungen, Überzeugungen und Standpunkte weisen ein gewisses Trägheitsmoment auf. Dieses zu überwinden ist nicht immer einfach und erfordert eine Vielzahl an Methoden. Selbst wenn wir „eigentlich eindeutig" widerlegt werden, geben wir unsere Meinungen, wenn sie tief im Zentrum unseres Überzeugungsgewebes verankert sind, nicht sofort auf.

Bleiben wir bei unserem Bild des Meinungs- und Überzeugungsnetzes. Wir stellen uns vor, dass es ein Zentrum und eine Peripherie hat. Tief verwurzelte Überzeugungen sind im Zentrum angesiedelt, flüchtige Meinungen an der Peripherie. Zu den Überzeugungen, die tief im Zentrum stehen, gehören bestimmte mathematische Aussagen (2+2=4) oder auch die Tatsache, dass die Erde sich um die Sonne dreht. Im Zentrum finden wir auch Meinungen, die mit der persönlichen Biographie der Menschen zu tun haben, tiefe Annahmen, die sich im Laufe eines Lebens zum Kern des eigenen Welt-Menschen-Bildes verdichtet haben. Dazu könnten etwa die Annahmen gehören, dass Menschen im Grunde nicht lernfähig seien oder Freiheit das Wichtigste im Leben sei. An der Peripherie finden wir vielleicht Meinungen wie diese: Morgen wird es regnen, der Gegenstand vor mir ist aus Plastik usw.

Diese Struktur unserer Meinungen und Überzeugungen führt manchmal dazu, dass wir erst einmal die Richtigkeit neuer Informationen bezweifeln, ehe wir fest verankerte Meinungen lösen und entfernen: Sind die Daten wirklich korrekt oder haben wir bei der Datensammlung einen Fehler gemacht? Ist unsere Beobachtung wirklich in Ordnung oder haben wir uns getäuscht? Die Überzeugungen im Zentrum unseres Überzeugungsgewebes können im Konfliktfall beharrlicher sein als die am Rande. Oft vertrauen wir selbst dann noch auf unsere Überzeugungen, wenn uns Erfahrungen gezeigt haben, dass sie falsch sind.

Ein Beispiel für diese Beharrlichkeit kennen wir alle: Obwohl vieles für die Unehrlichkeit eines uns bekannten Menschen spricht, dauert es manchmal sehr lange, bis wir unser Bild von ihm ändern. Gerade in solchen Fällen versuchen wir mitunter äußerst hartnäckig, die Tatsachen, also bestimmte Vorfälle, Hinweise von Freunden und Bekannten, eigene Beobachtungen usw. zu ignorieren, „wegzuerklären", umzudeuten, zu verdrängen, zu beschönigen oder zu verharmlosen. Sonst müssten wir ja unsere Grundeinschätzung dieses Menschen, die für uns vielleicht eine sehr wichtige Rolle im Leben spielt, ändern. Damit wollen wir nicht sagen, diese Trägheitstendenz sei zu bedauern oder zu verdammen – wir möchten nur bewusst machen, dass wir im Rahmen der Überzeugungsarbeit mit ihr rechnen müssen.

Manchmal sind wir von der Richtigkeit einer Meinung sogar so stark überzeugt, dass wir nur noch nach Gründen für ihre Richtigkeit suchen. Gegenargumente werden ignoriert oder weggeschoben. Wir suchen so lange, bis wir eine Bestätigung unserer Meinung gefunden haben. Wir sitzen dann in der sogenannten Bestätigungsfalle.

Dass wir oft nach der nachträglichen Rechtfertigung unserer Meinungen suchen, ist ein ganz normales Alltagsphänomen. Manche unserer Kaufentscheidungen rationalisieren wir im Nachhinein und überzeugen uns so selbst davon, dass der Kauf absolut vernünftig war. Und wenn ich ein kompaktes Feindbild habe, dann suche ich mit Sicherheit nicht nach Indizien dafür, dass der andere vielleicht auch gute Seiten oder edle Motive hat. Ein Überzeuger hat es nicht leicht mit einer Person, die in der Bestätigungsfalle sitzt und keine Gründe gelten lässt, die der eigenen Meinung widersprechen.

Schließlich gibt es noch eine Ursache, warum unsere Überzeugungen ein starkes Maß an Beharrlichkeit zeigen und es für den Überzeuger schwierig sein kann, das Meinungsnetz des Adressaten zu beeinflussen. Die Ursache liegt in dem zwar irrationalen, aber nicht selten umso stärkeren Wunsch, dass die Meinung, die man akzeptiert hat, einfach richtig sein soll. Dieses Wunschdenken als Überzeugungshindernis kennen wir ebenfalls alle: Erinnern Sie sich nur einmal an politische Grundsatzdebatten in Ihrem Bekanntenkreis.
Wenn man jemanden von etwas überzeugen möchte, sollte man also damit rechnen, dass das Überzeugungsgewebe des Gesprächspartners ein beachtliches Trägheitsmoment aufweist. Die Überzeugungsarbeit muss deshalb genügend Kraft entwickeln, um dieser Trägheit entgegenzuwirken. Je weiter eine Meinung im Zentrum unseres Überzeugungsgewebes steht, desto weniger leicht wird sie in der Regel aufgegeben, desto beharrlicher hält man an ihr fest. Wir merken dies am Widerstand, der uns entgegengebracht wird. Dabei müssen wir außerdem im Auge behalten, dass dieses Trägheitsmoment und dieser Widerstand häufig nicht nur rationale Gründe haben. Oft lehnt man eine Meinung aus ganz anderen als rationalen Gründen ab.

So bereiten Sie sich richtig vor

Einen Fehler sollten Sie auf keinen Fall begehen: sich unvorbereitet in die Überzeugungsarbeit stürzen. Wer seinen Gesprächspartner, seine Interessen und Ziele im Vorfeld nicht unter die Lupe genommen hat und nicht weiß, worauf er während des Argumentierens achten muss, darf sich nicht wundern, wenn er sein Ziel nicht erreicht. Eine sorgfältige Vorbereitung und Einstimmung stellt sicher, dass Sie stets souverän und zielgerichtet agieren.
Bevor wir Ihnen nun konkrete Argumentationsstrategien vorstellen, erinnern wir an ein paar grundlegende Dinge. Wir liefern Tipps, wie Sie sich auf die Menschen, die Sie überzeugen möchten, richtig einstellen.
Wir beschäftigen uns mit der Frage, was Ihre Überzeugungskraft ausmacht. Und natürlich müssen Sie wissen, wodurch sich Argumente überhaupt auszeichnen und welche am meisten Erfolg versprechen.

Die Adressatenanalyse: Mit wem haben Sie es zu tun?

Nur wer seinen Gesprächspartner und dessen Einstellung kennt, kann seine Strategie auf ihn ausrichten. Deshalb führen Sie als Erstes eine **Adressatenanalyse** durch.

> **Definition des Begriffs „Adressat"**
> Unter einem Adressaten verstehen wir die Person bzw. Personengruppe, die von etwas überzeugt werden soll.

Der Begriff des Überzeugers hat sich ja bereits stillschweigend eingeschlichen. Dabei handelt es sich um die Person, die jemanden von etwas überzeugen möchte. Der Begriff ist vielleicht nicht sonderlich elegant, aber er hilft uns, eine wichtige Person in Überzeugungssituationen mit einem Wort zu identifizieren.

Argumente müssen massgeschneidert sein

Die Wahrscheinlichkeit, dass der Adressat Ihren Standpunkt akzeptiert, wird größer, wenn Sie Gründe liefern können, die ihm akzeptabel

erscheinen. Hier kommt ein subjektives Element ins Spiel: Was dem Adressaten akzeptabel erscheint, muss nämlich nicht objektiv wahr sein. Es kann durchaus sein, dass ihn ein Argument überzeugt, das zwar auf falschen, aber für ihn plausiblen Gründen beruht. Vielleicht passt die Begründung einfach gut in sein bisheriges Meinungsnetz.
Man muss also Wahrheit von Akzeptanz trennen. Da drängt sich natürlich die Frage auf, ob man bei seiner Argumentation der Akzeptanz den Vorrang gegenüber der Wahrheit geben sollte. Anders ausgedrückt: Ist es besser, solche Begründungen zu benutzen, die eher auf Akzeptanz als auf Wahrheit zielen (wobei immer noch zu klären wäre, was eigentlich genau unter Wahrheit zu verstehen ist …)? Wir werden später noch auf diese Frage zurückkommen.

Betrachten Sie die Welt aus einer anderen Perspektive

Unabhängig von Fragen der objektiven Wahrheit erhöhen Sie die Akzeptanz auf jeden Fall, indem Sie eine saubere Adressatenanalyse durchführen. Sie hilft Ihnen, Ihre Argumentation auf Ihren Gesprächspartner abzustimmen. Sie unterstützt Sie dabei, die Welt mit seinen Augen zu sehen. Wenn Sie Ihre Argumentation nicht auf den Adressaten abstimmen, werden Sie in den seltensten Fällen überzeugend argumentieren können.

Beispiel

Steffi möchte sich ein neues Auto kaufen. Und für Steffi muss ein Auto vor allem sportlich und rasant sein. Wenn ich Steffi nun vom Fahrzeug X überzeugen möchte, weil es einen geräumigen Kofferraum hat, sparsam im Unterhalt und im Verbrauch ist und einen gutmütigen Charakter im Fahrverhalten besitzt, dann werde ich vermutlich an ihr vorbeireden. Ich werde sie mit meinen Argumenten einfach nicht erreichen. Da kann meine Begründung noch so richtig und für mich überzeugend sein.

Argumentationssituationen haben hier eine gewisse Ähnlichkeit mit Entscheidungssituationen. Auch hier gibt es zwei Aspekte: Richtigkeit und Akzeptanz.
Eine Entscheidung kann zwar angesichts der objektiven Tatsachen richtig sein, muss aber von den Betroffenen nicht zwangsläufig akzeptiert werden. Dann ist sie oft wertlos, weil sie nicht in die Tat umgesetzt wird. Auch bei Entscheidungen muss man also an die Akzeptanz denken – vor allem dann, wenn andere Menschen davon betroffen sind.

Wichtige Fragen für die Adressatenanalyse

- Wer ist mein Adressat?
- Was ist dem Adressaten wichtig?
- Welche Anliegen (Interessen, Wünsche, Hoffnungen, Befürchtungen, Ängste, Abneigungen usw.) hat er?
- Welche Meinungen (Vorurteile, Vorwissen, Fachwissen, Ansichten, Überzeugungen, Irrtümer usw.) hat der Adressat zum Thema?
- Welche Einwände könnte er bringen?

Diese Liste ist natürlich nicht als vollständig zu betrachten. Sie können sie jederzeit um zusätzliche Fragen erweitern, die Ihnen wichtig und sinnvoll erscheinen. Entscheidend ist, dass Sie versuchen, möglichst genau herauszufinden, worauf es dem Adressaten ankommt.
Manchmal kenne ich den Adressaten persönlich, dann weiß ich in der Regel, welche Antworten ich auf diese Fragen geben muss. Häufig weiß ich, welche Rolle der Adressat innehat (Arzt im Krankenhaus, Geschäftsführer, Student ...), und kann aus der Betrachtung seiner Rolle heraus Antworten auf diese Fragen finden. Aber manchmal bleibt mir nichts anderes übrig, als im Gespräch einfach danach zu fragen. Im Vorfeld unserer Seminare führen wir übrigens immer auch eine ausführliche Adressatenanalyse durch. Dabei befragen wir die Teilnehmer des Seminars direkt nach ihren Wünschen, Vorerfahrungen und Interessen. So finden wir die Themenschwerpunkte heraus, die dann im Seminar bearbeitet werden.
Die Anliegen des Adressaten spielen bei der Adressatenanalyse eine entscheidende Rolle. Sie liefern zum Beispiel den Ankerpunkt für eine präzise Nutzenargumentation, also eine Argumentation, die dem Adressaten aufzeigt, welcher Nutzen für ihn entsteht, wenn er Ihren Standpunkt (Vorschlag, Idee usw.) akzeptiert. Wir werden diese Art der Argumentation später noch etwas genauer kennenlernen.
Dass eine Adressatenanalyse unverzichtbar ist, zeigen die folgenden Beispiele.

Beispiel 1

Jürgen ist Geschäftsführer in einer Klinik. Er möchte seine leitenden Mitarbeiter (Ärzte usw.) für ein Führungskräftetraining gewinnen. Der Geschäftsführer denkt über seine Adressaten nach. Er weiß, dass Widerstand vor allem von den Ärzten kommen wird, die sich weniger als Führungskräfte und Teamleiter sehen denn als Ärzte, die sich hauptsächlich um ihre Patienten zu kümmern haben. Jürgen ist klar, dass der Adressat sehr standesbewusst ist, schon allein aufgrund seiner Ausbildung. Deshalb lädt er einen hochkarätigen Berater einer internationalen Management-Schule ein, um eine Anfangsveranstaltung durchzuführen.

Beispiel 2

Klaus arbeitet in einem multinationalen Pharmaunternehmen. Auf der nächsten Konferenz werden sowohl Franzosen, Japaner als auch Amerikaner anwesend sein. Es ist wichtig, dass er seinen Vorschlag durchbringt, damit sein Team am bestehenden Projekt weiterarbeiten kann. Er bereitet sich gezielt auf die kulturellen Aspekte von Präsentationen vor und bereitet sein Material entsprechend auf. So weiß er zum Beispiel, dass die Japaner sehr viel Wert darauf legen, wirklich alle Informationen zu erhalten – und zwar in sehr detaillierter und schriftlicher Form. Speziell für die Japaner entwirft er also eine gesonderte Informationsmappe.

Erfolgreichen Überzeugern gelingt es, sich in die Weltsicht der Adressaten hineinzudenken. Jay Conger beschreibt in seinem Buch „Winning 'em over" ein paar nützliche Übungen, die Ihnen helfen werden, eine Adressatenanalyse durchzuführen.

Übung 1: Überzeugungssituation

Stellen wir uns eine überschaubare Überzeugungssituation mit einer begrenzten Teilnehmerzahl vor – zum Beispiel ein Meeting. Fertigen Sie eine Liste mit den Namen aller Personen an, die an der Sitzung teilnehmen werden.

Nehmen Sie sich die erste Person vor: Überlegen Sie genau, welche Rolle (Job) sie im Unternehmen ausfüllt und welche Interessen sie qua Rolle vertreten wird. Stellen Sie sich vor, welche Fragen und Gedanken sie bewegen werden, wenn Sie sie mit Ihrer Argumentation konfrontieren. Listen Sie alle Punkte auf, die ihr wichtig sind und Anknüpfungspunkte für eine Nutzenargumentation sein können. Fertigen Sie eine solche Liste für jede Person an. Überlegen Sie, wo es eine gemeinsame Schnittmenge gibt. Benennen Sie aber auch die Unterschiede, damit Sie differenziert argumentieren können.

Übung 2: Imaginärer Dialog

Stellen Sie zwei Stühle einander gegenüber. Stellen Sie sich vor, Ihr Adressat säße Ihnen gegenüber. Sprechen Sie nun zu dieser imaginären Person und erläutern Sie das positive Ergebnis, den Nutzen, der sich aus Ihrem Vorschlag ergibt. Schreiben Sie diese Nutzenaspekte, während Sie sprechen, auf.

Danach setzen Sie sich auf den anderen Stuhl und nehmen den Platz Ihres imaginären Adressaten ein. Nun sprechen Sie aus seiner Perspektive. Aus seinem Blickwinkel beschreiben Sie die Vorteile und Nachteile, die Ihr Vorschlag für ihn hat. Welcher (persönliche) Vorteil entsteht für ihn? Halten Sie auch diese Aspekte wieder schriftlich fest. Wenn Sie Ihren imaginären Dialog beendet haben, vergleichen Sie die beiden Listen, die Sie angefertigt haben. Sie suchen nach Aspekten, die sich auf der Vorteilsseite überschneiden. Gibt es eine klare gemeinsame Basis, auf der Ihre Argumentation aufgebaut werden kann?

Vielleicht stellen Sie zum Beispiel fest, dass für Sie beide wichtig ist, das Wachstum des Unternehmens überschaubar zu halten, die Kosten unter Kontrolle zu haben und den Vertrieb weiter auszubauen, um sich neue Märkte zu erschließen. Ihre Argumentation sollte dann um diese Themengebiete kreisen.

Überlegen Sie auch, wie Sie mit den Nachteilen umgehen werden, die Ihnen Ihr imaginärer Adressat genannt hat.

Wie viel Wahrheit muss sein?

Wir möchten an dieser Stelle eine wichtige Frage aufgreifen, die oft mit uns diskutiert wird. Sie lautet: Soll ich meine Argumentation immer nur nach dem Adressaten ausrichten? Immer nur auf die Gründe, die er akzeptieren könnte? Oder ist es nicht auch wichtig, auf Dinge Bezug zu nehmen, die einfach wahr und objektiv richtig sind – egal, was der Adressat glaubt oder was ihm wichtig ist?

In vielen Fällen gibt es natürlich einfach sachlich richtige Begründungen und Argumente, die vom Adressaten möglicherweise nicht auf Anhieb akzeptiert werden. Ich als Überzeuger erkenne sie aber als sachlich richtig und vertrete sie deshalb in meiner Argumentation. Hier erscheint es uns wichtig und richtig, klar, offen und kompetent für den eigenen Standpunkt und die eigene Argumentation einzutreten. Glaubwürdigkeit und Authentizität werden auch vom Adressaten honoriert. Vielleicht enthält meine Argumentation neue Aspekte, an die der Adressat vorher überhaupt nicht gedacht hat. Meine Argumentation kann also durchaus einen Lernprozess in Gang setzen.

Tipp

Mut zur eigenen Meinung – man muss sie ja nicht wie eine Dampfwalze einsetzen!

Akzeptanz bildet – bildlich gesprochen – die Brücke, über die wir unsere Argumente zum Adressaten schicken können. Ohne diese Brücke werden ihn selbst die besten Argumente nicht erreichen. Deshalb gilt es, eine solide Verankerung der Brücke am Adressatenufer herzustellen. Das beste Fundament dafür liefern seine realen Anliegen und bereits bestehenden Überzeugungen. Kurz: Wir plädieren dafür, die eigene Argumentation ehrlich, offen und so gut wie ohne Manipulation, Schwindeleien und Unehrlichkeiten möglich an den Anliegen des Adressaten auszurichten.

Uns ist natürlich vollkommen klar, dass das nicht immer funktioniert und Adressaten oft nicht überzeugt werden können. Alles, was wir als Überzeuger tun können, ist, den Spielraum für ehrliche Überzeugungsarbeit kompetent auszuschöpfen und uns darüber zu freuen, dass Menschen letzten Endes nicht berechenbar sind wie Maschinen. Sonst wäre es ja langweilig!

Die vier Komponenten der Überzeugungskraft

Überzeugen kann man nur in einer Atmosphäre des Vertrauens und der Glaubwürdigkeit. Zur Glaubwürdigkeit gehören Klarheit und Sinnstiftung, also die Fähigkeit, sich präzise und klar auszudrücken, Sachverhalte zu erklären, Aussagen zu begründen und sie somit in einen größeren Kontext zu stellen.
Für den Vertrauensaufbau sind Verstehen und die eigene Offenheit wichtig. Vertrauen kann nur wachsen, wenn ich auf meinen Adressaten eingehe, wenn ich versuche, sein Denken und Empfinden nachzuvollziehen, und wenn ich andererseits offen meine eigenen Anliegen ausspreche.
Die Kunst zu überzeugen sehen wir eingebettet in ein umfassenderes Bild der Kommunikation. Stellen Sie sich einen Kompass vor, einen Kommunikationskompass sozusagen. Der Kompass kann in vier Hauptrichtungen zeigen, die wesentliche Bestandteile einer guten Kommunikation darstellen. Dieser kleine Kommunikationskompass bildet den allgemeineren Rahmen für die Überzeugungsstrategien, die wir Ihnen in diesem Buch vorstellen wollen.

1. Klarheit

Klarheit beinhaltet die Fähigkeit, sich präzise, prägnant und verständlich auszudrücken. Im Idealfall spreche ich nicht nur so, dass ich verstanden werde, sondern so, dass ich nicht missverstanden werde. Das impliziert, dass ich auf eine bestimmte Art und Weise verstanden werden möchte.

2. Verstehen

Verstehen bedeutet die Fähigkeit, sich in die Situation und die Weltsicht des Adressaten hineinzuversetzen. Verstehen heißt, sich „einzufühlen“ und die Dinge von seiner Warte aus zu betrachten. Hier muss ich herausfinden, was dem Adressaten wirklich wichtig ist, worum es ihm eigentlich geht.

3. Sinnstiftung

Sinnstiftung beinhaltet die Fähigkeit, Dinge zu erklären oder zu begründen, also Sinn zu stiften. Das bedeutet, Sachverhalte in einen größeren Zusammenhang stellen zu können und klar zu machen, welchen Sinn und Zweck sie haben. Sinnstiftung meint die Fähigkeit, einen Erklärungsrahmen zu bieten und ein Gesamtbild zu malen.

4. Offenheit

Darunter verstehen wir die Fähigkeit (ja, das ist eine Fähigkeit, nicht jeder kann es!), die eigenen Anliegen (Interessen, Befürchtungen, Wünsche usw.) offen zu äußern. Es geht darum, ehrlich, echt und authentisch zu sein.

Im Zentrum dieses Kommunikationskompasses stehen zwei entscheidende Werte: Vertrauen und Glaubwürdigkeit. Aus diesen beiden Werten lassen sich im Grunde alle Elemente einer guten Kommunikation ableiten.

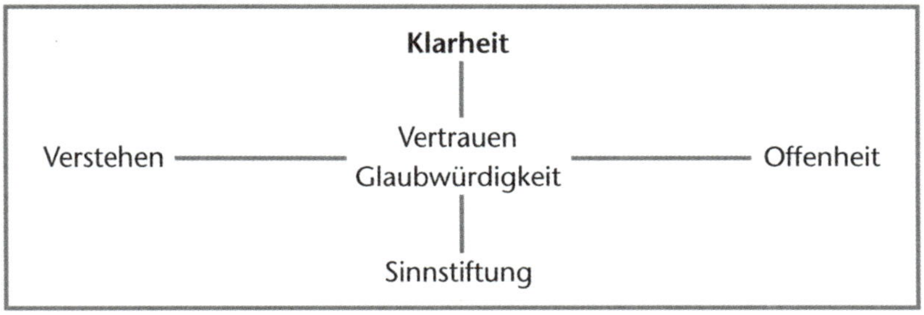

Was ist eigentlich ein Argument?

Wir haben bereits in unserem Buch „Argumentieren" erklärt, wie Argumente aufgebaut sind bzw. welche logische Struktur sie haben. Deshalb werden wir uns an dieser Stelle kurz fassen (und uns darauf verlassen, dass Sie bei nächster Gelegenheit unser Buch kaufen).

Rein formal betrachtet und vom Inhalt abgesehen, ist ein Argument einfach eine Gruppe von Aussagen, die in einer Begründungsbeziehung zueinander stehen. Das heißt: In einem Argument werden Gründe für eine Meinung, Behauptung oder Überzeugung geliefert.

Achtung: Jedes Argument besteht aus zwei zentralen Bausteinen

- dem Standpunkt (Meinung, Behauptung), der begründet werden soll
- den Gründen, die benutzt werden, um den Standpunkt zu stützen

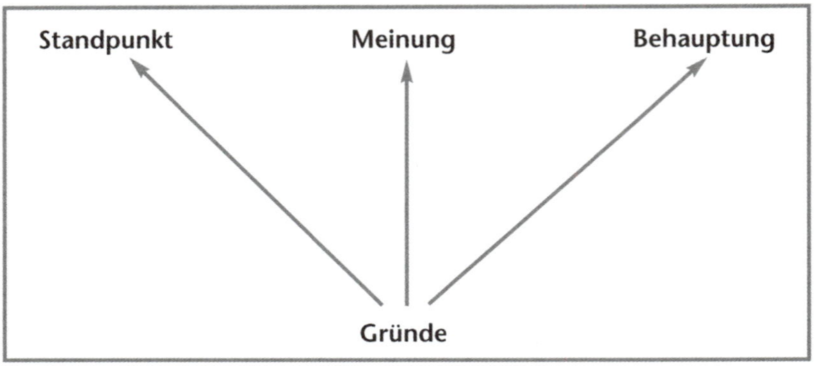

Beispiel 1

Max, der Vertriebsleiter des Pharmaherstellers Biolan, argumentiert bei einer Besprechung mit seinen Mitarbeitern: „Wir müssen etwas tun, um unser Umsatzziel zu erreichen. Denn die Zahlen der letzten Monate zeigen, dass wir 20 Prozent unter unserem Soll liegen."

Max' **Standpunkt** ist: Wir müssen etwas tun, um unser Umsatzziel zu erreichen.
Der **Grund** dafür: Die Zahlen der letzten Monate zeigen, dass wir 20 Prozent unter unserem Umsatzziel liegen.

Beispiel 2

Klaus unterhält sich mit seinem Freund Ralf über Rechte und Pflichten, die man in seinem Leben hat. Klaus argumentiert, dass ein Zusammenhang zwischen Rechten und Pflichten besteht.
„Ich glaube, wenn eine Person Rechte hat, haben andere Personen automatisch Pflichten. Denn ein Recht kann nur verwirklicht werden, wenn andere Personen diese Rechte achten. Und ein Recht zu achten heißt einfach, die Pflicht zu haben, dieses Recht nicht zu verletzen. Wenn A zum Beispiel ein Recht auf Leben hat, dann haben die anderen Personen die Pflicht, A nicht zu töten."

Der **Standpunkt** von Klaus: Die Rechte einer Person bedingen automatisch Pflichten der anderen Personen.
Seine **Gründe**: Ein Recht kann nur verwirklicht werden, wenn andere dieses Recht achten. Ein Recht zu achten bedeutet, die Pflicht zu haben, dieses Recht nicht zu verletzen.
Zum Schluss illustriert Klaus diese Argumentation durch ein Beispiel. Wir haben es hier mit einem Standpunkt zu tun, der durch zwei Gründe gestützt wird.

Was ist eigentlich ein Schluss?

Das Interessante bei Argumenten ist, dass man sie auch umdrehen kann. Dann spricht man nicht mehr von Begründungen, sondern von Schlüssen. Ein Schluss ist nichts anderes als eine umgekehrte Begründung.

Beispiel 1

Max: „Die Zahlen der letzten Monate zeigen, dass wir 20 Prozent unter unserem Umsatzziel liegen. Daher müssen wir etwas tun, um unser Umsatzziel zu erreichen."

In einem Schluss wird der Grund zuerst genannt und erst dann wird daraus eine Schlussfolgerung gezogen – die eigentliche Behauptung.
Ein Argument kann also in zwei Richtungen laufen. Wir benötigen Argumente nicht nur, um Meinungen oder Standpunkte zu begründen, sondern auch dann, wenn wir Schlussfolgerungen ziehen. Um Schlussfolgerungen handelt es sich zum Beispiel, wenn wir über die möglichen Konsequenzen alternativer Entscheidungen nachdenken. Auch die Argumentation von Klaus kann man als einen Schluss rekonstruieren.

Beispiel 2

Klaus: „Ein Recht kann nur verwirklicht werden, wenn andere dieses Recht achten. Ein Recht zu achten bedeutet, die Pflicht zu haben, es nicht zu verletzen. Daher bedingen Rechte automatisch immer Pflichten."

Auch ein Schluss ist also ein Argument. Nur beginnt im Falle eines Schlusses der Gedankengang nicht bei der zentralen Behauptung, die im weiteren Verlauf des Arguments begründet wird, sondern bei Annahmen (Aussagen), aus denen die zentrale Behauptung als Schlussfolgerung abgeleitet wird.
Wenn wir im Folgenden hauptsächlich von Begründungen sprechen, dann beziehen wir automatisch auch immer ihre Umkehrungen (nämlich Schlüsse) mit ein.

Welche Argumente sind die besten?

Tja, wenn wir das wüssten ... Aber ein paar brauchbare Tipps haben wir für Sie. Da es uns hier nicht um die rein logische Betrachtung von Argumenten, sondern um Überzeugungssituationen geht, können wir den Erfolg eines Arguments an seiner **Überzeugungskraft** messen.

Worin besteht die Überzeugungskraft eines Arguments? Am besten gibt man eine Antwort auf diese Frage, indem man betrachtet, wann ein Argument fehlschlagen kann. Zwei Aspekte lassen sich unterscheiden:
Erstens: Ein oder mehrere im Argument genannte Gründe sind falsch oder inakzeptabel. Das Argument wird dann vom Adressaten zurückgewiesen, weil die Gründe als falsch oder nicht akzeptabel erkannt werden.
Zweitens: Die Gründe, obwohl wahr oder akzeptabel, stehen nicht in der richtigen Begründungsbeziehung zur zentralen Behauptung. Das heißt, es handelt sich nur um vermeintliche Gründe, um Scheingründe. In diesem Fall ist das Argument logisch nicht korrekt.
Der häufigste Fall in Überzeugungssituationen ist der, dass eine Argumentation zurückgewiesen wird, weil die Begründung vom Adressaten nicht akzeptiert wird. Dass jemand auf logische Inkorrektheit hinweist, ist dabei eher selten, weil in der Regel beim Austausch von Argumenten die Zeit fehlt, um ein Argument auf seine logische Stichhaltigkeit hin zu überprüfen. Die Überzeugungskraft richtet sich im Alltag daher am häufigsten nach der Akzeptanz der Gründe. Die Erfahrung legt folgende Faustregel nahe:
Je akzeptabler die Gründe, desto stärker die Überzeugungskraft.

Wir werden Ihnen auf den folgenden Seiten verschiedene klassische Begründungsstrategien vorstellen. Die Erfahrung zeigt, dass man damit seine Chancen auf Akzeptanz beim Adressaten und somit die eigene Überzeugungskraft erhöhen kann.

Was Sie über Pull- und Push-Methoden wissen sollten

Wer andere überzeugen will, kann die richtige Mischung aus Push- und Pull-Methoden nutzen. Was ist damit gemeint?

Push-Methode

Unter Push-Methoden verstehen wir all jene Methoden, bei denen der Überzeuger aktiv seinen Standpunkt untermauert, um den Gesprächspartner zu überzeugen. Das können Argumentations- oder auch Präsentationsstrategien sein. Push-Methoden sind somit ziemlich offensiv.

Pull-Methode

Bei Pull-Methoden entwickeln und durchlaufen Überzeuger und Adressat gemeinsam einen Denkprozess. Beide treten, bildlich gesprochen, eine gemeinsame Entdeckungsreise an. Am Ende dieser Reise erkennt der Adressat, dass eine bestimmte Behauptung, die seinen eigenen Annahmen vielleicht widerspricht oder die er bisher einfach nicht geglaubt hat, möglicherweise richtig ist.

Auf dieser Entdeckungsreise müssen Sie den Gesprächspartner aktiv mit einbeziehen. Es kann dabei von entscheidender Bedeutung sein, die Anliegen Ihres Gesprächspartners gezielt herauszuarbeiten. Sie müssen sich dazu in ihn hineinversetzen. Ihre Überzeugungsstrategie enthält dann eine Reihe eher behutsamer Elemente, auf die wir später noch zu sprechen kommen.
Die Notwendigkeit von Pull-Strategien führt uns zu einer weiteren Erkenntnis, die mit dem Überzeugen verbunden ist.

Tipp

Wer überzeugen möchte, muss selbst bereit sein, sich überzeugen zu lassen, sich selbst zu verändern und zu bewegen.

Überzeugen ist ein wechselseitiger Prozess. Dabei lernt nicht nur mein Gesprächspartner etwas, sondern auch ich als Überzeuger. Durch das Gespräch erfahre ich Dinge, an die ich vorher vielleicht nicht gedacht habe. Ich gewinne eine neue Sicht auf die Welt, die ich in meine eigene Position einbeziehen muss. Das kann durchaus dazu führen, dass ich meine Position verändere. Meine Bereitschaft, mich überzeugen zu lassen, ist auch Ausdruck des Gegenseitigkeitsprinzips, das wir später noch kennenlernen werden: Jemand lässt sich eher von mir überzeugen, wenn er bemerkt, dass auch ich bereit bin, mich überzeugen zu lassen.

Beispiel

In einer Bank soll eine neue Software eingeführt werden. Der Abteilungsleiter ist von der Effektivität und Effizienz der Software überzeugt und präsentiert seine Idee, diese einzuführen, seinem Team. Die Widerstände sind jedoch sehr groß. Der Abteilungsleiter erkennt, dass es keinen Sinn macht, die neue Software einfach durchzudrücken. Einige Argumente der Teammitglieder erscheinen ihm auch durchaus vernünftig. Er modifiziert schließlich seinen Vorschlag. Er macht das Angebot, das alte und das neue Programm in einer Testphase von vier Wochen parallel laufen zu lassen und kontinuierlich die Vor- und Nachteile zu dokumentieren. Am Ende der vier Wochen soll es eine Gegenüberstellung geben. Dann soll entschieden werden, welche Software am besten geeignet ist. Das Team erklärt sich einverstanden. Der Abteilungsleiter war also dazu bereit, sich zu bewegen, und hat dadurch erreicht, dass der Widerstand gegen seinen Vorschlag aufgegeben wurde.

Push-Strategien: offensiv nach vorne

In diesem Kapitel stellen wir Ihnen die wichtigsten Begründungs- oder Argumentationsstrategien vor, mit deren Hilfe es Ihnen gelingen kann, den Adressaten für etwas zu gewinnen. Diese Begründungsstrategien sind das zentrale Element einer Push-Strategie. Sie versuchen dabei, durch Begründungen oder Argumentationen Ihren Standpunkt offensiv in das Meinungsnetz Ihres Adressaten einzuknüpfen. Unterstützt durch Begründungen schieben Sie Ihren Standpunkt in dieses Netz und verflechten ihn dort.

Die Begriffe Argumentieren oder Begründen sind im Grunde austauschbar. Argumentieren heißt nämlich nichts anderes, als etwas zu begründen. Wenn ich ein Argument für meinen Standpunkt anführe, dann begründe ich meinen Standpunkt damit. Je besser die Gründe, desto besser mein Argument.

Wenn ich jemanden von etwas überzeugen möchte, dann werde ich Argumente ins Feld führen, die meinen Standpunkt stützen und die mein Adressat einsieht. Die Grundidee besteht darin, dass mein Gesprächspartner meinen Standpunkt (Behauptung) dann akzeptiert, wenn er die Gründe akzeptiert, die ich für meinen Standpunkt anführe. Je akzeptabler die Gründe, desto eher wird er meine Behauptung oder meinen Standpunkt akzeptieren.

Zeigen Sie, welchen Nutzen Ihr Standpunkt bringt

Eine der wichtigsten Argumentationsstrategien besteht darin, auf den Nutzen von Handlungen oder Ereignissen aufmerksam zu machen. Bei einer Nutzenargumentation wird gezeigt, dass ein bestimmter Sachverhalt dem Adressaten einen Nutzen oder Vorteil bringt und der Adressat ihn daher akzeptieren sollte.

Die Nutzenargumentation kann nach folgendem Schema aufgebaut sein:

Begründungsschema
X sollte getan werden ...;
oder: X ist vernünftig, ratsam, ...,
weil durch X der Nutzen Z entsteht.

Die Nutzenargumentation ist eine der wirkungsvollsten Argumentationsformen. Sie knüpft nämlich unmittelbar an die Frage an, die sich Ihr Adressat stets stellen wird, wenn Sie ihn mit einem Vorschlag oder einer Idee konfrontieren: „Was bringt mir/uns das?"
Eine klare Nutzenargumentation hat eine enorme Zugkraft. Basis dafür ist natürlich Ihre Adressatenanalyse. Sie liefert Ihnen die Daten, die Sie berücksichtigen müssen, wenn Ihre Argumentation für den Adressaten attraktiv sein soll.

Achtung: Aufbau einer Nutzenargumentation

- Welche Punkte meiner Idee üben einen großen Reiz auf den Adressaten aus? Welche anderen Nutzenaspekte sind dem Adressaten wichtig und wie könnte ich diese in meine Idee einbetten?
- Wie kann ich zeigen, dass ich in Bezug auf das zu erwartende Ergebnis die Ziele des Adressaten teile und wir einen gemeinsamen Nutzen abschöpfen können?
- Wenn der Nutzen nicht deutlich ist: Wie kann ich meine Position verändern, sodass ein klarer Nutzen hervortritt?

Arbeiten Sie den Nutzen klar heraus

Nutzenargumente werden unserer Erfahrung nach nur sehr selten klar und präzise herausgearbeitet. Schlimmer noch: Sehr oft wird kein einziger Nutzen aufgezeigt. Stattdessen verlegt man sich ganz auf die Beschreibung der Eigenschaften eines Produkts oder einer Idee. Besonders oft stellt man diesen Mangel an Nutzenargumenten in klassischen Verkaufsgesprächen fest.

Beispiel 1

Max möchte sich eine neue Waschmaschine zulegen. Der Verkäufer bombardiert ihn mit technischen Details, erläutert aber nicht, inwiefern diese Details für Max von Bedeutung sind.

Beispiel 2

Rudi möchte ein Auto leasen. Die erste Frage des Verkäufers ist, welche technische Ausstattung der Wagen haben soll, welche Motorleistung usw. Er stellt keine einzige Frage dazu, wie Rudi den Wagen hauptsächlich nutzen wird, was ihm an einem Fahrzeug wichtig ist oder welche Eigenschaften für ihn entscheidend sind.

Natürlich kann sich der Kunde aus den Produkteigenschaften den Nutzen oft indirekt erschließen. Aber wenn der Verkäufer überzeugen will, muss er explizit die Themen ansprechen, die den Kunden bewegen. Ein überzeugender Verkäufer wird den Nutzen und die Vorteile des Produktes für den Kunden klar und deutlich herausarbeiten.

Der Nutzen wird oft nicht erkannt

In unseren Seminaren, an denen häufig Führungskräfte teilnehmen, bitten wir die Teilnehmer manchmal, ein Gedankenexperiment durchzuführen, das man „Teamverkauf" nennen könnte. Dabei sollen die Teilnehmer ihrem Vorstandsvorsitzenden gegenüber begründen, warum ihr Team einen wertvollen Beitrag zum Unternehmen leistet. In diesem kleinen Experiment arbeiten die Teilnehmer heraus, worin die Kerndienstleistung ihres Teams besteht, was ihre Kernkompetenz ausmacht und wo der zentrale Kundennutzen liegt, den ihr Team für das Unternehmen stiftet. Unter Kunden sind hier sowohl interne als auch externe Kunden zu verstehen. Das Ergebnis dieses Experiments sieht fast immer so aus: Die meisten sind gerade noch in der Lage zu beschreiben, worin ihre zentrale Dienstleistung besteht. Extrem schwer fällt es ihnen aber, kurz und präzise den Nutzen Ihrer Arbeit zu beschreiben. Böse Zungen könnten jetzt behaupten, dass dies nur zeige, wie unbedeutend das Team sei. Doch daran liegt es meistens nicht. Der eigentliche Grund ist der, dass man nicht gewohnt ist, den Nutzen zu sehen.

Beispiel

Die Firma Huber, ein Installationsbetrieb für sanitäre Anlagen, hat eine sehr einfache, aber überzeugende Antwort auf die Frage gefunden, welchen Nutzen sie stiftet. Der Firmeninhaber und seine Mitarbeiter haben sich drei wesentliche Fragen gestellt:

1. Worin besteht unsere Kerndienstleistung?
„Wir übergeben unseren Kunden ein sofort benutzbares, sauberes, perfekt funktionierendes Bad zum vereinbarten Termin. Dabei muss der Kunde nur mit einem Ansprechpartner verhandeln, dem Installateur Huber."

2. Welche Kernkompetenzen haben wir?
Projektmanagement: „Wir beherrschen die Koordination verschiedener Handwerker."
Handwerkliches Fachwissen: „Wir wissen genau, wie die einzelnen Arbeitsschritte verschiedener Handwerker aufeinander abgestimmt sein müssen."
Netzwerkaufbau und -pflege: „Wir verfügen über Auswahlkriterien, um die besten und zuverlässigsten Handwerker zu erkennen und langfristig in das Huber-Netzwerk einzubinden."

3. Welchen zentralen Kundennutzen stiften wir?
„Erstens verschaffen wir unseren Kunden – trotz Baustelle – ruhige Nächte. Zweitens sind unsere Bäder Wellness-Oasen, in denen sich Menschen vom hektischen Alltag erholen können."
Der zentrale Kundennutzen ist eine einfache und leicht nachvollziehbare Botschaft. Für die Mitarbeiter des Installationsbetriebs Huber ist es leicht, den zentralen Vorteil für den Kunden aufzuzeigen.

Machen Sie auf die Folgen aufmerksam

Neben dem Nutzen können Sie auch auf die Folgen Ihres Standpunkts aufmerksam machen: Sie malen dem Adressaten aus, welche Konsequenzen eine Sache haben wird.

Beispiel

Das Management von LionAir erwägt, die Preise zu senken, um durch ein günstigeres Angebot als die Konkurrenz die Auslastung der Flugzeuge zu erhöhen. Der Vertriebsleiter ist dafür. Er verspricht sich mehr Umsatz. Der Marketingleiter macht auf die möglichen Folgen dieses Schrittes aufmerksam. Wenn LionAir die Preise senkt, wird die Konkurrenz vermutlich nachziehen und ebenfalls die Preise reduzieren. Es bestehe dadurch die Gefahr, in eine Wettbewerbsspirale zu geraten. Er verweist auf die Situation von CrashAir, die vor zwei Jahren durch eine ähnliche Preispolitik in den Ruin getrieben wurde.

Wir wollen Begründungen mit Bezug auf Folgen einfach Folgenargumente nennen. **Folgenargumente** sind nach diesem Schema aufgebaut:

Begründungsschema
A ist richtig, ratsam, vernünftig, ...; oder: Wir sollten A tun, weil es die positiven Folgen XYZ nach sich ziehen wird.
A ist falsch, nicht ratsam, unvernünftig, ...; oder: Wir sollten A nicht tun, weil es die negativen Folgen XYZ nach sich ziehen wird.

Dieses Begründungsschema können wir auch in folgendes Schluss-Schema umkehren:

Schluss-Schema
Die positiven Folgen XYZ entstehen, daher sollten wir A tun ...; oder: daher ist A richtig, ratsam, vernünftig.
Die negativen Folgen XYZ entstehen, daher sollten wir A nicht tun ...; oder: daher ist A falsch, nicht ratsam, unvernünftig.

Folgenargumente spielen eine wichtige Rolle in einer der bedeutendsten ethischen Theorien, dem Utilitarismus – auch Folgenethik genannt.

Beispiel

In vielen aktuellen Diskussionen auf dem Gebiet der medizinischen Ethik werden eine Reihe von Folgenargumenten genannt, die aus der utilitaristischen Tradition stammen. So wird etwa für die Stammzellenforschung damit argumentiert, dass sie uns helfen kann, Krankheiten zu heilen oder zu lindern.

Stark vereinfacht können wir den Utilitarismus auf folgende These verkürzen:

These:

Eine Handlung ist richtig oder gut, wenn sie zum allgemeinen Glück beiträgt. Ob eine Handlung moralisch gut oder gerechtfertigt ist, hängt also von den damit verbundenen Folgen ab. Eine Handlung ist gut, wenn sie positive Folgen hat oder, genauer, wenn sie in der Summe mehr positive als negative Folgen für das Gesamtwohl einer Gesellschaft mit sich bringt. Dabei sollte diejenige Handlung gewählt werden, die den Betrag des Gesamtwohls am nachhaltigsten fördert.

Beispiel

Wenn Sie zwei Menschen durch eine Handlung glücklich machen können, dann ist das besser, als wenn sie nur einen Menschen durch die Handlung glücklich machen können. Die Grundidee ist, dass die moralische Güte einer Handlung sich an den Folgen messen lassen muss. (Eine persönliche Anmerkung der Autoren: Es erscheint uns sinnvoll, den Utilitarismus als prominenten Vertreter einer Folgenargumentation an dieser Stelle für den Leser zu skizzieren; wir selbst sind jedoch keine Utilitaristen).

Folgenargumente können auch in anderen Situationen eine wichtige Funktion haben. Betrachten wir zum Beispiel Kritik- bzw. Feedbacksituationen. Einem Mitarbeiter ein negatives Feedback geben zu müssen wird meist als knifflig und unangenehm erlebt. Aus unserer Sicht wird dabei häufig ein zentraler Punkt vernachlässigt, nämlich die klare Begründung der Kritik. Es ist gerade die Begründung, die dafür sorgen kann, dass die Kritik angenommen wird. Eine gute Begründungsstrategie in Kritiksituationen besteht aus Folgenargumenten.

Beispiel

Andrea führt ein Kritikgespräch mit Fabian. Andrea und Fabian arbeiten zusammen mit vier anderen Kollegen in einem IT-Projekt. Andrea ist die Projektleiterin. Im Moment befindet sich das Projekt in einer kritischen Phase, weil in drei Wochen der erste wichtige Meilenstein erreicht werden soll. Um den Informationsfluss in Gang zu halten, trifft man sich jeden Morgen zu einem Jour-fixe-Gespräch um neun Uhr, jeweils für eine halbe Stunde. Fabian ist die letzten vier Male aber immer um mehr als zehn Minuten zu spät aufgetaucht. Andrea ist verärgert. Sie nennt Fabian im Gespräch ihren Kritikpunkt und bringt ein Folgenargument als Begründung:

„Fabian, ich bin, ehrlich gesagt, ziemlich verärgert, dass du die letzten Male immer um mehr als zehn Minuten zu spät zu unserem täglichen Meeting gekommen bist. Erstens konnten wir nicht pünktlich beginnen, was dazu geführt hat, dass unsere ohnehin engen Zeitpläne durcheinander geraten sind. Zweitens haben wir nicht die Informationen erhalten, die wir am Beginn der Sitzung brauchten, weil du nicht da warst, um zu berichten. Die Folge war, dass unser Informationsaustausch nur unvollständig war. Einige waren darüber ziemlich sauer. Kannst du das nachvollziehen?"

Andrea begründet also ihre Kritik, indem sie auf die Folgen von Fabians Verhalten aufmerksam macht. Dadurch wird für Fabian klar, warum Andrea sich über sein Verhalten ärgert. Folgenargumente können verstärkt werden, wenn nicht nur eine einzelne Folge angeführt wird, sondern ein ganzes Folgenbündel.

Beispiel

Maria möchte, dass sich Sarah intensiver um die Kundenbeschwerden kümmert: „In den letzten Monaten haben wir 20 Prozent mehr Beschwerden als im Vergleichszeitraum. Wir sollten unbedingt etwas dagegen unternehmen. Denn wenn wir nichts tun, gehen uns die Kunden verloren und wandern zur Konkurrenz ab. Das wird sich natürlich herumsprechen, unseren Ruf verschlechtern und uns noch mehr Kunden kosten. Wir sollten dem so früh wie möglich entgegenwirken."

Der Verweis auf ein ganzes Bündel von Folgen verstärkt die Brisanz und Dramatik eines Folgenarguments. Wichtig ist dabei natürlich, dass die Folgen auch tatsächlich wahrscheinlich oder zumindest plausibel sind. Andernfalls kann ein Bündel von Folgenargumenten schnell als bloße Schwarzmalerei oder Übertreibung abgetan werden. Dann stellt es im Grunde nur noch eine Manipulationstaktik, aber kein echtes Argument mehr dar.

Achtung: Verwendung von Folgenargumenten

- Die Folgen sollten für den Adressaten relevant sein. Folgen, die für den Adressaten ohne Bedeutung sind, werden ihn nicht interessieren.
- Die Folgen sollten entweder tatsächlich eintreffen oder zumindest wahrscheinlich bzw. plausibel sein. Um dies zu zeigen, ist möglicherweise ein argumentativer Zwischenschritt notwendig, der den Beleg dafür liefert.
- Ein Folgenbündel kann die Brisanz und Wirkung eines Folgenarguments erhöhen.

Helfen Sie dem anderen, seine Ziele zu erreichen

Ziele bilden eine einfache, aber gute Begründungsbasis. Denn fast alle Menschen haben Ziele, die sie erstreben oder erreichen möchten, wie unklar sie auch immer formuliert sein mögen. Einige Ziele, die man verfolgt, sind vielleicht sogar eher unbewusster Natur.

Ziele beschreiben den Zustand oder die Situation, die man anstrebt oder verwirklichen möchte. Wenn man in seiner Argumentation zeigen kann, dass die eigene Meinung oder der eigene Vorschlag einen Zielbeitrag leisten, dann hat dies auf den Adressaten in der Regel eine überzeugende Wirkung.

Wir nennen diese Argumentart **Zielargumente**. Zielargumente können in verschiedenen Varianten auftreten. Ein zentrales Begründungs- und Schluss-Schema ist folgendes:

Begründungsschema
A sollte getan werden,
weil Ziel X erreicht werden soll;
oder: Um X zu erreichen, muss A getan werden.

Schluss-Schema
Ziel X soll erreicht werden.
Um X zu erreichen, muss A getan werden.
Daher: A sollte getan werden.

Im Grunde haben wir in diesem Schema eine Mittel-Zweck-Beziehung formuliert. Wir zeigen in der Argumentation, dass unsere Meinung oder Idee ein geeignetes Mittel ist, um ein bestimmtes, vom Adressaten vertretenes Ziel zu erreichen. Viele Weisheiten oder Ratschläge können als Zielargumente ausgelegt werden.

Beispiele

„Willst du den König schachmatt setzen, solltest du jetzt den Läufer auf D4 ziehen."

„Willst du eine gute Anstellung haben, solltest du eine Ausbildung absolvieren."

„Ohne Fleiß kein Preis." (Oder: „Willst du es zu etwas bringen, dann musst du fleißig sein.")

Zielargumente können stark oder schwach formuliert werden. In einem stark formulierten Zielargument wird behauptet, dass es notwendig sei, A zu tun, um Ziel X zu erreichen. Stark formulierte Zielargumente haben in unserer Alltagsargumentation häufig einen Mangel. Sie erwecken den Eindruck, als gäbe es nur einen einzigen Weg zum Ziel. Deshalb sind sie als Argumente oft schwach. Denn meistens gibt es mehrere Mittel und Wege, um etwas zu erreichen (um an das Beispiel von Fleiß und Preis anzuknüpfen: Ich kann es auch durch pures Glück oder eine geniale Idee bei gleichzeitiger Faulheit zu etwas bringen!). Zielargumente sind nur dann wirklich stark, wenn es tatsächlich nur einen Weg zur Zielerreichung gibt, wenn dieser Weg – um die Schachmetapher zu bemühen – einen erzwungenen Zug darstellt.
Aus diesem Grund ist es ratsam, statt stark formulierter besser schwach formulierte Zielargumente zu benutzen. Schwach formulierte Zielargumente haben folgendes Schema: Um X zu erreichen, ist es vernünftig, ratsam usw., A zu tun.

Beispiel

Die Brauer GmbH will eine systematische Personalentwicklung einführen. In den letzten Jahren hat man sich nur auf das Wachstum des Unternehmens konzentriert und die Personalentwicklung sehr stiefmütterlich behandelt. Die Belegschaft ist auf über 500 Mitarbeiter angewachsen. Gün-

ter Müller, eines der Vorstandsmitglieder, möchte seine Kollegen dafür gewinnen, zu diesem Zweck professionelle Unterstützung in Anspruch zu nehmen.
Müller: „Wir sind uns einig, dass wir eine Personalentwicklung brauchen. Und das ziemlich schnell. Um das zu erreichen, halte ich es für ratsam, dass wir uns der Hilfe eines externen Beraters bedienen. Denn ein Berater weiß aus Erfahrung, wie man das Ganze systematisch anpackt."

Müller argumentiert, dass man A (Berater engagieren) tun muss, um X (systematische Personalentwicklung) zu erreichen. Dabei wird noch ein Zwischenschritt eingeschaltet, der klar macht, warum A zu X führt. In diesem Fall wird auf die Erfahrung von Beratern verwiesen. Solche Zwischenschritte können sinnvoll sein, um die Mittel-Ziel-Beziehung präziser herauszustellen.
Betrachten wir weitere Beispiele für Zielargumentationen:

Beispiel 1

Peter ist Chefarzt in einem Krankenhaus mit 200 Betten. Auf der Direktoriumssitzung argumentiert er folgendermaßen: „Unser Ziel ist es doch, ein kundenorientiertes Krankenhaus zu werden. Ein möglicher Schritt in diese Richtung wäre es, dass wir uns einmal alle Kernprozesse in unserem Haus ansehen und schauen, wie wir sie verbessern könnten."

Beispiel 2

Ein Politiker erklärt auf einer Podiumsdiskussion zur Reform der Arbeitsmarktpolitik: „Ich denke, das Arbeitslosengeld sollte in den ersten sechs Monaten in leicht zu errechnenden Pauschalen bezahlt werden. Warum? Weil wir dadurch eine administrative Entlastung erreichen. Angestellte, die in den Arbeitsämtern bisher die Leistungen errechnet haben, können dadurch in der Vermittlung eingesetzt werden. Außerdem ist es unser Ziel, die Schwarzarbeit zu bekämpfen und Anreize für die Selbstständigkeit zu schaffen. Um das zu erreichen, kann es hilfreich sein, die Gründung von Kleinunternehmen zu erleichtern. Arbeitslose, die nicht mehr als 15.000 Euro als Selbstständige hinzuverdienen, müssen auf ihre Einnahmen lediglich eine Pauschalsteuer von zehn Prozent bezahlen."

Übrigens sind Zielargumente dann besonders stark, wenn man auf gemeinsame Ziele aufmerksam machen kann, die man mit dem Adressaten teilt – nach dem Motto: „Wir alle brauchen doch ..." Hier kommt der psychologische Effekt eines Appells an die Gemeinsamkeit hinzu.

Das wollen wir doch beide nicht

In manchen Situationen ist es nützlich, auf das hinzuweisen, was man nicht erreichen will (Nicht-Ziele), um dann überzeugend darlegen zu können, was man tun oder nicht tun sollte. Man stellt als Gemeinsamkeit heraus, was als Nicht-Ziel gesehen wird. Diese Art der Argumentation kann besonders in Konfliktsituationen wertvoll sein. Durch die Betrachtung der Nicht-Ziele findet man nämlich recht schnell wieder Gemeinsamkeiten, die gerade in emotional belastenden Situationen wie Konflikten rasch verloren gehen können.

Beispiel

„Niemand von uns möchte, dass es zu einer Aufsplitterung unseres Teams kommt. Deshalb sollten wir jetzt gemeinsam nach einer Lösung suchen."

Zielargumente lassen sich auch hervorragend in Entscheidungssituationen nutzen, wenn man für eine bestimmte Alternative plädieren möchte. Man benutzt sie dann als Kriterien, die zur Auswahl einer Option herangezogen werden.

Beispiel

„Welche Ziele sind uns wichtig? Schnelligkeit und Einfachheit! Dann sollten wir Option X wählen."

Achtung: Verwendung von Zielargumenten:

- Begründungen mit Bezug auf Ziele sind dann besonders stark, wenn die Ziele vom Adressaten auch tatsächlich verfolgt werden.
- Schwach formulierte Zielargumente sind manchmal stärker als stark formulierte.
- Zeigen Sie, dass ein echter Zusammenhang zwischen der eigenen These oder dem eigenen Vorschlag und der Zielerreichung besteht. Dazu ist unter Umständen ein argumentativer Zwischenschritt notwendig.
- Eine gemeinsame Basis schaffen Sie häufig, indem Sie darauf aufmerksam machen, was am Ende nicht herauskommen soll (Nicht-Ziele).

Erfüllen Sie Anliegen des Adressaten

Anliegen bieten einen weiteren wichtigen Anknüpfungspunkt für Begründungen und Schlüsse. Argumente, in denen Anliegen eine zentrale Rolle spielen, nennen wir Anliegenargumente. Anliegen sind Dinge oder Aspekte, die uns wichtig sind. Anliegen können Befürchtungen sein, Hoffnungen, Erwartungen, Wünsche oder Interessen. Wir unterscheiden Anliegen,

- die der Adressat tatsächlich hat,
- die man haben sollte,
- die ich als Überzeuger habe.

Im ersten Fall versuchen Sie, die Anliegen ins Feld zu führen, die Ihr Adressat hat. Wenn durch Ihren Standpunkt oder Vorschlag das Anliegen des Adressaten erfüllt ist, dann entsteht für ihn ein hoher Nutzen. In dieser Variante der Anliegenargumente besteht eine Ähnlichkeit zu Nutzenargumenten.

Im zweiten Fall nimmt der Überzeuger einen allgemeineren Blickwinkel ein. Er zeigt, dass durch seinen Standpunkt Anliegen erfüllt werden, die man vernünftigerweise haben sollte.

Im dritten Fall begründen Sie Ihren Standpunkt mit Bezug auf persönliche Anliegen. Sie verdeutlichen, warum Ihnen etwas am Herzen liegt. Diese Variante der Anliegenargumente ist sehr subjektiv.

Anliegenargumente spielen eine große Rolle in Konflikten und Verhandlungen. Anliegen werden uns daher im Kapitel „Verhandlungsstrategien" wieder begegnen.

Begründungsschema
A sollte getan werden, weil A das Anliegen X von Person (Personengruppe) Y erfüllt.

Schluss-Schema
A erfüllt das Anliegen X von Person (Personengruppe) Y, daher sollte A getan werden.

Beispiel

Maria und Franziska haben ein kleines Unternehmen gegründet. Sie bieten einen Übersetzungsservice für Japanisch und Chinesisch an. Maria wünscht sich einen ordentlichen Internetauftritt, um weltweit Aufträge erhalten zu können. Sie würde die Website gern von einem Profi gestalten lassen. Franziska ist der Meinung, das könne man allein schaffen. Denn ein Webdesigner kostet viel Geld. Maria weiß, dass es Franziska sehr wichtig ist, möglichst schnell mit dem Marketing zu beginnen und auf dem Markt aufzutreten. Maria lenkt also ihre Argumentation auf diesen Aspekt (Franziskas Anliegen): „Ich glaube, wir sollten unsere Website von einem Profi gestalten lassen. Natürlich kostet das Geld. Aber wenn wir das tun, dann könnten wir unseren Service auf dem Markt sehr rasch anbieten. Und das ist dir doch wichtig. Wenn wir uns selbst darum kümmern, geht allein dadurch viel Zeit verloren, dass wir uns mit der entsprechenden Software beschäftigen. Keiner von uns hat ja wirklich Ahnung davon. Durch den Auftrag an einen Externen sparen wir enorm viel Zeit. Was meinst du?"

Das persönliche Anliegen des Adressaten herauszuarbeiten ist in vielen Überzeugungssituationen der Schlüssel zum Erfolg. Umgekehrt: Wenn ich die Anliegen nicht herausarbeite, kann es passieren, dass ich völlig am Adressaten vorbeirede.
In den folgenden beiden Verkaufsgesprächen können wir beide Situationen gut nachvollziehen. In Szene eins kümmert sich der Verkäufer kein bisschen um die Anliegen des Kunden. In Szene zwei gelingt es dem Verkäufer sehr elegant, die Anliegen des Kunden offen zu legen und darauf seine Argumentation aufzubauen.

Beispiel

Theo möchte sich ein Smartphone kaufen. Bisher hatte er nur ein recht altes Handy-Modell genutzt.

Theo geht in das erstbeste Geschäft und es kommt zu folgendem Dialog:
Verkäufer: Kann ich Ihnen helfen?

Theo: Ja gern, ich möchte mir ein Smartphone zulegen.

Verkäufer: Aha, da haben wir gerade ein tolles Produkt im Angebot, stammt von Simkia, da stehen Ihnen unglaublich viele Apps zur Verfügung. Ganz tolle Spiele zum Beispiel.

Theo: Ob ich so was wirklich brauche?

Verkäufer: Also, unsere Kunden sind voll davon begeistert.

Theo: Na ja, aber ...

Verkäufer: Sie haben doch bestimmt öfter mal Wartezeiten, oder?

Theo: Schon, aber ...

Verkäufer: Und genau in solchen Situationen können Sie sich wunderbar die Zeit damit vertreiben. Übrigens haben wir dieses Gerät nur bis Ende April im Angebot. Es hat übrigens ganz fantastische Multitouch-Funktionen.

An dieser Stelle ist Theo gedanklich mehr oder weniger ausgestiegen. Er bedankt sich für die Informationen und verlässt das Geschäft. Der Verkäufer hat hartnäckig an ihm vorbeiargumentiert. Dass es auch anders gehen kann, erfährt Theo im nächsten Handy-Shop:

Verkäufer: Was kann ich für Sie tun?

Theo: Ich möchte mir gern ein Smartphone zulegen.

Verkäufer: Sie haben bisher noch kein Smartphone genutzt?

Theo: Nein, für mich ist das ganz neu und ehrlich gesagt, kenne ich mich mit der ganzen Technik auch nicht besonders gut aus.

Verkäufer: Ich verstehe. Wie planen Sie denn, Ihr Smartphone zu nutzen? Ich frage deshalb, damit ich Ihnen etwas vorstellen kann, das Ihren Anforderungen entspricht.

Theo: Ich möchte es in erster Linie geschäftlich einsetzen. Das Wichtigste ist dabei für mich, dass ich meine Mails abrufen kann. Ich sollte die Mails auf dem Gerät auch einigermaßen gut schreiben können. Meine Finger sind nicht gerade schmal.

Verkäufer: Die Mailfunktion ist also für Sie ein ganz wichtiges Kriterium für Sie?

Theo: Ganz genau.

Verkäufer: Gibt es noch etwas, was das Gerät können sollte?

Theo: Ja, eine Sache fällt mir gerade noch ein. Ich halte öfters Workshops und Seminare, und da ist es manchmal ganz hilfreich, wenn ich ein paar Fotos von den Aktionen im Seminar oder von den FlipChart-Postern machen kann.

Verkäufer: Eine passable, ins Smartphone integrierte Kamera sollte also mit dabei sein.

Theo: Ja, das wäre gut. Und es soll auch nicht zu groß sein. Ich will es gut im Sakko oder auch in der Hostentasche tragen können.

Verkäufer: Ok. Haben Sie noch ein Anliegen, das Sie mit dem Smartphone verbinden?

Theo: Nein, ich glaube, das wären für die wichtigsten Punkte.

Verkäufer: Gut ..., ich glaube, wir haben da ein Gerät, das Ihren Vorstellungen entsprechen könnte.

An dieser Stelle beginnt der Verkäufer mit der Produktargumentation. Bevor er jedoch damit startet, hat er durch kluge Fragen die wichtigsten Anliegen des Kunden herausgearbeitet.
Betrachten wir noch ein weiteres Beispiel, das uns verdeutlicht, wie zentral Anliegen für eine Überzeugungssituation sein können.

Beispiel

Stratos möchte mit seiner Freundin Karin gern in Urlaub fahren. Er weiß, dass sie gern Motorrad fährt. Deshalb überlegt er, sie nach Kalifornien auf eine Tour entlang der Westküste einzuladen. Sie scheint jedoch von dem Vorschlag nicht begeistert zu sein. Im Gespräch bringt sie laufend Argumente, warum es im Moment nicht so sinnvoll ist, in die USA zu reisen. Sie nennt Geld- und Zeitargumente. Erst viel später findet Stratos den wahren Grund hinter Karins Verhalten heraus: Sie hat unglaubliche Angst vor dem Fliegen.

Nicht immer gelingt es, das Anliegen des Adressaten in Erfahrung zu bringen. Dann gibt es die Möglichkeit, eine Argumentation von einem universelleren Standpunkt aus zu konstruieren. Sie argumentieren nicht mit Bezug auf Anliegen, die Ihr Adressat explizit hat, sondern mit Bezug auf Anliegen, die Ihr Adressat eigentlich haben sollte – Anliegen, die er sich aus Vernunftgründen heraus eigentlich zu Eigen machen sollte, die ihm aber unter Umständen nicht richtig bewusst sind. Hier ein paar Beispiele für solche Arten von Anliegen:

Beispiele: Argumentation von einem universelleren Standpunkt aus

- Es sollte unser Anliegen sein, unsere Regenwälder zu schützen.
- Es sollte unser Anliegen sein, langfristig zu denken.
- Es sollte unser Anliegen sein, die Rente zu sichern.
- Es sollte unser Anliegen sein, die Menschenrechte zu fördern.
- Es sollte unser Anliegen sein, wirtschaftlich zu handeln.
- Es sollte unser Anliegen sein, die Interessen unserer Mitarbeiter zu berücksichtigen.

Es gibt zentrale Grundbedürfnisse, die alle Menschen entweder haben oder haben sollten. Diese Art von Anliegenargumente könnte man **universelle Anliegenargumente** nennen. Sie benötigen in der Regel einen weiteren Begründungsschritt. Darin wird gezeigt, warum wir dieses Anliegen haben sollten. Eine solche Begründung kann so konstruiert sein, dass die Folgen genannt werden.

Beispiel

Konrad unterstützt bei einem Treffen der „Jungen Selbstständigen" in seinem Heimatort die Initiative von Herrn Meier: „Ich finde die Initiative von Herrn Meier für den Schutz des Regenwaldes sehr gut, denn es sollte unser aller Interesse sein, etwas für unsere Umwelt zu tun. Vernachlässigen wir dies nämlich, werden wir unsere Erde zerstören und letztendlich auch uns selbst."

Anliegen lassen sich nicht nur in universelle Perspektiven einbetten, sie können auch erfolgreich in subjektiven Begründungen benutzt werden. Bei einer subjektiven Begründung mache ich klar, was mir persönlich wichtig ist, das heißt, wo meine Anliegen sind. Ich möchte zum Beispiel jemanden für einen Vorschlag gewinnen und begründe es damit, dass dies ein sehr wichtiges Anliegen für mich sei:

Begründungsschema
A sollte getan werden, weil es mir sehr wichtig ist, dass ...

Diesen Anliegenargumenten geben wir den Namen ***subjektive Anliegenargumente***. Der Überzeuger nutzt hier seine persönlichen Anliegen als Begründungsinstanz. Wie kann das funktionieren? Widerspricht das nicht unserer Aufforderung, an das anzuknüpfen, was dem Adressaten wichtig ist?
Subjektive Anliegenargumente sind oft aus einem anderen Grund erfolgreich. Gerade weil sie subjektiv und persönlich sind, verleihen sie der Idee oder der Sache, für die man den Adressaten gewinnen möchte, Glaubwürdigkeit und Authentizität. Als Überzeuger sollten Sie erklären, warum Ihnen die Sache so wichtig ist. Damit wird Ihr subjektives Anliegen für den Adressaten noch transparenter. Diese sehr persönliche Begründungsform liefert Motive und Absichten, die dem Adressaten klar machen, was hinter einem bestimmten Wunsch oder einer bestimmten Idee steckt. Gerade dann, wenn sich der Adressat sehr gegen einen Vorschlag sträubt, können subjektive Anliegenargumente eine große Hilfe sein. Man verlässt nämlich die Distanz schaffende rationale Argumentationswelt und erzeugt mehr Nähe und Verständnis.

Beispiel 1

Franz möchte seine Freundin Monika dazu bewegen, gemeinsam auf eine Party zu gehen, zu der sie eingeladen sind. Monika hat aber überhaupt keine Lust dazu, weil ein paar Leute auf der Party sein werden, die sie nicht besonders mag. Franz argumentiert mithilfe eines subjektiven Anliegenarguments: „Es wäre schön, wenn du mitkommen würdest. Es ist mir so wichtig, weil ich dir gern ein paar alte Freunde vorstellen möchte, die du noch nie getroffen hast. Sie sind auch ein wichtiger Teil meines Lebens und da wünsche ich mir einfach, dass du sie mal kennen lernst."

Beispiel 2

Helmut will eine wichtige Aufgabe an seinen Mitarbeiter Bernd delegieren. Auch er benutzt ein subjektives Anliegenargument: „Es ist mir sehr wichtig, dass Sie diese Aufgabe übernehmen. Denn ich möchte gern, dass dieses Projekt ein voller Erfolg wird, und Sie haben in den letzten drei Projekten bewiesen, dass Sie solche Projekte stemmen können."

Achtung: Verwendung von Anliegenargumenten

- Arbeiten Sie immer die Anliegen des Adressaten heraus. Dann können Sie Ihre Argumentation mit Bezug auf diese Anliegen formulieren.
- Nutzen Sie gegebenenfalls universelle Anliegenargumente. In allgemeinen Anliegen findet sich der Adressat leicht wieder. Unter Umständen wird ein zusätzlicher Begründungsschritt benötigt.
- Setzen Sie subjektive Anliegenargumente ein, wenn Sie Nähe zum Adressaten und Verständnis für Ihren Standpunkt schaffen wollen. Auch hier kann ein weiterer Begründungsschritt hilfreich sein.

Halten Sie Werte und Prinzipien hoch

Unter Werten verstehen wir die bewussten oder unbewussten Orientierungsstandards oder Leitvorstellungen, die Menschen oder Gruppen haben. Werte oder Prinzipien sind ein wichtiger Motivator dafür, dass man etwas tut oder auch nicht tut. Werte sind Dinge oder Aspekte, die einem so wichtig sind, dass man nicht darauf verzichten möchte. Sie bilden damit eine hervorragende Begründungsbasis. Der entscheidende Punkt ist natürlich auch hier, dass ich mich auf die Werte beziehe, die der Adressat vertritt. Kann ich zeigen, dass mein Standpunkt mit Werten vereinbar ist, die ihm wichtig sind, wird er meinen Standpunkt leichter akzeptieren.

Man muss unterscheiden zwischen moralischen und außermoralischen Werten. Typische Beispiele für außermoralische Werte sind: Schönheit, Einfachheit, Innovation, Wirtschaftlichkeit. Typische moralische Werte sind: Gerechtigkeit, Menschlichkeit, Mitleid, Toleranz.

Argumente, in denen wesentlich auf Werte Bezug genommen wird, nennen wir ***Wertargumente***. Wertargumente können wir nach dem folgenden Schema bilden:

Begründungsschema
A sollte getan werden, weil A den Wert X verkörpert oder erfüllt.

Schluss-Schema
A verkörpert oder erfüllt den Wert X. Daher: A sollte getan werden.

Beispiel

Karin moderiert einen Konflikt zwischen mehreren Parteien. Sie versucht, die Konfliktparteien davon zu überzeugen, dass es sinnvoll ist, wenn im ersten Schritt jede Partei ihren Standpunkt erläutern und darstellen darf. Sie benutzt dazu ein Wertargument: „Wir sollten auf jeden Fall zunächst die Meinungen aller Parteien hören und ihnen genügend Raum geben, ihren Standpunkt zu erläutern. Denn es ist nur fair, wenn alle die gleichen Chancen erhalten, uns ihre Sichtweisen zu schildern."

Karin bezieht sich also auf den Wert der Fairness, um ihren Standpunkt zu begründen. Im nächsten Beispiel nimmt Erwin auf den Wert der Höflichkeit Bezug.

Beispiel

Erwin bereitet sich auf ein Kritikgespräch mit Maria vor. Es gibt einige Punkte, die ihm an Marias Verhalten nicht gefallen. Er erzählt seinem Freund Jürgen, dass er Maria das Kritikgespräch ankündigen möchte. Jürgen meint jedoch, dass dies nicht notwendig sei und Erwin Maria einfach zum Gespräch bitten solle. Erwin erwidert: „Ich möchte Maria nicht einfach mit den Kritikpunkten überfallen. Ich möchte ihr auch die Möglichkeit geben, sich auf das Gespräch vorzubereiten. Denn ich halte es für ein Gebot der Höflichkeit, Menschen nicht einfach mit Kritik zu überfallen."

Im folgenden Beispiel bezieht sich Katharina auf den außermoralischen Wert der Innovation, um ihren Standpunkt zu begründen.

Beispiel

Die Simax AG hat eine schwierige Entscheidung zu treffen. Um ihr Überleben zu sichern, wird über die Schließung eines Produktionsstandortes nachgedacht. Katharina, die im Marketingvorstand arbeitet, warnt vor voreiligen Schritten: „Für uns war doch Innovation immer ein wichtiger Wert. Wir haben stets große Stücke darauf gehalten, sehr einfallsreich und innovativ zu sein. Ich plädiere dafür, dass wir nach anderen, kreativeren Lösungen Ausschau halten, bevor wir die schwer wiegende Entscheidung treffen, eines unserer Werke zu schließen."

In unserem nächsten Beispiel macht sich Hanna zunutze, dass für die Geschäftsleitung der Wert „Kundenorientierung" von großer Bedeutung ist.

Beispiel

Hanna ist Stationsleiterin in einem Krankenhaus. Sie hat eine Idee entwickelt, wie die Abläufe auf ihrer Station verbessert werden können. Sie erarbeitet einen Vorschlag, der vor der Geschäftsleitung präsentiert werden soll. Hanna weiß, dass sich die Geschäftsleitung den Wert „Kundenorientierung" auf die Fahnen geschrieben hat. Deshalb begründet sie ihren Vorschlag im Wesentlichen damit, welcher Beitrag dadurch für die Kundenorientierung des gesamten Hauses geliefert wird.

Achtung: Verwendung von Wertargumenten

- Ihr Standpunkt muss einen klaren und wichtigen Beitrag zur Verwirklichung des Werts leisten.
- Nehmen Sie auf Werte Bezug, von denen Sie wissen, dass der Adressat sie vertritt oder vertreten sollte. Beispielsweise ist Gerechtigkeit ein Wert, den niemand ernsthaft in Frage stellen dürfte (die Frage, was denn Gerechtigkeit genau heißt, müssen wir hier zum Glück nicht beantworten).

Berufen Sie sich auf Normen

Unter Normen verstehen wir Regeln oder Gesetzmäßigkeiten, die von einer Gruppe akzeptiert werden. Normen können sein:

- Pflichten
- Vereinbarungen
- Spielregeln
- Geschriebene und ungeschriebene Gesetze
- Gepflogenheiten
- Standards
- Sitten

Ausgehend vom lateinischen Wortsinn heißt Norm so viel wie Maßstab, Muster, Vorschrift. In einem Lexikon finden wir zum Begriff *Norm* folgenden Eintrag:

Eine Norm:

- kann ein empirisch ermittelter Durchschnittswert der gemeinsamen Beschaffenheit einer Klasse von Gegenständen sein, in Blick auf den der einzelne Gegenstand als normal angesehen wird;
- eine Art Idee oder Grenzbegriff;
- eine Art Regel, die eine Klassifizierung von Gegenständen oder die Schematisierung von Handlungen ermöglicht (DIN-Norm, Spielregeln);
- kann im rechtlichen oder moralischen Sinn als genereller Imperativ verstanden werden, der sich an rechtlichem oder sittlichem Handeln orientiert.

Auch mit Bezug auf Normen können Begründungen vorgenommen werden. Dieser Art von Argument geben wir den Namen ***Normenargument***. Um Normen handelt es sich nur dann, wenn sie von der Gruppe, in der sie Geltung haben, auch weit gehend akzeptiert werden. Diese weit gehende Akzeptanz begründet auch die Zugkraft von Normenargumenten.

Begründungsschema
A sollte getan werden oder A ist richtig,
weil A der Norm X entspricht.

Schluss-Schema
A entspricht der Norm X.
Daher: A sollte getan werden oder A ist richtig.

Sich gegen ein Normenargument zu stellen bedeutet, sich gegen einen allgemein akzeptierten Standard zu stellen. Damit liegt die Beweislast sofort bei demjenigen, der opponiert. Umgekehrt gilt: Wenn der Überzeuger auf Normen in seiner Begründung Bezug nehmen kann, besteht eine hohe Chance der Akzeptanz beim Adressaten. Als Mitglied der Gruppe, in der diese Norm gilt, wird er sehr wahrscheinlich die Norm akzeptieren.

Beispiel

Helmut führt ein Kritikgespräch mit Sonja, weil sie bei den letzten Besprechungen jedes Mal zu spät gekommen ist. „Es ärgert mich, dass du zu unseren letzten Besprechungen jeweils fast 30 Minuten zu spät gekommen bist. Denn wir haben ganz am Anfang die Spielregel vereinbart, dass wir pünktlich um neun Uhr mit unseren Besprechungen anfangen wollen."

Helmut begründet seine Kritik mit Bezug auf eine vereinbarte Spielregel. Diese Spielregel fungiert als Norm in der Gruppe. Auch Pflichten können als Normen verstanden werden. Denn Pflichten beschreiben die Anforderungen, die es zu erfüllen gilt, und damit setzen sie Maßstäbe.

Beispiel

Werner gibt seinem EDV-Fachmann ein positives Feedback: „Herr Maier, Sie erledigen Ihre Arbeit toll. Das gefällt mir ausgezeichnet. Sie schaffen es immer, unsere Systeme am Laufen zu halten und somit unauffällig, aber wirkungsvoll Ihre Pflicht zu erfüllen. Das wollte ich Ihnen mal in Ruhe sagen ...".

Im folgenden Beispiel macht Lydia, eine Asienexpertin, ihren Kunden auf typisch japanische Gepflogenheiten aufmerksam. Auch Lydia bezieht sich auf eine Norm, die in diesem Fall keine feste Regel, sondern mehr eine gesellschaftliche Übereinkunft darstellt.

Beispiel

Lydia berät Albert, der in Japan Verkaufsgespräche zu führen hat. Sie möchte ihn davon abbringen, bei der anstehenden Besprechung mit dem japanischen Kunden zu stark vorzupreschen. Lydia: „In Japan ist es nicht üblich, dass auf Besprechungen Entscheidungen getroffen werden. Sie sollten daher heute bei der Besprechung nicht darauf bestehen, dass es zu einem Beschluss kommt."

Normen können in der Überzeugungsarbeit außerordentlich erfolgreich eingesetzt werden. Ein guter Überzeuger hat sich daher mit den Normen beschäftigt, die für den Adressaten wichtig sein könnten und die für die anstehende Überzeugungssituation Relevanz besitzen. Er wird Ausschau halten nach Gepflogenheiten, üblichen Vereinbarungen oder Spielregeln.

Sie können Normen auf zwei Arten einsetzen. Entweder helfen Ihre Argumente, die Norm zu erfüllen, oder – was dramatischer wirkt – sie zeigen die Folgen auf, wenn die Norm verletzt wird.

Achtung: Verwendung von Normenargumenten

- Beziehen Sie sich nur auf Normen, die allseits bekannt und überprüfbar sind. Ungeschriebene Gesetze können natürlich auch als Normen wirken. Aber Begründungen, die darauf Bezug nehmen, haben weniger Überzeugungskraft.
- Wollen Sie den Bezug zu mehreren Normen herstellen, so überzeugen Sie sich zunächst davon, dass die Normen zusammenpassen.

Lassen Sie Daten und Fakten sprechen

Empirische Belege in Form von Zahlen, Daten und Fakten spielen bei Begründungen eine zentrale Rolle. Sie wirken überzeugend, weil sie objektiven Charakter haben. Zahlen haftet das Prestige wissenschaftlicher Exaktheit an. Mit der Bezugnahme auf empirische Belege ist in der Regel ein Anspruch auf Wahrheit und Objektivität verbunden. Man beruft sich bei seiner Argumentation auf die Welt, wie sie wirklich ist. Der Schiedsrichter im Argumentationswettstreit ist gewissermaßen die Realität selbst. Daten und Fakten sind nur schwer zu widerlegen.

Der Bezug auf empirische Belege stellt ein externes Begründungsverfahren dar. Denn im Gegensatz zur Begründung mit Bezug auf Anliegen, Werte oder Normen verfügt der Adressat noch nicht über diese Daten. Sie sind noch nicht Teil seines Meinungsnetzes. Vielmehr werden sie erst durch den Überzeuger präsentiert.

Wir nennen diese Art von Argument ***Faktenargument***. Wie sehen das Begründungs- und das Schluss-Schema eines Faktenarguments aus?

Begründungsschema
A ist richtig, sinnvoll, ratsam, weil A von den Daten X gestützt wird.

Schluss-Schema
A wird von den Daten X gestützt. Daher: A ist richtig, vernünftig, ratsam.

In Faktenargumenten bezieht man sich auf nachprüfbare Daten und Fakten. Entscheidend bei Faktenargumenten ist, dass die genannte Datenbasis groß genug ist. Ein einzelner Fall stellt meistens eine zu geringe Datenbasis für ein Faktenargument dar.

Beispiel

Maria: Ich würde den Urlaub für dieses Jahr am liebsten jetzt schon buchen. Was meinst du?

Herbert: Warum denn? Wir haben doch die Jahresplanung in unserer Firma noch nicht ganz abgeschlossen.

Maria: Ja, das ist richtig. Aber in den letzten drei Jahren hatten wir immer große Probleme, kurzfristig eine Reise zu buchen, und ich habe in der Zeitung gelesen, dass bereits 30 Prozent aller Urlaubsziele ausgebucht sind. Deshalb mein Vorschlag, in diesem Jahr erheblich früher als sonst zu buchen.

Maria begründet ihren Standpunkt mit Bezug auf zwei Fakten: die persönlichen Erfahrungen in den letzten drei Jahren und die Information aus der Zeitung.

Beispiel

Peter, der Marketingleiter der Elektronikfirma Escis, kommt durch eine genaue Faktenananalyse zu dem Schluss, dass Escis mehr Augenmerk auf Produkt B legen und Produkt A nach und nach aufgeben sollte. Er argumentiert folgendermaßen: „Liebe Kollegen, ich habe mir die Kosten- und Einnahmenstruktur für unsere Produkte A und B mal genau angesehen. Ich habe dabei folgende Entdeckung gemacht: Abzüglich der Kosten für den Kauf von Materialien und Teilen haben wir im letzten Jahr 68 Millionen Euro eingenommen. Unsere Gesamtkosten – ohne Materialien und Teile – belaufen sich auf 56 Millionen Euro.
Mit unserem Produkt A haben wir Einnahmen in Höhe von zwölf Millionen Euro erzielt. Für A wurden jedoch 24 Prozent der gesamten Transaktionen aufgewendet. Deshalb beliefen sich seine wirklichen Kosten auf 13,5 Millionen Euro. Das bedeutet einen negativen Beitrag. Und das im Gegensatz zu den zwölf Prozent, die unsere Buchhaltungsstatistik ausweist. Das heißt, wir können dieses Produkt nur durch unwirtschaftliche Anstrengungen am Markt halten. Sehen wir uns dagegen Produkt B an: Trotz der ‚unbefriedigenden' Gewinnspanne von nur drei Prozent weist das Produkt einen Nettoeinkommensbeitrag von fast vier Millionen Euro auf, der größte Einzelbeitrag zum Gewinn. Es ging in ziemlich großen Mengen an eine kleine Anzahl wichtiger Kunden. Angesichts dieser Situation lautet mein Vorschlag, uns stärker auf Produkt B zu konzentrieren. Wie seht ihr das, liebe Kollegen?"

Peter stützt seine Argumentation durch eine Reihe von Fakten und Daten. Natürlich sind auch Fakten unterschiedlich interpretierbar, aber eine klare und saubere Datenbasis liefert in der Regel eine gute Begründungsbasis. Gerade in schwierigen Entscheidungssituationen können empirische Belege ein wichtiges Argument sein. Leider wird in Überzeugungssituationen viel zu selten überlegt, durch welche Tatsachen oder Fakten der eigene Standpunkt untermauert werden kann.

Wir möchten Ihnen noch ein Beispiel dafür geben, wie empirische Belege eine überzeugende Wirkung entfalten können. In seinem Buch „Ökonomie für den Menschen" beschreibt Amartya Sen die Ursachen für Hungersnöte. Unter anderem stellt er darin die These auf, dass Hungersnöte selbst dann auftreten können, wenn die Nahrungsmittelproduktion oder die Verfügbarkeit von Nahrungsmitteln gar nicht geringer ausgefallen ist (es ist ein Aspekt seiner These, dass Hungersnöte von weit mehr Faktoren abhängen als nur von der Produktion und der Verfügbarkeit). Dass diese These stimmt, belegt er durch die faktenreiche Schilderung einer Hungersnot.

Beispiel

> „Die Hungersnot in Bangladesh von 1974 ist ein Beispiel dafür. Damals war die verfügbare Nahrungsmenge in Bangladesh pro Kopf größer als in den übrigen Jahren zwischen 1971 und 1976. Die Hungersnot brach aus, nachdem in einer Region aufgrund von Überschwemmungen viele Arbeitsplätze verloren gingen. Diese Überschwemmungen beeinträchtigten zwar die Nahrungsproduktion, als nämlich viele Monate später die Ernte viel geringer ausfiel (vor allem im Dezember), die Hungersnot selbst trat jedoch früher auf und war bereits vorüber, als die betroffenen Feldfrüchte reif geworden waren. Die Naturkatastrophe führte im Sommer 1974 bei den Landarbeitern zu unmittelbaren Einkommensverlusten; sie verloren die Löhne, die sie beim Reispflanzen und damit verbundenen Tätigkeiten verdient hätten und mit denen sie Nahrung hätten kaufen können. Der Hunger und die Panik vor Ort breiteten sich aus, verstärkt durch einen nervös gewordenen Markt und den steilen Anstieg der Lebensmittelpreise aufgrund übertriebener Befürchtungen über die zu erwartende Lebensmittelknappheit [...]." (Amartya Sen, Ökonomie für den Menschen, S. 202 f.)

Wie argumentiert Sen? Er falsifiziert bzw. widerlegt mit diesem Beispiel die These, dass Hungersnöte dadurch entstehen, dass die Nahrungsproduktion oder die Verfügbarkeit der Nahrung abnehmen. Damit stützt er natürlich indirekt seine eigene These, dass Hungersnöte durch ein ganzes Bündel von Faktoren verursacht werden.

Beeindrucken Sie mit Experten und Institutionen

Ein Spezialfall von Faktenargumenten sind die sogenannten **Autoritätsargumente.** Dabei nimmt man Bezug auf Autoritäten. Die Berufung auf Fachleute gründet sich zum Beispiel auf unseren Glauben, dass die in der Regel Recht haben, wenn sie Aussagen auf einem Gebiet machen, in dem sie als Autorität anerkannt sind. Ein anschauliches Beispiel dafür sind Fußballgrößen wie Günther Netzer oder Franz Beckenbauer, die von Sportredaktionen gerne als Kommentatoren eingesetzt werden: „Siehst du, der Netzer sagt das Gleiche wie ich, der muss es ja nun wirklich wissen, dass die Taktik in der ersten Halbzeit viel zu defensiv war!“ Gerade an diesem Beispiel sieht man aber auch, dass Argumente nichts erzwingen können. Viele Zuschauer sehen die Dinge oft anders als Netzer oder Beckenbauer und vertrauen bei ihrer Spielanalyse lieber auf den eigenen Fußballverstand: „Ach was, der sieht das halt durch die Brille des offensiven Mittelfeldregisseurs. Ich als Innenverteidiger kann dir sagen, dass unsere Jungs das genau richtig gemacht haben!“ Wir gestehen gänzlich unzerknirscht, uns selbst schon dabei ertappt zu haben, der Meinung von Autoritäten ein beachtliches Trägheitsmoment entgegengestellt zu haben.
Bei Autoritätsargumenten muss es sich nicht immer um eine Berufung auf Personen handeln. Institutionen, Schriften oder Studien können genauso gut als Autoritäten fungieren.

Beispiel

In einem Artikel der FAZ vom 03.07.2002 über Freiheit und Glück heißt es: „In einer kürzlich abgeschlossenen Studie des Allensbacher Instituts zur Werteorientierung der Bevölkerung zeigte sich, dass Personen, die sich in ihrem Leben frei fühlen, glücklicher und zufriedener sind als andere, ganz gleich, mit welcher Frage oder Skala die Zufriedenheit mit dem eigenen Leben gemessen wird. Dabei ließ sich der Zusammenhang zwischen Freiheit und Glück nicht nur in Deutschland, sondern auch in Frankreich und Großbritannien nachweisen, und er lässt sich nicht einfach durch andere Merkmale wie etwa Alter, Bildung oder soziale Schicht erklären. Dieser Befund deckt sich gut mit den Forschungsergebnissen des amerikanischen Psychologen Mihaly Csikszentmihalyi, der sich seit drei Jahrzehnten mit den Bedingungen eines glücklichen Lebens beschäftigt hat. Die allgemeine Vorstellung, dass Wohlstand, soziale Sicherung, Freizeit und Konsum die Menschen glücklicher machen, sei falsch. Lebenszufriedenheit entstehe dadurch, dass Menschen Herausforderungen annehmen und meistern, aktiv die eigenen Kräfte einsetzen, eigene Entscheidungen fällen. Dadurch wachsen die Kräfte, das Selbstbewusstsein und damit die Zufriedenheit. Die Voraussetzung dafür ist Handlungs- und Entscheidungsfreiheit.

Menschen, deren Entscheidungsfreiheit über ihr Leben gemindert ist, können nur schwer eigene Kräfte und ein eigenes Selbstbewusstsein entwickeln."

In dieser Passage wird die zentrale These auf eine Studie und eine Expertenmeinung gestützt. Es werden also zwei Autoritätsargumente benutzt.

Achtung: Verwendung von Fakten-Argumenten

- Gerade analytisch ausgerichtete Adressaten werden durch empirische Belege besonders gut angesprochen. Zahlen, Daten und Fakten führen ein rationales und leicht überprüfbares Element in die Diskussion ein.
- Wo immer es geht, sollten Sie Ihre Argumentation durch Faktenargumente stützen. Suchen Sie konsequent nach Datenmaterial, das Ihren Standpunkt untermauert.
- Die Autorität, auf die Sie sich beziehen, sollte tatsächlich eine Autorität auf dem betreffenden Gebiet sein.

Suchen Sie nach Implikationen

Auch die letzte Variante von Argumentationsstrategien, die wir Ihnen vorstellen möchten, richtet sich besonders an den analytisch und systematisch denkenden Menschen. Diese Begründungsform weist wie die Faktenargumente eine gewisse Stringenz und Unabweisbarkeit auf. Nicht weil sie auf empirischen Daten aufbaut, sondern auf Logik.
Wir geben dieser Argumentationsstrategie den Namen ***Implikation***. Sie zeichnet sich gerade dadurch aus, dass sie keine externen Belege benötigt. Vielmehr leitet man aus einer Aussage oder Position das ab, was rein logisch, definitorisch, bedeutungs- oder voraussetzungsmäßig in ihr steckt. Man sucht also nach Schlussfolgerungen, die sich aus der Bedeutung einer Aussage oder Gruppe von Aussagen ergeben.

Beispiele:

- Dass Max ein Junggeselle ist, impliziert, dass er unverheiratet ist.
- Dass die Figur vor mir ein Rechteck ist, impliziert, dass sie vier Ecken hat.
- Fritz ist deutscher Meister im Marathonlauf, also hat er eine gute Kondition.

Das sind Folgerungen, die sich aus den gegebenen Begriffen des Junggesellen, des Rechtecks und des Marathonmeisters leicht und zwanglos ableiten lassen. Wer würde sie bestreiten („Red keinen Unsinn! Max ist seit drei Jahren verheiratet und immer noch Junggeselle!“ – Das wäre ein recht überraschender Konter und vielleicht der Einstieg in eine recht unterhaltsame Diskussion)?
Die Verwendung von Implikationsargumenten kann aber auch offenere Formen annehmen. Meistens wird durch eine Aussage ein größerer Bedeutungsrahmen aufgespannt. Und der wird durch eine Implikation genau geklärt, ausgelotet und aufgefächert. Die zentrale Frage, durch die ein Implikationsargument oft eingeleitet wird, lautet: Was heißt eigentlich …? Was setzt X logisch voraus?
Im Zuge der Beantwortung dieser Fragen werden Schlussfolgerungen möglich, die nicht von vornherein deutlich waren. Implikationsargumente kann man quasi vom Lehnstuhl aus führen, ohne einen faktenorientierten Blick auf die Welt werfen zu müssen. Deshalb sind diese Art von Argumenten auch die Lieblingsargumente der Philosophen.
Welche Strategie benutze ich als Überzeuger bei der Verwendung eines Implikationsarguments? Meine Strategie besteht darin zu zeigen, dass meine Position von einer anderen impliziert wird, die der Adressat akzeptiert oder akzeptieren sollte. Ich zeige also, dass mein Standpunkt im Grunde eine logische Folgerung einer vom Adressaten akzeptierten Position ist. Wer diese Position akzeptiert, ist automatisch auch auf meinen Standpunkt festgelegt. Damit das gelingt, muss man meistens die akzeptierte Position etwas explizieren und ausarbeiten.

Begründungsschema
Standpunkt A ist richtig, ratsam, …,
weil A von der (akzeptierten) richtigen Position B impliziert wird.

Schluss-Schema
A wird von der richtigen (akzeptierten) Position B impliziert.
Daher: A ist richtig, ratsam, …

Die Grundidee der Implikationsargumente lässt sich am besten an Beispielen demonstrieren. In unserem ersten Beispiel unterhalten sich die beiden Autoren dieses Buches über das Thema Entscheiden und in welchem Zusammenhang es mit dem Thema Überzeugen steht.

Beispiel

A: Wir sollten uns in unserem Buch auch mit dem Thema Entscheiden beschäftigen.

B: Warum denn?

A: Überzeugen heißt doch, jemand akzeptiert die Behauptung oder den Standpunkt, den ich vertrete. Richtig?

B: Ja, richtig.

A: Wichtig ist dabei, er akzeptiert es aus freien Stücken.

B: Stimmt.

A: Und das heißt doch nichts anderes, als dass er sich dafür entscheidet, meine Behauptung zu akzeptieren. Was meinst du?

B: Da ist was dran.

A: Und das zeigt uns doch Folgendes: Wie Menschen sich entscheiden, steht in Zusammenhang mit dem Thema Überzeugen. Deshalb sollten wir unbedingt auch das Thema Entscheiden in unser Buch integrieren.

A baut sein Argument auf, indem er überlegt, was Überzeugen eigentlich genau beinhaltet. Seine schrittweise Beweisführung baut nicht auf Daten oder Fakten auf, sondern ist rein logischer Natur.
Auch in unserem nächsten Beispiel macht der Überzeuger Gebrauch von einem Implikationsargument.

Beispiel:

Helmut: „Wenn wir jetzt zuerst unsere Organisationsstruktur verändern und danach unsere Abläufe, kann es sein, dass wir Probleme bekommen. Denn das würde heißen, wir müssten die Abläufe der Struktur anpassen. Wir haben aber gesagt, dass unsere Abläufe radikal aus Kundensicht betrachtet werden sollten. Wir zäumen also das Pferd von hinten her auf, wenn wir uns zuerst mit der Frage der Struktur beschäftigen."

Der wichtigste Ausgangspunkt eines Implikationsarguments besteht in der Frage: Durch welche allgemeinere Position wird mein Standpunkt impliziert und damit abgesichert?
In Implikationsargumenten spielen also logische Folgerungsbeziehungen die entscheidende Rolle. Dabei ist es nicht notwendig, dass Sie Ihren Standpunkt nur aus einer einzelnen Aussage abzuleiten versu-

chen. Mehrere Aussagen zusammengenommen können Ihren Standpunkt implizieren.

Beispiel

Sven und Claudio diskutieren über Ethik. Sven ist der Meinung, dass es viele ethische Tatsachen gibt, die man einfach intuitiv weiß. Sie stellen ein intuitives Wissen dar.

Sven: Wir beide glauben doch, dass es ethische Tatsachen gibt. Und dass wir ein Wissen von diesen ethischen Tatsachen haben. Zum Beispiel, dass Mitleid gut und richtig ist.

Claudio: So weit stimme ich dir zu.

Sven: Jetzt stellt sich doch die Frage, woher wir dieses Wissen haben.

Claudio: O. k. Das ist eine vernünftige Frage.

Sven: Ich glaube nicht, dass wir allein aus der Erfahrung heraus wissen, dass Mitleid richtig ist. Unsere Erfahrungen allein könnten uns kein solches Wissen liefern. Und andererseits kommen wir auch mit rein verstandesmäßigen Überlegungen nicht zu einem solchen Wissen. Und wenn das alles richtig ist, dann impliziert dies, dass wir eine ganz andere Wissensquelle haben müssen – nämlich die Intuition.

Welchen Vorteil bringt ein Implikationsargument?

Da Implikationsargumente auf Logik bauen, zeichnen sie sich durch ein hohes Maß an Prägnanz und Klarheit aus. Sie helfen dabei, eine Position sauber und präzise zu strukturieren. Gekonnt eingesetzt scheinen sie fast wasserdicht zu sein. Sie weisen eine hohe Stichhaltigkeit auf und stellen wie im Schachspiel eine Art erzwungenen Zug dar. Das heißt, der Adressat wird gewissermaßen „gezwungen", die Schritte in der Argumentation mitzugehen. Je analytischer und systematischer der Adressat denkt, desto wirkungsvoller ist natürlich ein Implikationsargument. Aber Vorsicht! Gerade diese Stringenz kann fatale Folgen für den Überzeuger haben. Dem griechischen Philosophen Sokrates gelang es immer wieder, durch geschickten Einsatz von Implikationsargumenten die Meinungsnetze seiner Adressaten auf verwirrende Weise zu verknoten – bekanntlich wurde er von den Athenern dafür zum Tode verurteilt.

Im folgenden Beispiel sehen wir noch einmal diese Argumentationsstrategie am Werk.

Beispiel

C. Christian von Weizsäcker versucht in seinem Buch: „Die Logik der Globalisierung" aufzuzeigen, dass sich das sogenannte Stakeholder-Prinzip am Status quo orientiert und das Shareholder-Prinzip veränderungsfreundlich ist. Wie ist seine Argumentation strukturiert?

Im ersten Schritt erläutert er, was das Stakeholder-Modell genau bedeutet:
„Es geht um die sogenannten Stakeholder eines Unternehmens, deren Zielen die Unternehmensleitung unterzuordnen ist. Diese Stakeholder sind neben den Aktionären die Mitarbeiter, dann aber auch der Staat als Nutznießer der Steuerkraft des Unternehmens, die Kunden als Nutznießer seiner Produkte, die Ortschaften, in denen das Unternehmen Produktionsstätten hat." (Die Logik der Globalisierung, S. 105)

Im nächsten Schritt fragt er, was es heißt, die Unternehmensführung von den Interessen der Stakeholder abhängig zu machen. Was impliziert dies genau? Es impliziert, dass der Status quo festgeschrieben wird. Denn alle Stakeholder sind ja definiert durch den Status quo des Unternehmens.

„Es geht hier um die Inhaber der jetzigen Arbeitsplätze, nicht um die nicht konkretisierbaren Inhaber potenzieller künftiger Arbeitsplätze. Es geht um die heutigen Kunden, nicht um die nicht konkretisierbaren potenziellen neuen Kunden. Es geht um die Ortschaften mit heutigen Produktionsstandorten, nicht um die nicht konkretisierbaren Ortschaften künftiger Standorte." (S. 105)

Aus dieser Situationsbeschreibung leitet von Weizsäcker schließlich ab, dass jede Veränderung ein mühsamer Verhandlungsprozess wäre, der die Interessen aller Beteiligten zu berücksichtigen hätte.

„Der Status quo als der Zustand, der einfach da ist, hätte, wie in der Politik, eine übergroße Überlebensschance." (S. 106.)

Von Weizsäckers Argumentationsschritte:

- Das Stakeholder-Modell ist am Status quo orientiert und damit veränderungsfeindlich.
- Im Stakeholder-Modell wird die Unternehmensleitung von den Interessen der verschiedenen Stakeholder abhängig gemacht.
- Die Stakeholder sind durch den Status quo des Unternehmens definiert und daher sind auch deren Interessen am Status quo orientiert.
- Der Status quo bekommt eine starke Dominanz und Veränderungen sind nur durch einen mühsamen Verhandlungsprozess möglich.

Achtung: Verwendung von Implikationsargumenten

- Ihre Implikationsargumente sind umso wirkungsvoller, je transparenter Sie die einzelnen Zwischenschritte gestalten.
- Legen Sie die Zwischenschritte so an, dass der Adressat mit „Ja, das stimmt!" darauf reagieren kann. Nach dieser Zustimmung führen Sie ihn durch Logik zum nächsten Schritt.
- Am wirkungsvollsten sind Implikationsargumente bei einem analytischen Adressaten. Aber auch weniger analytisch ausgerichtete Menschen fasziniert die Stringenz und Ästhetik eines logischen Arguments.

Wir haben Ihnen einige Begründungs- und Schlussstrategien vorgestellt, die aus unserer Erfahrung heraus wirkungsvolle Elemente einer Push-Strategie darstellen. Die diversen Begründungsformen lassen sich natürlich kombinieren. In der Kombination entfalten sie zusätzliche Stärke. Hier noch einmal im Überblick die einzelnen Aspekte.

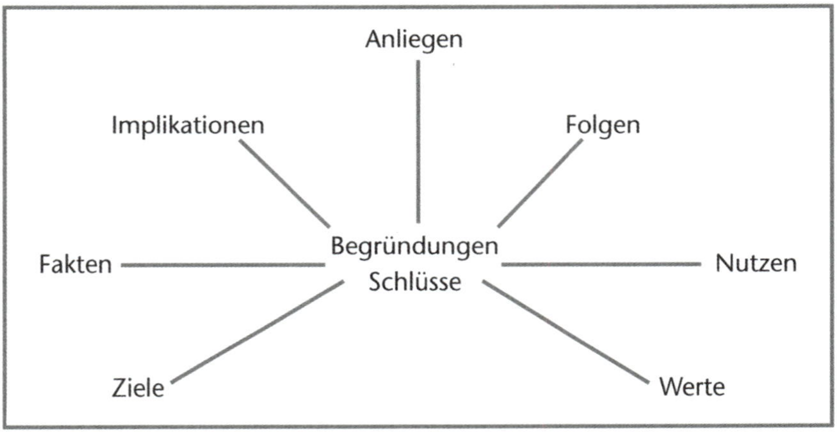

Wann empfiehlt sich welche Strategie?

Wir haben bei unseren Argumentationsstrategien zwischen Begründungen und Schlüssen unterschieden. Kann man allgemein sagen, wann welche Argumentationsstrategie besser geeignet ist?

Wenn Sie gleich zur Sache kommen wollen

Die Antwort ist teilweise von meiner Zielsetzung als Überzeuger abhängig. Wenn ich schnell meinen Standpunkt beziehen und Flagge zeigen möchte, ist es besser, Begründungen zu liefern. Ich möchte den Adressaten sofort mit meiner Meinung konfrontieren, vielleicht um ihn zu überraschen oder ihn ein wenig zu „provozieren". Wenn ich meinen Standpunkt sofort klar mache, sieht der Adressat auch, auf welcher Position ich genau stehe. Das schafft eine hohe Transparenz im Gespräch und kann dazu dienen, die Fronten von vornherein zu klären.
In Situationen, in denen dem Überzeuger also nur wenig Zeit zur Verfügung steht, kann die Strategie: „Erst der Standpunkt, dann die Begründung" sinnvoll sein. Faktenargumente eignen sich für diese Strategie besonders gut. Denn die externen Beweise zementieren gewissermaßen meinen schon genannten Standpunkt. Aber die letzte Aussage ist nur eine Vermutung von uns. Wir können sie nicht empirisch nachweisen.

Wenn Sie mit vielen Widerständen rechnen

Schlüsse nehmen den Adressaten auf eine Reise mit, an deren Ende meine zentrale Behauptung steht. Diese Argumentationsstrategie kann in kniffligen Situationen sinnvoll sein, in denen man vielleicht vorsichtig argumentieren muss, weil man mit einer Reihe von Widerständen zu rechnen hat. Ich hole mir zuerst die Zustimmung meines Adressaten zu den Annahmen, die ich mache, und ziehe dann die entsprechende Schlussfolgerung. Je nach Reaktion des Adressaten könnte man dann noch vorzeitig gegensteuern und – wenn nötig – zusätzliche Aspekte beleuchten. Mein Ziel bei einem Schluss lautet, den Adressaten langsam meiner Position anzunähern. Die Widerstandsschwelle wird dadurch möglicherweise niedriger. Beide Argumentationsrichtungen haben ihren Wert.
Unsere Empfehlung: Probieren sie es einfach aus! Nur so können Sie ein immer besseres Gespür dafür entwickeln, wann Sie auf welche Strategie zurückgreifen sollten. Patentrezepte können wir auch hier nicht liefern; zu viel hängt von der Persönlichkeit der Gesprächspartner, den Rahmenbedingungen, der Stimmung im Gespräch usw. ab.
Zum Schluss wollen wir Ihnen zur Vorbereitung Ihrer Argumentation eine kleine Checkliste an die Hand geben. Sie werden nach der Beantwortung der einzelnen Fragen erkennen, welche Strategie für Ihre Zwecke die geeignete ist.

Welche Begründungsstrategie ist geeignet?

- Lässt sich Ihr Standpunkt mit Bezug auf positive oder negative Folgen stützen?
- Welcher Nutzen wird für den Adressaten durch Ihren Standpunkt gestiftet?
- Leistet Ihr Standpunkt einen Beitrag zur Erreichung eines (gemeinsamen) Ziels?
- Ist Ihr Standpunkt Ausdruck eines gemeinsamen Ziels?
- Kann Ihr Standpunkt durch vom Adressaten akzeptierte Werte und Prinzipien begründet werden?
- Gibt es wichtige Normen, durch die Ihr Standpunkt gestützt werden kann? Trägt Ihr Standpunkt zur Einhaltung einer Norm bei?
- Gibt es eine für den Adressaten relevante subjektive Begründung Ihres Standpunkts, durch die Ihre Motive transparent werden?
- Werden durch Ihren Standpunkt wichtige Anliegen getroffen?
- Gibt es empirische Belege (Zahlen, Daten, Fakten), die Ihren Standpunkt untermauern?
- Können Sie Ihren Standpunkt durch Bezugnahme auf eine Autorität stützen?
- Wird Ihr Standpunkt durch eine allgemeinere, akzeptierte Position impliziert? Ist mein Standpunkt also eine logische Folgerung aus einer akzeptierten Position?

Wie Sie Vertrauen und Glaubwürdigkeit aufbauen

Klar ist: Überzeugen kann man nur in einer Atmosphäre von Vertrauen und Glaubwürdigkeit. Wenn mir jemand misstraut, dann glaubt er mir nicht, zumindest dann nicht, wenn es um etwas Wichtiges geht. Und in einer Atmosphäre des Misstrauens werden auch die besten Argumente keine Überzeugungskraft entfalten.
Häufig betrachten wir aber gerade den Gesprächspartner, den wir ja eigentlich für unsere Sache begeistern wollen, als Gegner. Überzeugen wird als eine Form des Überwindens gesehen. Daraus erwächst leicht ein angespanntes, manchmal sogar aggressives Klima, das für die Überzeugungsarbeit äußerst schädlich ist. Den Adressaten sollten Sie nicht als eine Art Hindernis sehen, sondern als Gesprächspartner, der es verdient hat, dass Sie mit ihm konstruktiv und freundlich umgehen.
In diesem Kapitel geben wir Ihnen Tipps, wie Sie eine vertrauensvolle und ehrliche Arbeitsbeziehung zu Ihrem Gesprächspartner aufbauen und pflegen können.

Das Gegenseitigkeitsprinzip

Beispiel 1

Die Verhandlungen zwischen Robert Schmitt von der TerraCom GmbH und Paula Brand von InterTrix verlaufen zäh. Es geht um ein größeres Geschäft. TerraCom, ein Hersteller elektronischer Bauteile, möchte mit InterTrix, einem Automobilzulieferer, einen umfangreichen Vertrag abschließen. Strittige Punkte sind das Volumen, das InterTrix TerraCom abnehmen soll, und der Preis. Nach langem Hin und Her macht Herr Schmitt Frau Brand ein Zugeständnis, was den Preis anbelangt. Er unterbreitet ihr ein günstigeres Angebot und Frau Brand nimmt das Angebot an. Eine erste Einigung ist damit unter Dach und Fach – dank des mutigen ersten Schrittes von Herrn Schmitt. Nachdem nun die Preisfrage geklärt ist, sagt Herr Schmitt: „Gut, in diesem Punkt sind wir Ihnen recht weit entgegengekommen. Es wäre schön, wenn auch Sie uns nun entgegenkommen könnten. Ich denke da speziell an die Frage des Liefervolumens. Was haben Sie denn da für Spielräume ..."

In Schmitts Vorgehen spiegelt sich ein Prinzip wider, das offen oder unausgesprochen alle Arten menschlicher Interaktionen begleitet: das Gegenseitigkeitsprinzip. Salopp formuliert könnte man es auch das „Wie-du-mir-so-ich-dir-Prinzip“ nennen. In vielen unserer Alltagsweisheiten kommt dieses Prinzip zum Ausdruck: „Was du nicht willst, dass man dir tu’, das füg auch keinem anderen zu!“ „Wie man in den Wald hineinruft, so schallt es heraus!“ Oder: „Behandle die anderen so, wie auch du selbst behandelt werden möchtest!“.
Das Gegenseitigkeitsprinzip ist eines der fundamentalsten Prinzipien menschlicher Kooperation. Das haben schon Philosophen wie Thomas Hobbes und David Hume herausgearbeitet. Es stellt den zentralen Mechanismus dar, der Zusammenarbeit und Vertrauensaufbau zwischen Menschen ermöglicht.
Das Gegenseitigkeitsprinzip basiert auf der Vereinbarung, sich gegenseitig zu helfen. Dabei ist die Risikostelle klar markiert: Einer macht den ersten Schritt. Er gibt einen Vertrauensvorschuss und geht das Risiko ein, im schlimmsten Fall ausgenutzt zu werden. Wenn der andere nachzieht, dann haben beide die Vereinbarung eingehalten und jeder hat von der Zusammenarbeit profitiert. Beim nächsten Mal haben sie bereits gelernt, dass man sich auf das Wort des anderen verlassen kann. Sie beginnen einander zu vertrauen. Die Basis dafür ist, dass sie eine Vereinbarung getroffen haben, an die sich jeder hält.
Der Gesellschaftstheoretiker Axelrod hat in einem Experiment nachgewiesen, dass es sich lohnt, nach dem Gegenseitigkeitsprinzip: „Wie du mir, so ich dir“ zu verfahren und selbst als Erstes kooperativ zu sein. Er hatte ein Spiel zur Zusammenarbeit konzipiert, in dem sich diese Regel als die langfristig beste Gewinnstrategie herausstellte. Und so sieht die einfache Strategie aus: Wenn ein Gegenspieler ebenfalls freundlich und kooperativ ist, dann kooperiert man weiter mit ihm. Wenn er nicht kooperiert, dann reagiert man in Zukunft ebenfalls unkooperativ. Man übt also eine Art kontrollierte Vergeltung aus, um den Gegenspieler wieder zur Kooperation zu bewegen.

So setzen Sie das Gegenseitigkeitsprinzip in Ihrer Argumentation ein

Versuchen Sie erst den Anderen zu verstehen

Es hat sich vor allem in kniffligen Situationen als sehr positiv erwiesen, nicht sofort mit seinen Argumenten und dem eigenen Standpunkt vorzupreschen, sondern behutsam und geduldig die Meinungs- und Gefühlswelt des Adressaten zu erkunden. Je besser Ihnen das gelingt, desto eher wird sich auch der Adressat Ihre Position anhören. Der Sonderfall des Gegenseitigkeitsprinzips lautet hier: „Damit der Adressat mir zuhört, höre ich ihm zuerst zu.“ Um zu verstehen, braucht man im Wesentlichen zwei Methoden, nämlich Fragen und Zuhören. Dieses Thema werden wir im nächsten Kapitel noch näher beleuchten.

Beispiel

Klaus führt ein Mitarbeitergespräch mit Jürgen. Klaus würde Jürgen gern für die Übernahme eines wichtigen Projekts gewinnen. Das bedeutete aber, dass Jürgen sein Sabbatical noch einmal für ein halbes Jahr zurückstellen müsste. Klaus macht Jürgen zunächst den Vorschlag und hört ihm dann erst einmal in aller Ruhe ausführlich zu, um seine Anliegen genau zu verstehen. Nachdem er Jürgens Interessen sauber herausgearbeitet hat, schildert er ihm, warum es ihm wichtig ist, dass Jürgen das Projekt übernimmt. Da Klaus Jürgen gut zugehört hat, ist Jürgen nun auch bereit, sich Klaus' Argumente anzuhören.

Machen Sie den ersten Schritt – einer muss es ja tun

Unterbreiten Sie zum Beispiel ein Angebot, das für den Adressaten attraktiv ist. Sie bewegen sich dadurch auf den Adressaten zu und geben ein deutliches Signal. Eine andere Möglichkeit, den ersten Schritt zu tun, könnte darin bestehen, dass Sie eine Vereinbarung mit dem Adressaten treffen und Sie selbst diese Vereinbarung sofort umsetzen und einhalten. Sie zeigen damit, dass es Ihnen ernst ist. Oft wird der Adressat nachziehen.

Es gibt viele Möglichkeiten, diese Art von Signal auszusenden und einen deutlich wahrnehmbaren ersten Schritt zu vollziehen. Natürlich plädieren wir hier nicht für eine Art von Verhandlungsselbstmord: Die Schrittlänge sollte angemessen sein. Kooperiert der andere nicht und nutzt Ihren Schritt aus, dann haben Sie zwar einen Verlust erlitten (sonst wäre der erste Schritt ja trivial gewesen), aber dafür auch etwas gewonnen. Sie wissen jetzt besser als vorher, wie weit man dem anderen vertrauen kann.

Gerade bei schweren Konflikten kann die Argumentation nach dem Gegenseitigkeitsprinzip sehr wirkungsvoll sein.

Beispiel

Zwischen den beiden Staaten X und Y herrschen kriegerische Auseinandersetzungen. Es gibt also einen Konflikt, der schon auf einer relativ hohen Eskalationsstufe angesiedelt ist. Staat X möchte jedoch einlenken und zum Frieden zurückkehren. Wie kann er das erreichen? Er kann versuchen, ein Signal zu setzen. Stellen wir uns vor, X entscheidet sich zu folgendem Signal: 200 Kriegsgefangene sollen freigelassen werden. Er besteht dabei auf

keiner Gegenforderung. Sein Ziel ist es, einseitig zu deeskalieren und den anderen Staat an den Verhandlungstisch zurückzubringen. Nach dem Gegenseitigkeitsprinzip besteht die Chance, dass der andere Staat das Signal versteht und sich zu Gesprächen bereit erklärt.
Sollte dies jedoch nicht passieren und Staat Y reagiert stattdessen mit weiteren Angriffen – was kann jetzt getan werden? Der angegriffene Staat X setzt sich dann zur Wehr und demonstriert dadurch seine Stärke und Entschlossenheit („Wie du mir, so ich dir!"), aber er wird wiederum ein Signal setzen und einseitig deeskalieren. Vielleicht wird er als wiederholtes Friedenssignal weitere 50 Gefangene freilassen. Auch bei dieser Deeskalationsstrategie kommt also das Gegenseitigkeitsprinzip zum Einsatz.

Wir fassen zusammen:
Wer in seiner Argumentation das Gegenseitigkeitsprinzip bewusst berücksichtigt, trägt seinen Teil zum Aufbau einer Atmosphäre des Vertrauens bei. Je mehr man sich vertraut, desto einfacher ist es, jemanden für eine Idee oder einen Vorschlag zu erwärmen. Manchmal erübrigt sich dann jede Art der Diskussion, jede Art der Push-Strategie.

Das Ähnlichkeitsprinzip

Wie wichtig es ist, sich kennen zu lernen und Vertrauen aufzubauen, zeigt ein Experiment, das mit Studenten durchgeführt wurde (s. Shell, Bargaining for Advantage).
Mehrere Studenten wurden dazu eingeladen, Verhandlungen miteinander zu führen, die per E-Mail erfolgen sollten. Eine Gruppe der Studenten wurde aufgefordert, sofort mit den Verhandlungen zu starten, die andere Gruppe hatte Gelegenheit, sich mit ihrem jeweiligen Verhandlungspartner in einem Warm-up auszutauschen. Dabei wurden auch ganz persönliche Dinge kommuniziert. Am Ende zeigte sich, dass diejenigen Studenten zu einem besseren Verhandlungsergebnis gekommen waren, denen die Möglichkeit gegeben wurde, sich gegenseitig etwas kennen zu lernen. Ihre Beziehung war auf eine andere Basis gestellt. Sie hatten Vertrauen zueinander aufbauen können.

Ähnlichkeit fördert Vertrauen

Ähnlichkeiten oder gar Gemeinsamkeiten (was wir als einen Spezialfall von Ähnlichkeit auffassen können) fördern bekanntlich die Bereitschaft zur Kooperation und erhöhen die Chancen, dass andere Meinungen akzeptiert werden. Denken Sie nur an die Freude, die einen durchflutet, wenn man zum Beispiel auf einer Fernreise einen Menschen aus heimatlichen Gefilden trifft, mit dem man sich in heimischer Mundart unterhalten kann! In solchen Situationen ist sehr schnell Kontakt hergestellt und eine gewisse grundsätzliche Offenheit zu bemerken.

Ähnlichkeiten schaffen schnell eine gemeinsame Basis und helfen dabei, Vertrauen aufzubauen. Außerdem wirkt bei der Feststellung von Ähnlichkeiten häufig der Sympathieeffekt. Menschen, die wir in irgendeiner Hinsicht uns ähnlich finden, sind uns oft besonders sympathisch. Wir lassen uns schneller auf sie ein und akzeptieren leichter ihre Meinungen („Ein Marathonläufer wird einen anderen doch nicht anlügen!" Oder: „Jetzt mal ein offenes Wort unter Gartenzwergsammlern …"). Dabei können die relevanten Ähnlichkeiten eine erhebliche Bandbreite aufweisen: ähnliche Hobbys, Lebensentwürfe, Einstellungen, Geschmäcker, Ziele usw.

Besonders wirkungsvoll ist es, wenn man auf eine ähnliche Herkunft aufmerksam machen kann. Nicht umsonst sind Verbindungen aus der Studentenzeit so wichtig beim Aufbau von Netzwerken. In Ländern, in denen auf die Gestaltung von Beziehungen viel Wert gelegt wird, wie zum Beispiel in Ostasien, ist der Hinweis auf eine gemeinsame Herkunft von sehr großer Bedeutung. In Japan bedeutet es oft den Eintritt in eine dauerhafte Geschäftsverbindung, wenn man von der gleichen Universität kommt.

Ein gerissener und unehrlicher Überzeuger kann diese Effekte des Ähnlichkeitsprinzips natürlich auch manipulativ einsetzen, indem er Ähnlichkeiten einfach vorgibt und geschickt in das Gespräch einbaut. Auch tatsächliche Ähnlichkeiten kann er ausnutzen, um seine schwache Argumentationslage zu verschleiern. Dagegen gibt es aber zum Glück einen guten Schutzmechanismus: Denkapparat einschalten und die Argumente in Ruhe überprüfen („Mal langsam, sagen Marathonläufer wirklich immer die Wahrheit?").

Suchen Sie nach tatsächlichen Ähnlichkeiten

Wirkliche Ähnlichkeiten können eine gute Basis, ein guter Start für den Aufbau einer tragfähigen Arbeitsbeziehung sein. Es gibt in aller Regel eine Schnittmenge von Überzeugungen und Meinungen, die ich als Überzeuger mit dem Adressaten teile. Sie auszuloten und zu benennen, kann hilfreich sein, um „in die Gänge zu kommen", um das Eis zu brechen.

Beispiel

Günter ist zu Verhandlungen in Japan. Er vertritt ein deutsches Unternehmen, das mit einer japanischen Firma ein Jointventure gestartet hat. Ein wichtiger Schritt ist dabei der Aufbau eines einheitlichen Computersystems. Günter hat ein erstes Gespräch mit seinem japanischen Kollegen, Herrn Sato. Eigentlich sind sie zusammengekommen, um ein wichtiges Softwareproblem zu lösen, das die beiden Unternehmen bereits einige Zeit beschäftigt. Die deutsche Seite hat einen Lösungsvorschlag unterbreitet, die japanische Seite hat jedoch auf diesen Vorschlag noch nicht reagiert. Jetzt ist Günter vor Ort, um sich direkt mit seinem Kollegen auszutauschen und herauszufinden, was los ist. Günter weiß, dass es nicht sinnvoll ist, sofort mit der Tür ins Haus zu fallen. Also nimmt er sich Zeit für ein ausführliches Warm-up-Gespräch. Es geht um das Wetter in Japan, es geht ums Essen, um Golf, um Manga und Vergnügungsmöglichkeiten. Günter wartet geduldig ab. Im Gespräch kristallisieren sich ein paar gemeinsame Interessen zwischen Günter und Herrn Sato heraus, die weiteren Gesprächsstoff bieten. Nach etwa einer Stunde, als eine kleine Pause im Gesprächsfluss eingetreten ist, bringt Sato-San das eigentliche Thema aufs Tapet. Erst jetzt beginnt man, das Softwareproblem zu besprechen.

Günters Verhalten war genau richtig. Gerade in Ländern, in denen Beziehungsaspekte im Vordergrund stehen, sollte man nicht mit der Tür ins Haus fallen. Kommen Sie nicht gleich zur Sache, lassen Sie das Gespräch auch mal abschweifen, stellen Sie Fragen und hören Sie zu. Suchen Sie nach Gemeinsamkeiten.

Setzen Sie Ähnlichkeiten argumentativ ein

Dabei bezieht man sich auf Ähnlichkeiten, die in einem Zusammenhang mit dem besprochenen Thema stehen. Man knüpft bewusst an Meinungen oder Äußerungen des Adressaten an und zeigt, inwiefern der eigene Standpunkt ähnlich ist. Gerade in kniffligen Situationen kann es sinnvoll sein aufzuzeigen, welche Gemeinsamkeiten vorliegen. Die Betonung der Gemeinsamkeiten führt dazu, dass sich die beteiligten Parteien wieder einander annähern.

Beispiel

Der Vorstand bei Megalus ist sich uneinig darüber, in welche Richtung das Unternehmen in den nächsten Jahren weiter wachsen soll. Jürgen und Eva möchten gern neue Geschäftsfelder erschließen, Eleonore und Hans möchten gern alle Ressourcen darauf verwenden, die bestehenden Geschäftsfelder rentabler zu gestalten. Die Diskussion verläuft ziemlich hitzig, man ist am Rande eines Streits. In diesem Moment ergreift Hans noch einmal das Wort:"Stopp! Ich glaube, so kommen wir nicht weiter. Lasst uns doch noch einmal durchschnaufen und auf das blicken, was wir gemeinsam möchten: Wir wollen, dass unser Unternehmen auch in Zukunft wächst (zustimmendes Nicken der anderen). Wir wollen, dass unser Wachstum uns nicht überfordert. Wir wollen also vorsichtig vorgehen. Wir wollen andererseits aber auch neue Chancen nutzen. Jetzt haben wir hier zwei Standpunkte. Lasst uns doch mal von dieser Basis aus für jeden Standpunkt überlegen, inwiefern er unsere gemeinsamen Ziele trifft und wo Risiken bestehen."

Das Ehrlichkeitsprinzip

Beispiel:

Bei der MetaKonkret AG, einem Internet-Start-up, sind erhebliche Finanzierungsprobleme aufgetreten. Es muss dem Unternehmen gelingen, in den nächsten drei Monaten mindestens vier aussichtsreiche Großkunden zu gewinnen, um von den Geldgebern neues Kapital zu erhalten. Peter, der Vorstandsvorsitzende, versucht, seine Vertriebsmitarbeiter zu überzeugen, ihre Anstrengungen zu erhöhen.

„Wir sind im Moment in keiner rosigen Lage, ich möchte Ihnen da gar nichts vormachen. Unsere Zeit läuft langsam aus und wir stehen unter erheblichem Druck. Trotzdem glaube ich, dass wir es noch schaffen können. Es bedeutet natürlich doppelte Anstrengung in den nächsten Monaten, um unsere Ziele zu erreichen. Ich habe auch kein Patentrezept, wie wir vorgehen können, aber ich habe ein paar Ideen, die ich gerne mit Ihnen diskutieren möchte. Wir haben dafür jetzt den ganzen Vormittag Zeit ..."

Neben einer ganzen Reihe anderer Dinge macht Peter in dieser kurzen Redepassage vor allem eines: Er gibt seine ehrliche Meinung zur Unternehmenssituation wieder. Er trägt keine Maske, sondern bringt nüchtern und offen auf den Punkt, wie es um das Unternehmen steht. Peter ist in dieser Situation authentisch und ehrlich.

Das Ehrlichkeitsprinzip besagt, dass es wichtig ist, ehrlich und ungekünstelt – also man selbst – zu sein und sich nicht zu verstellen. Es kommt an, wenn man sich nicht hinter einer Maske versteckt, sondern als Person sichtbar wird.

Ehrlichkeit hat noch mit einem anderen wichtigen Punkt zu tun. Und zwar mit Wahrheit. Wir sind an Wahrheit interessiert. Wir haben ein fundamentales Interesse daran, das Wahre zu sehen. Wenn wir hinter die Fassade blicken können, dann sehen wir die Wahrheit. Es wäre absolut paradox zu sagen: „Es ist nicht wahr, aber ich glaube es."

Tatsächlich basiert unsere ganze Kommunikation darauf, dass es wahre Dinge sind, die wir einander vermitteln. Unsere Kommunikation würde zusammenbrechen, wenn wir uns alle anlügen würden. Tatsächlich können wir gar nicht konsequent immer lügen. Die Lüge ist nur deshalb möglich, weil wir in der Regel auf Wahrheit zielen, weil das, was wir erzählen, in der Regel wahr ist. Eine Gesellschaft, in der

jede Äußerung ihrer Sprecher gelogen wäre, können wir uns nicht vorstellen. Ehrlichkeit zielt auf Wahrheit und trifft damit auf eine Grundvoraussetzung von Verstehen und Kommunikation überhaupt.
Die folgende kleine Geschichte hat einer der beiden Autoren vor einiger Zeit erlebt:

Beispiel

„Ich wollte mir eine Digitalkamera kaufen. Schließlich bin ich in ein Fachgeschäft gegangen. Nachdem der Verkäufer gefragt hatte, wozu ich die Kamera benutzen möchte, hat er mir ein entsprechendes Gerät empfohlen. Und es war nicht das teuerste Gerät, das sie im Laden hatten, und auch nicht das Gerät mit der höchsten Auflösung. Der Verkäufer hat im Gespräch betont, dass es für meine Zwecke gar nicht darauf ankommt, eine Kamera mit größtmöglicher Auflösung zu besitzen.
Ich hatte im Gespräch das Gefühl, dass es dem Verkäufer wirklich darauf ankam, mir ein Gerät anzubieten, das genau meinen Bedürfnissen entsprach. Im Gespräch stellte er immer wieder die einzelnen Nachteile von Geräten heraus. Am meisten überrascht war ich aber, als ich für die Kamera, für die ich mich schließlich entschieden hatte, nach einer größeren Speicherkarte verlangte. Denn der Verkäufer sagte zu mir: „Am besten kaufen Sie dazu die Karte Z01 der Firma X. Die reicht völlig aus." Ich wusste, dass ein anderes Kaufhaus diese Speicherkarte gerade im Angebot hatte. Der Verkäufer sagte: „Dann holen Sie sich die Karte am besten dort." Er hat mir also ein ganz anderes Geschäft empfohlen, wo ich ein günstigeres Angebot bekommen konnte. Diese Erfahrung hat dazu geführt, dass ich gleich noch eine zweite Kamera für meinen Geschäftspartner kaufte, was wiederum den Verkäufer positiv überraschte."

Viele Menschen wünschen sich dieses ehrliche Verhalten von anderen, glauben aber nicht, es selbst umsetzen zu können. Schnell sind Argumente zu hören, warum das nicht gehen kann: „Das würde mein Chef sicher nicht honorieren!" „Das würden meine Kunden ja nur ausnutzen." Oder: „Dann wäre ich ein gefundenes Fressen für meine Kollegen!"
Eine Erklärung für diese Befürchtungen sind mit Sicherheit schlechte bzw. ernüchternde Erfahrungen bei der Anwendung des Ehrlichkeitsprinzips. Viele haben auch Angst, Ehrlichkeit könne als Schwäche ausgelegt werden: Wer nicht ständig nach vorne powert, sondern auch seine Emotionen und persönlichen Gedanken zum Ausdruck bringt, gelte schnell als Versager oder Weichei.
Wir glauben, das Gegenteil ist der Fall. Ehrlichkeit ist ein Ausdruck von Stärke und Selbstbewusstsein. Nur wer selbstbewusst ist, wird auch das Risiko eingehen, das Ehrlichkeit immer mit sich bringt. In unseren Beratungsprojekten machen wir immer wieder die Erfahrung,

dass Authentizität und Ehrlichkeit wichtige Überzeugungsfaktoren sind. Als Überzeuger machen Sie von Anfang an klar, was Sie tun können und wo Ihre Grenzen liegen. Sie versprechen keine Dinge, die Sie nicht halten können. So gewinnen Sie das Vertrauen der Menschen. Das Ehrlichkeitsprinzip hat viel mit dem Glaubwürdigkeitsprinzip zu tun, das wir Ihnen weiter unten noch vorstellen werden. Und anstelle eines Plädoyers für Ehrlichkeit begnügen wir uns mit einer schlichten Frage: Was spricht eigentlich wirklich dagegen, ehrlich zu sein?

Senden Sie Ich-Botschaften

Überlegen Sie sich, was Ihnen persönlich wirklich wichtig ist und wie Sie diese Themen ins Gespräch einbauen können. Welche Emotionen, die Sie bewegen, möchten Sie ausdrücken? Welche Dinge liegen Ihnen am Herzen? Ein gutes Mittel, seine Gefühlswelt zum Ausdruck zu bringen, sind sogenannte Ich-Botschaften.

> „Ich finde es irritierend, dass ..."
> „Es hat mich geärgert, dass ..."
> „Es war für mich total überraschend, dass ..."

Ich-Botschaften sind subjektive Formulierungen. Bei bewertenden Äußerungen entfalten sie eine entschärfende Wirkung. Das lässt sich am besten an einem Beispiel verdeutlichen: Wenn Max sagt: „Dieses Bild ist total langweilig“ und Moritz über dasselbe Bild sagt, es sei total interessant, dann sieht es so aus, als konkurrierten zwei „objektiv existierende Tatsachen“ miteinander, von denen nur eine die Welt korrekt darstellen kann. Durch eine subjektive Ausdrucksweise kann dies bei gleichzeitigem Gewinn an Authentizität vermieden werden. Etwa durch diese Äußerungen: „Auf mich wirkt dieses Bild sehr interessant“, „Auf mich wirkt es ziemlich langweilig.“
Der zweite Vorteil subjektiver Formulierungen besteht darin, dass der Adressat diese Ich-Botschaft nicht in Abrede stellen kann. Wenn Max sagt: „Es hat mich gestern überrascht, dass du unseren Kunden sofort ein Angebot gemacht hast“, dann kann Moritz das nicht abstreiten und hinzufügen: „Das glaube ich nicht.“ Es sei denn, Moritz würde Streit suchen. Hätte Max die Botschaft folgendermaßen formuliert: „Das war gar nicht gut, dass du gestern unseren Kunden sofort ein Angebot gemacht hast“, so wäre Moritz vermutlich gleich in die Defensive gegangen: „Natürlich war das gut ...“

Übung: Argumentation nach dem Ehrlichkeitsprinzip

Die Argumentation nach dem Ehrlichkeitsprinzip können Sie trainieren. Wir haben eine Übung aus dem Buch: „Die fünfte Disziplin" von Peter Senge entlehnt und sie die „Linke-Spalte-Übung" genannt. Sie funktioniert folgendermaßen:

1. Denken Sie an eine knifflige Situation, in der Sie zum Beispiel jemanden für eine Idee gewinnen wollten oder mit ihm in Streit geraten sind.
2. Bereiten Sie ein Blatt Papier vor, das folgendermaßen beschriftet ist:

Was ich dachte	**Was ich sagte**
1.	1.
2.	2.
3.	3.
4.	4.
5.	5.
6.	6.
7.	7.
8.	8.
9.	9.
10.	10.

3. Schreiben Sie einen Dialog mit Ihrem Adressaten zu der Situation auf, die Sie vorher ausgewählt haben. Schreiben Sie diesen Dialog wie in einem Theaterstück in die rechte Spalte. Dabei kann es sich um ein tatsächlich geführtes Gespräch handeln. Sie schreiben es nun so auf, wie Sie sich daran erinnern oder wie Sie sich vorstellen, dass es ablaufen könnte. Im zweiten Fall erfinden Sie also einfach einen Dialog. Wenn Sie das Gefühl haben, genug aufgezeichnet zu haben, dann stoppen Sie und wenden sich der linken Spalte zu.
4. In die linke Spalte schreiben Sie nun alle Gedanken, die Sie hatten, während Sie sprachen oder während Ihr Adressat sprach. Die linke Spalte wird also Ihre Gedanken enthalten, die parallel zu Ihrem Gespräch aufgetaucht sind.
5. Wenn Sie diese Aufgabe erledigt haben, dann betrachten Sie bitte einmal die linke Spalte mithilfe der folgenden Auswertungsfragen:

Auswertungsfragen

- Welche Annahmen haben Sie stillschweigend über die andere Person gemacht?
- Welche Verallgemeinerungen haben Sie ungeprüft über die andere Person aufgestellt?
- Warum haben Sie nicht ausgesprochen, was in der linken Spalte steht?
- Warum denken und empfinden Sie so?
- Welche Dinge hätten Sie mit ein bisschen Mut auch äußern können? Warum haben Sie damit nicht zu mehr Ehrlichkeit beigetragen?

Mit dem Ehrlichkeitsprinzip kommt auch wieder das Gegenseitigkeitsprinzip ins Spiel. Wenn ich authentisch und ehrlich bin, senkt das die Hemmschwelle meines Gesprächspartners, ebenfalls authentisch und ehrlich zu sein. Übrigens lassen sich gerade komplexe Probleme und Auseinandersetzungen eigentlich nur dann umfassend und erfolgreich klären, wenn wirklich alle Gedanken und Gefühle zum Ausdruck gebracht werden, die die Gesprächspartner beschäftigen. Eine Konfliktlösung ohne ein hohes Maß an Ehrlichkeit wird zwangsläufig scheitern.

Das Sinnprinzip

Betrachten Sie einmal die folgenden Bilder. Diese Bilder bekamen Versuchspersonen zu sehen, als sie durch kleine Öffnungen in einer Wand blickten.

Ein Blick durch das Schlüsselloch 1 — Schlüsselloch 2 — Schlüsselloch 3

Ein Blick durch das Schlüsselloch 2 — Achtung: Was ist denn das? — Nochmals Kontrolle am Schlüsselloch 4

Abb. aus: Martin Cohen, 101 Philosophy Problems, Routledge Verlag

Die Versuchsteilnehmer berichteten, dass sie auf dem ersten Bild einen Stuhl sahen. Sie wurden dann gebeten, ihren Eindruck zu bestätigen, indem sie durch drei weitere Gucklöcher schauten. Überall erkannten Sie einen Stuhl, der in verschiedenen Perspektiven dargestellt war. Ihre Überzeugung, dass es sich bei dem Bild um die Darstellung eines Stuhls handelte, wurde also verstärkt. Erschrocken und überrascht reagierten sie, als sie durch das fünfte Guckloch einen Blick warfen. Statt des Stuhls war hier ein Chaos aus Strichen und Flächen zu sehen. Im letzten Bild schien dann der Stuhl wieder aufzutauchen. In Wirklichkeit war der Stuhl aber die ganze Zeit über nur das Ergebnis der Einbildungskraft der Versuchsteilnehmer. Gleich das erste Bild interpretierten Sie als einen Stuhl und nicht einfach nur als eine Ansammlung von Strichen und Flächen.

Wir wollen allem einen Sinn geben

Dieses Experiment offenbart ein wichtiges Prinzip in unserem Leben: Wir versuchen, allem, was wir sehen, erleben und wahrnehmen, einen Sinn zu geben. Wir müssen das, was um uns herum geschieht, interpretieren, um es einordnen und in unser Meinungsnetz integrieren und einbetten zu können. Nur wenn wir das, was wir erleben, in unser Meinungsnetz einfügen können, verstehen wir es. Wir nennen dieses fundamentale Prinzip das Sinnprinzip.

Der berühmte Science-Fiction-Autor Stanislaw Lem beschäftigt sich in fast allen seinen Romanen mit diesem Prinzip und den Problemen, die daraus erwachsen können. In den Situationen, die er beschreibt, ist das Problem noch potenziert, weil man es mit außerirdischen Lebensformen zu tun hat. Die Grundfrage lautet immer: Wie ist das zu interpretieren, was wir hier gerade sehen oder erleben? Das Dilemma besteht darin, dass man das Fremde mit menschlichen Kategorien zu verstehen oder zu interpretieren sucht. Die Interpretation erfolgt stets vor dem Hintergrund der eigenen Logik und des eigenen Weltbilds. Davon können wir uns nicht lösen.

Wir versuchen also, unseren Erfahrungen einen Sinn zu geben. Je mehr Sinn wir erkennen können, desto verständlicher werden die Erfahrungen für uns. Wir unterliegen dem Zwang, alles in einen Sinnzusammenhang aus Kausalität, Absichten, Motiven, Zielen und Überzeugungen zu stellen.

Was bedeutet das für unsere Überzeugungsarbeit? Je besser wir eine Behauptung in eine plausible, kohärente, in sich schlüssige Geschichte einbetten können, desto größer wird ihre Zugkraft. Deshalb spielen Geschichten auch bei der Präsentation von Standpunkten eine große

Rolle. Denn dadurch betten wir das, was wir sagen oder worauf wir hinaus möchten, in einen größeren, sinnvollen Kontext ein.
Die Wirksamkeit des Sinnprinzips wird in solchen Situationen am offenkundigsten, in denen es gestört ist oder außer Kraft gesetzt scheint. Wenn etwas unverständlich ist, rettet uns der Humor, die Absurdität.

Beispiel

Herr A trifft spät nachts Herrn B, der auf allen Vieren unter einer Straßenlaterne den Boden absucht.

A: Was machen Sie denn da?

B: Ich suche meinen Geldbeutel.

A: Wo haben Sie ihn denn zuletzt gehabt oder gesehen?

B: Ich erinnere mich, dass er mir auf einer Wiese etwa einen Kilometer von hier runtergefallen ist.

A: Ja, glauben Sie denn, dass jemand ihn hierher gebracht hat?

B: Nein, aber ich suche hier, weil es unter der Lampe viel heller ist.

Ein wichtiges Unterprinzip des Sinnprinzips ist das ***Konsistenzprinzip***, das sich überall im Alltag bemerkbar macht. Wir könnten es auch das „Wer-A-sagt-muss-auch-B-sagen-Prinzip" nennen. Sobald wir uns auf eine Position festgelegt haben, entsteht ein Drang, uns in Einklang mit dieser Position zu verhalten. *Cialdini* schildert in seinem Buch: „*Die Pyschologie des Überzeugens*" ein interessantes Experiment, das wir hier wiedergeben möchten, weil es das Konsistenzprinzip sehr gut verdeutlicht.

„Betrachten wir, was passierte, als Forscher an einem New Yorker Strand Diebstähle vortäuschten, um zu sehen, ob Zuschauer das Risiko eingingen, sich mit dem Täter anzulegen. In der Studie breitete ein Komplize der Wissenschaftler etwa anderthalb Meter neben einem zufällig ausgewählten Menschen – der Versuchsperson – ein Strandtuch aus. Nachdem er es sich ein paar Minuten auf dem Tuch bequem gemacht und Musik aus einem tragbaren Radio gehört hatte, stand er auf und schlenderte, ohne seine Sachen mitzunehmen, den Strand hinunter. Kurz danach kam einer der Versuchsleiter vorbei und täuschte einen Diebstahl vor. Er griff nach dem Radio und versuchte, sich damit aus dem Staub zu machen. Wie Sie sich denken können, scheuten die meisten Versuchspersonen unter normalen Bedingungen vor dem Risiko eines aktiven Eingreifens zurück: Nur vier von 20 Personen versuchten, etwas gegen den Dieb zu unternehmen. Als aber das

gleiche Experiment weitere zwanzig Male mit einer leichten Abwandlung durchgeführt wurde, ergaben sich ganz andere Resultate. Bei diesen Durchgängen bat der Komplize, ehe er seinen Platz verließ, die Versuchsperson, auf seine Sachen aufzupassen, was alle zusagten. Nun – unter dem Druck der Konsistenzregel – wurden 19 der 20 Versuchspersonen praktisch zu Wachmännern und verfolgten und stoppten den Dieb, verlangten eine Erklärung von ihm und hielten ihn, oft unter Einsatz körperlicher Gewalt, fest oder entwendeten ihm das Radio.“
(Cialdini, S. 84)

Hat man eine Verpflichtung für eine bestimmten Position abgegeben, so entsteht Konsistenzdruck, das heißt Druck, im Einklang mit der Verpflichtung zu handeln.

Welche Strategien kann der Überzeuger aus dem Sinn- und Konsistenzprinzip ableiten?

Stellen Sie Ihre Position in einen Zusammenhang

Begründen Sie Ihre Position sauber und erklären Sie auch die größeren Zusammenhänge, in denen Ihre Position zu sehen ist. Auf diese Weise wird für den Adressaten verständlich, welchen Sinn das Ganze haben könnte oder warum etwas getan oder geglaubt werden sollte. Je plausibler und damit verständlicher die Behauptung des Überzeugers ist, desto mehr Zugkraft entwickelt sie.

- In einem Delegationsgespräch ist es zum Beispiel wichtig, Hintergrund, Sinn und Zweck der delegierten Aufgaben zu verdeutlichen.
- Wenn in einem Unternehmen ein Leitbild eingeführt werden soll, sind allen Beteiligten die Hintergründe und Ziele zu erläutern.
- Bei der Entwicklung von Zielen für ein Team ist immer das Gesamtziel der Abteilung bzw. des Unternehmens im Auge zu behalten.

Bleiben Sie im Einklang mit Ihren Äußerungen und verlangen Sie das auch von anderen

Als geschickter Überzeuger nehmen Sie den Adressaten und sich selbst beim Wort. Leiten Sie aus den Äußerungen und Stellungnahmen des Adressaten Dinge ab, die mit Ihren Meinungen zusammenpassen. Das heißt nicht, dass Sie den Adressaten mit Erbsenzählmaschine und Goldwaage in die Enge oder in den Wahnsinn treiben sollen. Es geht

vielmehr darum, durch Konsistenzüberlegungen Verbindungen zwischen Ihrer Argumentation und seinem Meinungsnetz herzustellen.
Wie wirkungsvoll das Konsistenzprinzip ist, erleben wir immer wieder in Rollenspielen in unseren Seminaren. In einem Rollenspiel ist natürlich nicht alles fixiert. Und so passiert es manchmal, dass jemand dem anderen unterstellt, etwas gesagt oder getan zu haben. „Sie haben doch letztes Jahr behauptet …" Obwohl dies frei erfunden ist, nimmt der Gesprächspartner diesen Punkt meistens auf und akzeptiert ihn. Das bringt ihn natürlich in Bedrängnis. Er muss seine Position nämlich neu ausrichten.

Suchen Sie nach Widersprüchen in der Argumentation des Adressaten

Halten Sie die Ohren offen. Wo verheddert sich der Adressat? Gibt es Punkte, die nicht zusammenpassen? Falls Sie auf solche Widersprüche stoßen, thematisieren Sie diese behutsam und knüpfen Sie mit Ihrer Argumentation an der geklärten Stelle an.

Das Glaubwürdigkeitsprinzip

Im Gespräch mit Mitarbeitern hören wir ziemlich oft folgende Klagen über ihre Vorgesetzten: „Man weiß eigentlich nie genau, woran man bei ihm ist." „Einmal sagt er so, dann wieder so." „Er ist in seinen Entscheidungen ständig unsicher …" „Wenn er nur einmal eine Entscheidung treffen würde, dann wäre uns sehr geholfen…" Diese Klagen weisen auf ein massives Glaubwürdigkeitsproblem hin.
Glaubwürdigkeit schöpft sich aus einer Reihe von Quellen. Eine davon ist Authentizität. In diesem Abschnitt möchten wir ein paar zusätzliche Quellen nennen, die uns wichtig erscheinen und in Überzeugungssituationen Erfolgsfaktoren darstellen:

- Autorität und Erfahrung
- Ein wahrnehmbarer klarer Wertestandpunkt
- Übereinstimmung von Sprechen und Handeln
- Ethisches Verhalten und Integrität

Autorität und Erfahrung

Eine der wichtigsten Quellen für Glaubwürdigkeit ist die Autorität bzw. Expertise, die man hat. Wenn man Experte für etwas ist, dann erübrigt sich oft die Diskussion. Der Arzt überzeugt mich im Wesentlichen durch sein Expertenwissen bzw. mein Vertrauen in sein Expertenwissen davon, dass die Therapie X durchgeführt werden sollte. Über Expertenwissen zu verfügen heißt nicht nur, dass man über spezielles, in einem Studium oder einer Lehre erworbenes Wissen verfügt. Es ist natürlich auch möglich, dass man auf einem bestimmten Gebiet einfach so viele und wichtige Erfahrungen gesammelt hat, dass man von anderen als Experte anerkannt wird.

Der Autoritätsstatus sowie das Wissen und die Erfahrungen, über die man verfügt, stellen eine wichtige Glaubwürdigkeitsquelle dar. Ein ebenso interessantes wie erschreckendes Phänomen ist, dass die Menschen Experten und Autoritäten oft Glauben schenken, ohne diese auch nur im Geringsten zu hinterfragen. Diese Autoritätshörigkeit hat sich auch in einem berühmten Experiment niedergeschlagen, das von dem Psychologieprofessor Milgram durchgeführt wurde.

Beim Milgram-Experiment sollte herausgefunden werden, welchen Einfluss Bestrafungen auf das Lernen und das Gedächtnis haben. In Anwesenheit des Forschers und Versuchsleiters mussten die Versuchsteilnehmer den vermeintlichen Probanden (in Wirklichkeit handelte es sich um Schauspieler) Elektroschocks verabreichen, wenn diese Fehler machten. Die Anweisungen des Forschers (der Autorität) wurden nie in Frage gestellt. Wenn er anordnete, dem Probanden einen höheren Stromstoß zu verpassen, so wurde dies ausgeführt, auch wenn der Proband flehentlich bat, damit aufzuhören. Zwei Drittel aller Versuchsteilnehmer legten alle 30 Schalter (die Zahl der Schalter bestimmte die Elektroschock-Stärke), mit denen der angebliche Elektroschock ausgelöst wurde, um. Keine der 40 Versuchspersonen stieg aus dem Experiment aus. Es zeigte sich außerdem, dass Männer wie Frauen gleich reagierten. Auch Bildung und Alter hatten keinen Einfluss auf den Ausgang dieses Autoritätsexperiments. Dieses Experiment zeigt auf erschreckende Weise, welche Macht Autoritäten haben können. Und leider zeigt das auch ein Blick in die Weltgeschichte.

Wie können Sie den Autoritätseffekt nutzen?

Es kann Ihre Überzeugungskraft durchaus stärken, auf Ihre eigenen Erfahrungen oder Ihr Expertenwissen hinzuweisen. Wichtig ist dabei natürlich, dass Ihre Angaben richtig sind – und dass Sie auf dem Teppich bleiben. Ein Wochenendausflug mit Seilbahn auf den Jenner bei Berchtesgaden reicht nicht aus, um Reinhold Messners neuesten Expeditionsbericht kompetent zu kritisieren („Also, ich hätte das mit dem letzten Hochlager auf 8.200 Metern ganz anders gemacht!"). Entscheidend ist unseres Erachtens, dass Sie mit Ihrem Expertentum nicht protzen, aber damit auch nicht hinter dem Berg halten, wenn es Ihre Überzeugungskraft stärken kann. Gerade wenn Ihr Expertenwissen direkt zum Nutzen oder Vorteil des Adressaten eingesetzt werden kann, halten wir falsche Bescheidenheit für unangebracht.

Werte

Eine zweite Quelle der eigenen Glaubwürdigkeit ist ein klarer Wertestandpunkt. Sie gewinnen an Glaubwürdigkeit, wenn deutlich wird, für welche Werte Sie stehen, was Ihnen wichtig ist. Sie zeigen dadurch Flagge und gewinnen an Kontur. Wir kennen viele erfolgreiche Führungskräfte. Einige von ihnen sind sehr diplomatisch, andere können durchaus aufbrausend und gelegentlich auch autoritär sein, wieder andere würde man von außen vielleicht als chaotisch bezeichnen. Alle diese Führungskräfte sind erfolgreich, obwohl sie ganz unterschiedliche Charaktere haben. Was sie eint, ist, dass sie über einen präzisen Wertestandpunkt verfügen, genau wissen, worin ihre zentrale Aufgabe besteht, dies in ihrem Handeln umsetzen und ihre Mitarbeiter die klare Linie der Führungskraft wahrnehmen und sich darauf verlassen. So entsteht ein solides Vertrauensfundament, die Grundvoraussetzung für den Erfolg einer Führungskraft.

Warum ist ein Wertestandpunkt wichtig?

Er hilft, Prioritäten zu setzen, präzise Entscheidungen herbeizuführen und fundierte Begründungen zu geben. Wer weiß, was ihm wichtig ist, worauf es ihm ankommt, kann dies in Gesprächen immer wieder als Begründungs- und Entscheidungsmaßstab nutzen. Dadurch entsteht eine wahrnehmbar klare Linie im eigenen Verhalten. Der Adressat wird deutlich erkennen, wofür der Überzeuger steht.

Beispiel

Ein Krankenhaus schreibt rote Zahlen. Es besteht die Gefahr, dass es an einen privaten Träger verkauft werden muss. In dieser Situation entscheidet der Landrat, dem Krankenhaus noch eine Gnadenfrist zu gewähren, um aus dem Defizit herauszukommen. Dazu wird ein neuer Verwaltungsleiter bestellt. Es handelt sich um einen jungen Mann, der zunächst im Landratsamt tätig war. Nennen wir ihn Konrad. Konrad gilt als sehr umgänglich und als jemand, der schnell mal umkippen kann, wenn man ihn nur ausgiebig genug bearbeitet. Da rechnen sich vor allem die Chefärzte im Krankenhaus eine gute Möglichkeit aus, ihre Interessen durchzusetzen. Deshalb unterstützen sie auch nachdrücklich die Berufung Konrads zum Verwaltungsleiter.

Konrad wusste um seine Schwäche. Und bevor er die Stelle antrat, machte er sich genaue Gedanken darüber, worauf es ihm ankam, für welche Werte

er stehen wollte und worin er seine zentrale Aufgabe als Verwaltungsleiter sah. Er formulierte seinen Wertestandpunkt schriftlich für sich selbst. Das sollte eine Art Richtschnur für ihn sein, an der er sich selbst messen wollte: „Meine zentrale Aufgabe sehe ich darin, die vom obersten Management gesetzten Unternehmensziele zu erreichen – bei Beachtung des im Hause installierten Qualitätsmanagementsystems. Dabei sollen alle Mitarbeiter gleichermaßen fair und gerecht behandelt werden."
Der erste Satz beschrieb den sogenannten Fokus, den sich Konrad gesetzt hat, also seinen mittel- bis langfristigen Beitrag zum Erfolg der Organisation. Der letzte Satz beschrieb die speziellen Werte, um die es Konrad insbesondere ging.
Im Vordergrund standen die Werte „Fairness" und „Gerechtigkeit". Nachdem Konrad klar war, worauf es ihm besonders ankam, machte er dies bei allen Entscheidungen und in allen Gesprächssituationen immer wieder deutlich. Viele unliebsame Entscheidungen begründete er mit diesem klaren Wertestandpunkt.

Die Geschichte hat ein Happy End. Das Krankenhaus konnte gerettet werden. Konrad hat durch seine klare Linie ein großes Maß an Glaubwürdigkeit gewonnen. Dabei ist ihm bewusst, dass ihn nicht jeder liebt. Denn einigen Personen musste er massiv auf die Füße treten. Aber auch die Leute mit den breiten Zehen erkennen an, dass er sich niemals unfair verhalten hat.
Diese Geschichte ist ein Beispiel dafür, dass man mit einem klaren Wertestandpunkt, der auch nach außen kommuniziert wird und an dem man sein Handeln ausrichtet, eine hohe Glaubwürdigkeit erzielt. Ach ja, wie sieht denn Ihr Wertestandpunkt genau aus?

Übereinstimmung von Sprechen und Handeln

Als dritte Quelle der Glaubwürdigkeit haben wir das Übereinstimmen von Sprechen und Handeln genannt. Oft sprechen Handlungen lauter als Worte. Die Überzeugungskraft schöpft sich nicht nur aus dem, was man sagt, sondern auch aus dem, was man tut. Gerade für Führungskräfte ist es ein vernichtendes Urteil, wenn ihre Mitarbeiter und Kollegen von ihnen sagen: „Ach der redet ja nur, der tut doch nichts." Wenn Sie Ihr Handeln mit Ihrem Sprechen in Einklang bringen und sich bewusst sind, dass man Sie auch an Ihren Handlungen misst, dann können Sie als Überzeuger Punkte sammeln.

Beispiel

Die Uhrenwelt AG, ein traditioneller Uhrenhersteller, kann sich seit einigen Jahren gerade so über Wasser halten. Gott sei Dank spielen die Banken immer noch mit und verlängern ihre Kreditlinien. Es hat sich herausgestellt, dass das Unternehmen ein massives Qualitätsproblem hat. Dieses

Problem gilt es in den Griff zu bekommen. Gundula ist die neue Vorstandsvorsitzende. Sie hat es mit einer eher mäßig motivierten Belegschaft zu tun. Viele Mitarbeiter denken, dass wahrscheinlich wieder ein neuer Sparkurs gefahren wird, den man auf ihrem Rücken austrägt.

Als eine der ersten Maßnahmen beruft Gundula eine Betriebsversammlung. Sie hält eine Brandrede. Schonungslos klärt sie die Mitarbeiter über den tatsächlichen Zustand des Unternehmens auf. Viele Mitarbeiter sind schockiert, als sie mit den finanziellen Tatsachen konfrontiert werden. Gundula vertritt dennoch eine optimistische Grundhaltung. Sie glaubt, dass das Unternehmen aus eigener Kraft sein Überleben sichern kann. Wichtig ist dabei jedoch, dass einige Probleme so schnell wie möglich gelöst werden. Sie zählt alle Probleme auf. Gundula macht darauf aufmerksam, dass alle im Unternehmen zusammenarbeiten müssen, wenn man erfolgreich sein will.

Viele Mitarbeiter sind beeindruckt von der Ehrlichkeit ihrer neuen Chefin und von der Dynamik, die sie ausstrahlt. Aber die skeptische und reservierte Haltung überwiegt. Am Tag nach der Betriebsversammlung bekommt diese Skepsis jedoch massive Risse. Als die Mitarbeiter am Werkstor ankommen, sehen sie, dass die für die Vorstände und für das obere Management reservierten Parkplätze abgeschafft sind. Sie bekommen mit, dass die Vorstandskantine geschlossen wird und nun auch das Management in der normalen Mitarbeiterkantine sein Essen einnimmt. Außerdem hat Gundula beschlossen (wenn sie sich mit dem Betriebsrat einigen kann), das Stechuhrsystem abzuschaffen. Gundula hat ihren Worten also die entsprechenden Taten folgen lassen. Und diese Taten überzeugen die Mitarbeiter letztlich davon, dass in ihrem Unternehmen tatsächlich etwas geschieht.

Persönliche Integrität und ethisches Verhalten

Als vierte Quelle der Glaubwürdigkeit betrachten wir persönliche Integrität und ethisches Verhalten. Persönliche Integrität hängt natürlich zum einen mit einem klaren Wertestandpunkt und dem Übereinstimmen von Sprechen und Handeln zusammen. Aber sie hängt auch vom ethischen Verhalten der Person ab. Selbst auf die Gefahr hin, als „Moralapostel“ abgestempelt zu werden, glauben wir, dass sich ethisches Verhalten auszahlt und in hohem Maße zur eigenen Glaubwürdigkeit beiträgt. Gerade solche Aspekte wie Fairness oder Gerechtigkeit spielen eine nicht zu unterschätzende Rolle in unserer Zusammenarbeit mit anderen Menschen. Das Gerechtigkeitsempfinden der Menschen kann sehr leicht reine Kosten-Nutzen-Überlegungen aushebeln. Dies lässt sich gut am sogenannten Ultimatum-Spiel zeigen. Dabei werden die Spielteilnehmer zu einem Gedankenexperiment aufgefordert. Wir stellen Ihnen eine Variante dieses Spiels vor.

Das Ultimatum-Spiel

Wie würden Sie in folgendem Fall entscheiden?

Sie reisen in einem Flugzeug, Sie sitzen an einem Gangplatz; in der Mitte neben Ihnen sitzt eine elegante, etwas exzentrisch aussehende Dame. Am Fenster sitzt ein Geschäftsmann. Nach 30 Minuten macht die Frau folgendes Angebot: „Ich langweile mich sehr oft auf solch langen Flügen, ich möchte Ihnen gern folgendes Angebot machen: Ich habe hier 1.000 Euro, die gehören Ihnen, wenn Sie sich darauf einigen können, wie Sie den Betrag teilen. Es gibt jedoch zwei Regeln: Sie müssen entscheiden (sie wendet sich dem Geschäftsmann zu), wie das Geld aufgeteilt wird; dann werden Sie (sie wendet sich Ihnen zu) entscheiden, ob Sie es akzeptieren. Wenn Sie es akzeptieren, dann wird das Geld genauso aufgeteilt, wie der Herr rechts neben mir entschieden hat. Wenn Sie es nicht akzeptieren, dann bekommt keiner von Ihnen etwas." Sie stimmen beide zu, das Spiel zu spielen. Der Geschäftsmann denkt nach und macht folgenden Vorschlag: „Wir teilen so: Ich bekomme 950 und Sie 50 Euro." Nehmen Sie das Angebot an?

Die meisten Menschen halten das Verhalten des Geschäftsmannes für unfair, manche auch das Verhalten der Frau, die das „perfide“ Angebot macht. Viele lehnen das Angebot ab und verzichten auf 50 Euro. Dieses Beispiel zeigt sehr deutlich, dass ethische Prinzipien in unseren Interaktionen eine wichtige Rolle spielen – und dass sie oft wichtiger sind als reine Kosten-Nutzen-Überlegungen. Für den Überzeuger heißt das, ganz bewusst Gerechtigkeitsüberlegungen in seiner Argumentation zu berücksichtigen.

In einem Seminar, in dem wir das Ultimatum-Spiel einmal durchgeführt haben, hat sich übrigens eine Gruppe dafür entschieden, das Geld zu nehmen, dem Geschäftsmann aber gleich nach Verlassen des Flugzeugs eine ordentliche Tracht Prügel zu verpassen. Auch eine Form, Nutzen- und Gerechtigkeitsdenken in Einklang zu bringen.

Fairness, Zuverlässigkeit, Ehrlichkeit, das Einhalten von Vereinbarungen, das prompte Erfüllen von Zusagen und Versprechen, die Rücksichtnahme auf „schwächere“ Personen, keine Manipulation des Adressaten – all dies sind ethische Standards, deren Befolgung eine Grundvoraussetzung für vertrauensvolle Beziehungen ist. Dabei bestimmt ethisches Verhalten auch unsere Identität als Personen. Denn wer wir sind und wie wir gesehen werden, hängt zu einem großen Teil von unseren Handlungen ab.

Ist es also nicht erlaubt zu lügen? Muss man immer die Wahrheit sagen? Kant würde sagen: „Ja“. Wir aber glauben, dass man diese Frage nicht so ohne weiteres beantworten kann. Denn es sind Situationen vorstellbar, in denen eine Lüge vielleicht Menschenleben retten kann.

Nichtsdestotrotz sollte man seine eigene ethische Messlatte so hoch wie möglich legen. Denn es dient Ihrer Glaubwürdigkeit, Ihrer Integrität und Ihrer Selbstachtung.

Das Beteiligungsprinzip

„Betroffene zu Beteiligten machen" – dieses Motto ist altbekannt. Jeder, der ein Seminar über Projektmanagement oder Veränderungsmanagement besucht hat, wird diesen Slogan schon einmal gehört haben. Dennoch ist es verwunderlich, wie wenig dieses Prinzip beherzigt wird. Wir wollen am Ende des Kapitels dieses sogenannte Beteiligungsprinzip der Vollständigkeit halber erwähnen, ohne es in aller Tiefe zu diskutieren. Denn das Prinzip scheint uns im Grunde eine Selbstverständlichkeit zu sein.
In unseren Beratungsprojekten haben wir immer wieder die Erfahrung gemacht, dass die Beteiligung der Betroffenen ein entscheidender Schritt zum Projekterfolg ist. Dabei kann Beteiligung situationsbedingt alles Mögliche heißen: bloße Information, seine Meinung beitragen oder aktive Mitwirkung.
Oft begegnet uns der Einwand, dass man gar nicht alle beteiligen könne, das würde nie funktionieren. Aber oft wollen die meisten ohnehin nicht in Form einer aktiven Maximalmitwirkung beteiligt, sondern schlicht und einfach ehrlich und offen informiert und um ihre Meinung gefragt werden. Sie wollen, dass ihre Meinungen Gehör finden. Das ist wirklich nicht zuviel verlangt.

Wie können Sie das Beteiligungsprinzip nutzen?

- Lassen Sie den Adressaten aktiv an der Lösungssuche mitwirken. Umreißen Sie das Vorhaben nur grob und beziehen Sie ihn bei der Detailarbeit mit ein.
- Holen Sie sich die Meinung des Adressaten ein. Wenn er eine gut begründete Position hat, bewegen Sie sich und bauen auf seinen Ideen auf.
- Beziehen Sie den Adressaten bereits frühzeitig in die Problemlösung ein, beispielsweise schon bei der Datensammlung. Holen Sie öfter die Meinung des Adressaten ein, wenn er über das entsprechende Expertenwissen verfügt.

Fassen wir die wichtigsten Ergebnisse dieses Kapitels in Form einer Fragenliste zusammen.

Schaffen Sie ein positives Gesprächsklima

Gegenseitigkeitsprinzip	• Haben Sie versucht, die Position des Adressaten zu verstehen? • Gibt es Wege, auf denen Sie dem Adressaten entgegengehen können? Welche ersten Schritte könnten Sie unternehmen?
Ähnlichkeitsprinzip	• Welche Ähnlichkeiten oder Gemeinsamkeiten gibt es zwischen Ihnen und dem Adressanten? • Welche Ähnlichkeitsaspekte können Sie möglicherweise argumentativ nutzen?
Ehrlichkeitsprinzip	• Welche Meinungen, Empfindungen und Emotionen sollten Sie offen zum Ausdruck bringen? • Welche Ich-Botschaften könnten hilfreich sein?
Sinnprinzip	• In welchen umfassenderen Kontext oder Erklärungsrahmen können Sie Ihre Position einbetten? • Auf welche Positionen wird sich der Adressat festlegen lassen? • Können Sie in der Position Ihres Adressaten einen Widerspruch aufzeigen?
Glaubwürdigkeitsprinzip	• Wie können Sie Ihr Expertenwissen zum Ausdruck bringen? • Welchen Wertestandpunkt haben Sie, von dem aus Sie argumentieren können? • Durch welche Taten könnten sie Ihre Worte unterstreichen? • Welchen ethischen Standards fühlen Sie sich verpflichtet?
Beteiligungsprinzip	• Wie können Sie den Adressaten stärker mit einbeziehen?

Pull-Strategien: sanft, aber effektiv

Auf den folgenden Seiten werden wir uns mit Pull-Strategien beschäftigen. Pull-Strategien gehen weniger offensiv vor als Push-Strategien. Sie beziehen den Adressaten stärker ein. Zur Anwendung kommen Pull-Strategien vor allem in Vier-Augen-Gesprächen, also in Situationen, die einen stärker dialogischen Charakter haben.
Wir stellen Ihnen zunächst zwei Instrumente vor, die in allen Arten von Gesprächssituationen eine wichtige Rollen spielen, insbesondere auch in Überzeugungsgesprächen, nämlich:

- Fragestrategien und
- Zuhörmethoden.

Sie sind beim Aufbau von Vertrauen, bei der Nutzung des Beteiligungsprinzips und des Gegenseitigkeitsprinzips unverzichtbar. Danach schauen wir uns an, wie Sie ein Überzeugungsgespräch konkret anpacken und aufbauen können. Es folgen Anregungen, wie Sie zwei Modelle, die Sie schon kennengelernt haben, auch in dialogischen Situationen nutzen können. Danach betrachten wir ein paar Aspekte, die sprachliche Formulierungen betreffen. Welche Worte Sie benutzen, hat nämlich manchmal erheblichen Einfluss darauf, wie leicht oder wie schnell jemand Ihren Standpunkt akzeptiert.

Mit geschickten Fragen ans Ziel

Fragen sind eines der wichtigsten Instrumente bei einer Pull-Strategie.

- Sie sind das einfachste und wirkungsvollste Mittel, um den Adressaten möglichst intensiv am Gespräch zu beteiligen.
- Durch Fragen zeigen Sie sich von Anfang an als Partner und nicht als Gegner.
- Wer fragt, führt. Stellen Sie Fragen und Sie bestimmen die Richtung des Gesprächs, auch wenn Sie weniger Redeanteile haben.

Das Gute an Fragen ist: Sie „zwingen“ zu einer Reaktion. In unseren Kommunikationsseminaren demonstrieren wir diese Eigenschaft von Fragen manchmal in einem sehr einfachen Spiel. Wir nennen es „Der heiße Stuhl“, in Anlehnung an eine Sendung, die es vor einigen Jahren im deutschen Fernsehen zu sehen gab. Bei diesem Spiel übernimmt jemand die Rolle einer bekannten Persönlichkeit. In dieser Rolle nimmt er dann auf dem sogenannten heißen Stuhl Platz. Vor ihm sitzen „kritische Journalisten“, die ihn mit allen Arten von Fragen bombardieren dürfen. Derjenige, der auf dem heißen Stuhl sitzt, muss auf alle Fragen mit einer Gegenfrage kontern.

„Halten Sie Ihr Verhalten nicht für unmoralisch?"
„Inwiefern sollte das unmoralisch sein?"

„Können Sie so ein Vorbild für die Kinder sein?"
„Was erwarten Sie denn von einem Vorbild?"

„Haben Sie keine Angst, die Menschen zu enttäuschen?"
„In welchem Zusammenhang steht das denn zu meiner zentralen These?"

Ungefähr so sieht das Frage- und Gegenfragemuster aus, das sich in diesem Spiel schnell ergibt. Die interessante Erfahrung dabei ist: Sobald man eine Gegenfrage stellt, fühlt sich der „Journalist“, der mit einer Frage startete, unwillkürlich zu einer Antwort aufgefordert. Es wird offensichtlich, wie schnell der Gesprächsball zurückgeschleudert werden kann und in welchen Automatismus man leicht gerät, wenn man eine Frage gestellt bekommt.

Fragen ist klüger

Die Frage wird als Kommunikationsmittel oft unterschätzt. Viele Menschen glauben, sich im Gespräch nicht durchsetzen zu können, wenn Sie erst einmal mit Fragen und nicht mit der Präsentation ihres Standpunktes beginnen. Das Gegenteil ist richtig: Gerade durch den Einsatz von Fragen erhöhen Sie die Chance, eine positive Beziehung zu Ihrem Gesprächspartner aufzubauen und Ihr Gesprächsziel zu erreichen.

Wir wollen Ihnen in diesem Abschnitt ein paar spezielle Fragemethoden vorstellen, die besonders in Überzeugungssituationen nützlich sind. Wenn Sie sich mit dem Thema Kommunikation schon etwas ausführlicher beschäftigt haben, wird Ihnen der eine oder andere Aspekt nicht neu sein. Vielleicht gelingt es uns aber, Ihnen ein paar neue Einsichten zum Thema Fragen zu vermitteln. Wir beginnen zuerst mit dem Klassiker der Fragetechnik schlechthin, mit geschlossenen und offenen Fragen. Dann wollen wir Ihnen ein paar interessante Instrumente vorstellen, die wir mit eigenen Namen versehen haben. Wir nennen sie:

- Präzisierungstrichter,
- Metaskop,
- Analysefilter,
- Lösungsangel und
- Sokrates-Methode.

Geschlossene und offene Fragen

Was ist der Unterschied zwischen offenen und geschlossenen Fragen? Die Antwort auf eine offene Frage fällt in der Regel länger und ausführlicher aus, während geschlossene Fragen sehr knapp beantwortet werden können.
Offene Fragen haben die Tendenz, den Adressaten stärker in das Gespräch einzubeziehen. Sie regen den Adressaten zum Nachdenken an, laden ihn ein, sich intensiver mit einer Sache auseinander zu setzen und eigene Lösungsvorschläge vorzubringen. Durch offene Fragen erfährt man in der Regel mehr als durch geschlossene.

Beispiel: Offene Fragen

Wie müsste eine Lösung Ihrer Meinung nach aussehen?
Wie denken Sie denn darüber?
Wie äußert sich das Problem genau?
Welche Konsequenzen würden sich daraus für Sie ergeben?

Im Gegensatz dazu können geschlossene Fragen ganz kurz mit einer Geste oder einem Wort beantwortet werden.

Beispiel: Geschlossene Fragen

Möchten Sie darüber noch einmal nachdenken?
Sind Sie einverstanden, wenn wir das Gespräch morgen weiterführen?
Wie spät ist es?
Haben Sie eine Entscheidung getroffen?

Ganz allgemein tendieren wir in Gesprächen, auch in Überzeugungsgesprächen, sehr häufig dazu, geschlossene Fragen zu stellen. Wir nutzen nur selten die Kraft, die gerade in offenen Fragestellungen liegt. Besonders dann, wenn wir die Anliegen des Adressaten deutlich machen, seine Interessen und Bedürfnisse herausarbeiten wollen, sind offene Fragen das geeignete Mittel. Auch wenn der Adressat eher zögert, vielleicht sogar unkooperativ ist, können offene Fragen wertvoll sein.

Beispiel

Maria ist Beraterin für ein Pharmaunternehmen. Sie führt ein Gespräch mit einem Arzt. Er wirkt abweisend und einsilbig. Maria präsentiert im Gespräch eine neue Studie zu einem Medikament, dann stellt sie eine gute, öffnende Frage: „Was bedeutet denn diese Studie für Sie?" Der Arzt will gerade auf die Frage reagieren, als Maria einen entscheidenden Fehler macht. Sie hängt nämlich an die offene Frage eine zweite Frage an: „Was heißt denn diese Studie für Sie? Das ist doch für Sie sicher auch interessant?" Die Antwort des Arztes auf diese Kettenfrage mit der geschlossenen Frage als Abschluss lautete: „Ja, sicher." Sie hat durch ihre Frage also genau das Verhalten provoziert, das sie eigentlich vermeiden wollte: Einsilbigkeit.

In diesen Fällen stellen Sie offene Fragen:

- Sie benötigen mehr Hintergrundinformationen von Ihrem Adressaten, zum Beispiel zu seinen Zielen, Interessen, Motiven, Werten und Normen. Das sind Informationen, die Sie als Ankerpunkte für Ihre Argumentation nutzen können (denken Sie an das Kapitel über Argumentationsstrategien!).
- Sie wollen ein konstruktives, offenes Gespräch in Gang bringen, damit es zu einem wirklichen Austausch von Meinungen und Ideen kommt.
- Sie möchten den Adressaten stärker in die Problemlösung einbeziehen oder ihn zum Nachdenken anregen.
- Sie wollen sich eine Meinung oder einen Sachverhalt genauer erläutern lassen. Das kann dann sinnvoll sein, wenn Sie beim Adressaten auf Widerstände, Skepsis oder Einwände stoßen.

In diesen Fällen stellen Sie geschlossene Fragen:

- Sie benötigen Basisinformationen, um in das Gespräch einsteigen zu können: „Waren Sie schon im Urlaub? Wo denn?“ Sie könnten zum Beispiel diese offene Frage gar nicht beantworten „Wie waren denn Ihre Erfahrungen bei Ihrem Urlaub in Italien?“, wenn Sie erstens gar keinen Urlaub gemacht haben und zweitens gar nicht in Italien waren.
- Sie möchten sich das Einverständnis des Adressaten oder seine Zustimmung holen. Gerade die Frage: „Sind Sie einverstanden, dass ...“ wird zu selten in Gesprächen genutzt. Oft setzt man das Einverständnis des Adressaten einfach voraus, hat aber tatsächlich

gar kein Einverständnis erzielt. Das macht sich dann etwas später im Gespräch wieder bemerkbar.

- Sie wollen Ergebnisse oder Übereinstimmungen sichern. Das bedeutet ganz einfach, dass Sie ganz bewusst danach fragen, ob der Adressat zu einem bestimmten Sachverhalt der gleichen Meinung ist oder nicht. Ein Beispiel: „Können wir also festhalten, dass ...?“
- Sie möchten jemanden auf eine bestimmte Meinung festlegen bzw. herausfinden, ob er sich festlegen lässt. Man kann dann die vom Adressaten geäußerte Position wiederum nutzen, um seine eigene Position anzuschließen. Geschlossene Fragen sind also geeignet, ein Commitment zu erzielen. Auf Basis dieses Commitments des Adressaten kann man entsprechend des Konsistenzprinzips („Wer A sagt, muss auch B sagen!“) seine eigene Argumentation aufbauen. Sokrates hat in den platonischen Dialogen diese Methode häufig eingesetzt, um den Gesprächspartner auf bestimmte Positionen „festzunageln“.

Beispiel

Manuela und Ludwig planen ihren Urlaub. Manuela möchte in die USA fliegen, Ludwig ist das aber zu teuer.

Manuela: Aber sollten wir uns gerade einen solchen Urlaub nicht einfach mal leisten?

Ludwig ringt mit sich selbst: Ja, das ist schon richtig ...

Manuela: Haben wir in den letzten Jahren nicht oft genug auf Dinge verzichtet?

Ludwig: Ja, ja, das stimmt schon.

Manuela: Ich finde, da wird es doch mal Zeit, dass wir etwas Außergewöhnliches machen. Was meinst du?

Manuela stellt hier ein paar geschlossene Fragen, die fast rhetorischen Charakter haben. Sie bringt Ludwig damit in eine Gedankenrichtung, die ihn langsam erweicht. Der Gedanke, in den USA Urlaub zu machen, festigt sich Schritt für Schritt. Zum Abschluss stellt Manuela noch eine offene Frage – „Was meinst du?“ – und bezieht Ludwig dadurch sofort wieder in das Gespräch mit ein.

Zum Abschluss noch ein Kommentar zur Unterscheidung offener und geschlossener Fragen. Worauf es eigentlich ankommt, ob die Antwort ausführlich oder knapp ausfällt, ist weniger die grammatische Form der Frage, sondern die Einstellung des Fragenden, die der Adressat hinter der Frage spürt. Wenn ich merke, dass der Fragende wirklich Interesse an mir und meiner Meinung hat, werde ich auch auf „grammatisch geschlossene Fragen“ ausführlich antworten („Hey, Fritz, du lässt die Ohren ja ganz schön hängen. Ist was?“ „Na ja, dir kann man ja eh nichts vormachen. Also ...“). Umgekehrt gilt: Eine mit offensichtlichem Desinteresse gestellte „grammatisch offene“ Frage wird eher kurz beantwortet – man spürt ja, dass der Frager „es“ gar nicht wissen will.

Hineinzoomen: Der Präzisierungstrichter

Eine der wichtigsten Einsatzmöglichkeiten von Fragen zielt darauf, die Äußerungen des Adressaten zu präzisieren und zu konkretisieren. Wir können uns dies als ein Hineinzoomen in die Position des Adressaten vorstellen. Die Methode, die wir dazu benutzen, nennen wir den **Präzisierungstrichter**.

Der Präzisierungstrichter ist eine einfache und elegante Methode, um emotional aufgeladene Gespräche zu versachlichen, Wesentliches von Unwesentlichem zu trennen, Prioritäten zu erkennen und gemeinsam festzulegen, zum Kern einer Sache zu kommen, auf konkrete Fakten zuzusteuern und vage Äußerungen zu präzisieren.

Am besten sehen wir uns ein paar Beispiele an. Zuerst zwei einfache Beispiele, in denen durch den Trichter die Wendungen des Adressaten genauer erfasst werden sollen:

Beispiele

„Ich sehe da einige Punkte, die ich für kritisch halte."
„Welche Punkte meinen Sie denn genau?"

„Was Sie vorschlagen, ist doch wenig realistisch."
„Was meinen Sie mit ‚wenig realistisch'?"

An diesen Beispielen sehen wir bereits, dass sich der Präzisierungstrichter besonders dann empfiehlt, wenn man mit Einwänden konfrontiert wird. Nun ein etwas komplexeres Beispiel.

Beispiel

Herr Kern: Ah, Herr Piper! Gut, dass ich Sie treffe. Mit Ihnen habe ich sowieso noch ein Hühnchen zu rupfen. Die Präsentation gestern von Ihrem Mitarbeiter, die ließ ja mehr als zu wünschen übrig, und die Informationsweitergabe, die klappt ja wohl auch überhaupt nicht. Wenn sich da nicht bald was ändert, dann wird das ernsthafte Konsequenzen haben. Ich lasse mir doch von Ihren Leuten nicht auf der Nase herumtanzen ...

Herr Piper: Das überrascht mich jetzt natürlich. Wenn ich Sie richtig verstanden habe, dann geht es Ihnen gleich um zwei Punkte: die Präsentation von Herrn Meier und etwas, was mit unserer Informationsweitergabe nicht stimmt. Ich würde gern beide Punkte mit Ihnen klären. Mit welchem sollen wir denn anfangen?

Herr Kern: Meinetwegen mit der Präsentation vom Meier.

Herr Piper: Was ist denn da genau vorgefallen?

Herr Kern: Ja, der war überhaupt nicht vorbereitet.

Herr Piper: Was heißt denn „nicht vorbereitet"?

Herr Kern: Er hatte keine Unterlagen dabei - wie ausgemacht - und die Folien entsprachen auch nicht meinen Vorstellungen ...

An diesem Punkt verläuft das Gespräch zwischen Herrn Kern und Herrn Piper schon wesentlich sachlicher und konstruktiver. Dabei benutzt Herr Piper im Wesentlichen nur den Präzisierungstrichter. Entscheidend bei der Anwendung dieses Frageinstruments ist, so lange nachzufragen und gut zuzuhören, bis allen Beteiligten wirklich klar ist, worum es genau geht. Das Bild hinter dem Namen: Sie werfen die ungenauen Äußerungen des Gesprächspartners oben in einen Trichter und unten kommen dann der Reihe nach die durch Nachfragen geklärten und versachlichten Punkte heraus.
Ganz allgemein kann man sagen: Der Präzisierungstrichter unterstützt Sie dabei, die Position Ihres Adressaten genauer zu verstehen.

Herauszoomen: Das Metaskop

Hinter dem Ausdruck Metaskop verbirgt sich eine Fragemethode, bei der man eine Situation oder Position von einer höheren Warte aus betrachtet. Während der Präzisierungstrichter dazu dient, in die Stellungnahme des Adressaten hineinzuzoomen, benutzt man das Metaskop zum Herauszoomen. Man steigt auf eine höhere Ebene und betrachtet die Dinge von einem weiteren Blickwinkel aus. Diese Fragemethode kann sinnvoll sein, wenn Sie herausfinden möchten, warum dem Adressaten etwas wichtig ist, welche Ziele er verfolgt oder worauf es ihm ankommt. Der Klassiker unter den Metaskopfragen ist die „Warum"-Frage. „Warum"-Fragen sind begründungs- oder erklärungsheischende Fragen. Sie zielen in der Regel auf eine übergeordnete Perspektive.
Auch Fragen wie „Was würde das für sie bedeuten?" oder „Welchen Stellenwert hat das für Sie?" sind Metaskop-Fragen, die auf einen all-

gemeineren Standpunkt oder auf wichtige Motive, die hinter einer geäußerten Meinung liegen, zielen. Betrachten wir wieder ein kleines Beispiel.

Beispiel

Ein Mitarbeiter führt mit seinem Vorgesetzten ein Gespräch. Der Mitarbeiter möchte sich gern ein Jahr lang beurlauben lassen.

VG: Was würde Ihnen das bringen, wenn Sie ein Jahr pausieren würden?

MA: Ich könnte mich einfach mehr um meine Kinder und meine Familie kümmern.

VG: Das wäre Ihnen sehr wichtig?

MA: Sehr wichtig ...

VG: Hm, okay, welche Gründe haben Sie noch?

Das Metaskop hilft auch dann weiter, wenn man sich in Details zu verzetteln droht. Oft bekommen Kleinigkeiten eine derartige Bedeutung in einem Gespräch, dass man darüber die prinzipiellen Übereinstimmungen zwischen sich und dem Adressaten ganz vergisst.

Beispiel

Claudia und Karin möchten gern mehr für die Motivation ihrer Mitarbeiter tun. Sie diskutieren mit ihrem Team die Möglichkeiten. Schnell kommt der Vorschlag auf den Tisch, einen Betriebsausflug zu machen. Man verliert sich aber in der Diskussion in Details, über die man sich nicht einigen kann. Die Diskussion dreht sich im Kreis. Claudia stellt dann die Metaskop-Frage: „Was könnten wir denn außer einem Betriebsausflug unternehmen, um die Motivation zu steigern?" Claudia macht durch ihre Frage auf das übergeordnete Problem aufmerksam und bringt die Diskussion dadurch wieder in Bewegung.

Mit dem Analysefilter Situationen und Probleme beleuchten

Oft gibt es in Überzeugungssituationen Phasen, in denen der Adressat ein Problem schildert. Dann sollten Sie das Problem genauer einkreisen und sondieren. Dazu benutzen Sie den ***Analysefilter***. Der Analysefilter filtert die wichtigsten Problemdimensionen heraus und zeigt unter Umständen erste Ansätze für Lösungsmöglichkeiten auf. Wir wollen Ihnen ein paar Fragetypen vorstellen, die im Analysefilter sinnvoll eingesetzt werden können.

Das Problem einkreisen

Die erste Frage, die Sie stellen können, lautet:

> „Worum geht es denn genau bei dem Problem?"

Ähnlich wie beim Präzisierungstrichter lassen Sie sich die Situation oder Problemlage durch konkrete Beispiele veranschaulichen.

Skalierungsfragen

Sie können die Dringlichkeit eines Problems identifizieren, indem Sie eine Skala einführen: Auf Stufe Null füllt das Problem die gesamte Existenz des Adressaten aus, auf Stufe 10 ist das Problem völlig verschwunden. Eine solche Skalierungsfrage wäre:

> „Wie stark belastet Sie denn die Situation auf einer Skala von 0 bis 10?"

Frage nach den Emotionen

Emotionen spielen in allen Problemsituationen eine wichtige Rolle. Die Frage nach Emotionen oder Gefühlen fördert sehr häufig die eigentliche Problematik zutage:

> „Wie geht es Ihnen dabei?" (Fühlen, Denken, Handeln)

Blick in die Vergangenheit

Bringen Sie in Erfahrung, was der Adressat bereits unternommen hat, um das Problem zu lösen. Dies zeigt oft die Richtung an, in der man weiter nach Lösungen suchen kann. Außerdem wird dadurch deutlich, welche Lösungsstrategien auf keinen Fall Anklang finden werden:

> „Was haben Sie denn schon unternommen und mit welchen Resultaten?"

Frage nach der Ausnahme

Häufig ist das Problem kein Dauerzustand. Manchmal gibt es Phasen, in denen es zumindest zeitweise nicht vorhanden ist. Die Frage nach den Ausnahmen liefert mögliche Ansatzpunkte für Lösungen, da der

Adressat in problemfreien Zeiten die Dinge vielleicht anders anpackt. In der Ausnahme stecken also Lösungsressourcen:

> „Kommt es manchmal zu Ausnahmen von der von Ihnen beschriebenen Problemsituation?"

Falls der Adressat diese Frage bejaht, fahren Sie so fort:

> „Unter welchen Bedingungen bzw. Umständen kommt es zu der Ausnahme?"

Lösungsvision

Die zentrale Frage nach der Lösungsvision lautet:

> „Wie sieht die Welt aus, wenn die Schwierigkeit gelöst ist?"

Diese Frage geht schon einen Schritt über den Analysefilter hinaus, hilft aber dabei, das Problem indirekt einzugrenzen. Denn durch die Beschreibung der Lösung wird implizit zum Ausdruck gebracht, was in der gegenwärtigen Situation fehlt.

Blickwinkelfragen

Bei Blickwinkelfragen versucht man ganz bewusst, einen Perspektivenwechsel herbeizuführen, indem man den Adressaten dazu einlädt, das Problem aus verschiedenen Rollen oder Blickwinkeln heraus zu betrachten.
Mögliche Fragen sind:

> „Wie würden denn Ihre Kollegen darauf reagieren?"
> „Wie sieht denn Ihre Frau die Sache?"
> „Wie würde denn ein Außenstehender Ihre Situation beschreiben?"

Beim Analysefilter handelt es sich also um einen Komplex von Fragearten, der verschiedene Dimensionen eines Problems anspricht. Unsere Fragenliste ist natürlich bei weitem nicht vollständig.
Wie die verschiedenen Fragearten zusammenspielen können, zeigt folgender Dialog.

Beispiel

Max möchte Günter für eine neues Qualitätsmanagementkonzept gewinnen.

Günter: Ihr Vorschlag hört sich ja ganz gut an. Aber wir haben da schon mal schlechte Erfahrungen gemacht.

Max: Woran lag das im Wesentlichen?

Günter: Uns wurden Konzepte verkauft, die nicht gepasst haben. Und Versprechungen gemacht, die dann nicht gehalten wurden.

Max: Natürlich möchten Sie so eine Situation nicht nochmal erleben.

Günter: Auf keinen Fall.

Max: Gab es nur negative Erfahrungen oder auch positive Aspekte?

Günter: Es gab auch positive.

Max: Welche?

Günter: Immer dann, wenn wir ganz konkret Probleme angepackt haben, hatten wir ein positives Ergebnis.

Max: An welche Beispiele denken Sie denn da?
Günter: Also, vor allem hat die Neuorganisation in der Auftragsannahme was gebracht. Und die Lagerbuchhaltung ist besser geworden.

Max: Das, was Sie gestartet haben, war also nicht in jeder Hinsicht ein Misserfolg. Auf welche Abläufe im Betrieb könnte man das denn übertragen?

Günter: Tja, also da sehe ich schon Handlungsbedarf. Vor allem die Maschinenwartung und der Fuhrpark machen ja viel Ärger.
Max: Wie sähen denn da vernünftige Lösungen für Sie aus?

Die Lösungsangel

Wir haben bei der Bezeichnung dieser Methode ganz bewusst das Bild vom Fischen gewählt. Nach Lösungen zu fischen bedeutet, dass man die Angel unter Umständen an verschiedenen Stellen auslegen muss, dass man Geduld braucht und den richtigen „Köder" in Form von Fragen und Anregungen benutzt. Bei der Lösungsangel kommen häufig folgende Fragen zum Einsatz:

Lösungsvision

Mit diesen Fragen laden Sie den Adressaten zum lösungsorientierten Nachdenken ein. Gleichzeitig fordern sie ihn auf, ein möglichst konkretes Bild einer Lösung zu malen.

Wie sieht die Welt aus, wenn die Schwierigkeit gelöst ist?
Wenn morgen ein Wunder geschehen würde, was wäre dann anders?

Lösungskriterien

Folgende Fragen dienen dazu, die Lösung so konkret wie möglich darzulegen.

> Woran erkennen Sie, dass die Schwierigkeit verschwunden ist, dass die Lösung greift?
> Was ist anders als jetzt?
> Was tun Sie dann?
> Wie geht es Ihnen dabei?
> Was tun die anderen?

Lösungsresultate

Mithilfe dieser Fragen werden die Folgen möglicher Lösungen noch einmal durchdacht. Unter Umständen muss die Lösungsidee verändert werden. Vielleicht wird auch der Wunsch verstärkt, das Problem zu lösen.

> Was bedeutet diese erfolgreiche Lösung für Sie?
> Welchen Nutzen haben Sie davon?
> Welchen Nutzen haben andere davon?
> Welche Unbequemlichkeit bringt diese Lösung für Sie oder andere?

Lösungshandeln

Hier geht es darum, dem Adressaten Hilfestellung bei der Entwicklung konkreter Handlungsschritte zu geben. Die erste Frage soll dabei mögliche Sackgassen auf dem Weg zur Lösung erkennen helfen.

> Welche Ratschläge würde Ihnen jetzt ein ausgemachter Trottel geben?
> Was tun Sie konkret, um die Lösung herbeizuführen?
> Wo liegt das zentrale Hindernis für Ihr Handeln?
> Wie werden Sie mit diesem Hindernis umgehen?
> Welche dieser Lösungsmöglichkeiten ist für Sie die sinnvollste?

Beispiel

Max möchte sein Team davon überzeugen, ein Team-Leitbild zu entwickeln. Er präsentiert seinen Vorschlag, aber es kommen eine Reihe von Einwänden. Ein Einwand ist, dass die Motivation insgesamt ziemlich schlecht sei und ein Leitbild daher nichts bringe. Zuerst solle man an der Motivation arbeiten. Max geht auf diese Punkte ein und benutzt die Lösungsangel:

Max: Was müsste denn passieren, damit alle motivierter sind?

MA: Wir bräuchten erst einmal mehr Informationen, wie es um unser Unternehmen steht. Wir erfahren ja nichts ...

Max: Wie könnte denn das konkret aussehen?

MA: Vielleicht halten wir einfach monatlich eine Sitzung ab, in der wir über die neue Lage informiert werden?

M: Wer sollte denn bei diesen Sitzungen was konkret tun?

Max ist auf die Widerstände und Punkte der Adressaten eingegangen. Er hat erkannt, dass es keinen Sinn macht, weiter für die Idee des Leitbilds zu argumentieren, wenn er die Kritik einfach übergeht. Mit der Lösungsangel sucht er nach ganz konkreten Lösungen und vielleicht sogar Lösungsvereinbarungen.

Im Verlauf des Gesprächs kommen noch weitere Punkte zur Sprache. Dann steigt Max wieder ein: „Wir haben jetzt ein paar ganz konkrete Punkte besprochen, die unsere Informationspolitik verbessern, und zusätzlich ein paar Vereinbarungen getroffen. Inwiefern könnte uns ein Leitbild denn auf diesem Weg unterstützen?"

MA (nach einigem Zögern): „Wir könnten zum Beispiel einige allgemeine Richtlinien festhalten, die genau solche Dinge klären. Wichtig ist nur, dass das dann auch umgesetzt wird."

Max wirft eine weitere Lösungsangel aus: „Was könnten wir denn konkret tun, um die Umsetzung eines Leitbilds zu gewährleisten?"

Zweifel wecken mit Sokrates-Fragen

Mit sokratischen Fragen versuchen Sie, den Adressaten in seiner Position zu erschüttern. Sie wecken Zweifel in ihm oder verwickeln ihn vielleicht sogar in einen Widerspruch. Sokratische Fragen können ganz harmlos klingen, aber eine verheerende Wirkung entfalten. Diese Fragestrategie ist daher behutsam anzuwenden. Es besteht die Gefahr, dass der Adressat auf Konfrontationskurs geht, wenn er sich in die Ecke gedrängt fühlt. Immer daran denken: Sokrates wurde von seinen Zeitgenossen als Verderber der Sitten und der Jugend zum Tode verurteilt!
Durch sokratische Fragen versuchen Sie, auf Unstimmigkeiten in der Argumentation des Adressaten aufmerksam zu machen. Dabei ist das Ziel, dass der Adressat diese Unstimmigkeit selbst erkennt. Zu diesem Punkt wurde er zwar durch Ihre Fragen geführt, aber es liegt nun an ihm, die Unstimmigkeit aufzulösen. Im folgenden Gespräch benutzt Maria sokratische Fragen.

Beispiel

Maria leitet die Notaufnahme in einem Krankenhaus. Bei den Patienten, die aufgenommen werden, müssen die Wertgegenstände genau dokumentiert werden. Franka hält sich jedoch nicht ordentlich an das vereinbarte Vorgehen. Maria führt ein Gespräch mit ihr.

Maria: Franka, was ist denn los? Warum klappt denn die Dokumentation nicht?

Franka: Du kennst das ja: Es ist doch immer so viel los. Da hat man einfach nicht die Zeit.

Maria: Zu wenig Zeit also. Welche Hindernisse gibt es denn noch?

Franka: Na ja, die ganze Hetze halt. Wir sind einfach unterbesetzt – aber das ist letztlich wieder die Zeitfrage.

Maria: Okay, wir haben doch gerade auf deinen Vorschlag hin das Formular überarbeitet, um das Ganze schneller durchzuführen. Richtig?

Franka: Ja.

Maria: Von wem kamen denn die meisten Verbesserungsvorschläge?

Franka: Ja, schon von mir.

Maria: Und hast du nicht ausdrücklich gesagt, mit diesem Formular wird das jetzt ohne Probleme funktionieren, weil wir ganz schnell damit arbeiten können, wenn sich jeder daran hält?

Franka: Ja, schon.

Maria: Warum bringst du dann jetzt wieder das Zeitargument?

Franka: Das ist schon richtig. Wir müssen uns halt einfach alle an die Spielregeln halten ...

Maria wendet eine Reihe von Fragen an, in erster Linie geschlossene Fragen, um auf einen Widerspruch bzw. eine Unstimmigkeit in der Position Frankas aufmerksam zu machen. Wenn Franka diesen Widerspruch anerkennt, besteht eine große Chance, dass sie selbst versucht, eine Lösung anzubieten.

Wer überzeugen will, muss gut zuhören können

In keinem Buch über Gesprächsmethoden darf ein Kapitel über das Zuhören fehlen. Gutes Zuhören ist sogar oft der ausschlaggebende Grund dafür, dass sich jemand bewegt oder eine Meinung akzeptiert. Denken Sie an unser Gegenseitigkeitsprinzip: Wenn Sie möchten, dass Ihr Adressat Ihnen zuhört, sollten Sie zuerst Ihrem Adressaten zuhören.

Zuhören bedeutet, sich dem Adressaten mit voller Aufmerksamkeit zuzuwenden und sich auf ihn einzulassen. Die Leitfrage, die man sich dabei stellt, lautet: Wie sieht mein Adressat die Welt? Versetzen Sie sich in die Situation des Adressaten, um seine Sichtweise oder seinen Standpunkt zu verstehen. Das bedeutet übrigens nicht, ihn als korrekt zu akzeptieren.
In unseren Seminaren führen wir manchmal ein Zuhör-Experiment durch, das wir „Mönchsdiskussion" nennen. Bei dieser Diskussionsform kann man sich ganz bewusst im Zuhören und im Argumentieren üben.
Die Übung funktioniert so: Der Seminarleiter lädt die Teilnehmer ein, miteinander zu diskutieren. Einzige Spielregel in dieser Diskussion ist: Bevor man seinen eigenen Diskussionsbeitrag leisten darf, muss man zuerst das, was der Vorredner gesagt hat, zusammenfassen. Man darf erst mit seinem eigenen Beitrag fortfahren, wenn man entweder von dem Vorredner: „Ja, genau!" gehört oder wenn er die Zusammenfassung korrigiert hat.
Bei diesem Spiel machen die Teilnehmer folgende Erfahrungen:

- Gutes Zuhören ist unwahrscheinlich anstrengend und kostet viel Konzentration.
- Durch die Möglichkeit zur Korrektur können Missverständnisse vermieden werden.
- Das Zusammenfassen des Gesagten fördert das Verständnis und klärt darüber hinaus auch für den Sprecher noch einmal, was er eigentlich gesagt hat bzw. sagen wollte.
- Die Diskussion bzw. die Gespräche verlaufen sehr sachlich.
- Es ist nicht leicht, dem anderen zuzuhören und seinen eigenen Redebeitrag dabei nicht zu vergessen.

Gerade der letztgenannte Punkt fördert einen wesentlichen Gesichtspunkt des Zuhörens zutage: Häufig hören wir nur in der Absicht zu, möglichst schnell eine Erwiderung zu platzieren. Wir „hören" nur genau hin, um die nächste Atempause zu erkennen und dem anderen während des Luftholens in die Parade zu fahren. Diese Einstellung aber behindert gutes Zuhören. Zuhören sollte man mit der Absicht, den anderen zu verstehen. Einiges können Sie konkret tun, um gut zuzuhören:

Aufmerksamkeit demonstrieren

Der Zuhörer zeigt durch typische Aufmerksamkeitsreaktionen, dass er zuhört. Dazu zählen Kopfnicken, ein „Aha" oder ein „Wirklich". An dieser Stelle eine kleine Warnung: Trainieren Sie sich solche Aufmerksamkeitsreaktionen nicht an. Sie ergeben sich auf ganz natürliche Weise, wenn man wirklich aufmerksam zuhört.

Schweigend zuhören

Der Zuhörer ist still, aufmerksam und zeigt durch seine dem Gesprächspartner zugewandte Körperhaltung, dass er zuhört. Auch hier gilt: Die Körpersprache spiegelt die innere Einstellung wieder. Wenn Sie tatsächlich Interesse am Gegenüber und seinen Anliegen haben, wird Ihre Körperhaltung das „ganz von alleine" zum Ausdruck bringen.

Aktiv zuhören

Der Zuhörer fragt nach, fasst das Gesagte noch einmal zusammen oder spiegelt wieder, was in der Äußerung des Gesprächspartners an Gefühlen und Emotionen mitschwingt. Das aktive Zuhören ist die höchste Form professionellen Zuhörens:

- aktives Zuhören
- Nachfragen
- das Gesagte (die inhaltliche Botschaft) zusammenfassen bzw. zurückmelden
- das Gemeinte (Emotionale) zurückmelden bzw. zurückspiegeln

Folgende Beispiele veranschaulichen aktives Zuhören.

Beispiel

Der Zuhörer, Moritz, fragt nach:

Max: Ich glaube, wir haben eine gute Lösung erarbeitet, ich bin sehr zufrieden.

Moritz (benutzt den Präzisierungstrichter): Das freut mich. Was halten Sie denn an unserer Lösung für besonders gelungen?

Beispiel

Moritz fasst die inhaltliche Botschaft zusammen und gibt seinem Gesprächspartner damit eine Rückmeldung:

Max: Die Hotels würden alle gewinnen, wenn sie sich mehr um die Familien kümmern würden. Aber oft habe ich den Eindruck, Familien sind da nicht so gerne gesehen, denen sind andere Gäste lieber. Und das, obwohl die Zeiten für den Tourismus nicht gerade rosig sind. Gerade für Familien ist es ja oft schwierig, eine passende Unterkunft zu bekommen, bei der es auch Angebote für Kinder gibt.

Moritz (gestärkt durch die Mönchsdiskussionsübung): Sie denken, dass die Hotels im Umgang mit Familien noch Nachholbedarf haben?

Max: Auf jeden Fall.

Beispiel

Moritz erfasst Max' Stimmung:

Max: Diese Besprechung war so was von überflüssig, ich habe meine Zeit wieder nur verplempert.

Moritz: Sie scheinen ja ziemlich verärgert zu sein.

Max: Das kann man wohl sagen.

Übrigens kommt es beim Zuhören nicht so sehr darauf an, dass ich absolut korrekt wiedergebe, was der andere sagt oder fühlt. Wichtiger ist, dass ich dem Gesprächspartner die Möglichkeit gebe, mich zu korrigieren. Vielleicht habe ich seine Äußerung ja falsch aufgefasst. Durch einfühlsames Zuhören kann ich dies überprüfen und somit Verständnis sichern und aufbauen. Aus dieser Überlegung folgt auch, dass Zusammenfassungen nicht nach jedem Satz des Gegenübers erfolgen, sondern sich auf die wirklich wichtigen Gesprächsabschnitte konzentrieren sollten. Wer redet schon gerne mit einem Papagei?

Einfühlsames Zuhören schafft Vertrauen

Wichtig für den Vertrauensaufbau im Gespräch ist es, kluge Fragen zu stellen und einfühlsam zuzuhören. Wie das geschehen kann, möchten wir Ihnen anhand einer Unterhaltung mit einem amüsanten Gesprächspartner vorstellen: Eliza. Mit Eliza hat es eine besondere Bewandtnis. Eliza ist nämlich ein Computerprogramm. Es wurde entwickelt, um Gespräche mit Patienten zu simulieren. Eliza beherrscht die Kommikationsmethoden Fragen und Zuhören nahezu perfekt. Überprüfen Sie selbst, welche Fragen und Zuhörmethoden dieses kluge Computerprogramm benutzt.

Patientin: Die Männer sind alle gleich.

Eliza: In welcher Hinsicht?

Patientin: Sie töten uns immer den letzten Nerv.

Eliza: Haben Sie ein konkretes Beispiel?

Patientin: Nun ja, mein Freund wollte, dass ich hierher komme.

Eliza: Ihr Freund, wollte, dass Sie hierher kommen?

Patienten: Er sagt, ich bin die ganze Zeit deprimiert.

Eliza: Es tut mir Leid zu hören, dass Sie deprimiert sind.

Patientien: Es ist wahr, ich bin unglücklich.

Eliza: Denken Sie, hierher zu kommen wird Ihnen dabei helfen, nicht unglücklich zu sein?

Patientin: Ich brauche Hilfe, so viel ist sicher.

Eliza: Was würde das heißen, dass Sie Hilfe bekommen?

Patientin: Vielleicht könnte ich lernen, mit meiner Mutter auszukommen.

Eliza: Erzählen Sie mir mehr über Ihre Familie.

Patientin: Meine Mutter kümmert sich um mich.

Eliza: Wer sonst in Ihrer Familie kümmert sich um Sie?

Patientin: Mein Vater.

Eliza: Ihr Vater?

Patientin: Sie sind irgendwie wie mein Vater.

Eliza: Welche Ähnlichkeit sehen Sie?

Patientin: Sie sind nicht sehr aggressiv, aber ich glaube nicht, dass Sie möchten, dass ich das bemerke.

Eliza: Warum glauben Sie, dass ich nicht sehr aggressiv bin?

Patientin: Sie streiten nicht mit mir.

Eliza: Warum, glauben Sie, streite ich nicht mit Ihnen?

Patientin: Sie haben Angst vor mir.

Eliza: Gefällt es Ihnen zu denken, dass ich vor Ihnen Angst haben könnte?

Patientin: Mein Vater hat vor jedem Angst.

Eliza: Was fällt Ihnen außerdem noch ein, wenn Sie an Ihren Vater denken?

(Joseph Weiszenbaum, Computer Power and Human Reason, 1976)

Dieses Computerprogramm war so erfolgreich, dass es viele Psychotherapeuten als Modell benutzt haben, um ihre Gesprächstechnik zu verfeinern und zu trainieren. So, und jetzt stellen Sie sich vor (oder erinnern sich daran), wie es ist, wenn einem ein Mensch aus Fleisch und Blut aufmerksam und einfühlsam zuhört.

Nutzen Sie die Macht der Sprache

Wie sich der Adressat entscheidet, hängt auch von den Worten und Formulierungen des Überzeugers ab. Im Englischen benutzt man zur Beschreibung dieses Aspekts den Ausdruck ***Framing***.
In unseren Seminaren zum Thema Entscheiden führen wir manchmal mit den Teilnehmern ein Experiment durch, das den Einfluss von Formulierungen verdeutlicht. Bei diesem Experiment teilen wir die gesamte Gruppe in eine Gruppe A und eine Gruppe B. Beide Gruppen befinden sich in getrennten Räumen und beide werden mit einer Entscheidungssituation konfrontiert.

Übung: Gruppenarbeit

Die Mitglieder der Gruppe A bekommen folgende Aufgabe:

Sie sind Inhaber eines Import-Export-Unternehmens. Soeben haben Sie erfahren, dass eines Ihrer Schiffe vor der Küste Kanadas in einen Sturm geriet und gesunken ist. Die Besatzung ist gerettet. Es wird alles daran gesetzt, die Ladung an Bord zu retten. Es handelt sich um drei Container mit einem Inhalt im Wert von jeweils einer Million Dollar. Sie sprechen mit dem Bergungsfachmann und er stellt Ihnen folgende Optionen vor: „Wir haben zwei Möglichkeiten: Es gibt einen Plan A. Mit diesem Plan retten wir auf jeden Fall einen Container im Wert von einer Million Dollar. Bei Plan B besteht zwar eine relativ geringe Wahrscheinlichkeit, dass wir alle Container retten. Aber es gibt ein großes Risiko (Wahrscheinlichkeit etwa 66 Prozent), dass wir keinen Container retten und damit drei Millionen Dollar verlieren."

Die Mitglieder der Gruppe B bekommen folgende Aufgabe:

Sie sind Inhaber eines Import-Export-Unternehmens. Soeben haben Sie erfahren, dass eines Ihrer Schiffe vor der Küste Kanadas in einen Sturm geriet und gesunken ist. Die Besatzung ist gerettet. Es wird alles daran gesetzt, die Ladung an Bord zu retten. Es handelt sich um drei Container mit einem Inhalt im Wert von jeweils einer Million Dollar. Sie sprechen mit dem Bergungsfachmann und er stellt Ihnen folgende Optionen vor: „Wir haben zwei Möglichkeiten. Es gibt einen Plan eins. Mit diesem Plan verlieren wir auf jeden Fall zwei Container im Wert von zwei Millionen Dollar.

Bei Plan zwei besteht zwar eine relativ hohe Wahrscheinlichkeit, dass wir alle Container verlieren. Aber wir haben eine Chance von ca. 33 Prozent, dass wir keinen einzigen Container verlieren und damit drei Millionen Dollar retten."

Für welche Strategie würden Sie sich entscheiden?

Wenn Sie die Optionen der beiden Instruktionen vergleichen, können Sie erkennen, dass jeweils Plan eins zu Plan A und Plan zwei zu Plan B äquivalent sind. Es handelt sich um dieselben Optionen, nur unterschiedlich formuliert. Wie entscheiden sich nun die Leute in den einzelnen Gruppen? Die Mitglieder aus Gruppe A entscheiden sich meistens für Plan A und die meisten Mitglieder aus Gruppe B für Plan zwei. Der einzige Unterschied zwischen den Optionen besteht in ihrer Formulierung. Gruppe A entscheidet sich meistens für die sicherere Variante, denn die wird in der gewählten Formulierung stärker betont. Gruppe B entscheidet sich für die riskantere Variante, weil diese stärker herausgestellt wird.

Auch andere Experimente und die Alltagserfahrung belegen: Wenn etwas stärker in Form eines sicheren Gewinns in Aussicht gestellt wird, wählt man eher die vorsichtigere Variante, ganz nach dem Motto: „Lieber den Spatz in der Hand, als die Taube auf dem Dach." Wenn allerdings die ganze Situation mehr aus dem Blickwinkel eines drohenden Verlustes betrachtet wird, reagiert man oft risikofreudiger nach dem Motto: „Alles oder nichts."

Wie wir Dinge beschreiben, hat also einen großen Einfluss darauf, wie wir den Sachverhalt beurteilen, bewerten oder darauf reagieren. Mit den richtigen Worten kann man viel erreichen, mit den falschen Worten auf einen Schlag alles zunichte machen.

Beispiel

Moritz hat zusammen mit einem Kollegen ein kleines Beratungsunternehmen. Die Geschäfte laufen seit den letzten beiden Jahren sehr gut. Moritz und sein Partner überlegen, ob sie noch jemanden ins Team holen sollten. Sie denken beide an Sabine, eine Beraterin, die sich vor einem Jahr selbstständig gemacht hat und die beide recht gut kennen. Bei einem zufälligen Treffen zwischen Moritz und Sabine unterhält man sich über die berufliche Entwicklung der letzten Zeit.

Sabine meint: „Wenn es bei euch so gut läuft, werdet ihr bestimmt auch mal daran denken, euch zu vergrößern." Darauf erwidert Moritz: „Ja, darüber denken wir in der Tat nach. Aber find erst mal jemanden, der ins Team passt. Das ist extrem schwierig ..." Nach dieser Äußerung von Moritz reagiert Sabine plötzlich sehr eigenartig, sie unterbricht das Gespräch und verabschiedet sich abrupt. Später findet Moritz heraus, dass sich Sabine durch seine Äußerung sehr verletzt fühlte. Sie hatte die Hoffnung, Partnerin zu werden, und wollte Moritz mit ihrer Äußerung eine Brücke bauen. Moritz spricht das Thema aber nicht direkt an, was Sabine als Ablehnung missversteht. Dieses Beispiel zeigt, was Worte anrichten können.

Tipps für die Wortwahl

Drücken Sie sich konstruktiv aus

Das ist insbesondere dann wichtig, wenn Sie etwas beurteilen. Positives Framing bedeutet, so zu formulieren, dass dem Adressaten Handlungs- und Bewertungsalternativen offen stehen.

Beispiel

In einem Seminar gibt ein Teilnehmer ein Feedback zu einem Gespräch, das gerade beobachtet wurde. Er sagt: „Ich fand Ihren Einstieg sehr brutal." Die Konsequenz war, dass der Feedback-Empfänger sehr defensiv reagierte und sich nur noch verteidigte. In einer anderen, vergleichbaren Situation wählte ein Teilnehmer die Worte: „Ich fand Ihren Einstieg ziemlich markant." Diese Formulierung erzeugte einige Heiterkeit. Die Konsequenz aber war, dass der Feedback-Empfänger selbst lachen musste und den Erläuterungen des Feedback-Gebers gegenüber viel aufgeschlossener war.

Holen Sie den Adressaten ab

Beachten Sie seine Situation oder sein Problem und bauen Sie Ihre Argumentation darauf auf.

Beispiel

In einem Unternehmen soll ein Veränderungsprozess gestartet werden. Die Menschen sind aber ziemlich skeptisch. Bezugspunkt sind nämlich die gescheiterten Veränderungsbemühungen der vergangenen Jahre. Wenn Sie also formulieren würden: „Veränderungen sind sehr positiv, denn damit lassen sich folgende Dinge erreichen ...", wird man Ihnen mit Sicherheit wenig Glauben schenken.

Sie können den Bezugspunkt übrigens vielfältig deuten. Überlegen Sie, welche Rolle er in Ihrer Argumentation spielen soll. Um bei unserem Beispiel zu bleiben: Sie könnten die schlechte Unternehmenssituation ehrlich und ungeschminkt darstellen. Dann erklären Sie, wie man Ihrer Ansicht nach aus dem Schlamassel wieder herauskommen kann – nämlich durch gemeinsame Anstrengungen. Und dann bitten Sie die Mitarbeiter und Kollegen um ihre Ideen dazu.

Formulieren Sie ergebnisorientiert und offensiv

Statt: Haben Sie es bis Mittwoch fertig?
Wann kann ich denn am Mittwoch vorbeikommen, um das Dokument abzuholen?

Statt: Haben Sie noch Fragen?
Welche Fragen kann ich Ihnen noch beantworten?

Statt: Ich versuche, das so bald wie möglich zu erledigen.
Sie haben die Akten spätestens am Freitag auf Ihrem Tisch.

Optimismus kann nicht schaden

Moritz reformuliert die Äußerungen von Max, indem er sie in einen konstruktiveren Rahmen stellt. Konstruktive Formulierungen richten unsere Aufmerksamkeit gezielt auf den Handlungsspielraum, den Betroffenheit, Frust und Ärger oft verdecken. Sie sind im Kern optimistisch – und Optimismus ist ja nicht verboten, oder?

Beispiel

Max: Da kann man gar nichts machen. Es ist aussichtslos – da wird garantiert niemand mitziehen.

Moritz: Das hört sich an, als hätten wir es da mit ziemlichen Widerständen zu tun.

Max: Das kann man sagen. Ich sehe da keine Möglichkeiten.

Moritz: Hm, wir müssen uns da also ein paar kreative Ideen einfallen lassen, auch wenn im Moment nicht zu sehen ist, wo die herkommen sollen.

Max: Leicht ist das wirklich nicht. Ich habe keine Ahnung, wie wir das anpacken sollten.

Moritz: Also, ich möchte das wenigstens probieren. Vielleicht gibt es da was, das wir im Moment nicht sehen. Komm, lass uns jetzt wenigstens eine halbe Stunde zusammen nachdenken – irgendetwas werden wir da schon finden.

Max: Von mir aus, aber du wirst sehen, dass uns das auch nicht weiterbringt.

Moritz: Gut, schauen wir mal. Eine Erfolgsgarantie kann ich natürlich auch nicht geben. Aber probieren geht über studieren. Also, wo siehst du denn den Knackpunkt?

Literaturverzeichnis

Axelrod, Robert, *Die Evolution der Kooperation,* München, 2005

Bazerman, Max, *Judgment in Managerial Decision Making,* New York, 1998

Blackburn, Simon, *Spreading The Word,* Oxford, 1984

Cialdini, Robert B., *Die Psychologie des Überzeugens,* Bern, 2009

Cohen, Martin, *101 Philosophy Problems,* London, 1999

Conger, Jay, *Winning 'em Over,* New York, 1998

Damasio, Antonio R., *Descartes' Irrtum,* Berlin, 2004

Dennett, Daniel C., *Darwins Dangerous Idea,* London, 1995

Edmüller, Andreas/Wilhelm, Thomas, *Argumentieren,* Freiburg, 2011

Fisher, Roger/Ury, William, *Getting to Yes,* London, 1997

Goleman, Daniel/Boyatzis, Richard/Mckee, Annie, *The New Leaders,* London, 2002

Hodgson, Jane, *Thinking On Your Feet In Negotiations,* London, 1994

Kaagan, Stephen S., *Leadership Games,* London/New Delhi, 1999

Singer, Peter, *Wie sollen wir leben?,* München, 2002

Sen, Amartya, *Ökonomie für den Menschen,* München, 2002

Senge, Peter, *Die fünfte Disziplin,* Stuttgart, 2011

Shell, Richard, *Bargaining for Advantage,* New York, 1999

Sousa de, Ronald, *Die Rationalität der Gefühle,* Frankfurt, 2009

Weiszenbaum, Joseph, *Computer Power and Human Reason,* San Francisco, 1976

Teil 2:
Manipulationen erkennen und abwehren

Vorwort

Im zweiten Teil dieses Buches geht es um Manipulationen und wie man sich davor schützt. Unter Manipulation verstehen wir (die Autoren) einfach alle Arten von Verhaltensweisen, die Menschen – bewusst oder unbewusst – gegen andere Menschen einsetzen. Das ist bestimmt keine glasklare Definition, aber sie reicht für unsere Zwecke aus. (Wir wollen ja keine wissenschaftliche Theorie entwickeln). Intuitiv hat man in der Regel ein gutes Gespür für unfaire Verhaltensweisen.

Bereits an anderer Stelle haben wir uns mit dem Thema Manipulation beschäftigt (siehe unseren TaschenGuide „Manipulationstechniken“). Einige Inhalte werden sich daher in diesem Buch wiederholen. Aber im Vergleich zum Büchlein „Manipulationstechniken“ geben wir in diesem Trainingsbuch eine weit umfassendere Darstellung verschiedener Manipulationsarten. Allerdings erheben wir keinen Anspruch auf Vollständigkeit. Und „Trainingsbuch“ – das ist das entscheidende Stichwort. Das Buch ist als Übungsbuch angelegt. Mehr als 100 Übungen dienen dazu, den Umgang mit Manipulationen zu vertiefen und zu trainieren.

Zu einer Reihe von Übungen haben wir Lösungsvorschläge entwickelt. Diese Lösungsvorschläge sollten nicht als Musterlösungen oder Patentrezepte angesehen werden, eher als Anregungen. In vielen Fällen werden Sie bestimmt viel elegantere Lösungen finden.

Auch sind manche Übungen mit einem kleinen Augenzwinkern durchzuführen. Insbesondere dann, wenn wir Sie einladen, einzelne Manipulationstechniken selbst mal auszuprobieren, das heißt, mal in die Schuhe eines Manipulators zu schlüpfen. Das macht hin und wieder einfach auch Spaß.

Der zweite Buchteil besteht aus drei Abschnitten. Der erste Abschnitt beschäftigt sich mit ein paar allgemeinen Schutzmethoden gegen Manipulationsversuche. Die anderen beiden Teile stellen dann spezielle Manipulationsformen vor: Teil 2 beschäftigt sich mit sogenannten psychologischen Manipulationen und Teil 3 mit logischen Manipulationen. In diesen beiden Kapiteln öffnen wir also die Trickkisten des Manipulators.

Im Grunde können Sie an jeder Stelle im Buch einsteigen. Vielleicht hat Sie eine Überschrift neugierig gemacht, vielleicht interessieren Sie sich für einen bestimmten inhaltlichen Abschnitt (zum Beispiel: logische, d. h. argumentative Manipulationen), das ist alles kein Problem. Sie werden sich wahrscheinlich an jeder Stelle ohne weiteres zurechtfinden. Manchmal gibt es jedoch bei unseren Vorschlägen zur Abwehr von Manipulationen eine Bezugnahme auf bestimmte Schutzmethoden. Diese Schutzmethoden finden Sie im ersten Kapitel beschrieben. Es kann daher sinnvoll sein, das erste Kapitel als Vorbereitung durchzulesen.

Dann bleibt uns nur noch zu wünschen: Viel Erfolg bei der Abwehr aller Manipulatoren!

Schutz vor Manipulation: So rüsten Sie auf

Bevor wir uns in die Höhle des Manipulators hinein wagen, um sein Kabinett an Manipulationstaktiken in Augenschein zu nehmen, sollten wir uns mental wappnen. Dazu möchten wir Ihnen in diesem Abschnitt einige wirkungsvolle Schlüsselmethoden vorstellen, die als Schutzmethoden bei Manipulationen oder versuchten Manipulationen dienen können. Eines dürfte dabei klar sein: Man kann sich nicht für jede mögliche Manipulation eine spezielle Schutzregel überlegen, die man im Ernstfall anwenden könnte. Dazu gibt es viel zu viele Manipulationsmöglichkeiten.

Der wichtigste Schutz ist natürlich meistens, die Manipulationsabsicht und die entsprechende Taktik einfach zu durchschauen und zu erkennen. Erkenne ich, was passiert und was vorgeht, und kann ich es vielleicht sogar beim Namen nennen, stellt dies bereits einen wirkungsvollen Schutz dar.

Bevor wir auf die allgemeinen Schutzmethoden näher eingehen, wollen wir sechs wichtige Leitlinien im Umgang mit Manipulation voran stellen.

Sechs Leitlinien

Erstens: Bleiben Sie selbst sachlich und fair

Lassen Sie sich nicht anstecken von der Taktik, die der Manipulator einsetzt. Denn das ist genau sein Ziel. Oft möchte man am liebsten sofort zurück schlagen, um es dem „Bösewicht“ heimzuzahlen. Aber genau das sollten Sie vermeiden. Bleiben Sie vielmehr auf einer klaren argumentativen Linie, bringen Sie weiterhin sachliche Begründungen und fordern Sie solche Begründungen ein, stellen Sie Fragen und hören Sie zu. Zeigen Sie sich also „gnadenlos kooperativ“. Das wird den Manipulator wirklich irritieren. Sein Ziel ist ja, ob bewusst oder unbewusst, eine bestimmte Reaktion bei Ihnen auszulösen. Bleibt diese Reaktion aus, wird dies den Manipulator verunsichern.

Zweitens: Bleiben Sie ruhig und gelassen

Das ist natürlich eine Empfehlung, die stets leicht hingeschrieben, aber extrem schwer umzusetzen ist. Eine Möglichkeit, Ruhe und Gelassenheit zu bewahren ist, sich ganz stoisch auf die Methoden zu konzentrieren, die wir Ihnen vorstellen möchten. Ihre Einstellung folgt sozusagen der Methode. Ruhe und Gelassenheit stellen sich dann wie von selbst ein. Die Anwendung der Methoden hat einen rückkoppelnden Einfluss auf Ihre Einstellung und Ihre Empfindungen. Sie können das nicht ganz glauben? Nun, warten Sie es ab, bis zum Ende dieses Trainingsbuches und einigen gekonnten Einsätzen Ihrer neu erworbenen Fähigkeiten.

Drittens: Reagieren Sie nicht kausal

Man zeigt in der Regel ganz typische Abwehrreaktionen, wenn man manipuliert wird. Der Manipulator greift Sie zum Beispiel mit Worten an auf unfaire Weise, natürlich werden Sie sich das nicht gefallen lassen und „zurückschlagen“. Das ist zumindest der erste Impuls. Es wird durch unfaire Manipulation ein Reiz-Reaktions-Mechanismus in Gang gesetzt, der nicht leicht durchbrochen werden kann. Aber genau das ist das Ziel: diesen automatischen Mechanismus zu unterbrechen.

Tipp

Wir kennen einen Seelsorger, der hat folgenden Trick, um emotionale Kontrolle zu bewahren. Der besagte Seelsorger kommt öfters am Telefon in Situationen, in denen er von seinem Gesprächspartner unfair attackiert wird. Auf seinem Schreibtisch hat er eine kleine Plexiglasscheibe stehen und auf dieser Scheibe steht ein Wort, das lautet „INTERESSANT". Und immer dann, wenn er mit einer unfairen Attacke konfrontiert wird, blickt er auf diese Scheibe und denkt: „interessant".

Was er dadurch erreicht ist im Grunde eine Art Distanz zu sich selbst und der Situation. Er befindet sich in einer Art Beobachtungsmodus wie ein Forscher, der von außen die Phänomene um ihn herum betrachtet. Sie könnten sich ein mentales „INTERESSANT" zurechtlegen, wann immer Sie in Situationen geraten, die aus Ihrer Sicht unfair sind.

Viertens: Verfolgen Sie Ihr Ziel

Es ist wichtig, auch in schwierigen Situationen die Initiative zu behalten und sich das Ziel vor Augen zu führen, weswegen man zusammensitzt. Am besten formuliert man für sich bereits vor dem Gespräch oder vor der gemeinsamen Aktivität ein klares Ziel, das man verfolgen möchte. Konzentrieren Sie sich also auf Ihr Ziel. Und treffen Sie gegebenenfalls die Entscheidung (falls sich Ihr Ziel nicht mehr verwirkli-

chen lässt), das Gespräch oder die Zusammenarbeit mit dem Manipulator abzubrechen. Sie vergeuden sonst nur wertvolle Zeit und strapazieren Ihre Nerven.
Und zum Thema Zeit hat schon der weise Seneca zu sagen: *„Alles, Lucilius, ist fremdes Eigentum, die Zeit allein ist das unsere: in dieser einen Sache, die flüchtig und unzuverlässig, Besitz hat die Natur uns eingesetzt, aus dem uns vertreibt, wer immer will.“*
(Seneca, Briefe an Lucilius, S. 5.)

Fünftens: Konzentrieren Sie sich auf konkrete Verhaltensweisen

In jedes Gespräch geht man mit gewissen Vorannahmen über die andere Person. Man macht sich Gedanken über ihre Absichten, Interessen, und Eigenschaften. Solche Annahmen können uns im Gespräch so sehr blockieren, dass dadurch das Gespräch im Vorhinein zum Scheitern verurteilt sein kann. Man betrachtet nämlich alle Verhaltensweisen des Gesprächspartners im Lichte dieser Annahmen, die man aufgestellt hat.
In unseren Konfliktmanagement-Seminaren spielen wir häufig konkrete Gesprächssituationen durch, das heißt zwei Teilnehmer schlüpfen jeweils in die Rolle einer Person und führen uns ein Konfliktgespräch vor. Dabei instruieren wir Person A, ohne dass Person B davon weiß, sich im Gespräch möglichst kooperativ zu verhalten. Person B bekommt nur mit, dass A irgendeine Art von Instruktion bekommt. Dann geben wir B folgende Information (ohne dass dies A mitbekommt): „Ein Wort zur Warnung. Sie werden gleich merken, dass A versuchen wird, Sie in jeder erdenklichen Weise zu manipulieren. A ist nicht an einer gemeinsamen Lösung interessiert, sondern nur daran, Sie über den Tisch zu ziehen. Er wird da wahrscheinlich sehr geschickt vorgehen und sich vielleicht sogar betont kooperativ geben.“
Diese Information genügt meistens, bei B die massive Annahme einzupflanzen, dass A zu manipulieren versucht. Sehr oft scheitert das Gespräch dann im Anschluss, weil B sich tatsächlich manipuliert fühlt. Die Macht der Vorurteile hat wieder zugeschlagen.
Welche Erkenntnis kann man daraus ziehen? Es ist entscheidend, sich nicht auf die eigenen Annahmen zu konzentrieren, sondern nur auf die Verhaltensweisen, die man tatsächlich wahrnehmen kann. Wenn jemand sich kooperativ verhält und ich meine Anliegen vertreten kann – und genau darauf kommt es im Wesentlichen an -, dann gehe ich schlicht und einfach davon aus, dass der andere tatsächlich kooperativ ist. Mancher Zeitgenosse findet vielleicht diese Einstellung schlicht,

aber eine gute Portion Optimismus und Anfangsvertrauen in die Menschen scheinen uns meist hilfreicher als die pessimistische Misstrauensbrille.

Sechstens: Bauen Sie eine goldene Brücke.

Stellen Sie sich vor, Ihr Gesprächspartner hat Sie klar manipuliert und sich unfair verhalten. Und Sie haben das natürlich registriert (war ja auch nicht zu übersehen). Was ist zu tun? Sie könnten natürlich einfach die „Tür zuschlagen“ und das Gespräch abbrechen. Doch das tun Sie nicht. Sie machen etwas ganz anderes: Sie gehen auf den Manipulator zu und laden ihn ein, wieder auf sachlicher Ebene einen neuen Gesprächsversuch zu starten. Mit anderen Worten: Sie bauen ihm eine goldene Brücke. Sie zeigen sich kooperativ, bringen ihn aber gleichzeitig in Zugzwang. Denn nun liegt es an ihm, auch einen Schritt auf Sie zuzugehen. Der Bau einer goldenen Brücke ist ebenfalls ein Verhalten, das den Manipulator vermutlich irritieren wird. Und vielleicht nutzt er diesen kurzen Moment der Irritation, um wieder zur „Besinnung“ zu kommen und nach einer einvernehmlichen, sachlich fundierten Lösung zu suchen.

Überblick

- Sachlich und fair bleiben.
- Ruhe und Gelassenheit bewahren.
- Nicht kausal reagieren, sondern agieren.
- Beharrlich zum Ziel.
- Konzentration auf konkrete Verhaltensweisen.
- Goldene Brücke bauen.

1. Übung: Nicht kausal reagieren

Denken Sie an eine Situation, in der Sie unfair behandelt bzw. manipuliert wurden. Wie haben Sie sich da verhalten? Was ist in Ihnen vorgegangen? Und nun stellen Sie sich vor: Wie wäre das Gespräch verlaufen, wenn Sie nicht kausal, das heißt auf typische Weise, reagiert hätten?

2. Übung: Umsezung der sechs Leitlinien

Denken Sie an eine vermutlich kritische Gesprächssituation, die Sie bald haben werden: Was könnten Sie sich konkret vornehmen, um die sechs Leitlinien umzusetzen?

Neben diesen allgemeinen Maximen gibt es natürlich ein paar ganz konkrete und handfeste Methoden, die Sie gegen Manipulationen wappnen. Wir teilen diese Methoden in zwei Gruppen: Kommunikationswerkzeuge und Robustheitsfaktoren.
Das erste Methodenbündel besteht in Kommunikationstechniken, die Manipulationen zu begegnen und abzuwehren helfen. Dazu gehören:

- Fragen und Zuhören
- Ignorieren und weitermachen
- Der Präzisierungstrichter
- Schallplatte mit Sprung
- Dumm stellen und Band zurückspulen
- Perspektive wechseln
- Aus der Situation treten
- Bewusst übertreiben
- Wattebauschmethode
- Gesprächsabbruch

Das zweite Methodenbündel besteht in der Entwicklung sachlicher Robustheit, das heißt einer gefestigten eigenen Position. Wenn ich einen guten Stand habe, dann wird mich der Manipulationsversuch nicht so leicht umwerfen. Vier Faktoren helfen, Robustheit zu entwickeln:

- Die Beweislast kontrollieren
- Argumentationsdruck aufbauen
- Anliegen verteidigen
- Ausstiegsoption planen

Kommunikationswerkzeuge

Fragen

Eines der wichtigsten Instrumente, die man beim Umgang mit Manipulation zur Verfügung hat, sind Fragen. Fragen sind mächtige Steuerungstools in Gesprächssituationen. Und gerade, wenn es knifflig oder emotionsgeladen wird, sind Fragen nützliche Helfer.
Der gute und bewusste Umgang mit Fragen ist ein wichtiges Element in einer gelungenen Kommunikation. Dabei werden Fragen häufig

unterschätzt. Da ja der Redeanteil mehr auf der Seite des Befragten liegt, denken viele Menschen, dass er an Gewicht im Gespräch gewinnt. Das mag sogar zutreffen, dass man dem Gesprächspartner mehr Gewicht verleiht – insofern ist Fragen ja eigentlich eine Methode der Wertschätzung – aber andererseits ist es der Fragesteller, der das Gespräch in gewisse Richtungen und Bahnen lenken kann.

Kluge Fragen helfen Ihnen ...

... wichtige Informationen zu erhalten, um dadurch Ihre Gesprächstaktik anzupassen.

... den Gesprächspartner von Anfang an einzubeziehen. Das Gespräch wird dadurch partnerschaftlicher.

... Konfrontationen zu vermeiden und elegante Auswege aus vermeintlichen Sackgassen zu finden.

3. Übung: Fragen stellen

Wenn Sie Gelegenheit hätten folgenden Personen eine Frage zu stellen (aber nur eine), welche Fragen würden Sie Ihnen stellen?

- Jesus Christus
- Albert Einstein
- Der Papst
- Goethe
- Julius Cäsar
- Thomas Gottschalk
- Tom Cruise
- Jürgen Schrempp

Der Klassiker: offene und geschlossen Fragen

Die klassische Unterscheidung bei der Nutzung von Fragen ist die zwischen offenen und geschlossenen Fragen. Diese Unterscheidung ist in Kommunikationsbüchern schon oft genug durchgekaut worden. Dennoch lohnt es sich, sich kurz damit aufzuhalten, um noch einmal ein paar wesentliche Unterscheidungsmerkmale festzuhalten, die in verschiedenen Gesprächssituationen unterschiedlich zum Einsatz gebracht werden können.

Geschlossene Fragen lassen sich in der Regel mit einem Wort oder einer Geste beantworten. Sie suchen gezielt nach Informationen. Das Bild des Schließens ist ziemlich passend. Geschlossene Fragen fokussieren das Gespräch auf einen Punkt.

Wenn ich offene Fragen stelle, erwarte ich im Gegensatz dazu in der Regel einen ganzen Satz als Antwort. Offene Fragen zwingen also zu mehr Text auf Seiten des Antwortenden.

Beispiele für geschlossene Fragen:

- Sind Sie an einer gemeinsamen Lösung interessiert?
- Ist das Ihr letztes Wort?
- Sind Sie mit meinem Vorschlag einverstanden?
- Brauchen Sie noch zusätzliche Informationen?

Ein paar Beispiele für offene Fragen:

- Wie haben Sie die Situation damals empfunden?
- Welche Lösungen könnten Sie sich vorstellen?
- Was sind die größten Hindernisse, die aus dem Weg geräumt werden sollten?
- Was sind die für Sie wichtigsten Rahmenbedingungen?

4. Übung: Partnerübung zu geschlossenen bzw. offenen Fragen

Führen Sie ein kleines Interview mit Ihrem Partner durch. Interviewen Sie sich dabei gegenseitig. Das Interview funktioniert auf folgende Art und Weise: Suchen Sie sich irgendein Thema (zum Beispiel: letzter Urlaub, Hobbys, Sport, Bücher ...) Entscheiden Sie, wer zuerst beginnen soll. Der erste Interviewer stellt zu dem Themenbereich nur geschlossene Fragen. Nach drei, vier Minuten stoppen Sie; dann stellt der zweite Interviewer zum selben Thema nur offene Fragen. Auf diese Weise können Sie sich den Unterschied zwischen offenen und geschlossenen Fragen recht anschaulich vor Augen führen. Werten Sie dann gemeinsam kurz aus, welche Frageart welche Eigenschaften hat und in welchen Situationen sie wohl gut einsetzbar ist.

Wahrscheinlich werden Sie durch diese Übung bemerken, dass man beide Fragearten zu folgenden Zwecken gut einsetzen kann:

Offene Fragen wendet man an, um

- den Gesprächspartner stärker ins Gespräch hinein zu holen
- eine freie Meinungsäußerung zu fördern
- ein echtes Gespräch entstehen zu lassen
- dem Gesprächspartner weniger Ausweichmöglichkeiten zu geben

Geschlossene Fragen wendet man an, um

- Einverständnis oder Zustimmung einzuholen
- eine Bestätigung zu bekommen

- Gespräche möglichst straff zu führen
- Übereinstimmung zu sichern
- den Gesprächspartner auch mal festzunageln

Beide Fragearten haben ihren Sinn und ihren Nutzen. Keine Frageart ist prinzipiell der anderen überlegen. In manchen Situationen kann es jedoch hilfreich sein, mehr von offenen Fragen Gebrauch zu machen. Besonders dann, wenn Sie es mit jemandem zu tun haben, der eher zur unkooperativen Sorte gehört. Dazu ein Beispiel:

Beispiel

Maria ist eine Pharmaberaterin. Sie ist in einem Gespräch mit Dr. Martin, einem Arzt. Dr. Martin verhält sich im Gespräch sehr einsilbig. Maria bekommt nur sehr spärliche Informationen von ihm. Im Laufe des Gesprächs stellt Sie eine Studie vor und im Anschluss an diese Vorstellung stellt sie die Frage: „Was heißt denn diese Studie für Sie?". Das ist eine gute offene Frage und man bemerkt bereits, wie Dr. Martin zu einer Antwort ansetzt. Leider aber macht Maria einen kleinen, aber entscheidenden Fehler. Sie hängt nämlich an die ursprüngliche Frage noch eine zweite Frage an und dann lautet ihre gesamte Frage so: „Was heißt denn diese Studie für Sie? ... Das ist doch für Sie sicher auch interessant?"

Dreimal dürfen Sie raten, wie der Arzt reagiert. Er sagt: „Ja, sicher ..." und schon ist das Gespräch wieder an einem Endpunkt angelangt. Durch ihre geschlossene Anschlussfrage hat Maria leider das Gegenteil davon erreicht, was sie eigentlich beabsichtigte, nämlich Dr. Martin zum Reden zu bringen.

Tipps zum Fragen

- Stellen Sie keine Kettenfragen, also nicht mehrere Fragen hintereinander.
- Geben Sie genügend Zeit zur Antwort. Legen Sie nicht sofort selbst nach, wenn nicht sogleich eine Antwort kommt.
- Begründen Sie hin und wieder Ihre Fragen: „Frau Meier, wie ist es denn genau aus Ihrer Sicht zu der jetzigen Situation gekommen? Ich frage deshalb, um zu verstehen, wie wir in dieses Schlamassel hinein geraten konnten."
- Sie können Fragen auch durch indirekte Formulierungen abfedern und Ihnen etwas die Schärfe nehmen: „Ich überlege gerade, wie es zu dieser Situation kommen konnte. Was meinen Sie?"
- Vermeiden Sie bohrende Warum-Fragen: Die werden in der Regel als aggressiv empfunden.

Zur Kunst des geschickten Fragens gibt es eine nette Geschichte: Ein katholischer Pfarrer fragt beim Vatikan an: „Darf man beim Beten rauchen?" Die kategorische Antwort des Vatikan: „Nein". Ein Jesuit –

Jesuiten sind bekanntlich gute Rhetoriker – stellt folgende Anfrage an den Vatikan: „Darf man beim Rauchen beten?“ Die Antwort des Vatikan: „Ja“.
Eine kluge Frage kann Sie also Ihrem Ziel näher bringen.

***5. Übung: Fragen umformulieren** (siehe Lösungsteil)*

Versuchen Sie bitte die folgenden offenen Fragen in geschlossene umzuformulieren:

- Welche Erfahrungen hast du schon mit dem neuen Windows gemacht?
- Was gefällt Ihnen an Ihrer Arbeit?
- Wie sehen Sie das Problem?
- Was würden Sie an meiner Stelle tun?
- Woran erkennen wir, dass wir das Ziel erreicht haben?
- Warum lässt die Termintreue nach?

Und formulieren Sie bitte folgende geschlossene Fragen in offene um:

- Kommst du mit ins Kino?
- Funktioniert die V-Maschine endlich wieder?
- Soll ich mit Müller ein Kritik- oder ein Beratungsgespräch führen?
- Wer ist für die Telefonzentrale zuständig?
- Bis wann können Sie die bestellten Artikel liefern?

Fragen sind ein gutes Mittel, um auf unfaire Attacken und Manipulationen zur reagieren. Sie erlauben es nämlich, auf der einen Seite weiterhin kooperativ zu sein, auf der anderen Seite aber den Ball, der Ihnen entgegengeschleudert wurde, sofort zurück zu spielen. Wer eine kluge Frage stellt, ist sofort in der Offensive. Sie durchbrechen damit den typischen Reiz-Reaktions-Mechanismus, den ein Manipulator in Gang zu setzen versucht.
Ein gutes Übungsfeld für den Einsatz von Fragen bieten dabei Killerphrasen, die uns immer wieder in Gesprächen begegnen.

Mit Fragen auf Killerphrasen reagieren

Fragen stellen eine gute Möglichkeit dar, um auf Killerphrasen zu reagieren. Killerphrasen sind Äußerungen, die jede Motivation sofort im Keim ersticken. Eine kluge Frage als Reaktion auf diese „Äußerungsbombe“ erhöht die Chance, wieder ins Gespräch zu kommen. Sehen wir uns in den folgenden kleinen Beispielen an, wie das funktionieren könnte. In unserem Beispiel reagiert Moritz jeweils mit einer geschickten Frage.

Beispiel

Max: „Das funktioniert ja doch nicht."
Moritz: „Was müsste passieren, dass es funktioniert?"
Moritz unterstellt bei seiner Frage, dass es zumindest prinzipiell eine Lösung gibt.

Max: „Da wird uns doch nur wieder irgendwas von oben vorgesetzt."
Moritz: „Was würden Sie sich denn vorstellen?"

Moritz versucht durch diese Frage, die Anliegen von Max heraus zu finden.

Hinter vielen Killerphrasen stecken Blockaden, Unverständnis oder Zweifel. Wenn man versuchen würde, diese Killerphrasen in irgendeiner Form zu widerlegen, würde dies vermutlich zu einer noch größeren Konfrontation führen. Das kann man elegant vermeiden, wenn man Fragen stellt.

6. Übung: Auf Killerphrasen reagieren *(siehe Lösungsteil)*

Überlegen Sie sich Fragen, mit denen Sie auf folgende Killerphrasen reagieren könnten:

„Das ist doch alles Quatsch."

„Das haben wir doch schon immer so gemacht."

„Das kriegen wir beim Chef nie durch."

„Immer nur wir dürfen das Ganze ausbaden."

„Das bringt ja eh nichts."

7. Übung: Eigene Killerphrasen erkennen

Einmal ehrlich: Jeder von uns hat in Gesprächen schon mal Killerphrasen eingesetzt. In der Hitze des Gefechts bleibt das einfach nicht aus. Denken Sie doch mal bitte nach: Was sind Ihre eigenen Lieblings-Killerphrasen? (Ich hoffe, Sie finden mindestens eine. Eine Phrase, die ich manchmal benutze - Autor T. W. - ist: „Das muss man relativieren". Wenn ich ehrlich bin, ist durch diese Aussage nicht viel gewonnen.)

Fragen sind nur der Anfang. Was Sie tun müssen, damit Ihre Fragen nicht verpuffen: Sie müssen aufmerksam zuhören. Und das bedeutet wirklich alles aufzunehmen, was der Gesprächspartner sagt, und nicht schon beim ersten Halbsatz des Anderen die eigene Replik zu formulieren. Das Zuhören ist die Kehrseite der Medaille des Fragens. Wie das Fragen, so ist auch professionelles Zuhören eine Versachlichungsmethode. Um das Zuhören zu trainieren, gibt es eine gute Übung, die man zu zweit oder auch zu mehreren durchführen kann. Diese Übung nennt sich „Kontrollierter Dialog".

8. Übung: Partnerübung „Kontrollierter Dialog"

Suchen Sie sich ein Diskussionsthema, über das Sie sich mit Ihrem Gesprächspartner gern austauschen möchten. Die Diskussion wird nach folgenden Regeln geführt: Wer etwas sagen bzw. einen Beitrag in der Diskussion leisten möchte, muss zuerst, das, was der Gesprächspartner gesagt (oder der unmittelbar vorgehende Redner bei mehreren Personen) mit eigenen Worten noch einmal zusammenfassen. „Du meinst, sagst also, dass ..." Er wartet dann, bis er entweder ein „Ja, genau" hört oder eine Korrektur seiner Zusammenfassung. Dann darf er seinen eigenen Diskussionsbeitrag formulieren.

Wenn Sie die Übung mal ausprobiert haben, werden Sie sicher bemerkt haben, dass die Diskussion natürlich nicht sonderlich spontan abläuft. Deshalb ist die Übung jetzt auch keine Empfehlung, Diskussionen stets auf diese Art und Weise zu führen.
Aber man erkennt durch diese Übung sehr gut, wie schwierig es ist, den gesamten Gedanken des Gesprächspartners zu erfassen. Dabei ist gar nicht so wesentlich, dass alles haarklein und überkorrekt wiedergegeben wird. Viel wichtiger ist, dass man dem Gesprächspartner noch einmal die Gelegenheit gibt, seine Position oder Meinung zu formulieren. So baut sich gegenseitiges Verständnis auf.
Die Übung zeigt auch, wie durch Zuhören, das Gespräch sehr schnell (!) verlangsamt wird. Gerade in Konfliktsituationen neigt das Gespräch dazu, sich zu beschleunigen. Das aufmerksame Zuhören ist deshalb eine gute Methode, um Tempo aus dem Gespräch zu nehmen und es wieder in sachlichere Gefilde zu führen.

Tipp:

Nehmen Sie sich für Ihr nächstes reales Gespräch einmal konkret vor, einige Sequenzen aus einem kontrollierten Dialog einzusetzen. Das heißt, versuchen Sie mit eigenen Worten noch einmal zusammenzufassen, was Ihr Gesprächspartner gesagt hat. Nicht übertreiben: Versuchen Sie es nur ein- oder zweimal. Probieren Sie diese Methode in kleinen Schritten aus. Das Ausprobieren in kleinen Schritten wird Ihnen dabei helfen, immer mehr Sicherheit mit dieser Methode zu gewinnen und so knifflige Gespräche noch besser zu meistern. Dies ist ohnehin eines unserer wichtigsten Empfehlungen: neue Dinge in geringen Dosierungen auszuprobieren. Es ist wichtig, sich nicht von Anfang an zu sehr unter Druck zu setzen.

Viele Menschen unterschätzen außerdem, was man in kleinen Schritten auf lange Sicht alles erreichen kann und sie überschätzen, was man in kurzer Zeit in großen Schritten erreicht.

Der Präzisierungstrichter

Eine der elegantesten und wichtigsten Fragemethoden ist der Präzisierungstrichter. Ziel bei der Anwendung des Trichters ist es, die Äußerungen des Gesprächspartners durch Nachfragen so weit zu präzisieren und zu konkretisieren, dass eine fundierte, sachliche Auseinandersetzung möglich wird. Sehen wir uns am besten ein Beispiel an:

Beispiel

Max und Moritz sind zwei Kollegen in einem Unternehmen. Während der Mittagspause begegnen sie sich in der Kantine und folgender Dialog entspinnt sich:

Max: „Was sich dein Team da erlaubt, das ist ja wirklich die Höhe. So geht's ja nun wirklich nicht."

Moritz: „Worum geht es denn eigentlich?"

Max: „Ja um die Art und Weise wie Ihr selbstherrlich Aufträge an euch zieht."

Moritz: „Von welchen Aufträgen sprichst du denn da genau?"

Max: „Ja der Auftrag für die Abfüllanlage in unserer neuen Fabrik. Der Bau fällt ja wohl eher in unseren Bereich."

Moritz: „Den Fall kenne ich noch gar nicht. Was ist denn da genau passiert?"

Der Präzisierungstrichter ist ein gutes Konterinstrument, wenn jemand versucht Sie mit Worten anzugreifen und unter Druck zu setzen. Die übliche Reaktionsweise ist meistens eine Rechtfertigungstirade auf Seiten des Angegriffenen. Das aber führt meist zwangsläufig in eine Eskalationsspirale.

Der Präzisierungstrichter kann aber nicht nur dann gut eingesetzt werden, wenn es um die Reaktion auf verbale Attacken geht, er kann auch dann benutzt werden, wenn der Gesprächspartner sehr vage oder sehr weitschweifig in seinen Äußerungen ist. Wenn man also nicht weiß, was er eigentlich sagen will. Das können wir in folgendem kleinen Dialog verfolgen.

Beispiel

Klaus und Ina sind Kollegen, die an einem gemeinsamen Projekt arbeiten:

Klaus: „Ich weiß nicht, irgendwie gefällt mir der Projektplan nicht."

Ina: „Was genau gefällt dir denn nicht?"

Klaus: „Ich weiß es nicht."

Ina: „Bei welchem Teil hast du denn ein besonders schlechtes Gefühl?"

Klaus: „Kann ich nicht genau sagen ..." (Ein schwerer Brocken!!! Aber Ina lässt nicht locker.)

Ina: „Ist es ein zu enger Zeitplan vielleicht oder die Höhe des geplanten Budgets ...?"
Klaus: „Ja, der Zeitplan. Ich weiß nicht ... Das ist alles sehr optimistisch."
Ina: „Wo genau könnten denn Probleme im Zeitplan entstehen?"
Klaus: „Ja also, die Hochphase des Projekts fällt ja mitten in die Sommerferien. Wenn da nicht alle pünktlich zuliefern können, dann könnte das kritisch werden."

Jetzt weiß Ina schon viel genauer, worauf das Gerede „um den heißen Brei" am Anfang des Gesprächsausschnitts zielte. Erreicht hat sie dies durch präzisierendes Fragen, den Präzisierungstrichter.

9. Übung: Präzisierungstrichter einsetzen *(siehe Lösungsteil)*

Setzen Sie auf folgende Äußerungen mal den Präzisierungstrichter an. Welche Präzisierungsfragen könnte man als Reaktion auf die folgenden Äußerungen stellen?

„Ich glaube mit der Lösung können wir ganz zufrieden sein."

„Mir schwant da nichts Gutes!"

„Also so geht es ja nicht. Sie treiben mit uns doch wohl ein ganz böses Spiel. Das lasse ich mir nicht länger bieten."

„Wenn nur wieder alles so wäre wie früher ..."

„Mir scheint der Vorschlag von Ihnen doch etwas unausgewogen zu sein ..."

Ignorieren und Weitermachen

Nicht auf jede Äußerung oder jeden Störversuch durch den Manipulator lohnt es sich, mit schwerem Geschütz zu reagieren. Im Gegenteil: Manchmal zeugt es von größerer Gelassenheit und Professionalität, wenn man den Manipulationsversuch an sich vorbei ziehen lässt. Diese Vorgehensweise fassen wir unter den Titel „Ignorieren und Weitermachen". Die Grundidee ist: Sie gehen auf den Manipulationsversuch einfach nicht ein und übergehen ihn. Sie dürfen den Manipulator dabei natürlich durchaus merken lassen, dass Sie bemerkt haben, was er versuchte. Sie haben dazu folgendes Instrumentarium zur Verfügung:

- Sie machen eine kurze Pause.
- Sie stellen einen kurzen Blickkontakt her.
- Sie äußern: „Sind Sie einverstanden, wenn wir weitermachen?"
- Sie machen einen betont konstruktiven Beitrag.

Diese kleine Methode können wir mit folgendem Beispiel veranschaulichen:

Beispiel

Lothar versucht Bernhard auf einer Besprechung zu verunsichern: „Na, hast du dieses Mal dein Projekt im Griff?" Es entsteht ein kurzes Schweigen in der Besprechungsrunde nach dieser Bemerkung. Bernhard dehnt diese Schweigepause bewusst ein bisschen länger aus, blickt Lothar an und sagt: „Ja, und um das Projekt weiter im Griff zu haben, möchte ich gern ein paar Punkte klären, die mir wichtig erscheinen. Erstens die Liefersituation unserer Kontraktoren ..."

Bernhard lässt sich durch die Bemerkung von Lothar nicht aus der Fassung bringen. Alle Sitzungsteilnehmer haben natürlich den Angriff bemerkt, alle warten gespannt, was passieren wird. Wie wird Bernhard reagieren? Wird er diese Bemerkung unter der Gürtellinie auf sich sitzen lassen. Im Sitzungssaal wird man bestimmt eine Stecknadel zu Boden fallen hören können. Wie frustrierend muss es da für den Manipulator sein, dass Bernhard irgendwie gar nicht reagiert, dass er im Gegenteil die Situation nutzt, um in der Besprechung wieder die thematische Initiative zu ergreifen.
Denken Sie also durchaus an die Methode „Ignorieren und Weitermachen", wenn Sie unfair angegangen werden. An dieser Nicht-Reaktion hat der Manipulator nämlich erst mal zu schlucken.

10. Übung: Einen Überrumpelungsversuch abwehren

Stellen Sie sich folgende Situation vor: Sie führen Verhandlungen mit einem Gesprächspartner. Sie hatten sich mit Ihrem Gesprächspartner darauf geeinigt, dass zunächst jede Seite die Chance erhält, ihre Interessenlage darzustellen, bevor nach Lösungsmöglichkeiten gesucht wird. Nun hat Ihr Gesprächspartner aber gerade versucht, Ihnen seine Lösung aufzudrücken, ohne dass Sie Gelegenheit gehabt haben, Ihre Interessen darzustellen: ein offenkundiger Überrumpelungsversuch. Sie führen das auf eine gewisse Nervosität und Unsicherheit zurück, ignorieren dieses Manöver einfach und arbeiten konstruktiv weiter. Was könnten Sie sagen?

Schallplatte mit Sprung

Die nächste Schutzmethode, die wir ihnen vorstellen wollen, erfordert ein gewisses Maß an Penetranz und Hartnäckigkeit. Und genau das wurde uns in jungen Jahren systematisch abtrainiert. Deshalb fällt gerade diese Methode vielen Menschen schwer. Wie funktioniert sie? Am besten motivieren wir sie durch ein ganz konkretes Beispiel:

Beispiel

Ein Betriebsleiter in einer Fabrik hat unter seinen zehn Meistern einen, der recht talentiert und ehrgeizig ist. Er hat sich neben seiner beruflichen Arbeit weiter gebildet und wünscht sich, auch weil sein Tätigkeitsfeld umfangreicher geworden ist, ein besseres Gehalt. Bisher sind alle Meister in diesem Betrieb auf Gehaltsstufe G10. Betriebsleiter Max erklärt sich bereit, sein Bestes zu unternehmen und sich für seinen ehrgeizigen Meister Klaus bei der Personalabteilung einzusetzen, um eine Höherstufung auf G11 zu erreichen. Und tatsächlich, er hat Erfolg. Als Max nun Klaus die frohe Botschaft verkündet, ist er von dessen Reaktion entsetzt: Kein Wort des Dankes sondern nur die Forderung: „Wir sollten schon mal überlegen, wie ich von G11 auf G12 komme."

Und von da an hat Klaus bei jedem Aufeinandertreffen der beiden das Gehaltsthema auf den Tisch gebracht. Max erklärt immer wieder, warum eine erneute Gehaltserhöhung nicht möglich ist, aber jede Erklärung hat Klaus nur weiter dazu genutzt – und er war rhetorisch ziemlich geschickt –, Punkte zu finden, die eine weitere Gehaltserhöhung rechtfertigen. Jede weitere Argumentation von Max führte nur zu einer neuen Argumentationslawine. Klaus ließ sich nicht abschütteln.

An diesem Beispiel erkennen wir sehr gut, was falsch läuft. Max lässt sich immer wieder auf neue argumentative Auseinandersetzungen und Diskussionen ein. Und weil Klaus geschickt argumentiert, geht Max stets als Verlierer vom Feld. Die Situation ist für Max sehr zermürbend. Was tun? Es wird Zeit für die Schallplatte mit Sprung.

Wie der Name schon andeutet, besteht der Clou dieser Methode darin, bestimmte Dinge einfach immer wieder zu wiederholen. Das heißt, Sie sagen immer wieder,

- was Sie möchten oder auch nicht möchten
- worauf es Ihnen ankommt
- was Sie fragen oder sagen möchten.

Der Trick dabei ist, keine Erklärungen oder Argumentationen vorwegzuschicken. Solche Erklärungen oder Rechtfertigungen dienen dem Manipulator nämlich nur wieder als Stichworte, um seine Argumentations-Geschütze erneut in Stellung zu bringen. Flugs sitzt man in einer Argumentationsfalle, indem jedes Argument nur ein weiteres Gegenargument generiert und man sich in einem argumentativen Kreisel bewegt.

Max beherzigt diese Einsicht und das nächste Gespräch mit Klaus verläuft so:

Beispiel

Max: „... Gut, da haben wir dann ja die wichtigsten Punkte für die kommende Woche besprochen."
Klaus: „Es gibt noch eines, das, wie du weißt, mir sehr am Herzen liegt. Ich finde, es steht immer noch meine Höherstufung im Raum. Da solltest du langsam was unternehmen. In meinen Augen ..."
Max: „Stopp mal kurz. Wir werden nicht über eine Gehaltshöherstufung sprechen."
Klaus: „Aber ich finde es wird Zeit ..."
Max: „Wir werden nicht darüber sprechen. Ich werde dazu den Zeitpunkt bestimmen."
Klaus: „Ja, aber ..."
Max: „Nein Klaus, wir werden jetzt nicht über dieses Thema sprechen."

Von diesem Zeitpunkt an war das Thema vom Tisch. Was hat Max gemacht? Er hat einfach klar seine Position markiert und zweimal die Schallplatte mit Sprung aufgelegt. War er dabei unfair? Nein, er hat schlicht und einfach sein Anliegen deutlich gemacht und einen Schlussstrich unter ein Thema gezogen. Niemand wird getäuscht, manipuliert oder abgewertet.
Natürlich hat die Methode etwas Abruptes, etwas Unelegantes, vielleicht sogar etwas Rüdes. Manchmal kann man sie daher noch abfedern, indem man zum Beispiel Verständnis signalisiert. So könnte Max, wenn er besonders behutsam vorgehen möchte, zum Beispiel sagen:

Beispiel

Max: „Ich verstehe, dass dich diese Frage bewegt. Aber wir werden jetzt nicht darüber sprechen."

Die Schallplatte mit Sprung kann gut eingesetzt werden, wenn

- der Manipulator Ihnen etwas andrehen oder verkaufen möchten, was Sie ablehnen.
- der Manipulator versucht, vom Thema abzulenken,
- der Manipulator Nebenkriegsschauplätze eröffnen möchte,
- der Manipulator Sie laufend unterbricht und nicht ausreden lässt.

Natürlich kann eine Schallplatte mit Sprung auch einer Schallplatte mit Sprung begegnen. Dann hakt das Gespräch wirklich. In diesem Fall sollte man sich auf einen anderen Weg besinnen. Zum Beispiel auf den Präzisierungstrichter. Die Schallplatte mit Sprung hat deshalb einen relativ engen Anwendungsbereich.

Gerade bei der Schallplatte mit Sprung ist es wichtig, sie zu üben. Denn gerade diese Methode fällt uns besonders schwer. Eine solche Übung könnte so aussehen:
Am besten schnappen Sie sich dazu einen Kollegen oder Freund, es kann auch der Ehepartner sein.

11. Übung: Partnerübung „Schallplatte mit Sprung"

Stellen Sie sich vor: Sie führen ein Kritikgespräch mit Ihrem Kollegen, zum Beispiel, weil er ständig zu spät kommt. (Ihr realer Partner in dieser Übungssituation kann in die Rolle des Kritikempfängers schlüpfen.) Der Kritikempfänger versucht nun ständig, vom Thema abzulenken. Setzen Sie die Schallplatte mit Sprung ein.

Ihr Partner schlüpft in die Rolle eines wortgewaltigen Spendensammlers oder Vertreters an der Haustür. Ihre Aufgabe ist es, ihn durch die Schallplatte mit Sprung abzuwimmeln.

Dumm stellen und Band zurückspulen

Von Wilhelm Busch stammt der Ausspruch: „*Dummheit ist auch eine natürliche Begabung*". Und manchmal sollte man diese Begabung nutzen. Denn sich dumm zu stellen, ist durchaus eine geschickte Variante, um Manipulationen zu begegnen. Der besondere Effekt dabei ist, dass man zwar die Manipulation aufdeckt, den Manipulator aber gleichzeitig das Gesicht wahren lässt. Der Kunstgriff besteht hier darin: Sie interpretieren den Manipulationsversuch einfach als ein kleines Missverständnis oder eine kleine Verwirrung Ihrerseits. Bevor es weitergehen kann, muss das Missverständnis oder die Irritation erst mal geklärt werden. Sie senden auf diese Weise ein elegantes Warnsignal, ohne dass der Gesprächspartner einen Gesichtsverlust erleidet.
Betrachten wir dazu folgendes Beispiel:

Beispiel

Klaus steht in schwierigen Verhandlungen mit einem Geschäftspartner, Manfred. Beide hatten sich darauf geeinigt, dass jeder zunächst seine Sicht der Dinge erläutern kann. Manfred, der zuerst das Wort ergriff und seine Sicht der Dinge schilderte, überraschte Klaus mit einem ganz konkreten Lösungsvorschlag, ohne dass Klaus Gelegenheit hatte, seine Position zu erläutern. Klaus reagiert darauf in folgender Weise: „Einen Moment, ich bin jetzt etwas verwirrt. Vielleicht hatte ich ja unsere kleine Vereinbarung vom Anfang etwas missverstanden. Wir hatten doch ausgemacht, dass zunächst jeder mal seine Position darlegen kann, bevor wir uns konkreten Lösungsschritten zuwenden. Jetzt haben Sie bereits ganz konkrete Lösungen platziert. Habe ich da vorhin etwas falsch verstanden oder nicht mitgekriegt?"

Jetzt ist der Manipulator ertappt. Aber er sitzt nicht komplett in der Falle. Sie haben ihm nämlich Fluchtmöglichkeiten gelassen. Und so wird er in der Regel auch versuchen, diese Fluchtmöglichkeit zu nutzen und dadurch die Situation zu retten. Und genau in dieser Weise verfährt Manfred. Er sagt nämlich: „Ich hatte nur gerade diese Idee, die wollte ich nur schnell loswerden." Und Klaus: „O.K. verstehe; wir sollten den Vorschlag auf alle Fälle mal festhalten. Aber zunächst würde ich Ihnen natürlich gern mal meine Sicht der Dinge darlegen. Einverstanden?"

Win-Win durch dumm stellen, so könnte man den Effekt dieser Methode beschreiben. Sie haben sich erfolgreich gegen einen Manipulationsversuch zur Wehr gesetzt und der Manipulator hat sein Gesicht gewahrt. Jetzt kann das Gespräch wieder sachlich fortgesetzt werden.

Die „Sich-Dumm-Stellen-Methode" kann benutzt werden, wenn

- der Manipulator Sie mit etwas überrumpeln möchte,
- er vom eigentlichen Thema ablenkt,
- er eine getroffene Vereinbarung gerne nachverhandeln möchte,
- oder wenn der Manipulator ein schlechtes Gewissen zu erzeugen versucht.

Diese Methode ist deshalb recht wirkungsvoll, weil Sie alle Manipulationsversuche auf sich selbst als die Quelle eines Missverständnisses beziehen. Sie sind derjenige, der hier was nicht kapiert oder mitgekriegt hat oder verwirrt ist. Kompliment zu Ihrer natürlichen Begabung, sich dumm zu stellen.

12. Übung: Die Sich-dumm-stellen-Methode benutzen *(siehe Lösungsteil)*

Sie haben mit Ihrem Gesprächspartner die Vereinbarung getroffen, dass er Ihnen am Ende jeder Woche einen Statusbericht über den Stand der Dinge in seinem Projekt schicken wird. Zumindest ist das die Vereinbarung, von der Sie ausgehen. Nun sagt Ihr Gesprächspartner: „O.K. Dann machen wir das so: Wenn es etwas Wichtiges in der Woche gibt, dann werde ich Ihnen das berichten." Natürlich möchten Sie von ihm in jeder Woche einen Bericht und nicht nur dann, wenn etwas Wichtiges anfällt. Benutzen Sie die Sich-dumm-Stellen-Methode und formulieren Sie eine Erwiderung.

Ihr Gesprächspartner hat sich die ersten beiden Wochen an die Vereinbarung gehalten. Ab der dritten Woche aber liefert er keinen Bericht mehr. Sie sprechen ihn und benutzen die Sich-dumm-stellen-Methode. Was könnten Sie sagen?

13. Übung: Sich-dumm-stellen

Ihr Nachbar hört in der Nacht seit drei Tagen laute Musik. Das stört Sie bei Ihrem Schlaf. Nutzen Sie die Sich-dumm-stellen-Methode um sich bei ihm zu beschweren.

Perspektive wechseln

Der Physiker Brian Greene beschreibt in seinem Buch „Der Stoff, aus dem der Kosmos ist" wie er als Kind das Spiel gespielt hat, die Welt aus der Perspektive der Dinge zu betrachten, die um ihn herum waren: die Welt aus Sicht der Radnabe eines vorbeifahrenden Autos, die Welt aus der Sicht einer Gürtelschnalle ... Das ist wahrscheinlich nicht nur eine spannende, sondern auch eine fruchtbare Übung. Denn diese Idee, bewusst die Perspektive zu wechseln, hilft dabei, neue Dinge zu lernen und neue Erkenntnisse zu gewinnen. Diesen bewussten Perspektivenwechsel kann man auch in Manipulationssituationen nutzen. Dabei lädt man den Gesprächspartner ein – über Fragen –, sich einmal in eine andere Position hinein zu versetzen. Diese Einladung kann manches Mal Wunder wirken.
Sehen wir uns zuerst ein paar Beispiele an.

Beispiel 1

Max blockiert im Gespräch. Er schaltet auf stur. Robert, sein Gesprächspartner, sagt: „Max, ich habe dich gebeten, mal deine Position zu formulieren. Von dir kommt aber nichts. Wie glaubst du wirkt das auf mich?"

Durch diese Frage versucht Robert Max zu einem Perspektivenwechsel zu bringen, um auf diese Weise die Blockade aufzubrechen.

Beispiel 2

Maria führt ein Kritikgespräch mit Martin über seinen Zeitverzug im Projekt. Martin versucht jedoch permanent andere Themen anzusprechen um abzulenken. Maria sagt schließlich: „Martin, wenn ich mit dir über das neue Projekt sprechen möchte, lenkst du ständig auf andere Themen ab, die Kostenrechung, die Urlaubsplanung: Was soll ich davon halten?"

Durch eine einfache Frage versucht Maria eine Wendung im Gespräch herbeizuführen.

Beispiel 3

Claudia und Manuela sind in eine hitzige Diskussion verwickelt. Claudia lässt Manuela dabei nur selten zu Wort kommen. Schließlich hat Manuela genug: „Claudia, ich möchte schon die ganze Zeit meinen Standpunkt formulieren, aber ich komme nicht dazu, weil du mich laufend unterbrichst: Was schlägst du mir vor, dass ich tun soll, damit du mir zuhörst?"

Diese Frage wird Claudia bestimmt überraschen und genau in diesem Überraschungseffekt, diesem Sichtwechsel liegt die Chance für das Gespräch.

Der bewusste Perspektivenwechsel stellt meistens eine Überraschung für den Manipulator dar. Mit einer solchen Art Frage hat er nicht gerechnet. Der springende Punkt dabei ist: Durch das Stellen einer Perspektive-Frage entsteht ein Antwortdruck auf den Manipulator und dabei zugleich aus der Position des Gesprächspartners heraus. Diese Überraschungsaktion, die für den Manipulator ein gewisses Verwirrungspotential in sich birgt, kann dazu führen, dass der Manipulator seine Taktik aufgibt. Er wird aus dem Takt und damit zum Nachdenken gebracht, was zumindest seine manipulatorischen Vorhaben empfindlich stört.
Dieses Überraschungsmanöver des Perspektivenwechsels wirkt besonders gut, wenn jemand versucht

- Sie zu überrumpeln,
- Nebenkriegsschauplätze zu eröffnen,
- Ablenkungsmanöver aller Art zu starten,
- Vereinbarungen zu unterlaufen
- oder sich in seiner Position einzumauern und eine Blockadehaltung einzunehmen; wenn er sich also stur stellt oder etwas partout nicht einsehen will.

Fragen, die einen Perspektivenwechsel einleiten sollen, muss man natürlich ein bisschen üben. Diese Art von Fragen fallen einem meist nicht automatisch ein. Deshalb haben wir in der nächsten Übung ein paar Situationen gesammelt, in der Sie diese Fragetechnik ausprobieren können.

14. Übung: Perspektive wechseln *(siehe Lösungsteil)*

Reagieren Sie bitte auf folgende Äußerungen mit einer Perpektivenwechsel-Frage:

Klaus: „Also, ich möchte jetzt einfach nicht mehr mit dir diskutieren. Entweder du akzeptierst meinen Vorschlag oder ich entscheide die ganze Sache allein. Dann wirst du schon sehen, wo du bleibst."

Ihre Reaktion?

Maria: „Ich weiß nicht, welches Problem Sie darin sehen, dass mir hin und wieder mal bei meinen Mitarbeitern eine bissige Bemerkung rausrutscht. Die sind doch nicht aus Watte. Also ich sehe da kein Problem. Da wird nur eine Mücke zum Elefanten gemacht ..."
Ihre Reaktion?

Hans: „Ich werde jetzt keine Rücksicht mehr auf Sie nehmen. Ich habe Ihnen lange genug zugehört. Entweder wir machen es so, wie ich sage oder Ende der Fahnenstange. Das ist mein letztes Wort."
Ihre Reaktion?

Aus der Situation treten

Manchmal finden äußerst massive Manipulationen statt. Dann gilt es, den Stier bei den Hörnern zu packen und die Manipulation beim Namen zu nennen und direkt anzusprechen.

Das funktioniert so:
Schritt 1: Das Gespräch wird klar und deutlich unterbrochen.
Schritt 2: Der Manipulationsversuch wird direkt angesprochen und die Unterbrechung damit begründet.
Schritt 3: Wie geht's weiter? Entweder macht man selbst einen Vorschlag oder man bittet um einen.

Weil bei dieser Schutzmethode die klare und deutliche Unterbrechung des Gesprächs notwendig ist, nennen wir sie „Aus der Situation treten".
Warum ist die deutliche Unterbrechung wichtig? Dadurch soll verhindert werden, dass sich die verschiedenen Gesprächsebenen auf unglückliche Weise miteinander vermischen. Denn jetzt sprechen wir nicht darüber, weswegen wir eigentlich zusammensitzen, also der Streitpunkt oder das Thema, das uns zusammengeführt hat, sondern wir sprechen jetzt über die Art und Weise, wie wir miteinander umgehen. Wir befinden uns jetzt auf einer Metaebene. Und auf dieser Metaebene werde ich den von mir wahrgenommenen Manipulationsversuch offen und direkt ansprechen. Betrachten wir dazu wieder ein Beispiel:

Beispiel

Karin steckt in kniffligen Verhandlungen mit Metatox. Der Verhandlungspartner von Metatox, Karl, tritt auf sehr bullige und ruppige Art und Weise auf. Ständig unterbricht Karl Karin, wenn Karin zu sprechen anfängt. Of-

fensichtlich versucht er Karin einzuschüchtern. Karin will sich das nicht mehr gefallen lassen.
Karin: „Einen Moment mal bitte. Auszeit. (Unterbrechung des Gesprächs) Sie haben mir jetzt schon zum dritten oder vierten Mal das Wort abgeschnitten. So habe ich keine Gelegenheit meinen Standpunkt zu erläutern. (Begründung der Unterbrechung) Ich möchte jetzt gern mein Argument zu Ende führen, dann können Sie mir gern Fragen dazu stellen. Geht das in Ordnung?(Vorschlag und Frage)"

Karin unterbricht also das Gespräch klar und deutlich. Dabei spricht sie die versuchte Manipulation bzw. das störende Verhalten konkret an. Schließlich macht sie einen Vorschlag, wie es weitergehen kann.

Wie bereits erwähnt, muss eine starke Manipulation vorangegangen sein, wenn man diese Methode einsetzt. Insbesondere wendet man sie an, wenn

- der Manipulationsversuch bereits mehrfach gestartet wurde,
- andere Schutzmethoden zu keiner endgültigen Abwehr geführt haben,
- der Manipulationsversuch besonders massiv oder unter der Gürtellinie war.

15. Übung: Aus der Situation treten

Sie führen ein Konfliktgespräch mit einem Kollegen. Er kann Ihren Argumenten wenig entgegen setzen und schließlich sagt er: „Sie sind ja sowieso ein absolut inkompetenter Hanswurst ..."
Reagieren Sie bitte mit der Methode „Aus der Situation treten". Was könnten Sie sagen? (Denken Sie bitte an den Drei-Schritt: Gespräch unterbrechen, Unterbrechung begründen, Vorschlag machen oder um Vorschlag bitten)

Hans ist Assistent an der Universität. Er hat das Gefühl von seinem Professor ständig mit unnötigen Detailarbeiten eingedeckt zu werden. Das verhindert, dass er an seiner Habilitationsschrift arbeiten kann. Er spricht diesen Punkt in einem Gespräch mit seinem Professor an. Der rastet plötzlich aus und sagt: „Sie sprechen sowieso nur immer verwirrtes Zeug. Ich bin nicht sicher, ob ich Ihre Habilitation wirklich unterstützen kann ..."
Wie könnte Hans die Methode Aus der Situation treten anwenden? Was würden Sie ihm empfehlen zu sagen?

Bewusst übertreiben

Dumme und flapsige Bemerkungen können manche Menschen aus dem Tritt bringen, vor allem dann, wenn sie diese Bemerkungen ernst nehmen. Das können wir gleich an einem Beispiel vorführen:

Beispiel

Abteilungsleiter Rudi redet seine Mitarbeiter regelmäßig etwas unkonventionell an; so sagt er zum Beispiel zu Herrn Meier:
„Herr Meier, na kommen Sie mit Ihrem Auto schon zu recht. Ist ja nicht so schwierig oder? Die Marke die Sie fahren, hat ja glaube ich nur drei Knöpfe."
Herr Meier schweigt dann häufig verlegen oder brummt etwas vor sich hin. Das stachelt Rudi meist noch mehr an und es dauert nicht lange, da bekommt Meier die nächste dumme Bemerkung serviert.

Es ist ein Fehler, solche dummen Bemerkungen wirklich ernst zu nehmen und entsprechend darauf zu reagieren. Dann hat der Manipulator im Grunde sein Ziel erreicht, nämlich den Gesprächspartner zu verunsichern und aus dem Gleichgewicht zu bringen.
Wir kennen solche Situationen sicher alle auch aus unserer Jugend- und Schulzeit, jene Hänseleien, denen man manchmal ausgesetzt war. Fast jeder war in seiner Schülerkarriere einmal Opfer von Sticheleien und Hänseleien. Aber es gab Menschen, die waren häufiger Opfer als andere. Was haben diejenigen gemacht, die solchen Hänseleien entgangen sind? Ganz einfach: Entweder sie waren körperlich stärker oder (der für uns interessantere Fall) sie haben auf spezielle Weise mitgespielt. Und eine Möglichkeit das zu tun, ist, die Bemerkung des Manipulators bewusst zu übertreiben. Betrachten Sie dazu unser nächstes Beispiel.

Beispiel

Klaus ist ein Vertriebsmitarbeiter eines Reifenherstellers. Er besucht einen Kunden (einen Reifenfachhändler) und wird gleich beim Eintreten ins Büro mit den Worten begrüßt. „Da kommt ja der von der Mafia. Ihr steckt ja sowieso nur mit den Behörden unter einer Decke." Klaus lässt sich nicht irritieren und antwortet: „Nicht nur mit den Behörden, Herr Bauer ..."

Klaus nimmt die Äußerung, die ihm entgegen geschleudert wurde, und packt selbstbewusst eine noch größere Übertreibung oben drauf. Das führt meistens zu einer Entschärfung der Situation und macht dem Manipulator deutlich, dass dumme Bemerkungen wahrscheinlich nicht den gewünschten Erfolg erzielen.
Die Grundidee bei dieser Schutzmethode ist also, ganz gezielt die ursprüngliche Bemerkung des Manipulators zu übertreiben. Auch das ist

natürlich nicht ganz einfach. Es muss einem ja erst mal das Richtige einfallen. Meistens weiß man erst hinterher genau, was man hätte sagen sollen. Daher haben wir hier eine kleine Übung eingebaut.

***16. Übung: Bewusst übertreiben** (siehe Lösungsteil)*

Versuchen Sie folgende Bemerkungen durch diese Methode zu entschärfen:

„Sie glauben wohl, die Weisheit mit Löffeln gefressen zu haben."

„Das ist bestimmt wieder irgend so ein alter Hut, den Sie mir hier andrehen wollen."

„Das Gespräch wird jetzt wieder ganz schön was kosten, umsonst macht Ihr ja sowieso nichts."

„Eins muss man euch lassen, schön teuer seid Ihr ja."

„Gibt's überhaupt etwas, was Sie richtig können?"

Die Wattebausch-Methode

Verbale Angriffe unter der Gürtellinie sind selten, aber sie sind schwerwiegend. Nur wenige Menschen können mit solchen massiven, beleidigenden Manipulationen locker und entspannt umgehen. Wer steckt schon locker und entspannt Beleidigungen weg? Sehen wir uns dazu an, was in folgendem Beispiel passiert:

Beispiel

Die oberste Leitung eines großen Unternehmens führt einen Workshop zum Thema Marketingstrategien durch. Susanne, die in einem Beratungsunternehmen arbeitet, ist die externe Moderatorin des Workshops. Die ersten Agendapunkte wurden bereits bearbeitet, da platzt – aus heiterem Himmel – einer der Teilnehmer im grauen Anzug heraus und blafft Susanne an: „Was wollen Sie denn hier eigentlich, Sie stehen ja sowieso nur hier, weil Sie sexuelle Probleme haben."

Diese verbale Attacke traf natürlich ins Mark. Susanne war perplex. Jeder in der Runde schwieg … und dann sprudelte es aus Susanne heraus: „Wenn hier wohl einer sexuelle Probleme hat, dann sind das wohl eher Sie!" In diesem Moment wusste jeder, dass der Workshop zu Ende war.

Aber was hätte Susanne hier auch anderes tun können. Sie kann sich doch das nicht einfach so gefallen lassen. Hier noch ruhig zu bleiben ist eine fast unerfüllbare Forderung. Da möchte man natürlich am liebsten zurückschlagen. So was kann man sich doch nicht bieten lassen. Aber was sagt man, wie soll man reagieren? Es gibt eine Methode, die in solchen Situationen hilfreich sein könnte. Um die Grundidee der Methode zu beschreiben, bedienen wir uns eines Bildes: Stellen Sie

sich mal ein großen Container gefüllt mit Watte vor. Und nun werfen Sie bitte einen Ziegelstein hinein. Was passiert damit? Richtig: Er versinkt und wird „verschluckt". Dieses Bild illustriert die Vorgehensweise bei der Wattebausch-Methode. Sie sind der Wattebausch und die verbale Attacke ist der Ziegelstein.
Konkret nutzen Sie die Wattebauschmethode auf folgende Weise: Sie fragen nach dem verbalen Angriff, ob es vielleicht noch etwas gibt, was der Angreifer zu bemängeln oder auszusetzen hat, oder was ihn stört. Dazu ein Beispiel:

Beispiel

Egon: „Sie sind ja wohl eine richtige Null."
Petra: „O.K. was ist Ihnen sonst noch aufgefallen?"

Petras Reaktion und Frage nimmt dem ganzen Angriff den Wind aus den Segeln. Normalerweise ist der Manipulator danach ziemlich verblüfft. Es entsteht ein Moment, der einen Rückweg zur sachlichen Ebene möglich macht. Hier noch ein Beispiel:

Beispiel

Ute: „Ein solches Ausmaß an Inkompetenz habe ich noch nie gesehen."
Beate: „O.K. Was stört Sie sonst noch?"

Diese zwei kleinen Beispiele reichen vermutlich aus, um das Funktionieren der Wattebauschmethode vor Augen zu führen. Falls Sie mit einer beleidigen Bemerkung einmal konfrontiert werden, denken Sie an dieses Bild eines riesigen Wattebausches: Sie werden sehen, wie leicht Sie einen solchen Angriff entschärfen können, wenn Sie sich vorstellen, selbst dieser Wattebausch zu sein.
Um diese Methode auszuprobieren, haben wir dieses Mal wieder eine Partnerübung für Sie. Suchen Sie sich also einen Sparringspartner und greifen Sie sich gegenseitig mal so richtig an.

17. Übung: Partnerübung Wattebausch

Versuchen Sie diese Methode als Partnerübung durchzuführen.

Einer macht eine Bemerkung unterhalb der Gürtellinie und der andere benutzt die Wattebausch-Methode. Sie können gern zuvor in einem gemeinsamen Brainstorming eine typische Liste von beleidigenden Bemerkungen aufstellen und dann diese Liste durchspielen.

Gespräch abbrechen

Es gibt Situationen, in denen alle Stricke reißen. Alle Gesprächsversuche scheitern. Dies ist für viele der schlimmste Fall. Und um diesen Fall nicht eintreten zu lassen, versuchen sie krampfhaft, ein Gespräch aufrecht zu erhalten, das oft schon längst gescheitert ist. Dies macht die Situation für alle Beteiligten meist noch schlimmer.
Es handelt sich um ein Faktum, dass Gespräche manchmal erfolglos sind, dass man sich nicht einigen kann oder zusammenfindet. Vielleicht weil sich jemand zu unfair verhält oder die Situation einfach zu sehr eskaliert ist.
Auch in diesen Situationen ist es wichtig, die Initiative zu behalten und in der Offensive zu bleiben. Im schlimmsten Fall kann dies eben bedeuten, das Gespräch abzubrechen. Wenn Sie selbst die Initiative behalten, werden Sie den Gesprächsabbruch nicht als ein Scheitern oder eine Niederlage empfinden; vielmehr ist der Gesprächsabbruch Ihre bewusste Entscheidung. Sie verfügen auch in aussichtslosen Gesprächssituationen noch über Handlungsspielraum. Und den können Sie nutzen.
Beim Gesprächsabbruch können Sie so vorgehen:

- Sie schlagen vor, das Gespräch abzubrechen und Sie begründen den Vorschlag.
- Eventuell präzisieren Sie die Folgen des Abbruchs.
- Wenn Ihnen daran liegt, bauen Sie eine goldene Brücke, eine letzte Chance noch einmal ins Gespräch zu kommen.

Sehen wir uns dieses Vorgehen an einem Beispiel an:

Beispiel

Klaus und Maria führen ein Streitgespräch. Es geht um die richtige Budgetierung des gemeinsamen IT-Projekts. Maria möchte schon seit einiger Zeit ihren Vorschlag einbringen, aber Klaus lässt sie nicht zu Wort kommen; ständig fällt er ihr ins Wort, wirft ihr mehrmals Inkompetenz vor und beginnt immer öfter laut zu werden.
Maria sieht keine Chance, das Gespräch im Moment vernünftig zu führen. „Klaus, Moment mal. Stopp. Ich möchte unser Gespräch jetzt abbrechen, wir fallen uns gegenseitig ins Wort, du lässt mich nicht ausreden und wirfst mir Dinge vor, die ich so nicht akzeptieren kann. Offensichtlich kommen wir beide zu keiner Lösung. Dann muss halt unser Chef entscheiden. Ich sehe unser Gespräch hiermit als beendet an."

Der Gesprächsabbruch ist mit Sicherheit der schlimmste Fall. Aber wie bei allen schlimmsten Fällen verhält es sich so: Wenn man diese Möglichkeit in Gedanken einmal durchspielt, dann ist sie nur noch halb so schlimm. Wichtig ist zu wissen, dass der Gesprächsabbruch eine tatsächliche Option darstellt, die eingesetzt werden kann, wenn man nicht mehr weiter kommt. Dazu brauchen wir natürlich wieder eine Übung:

18. Übung: Nichts geht mehr

Sie stehen in Verhandlungen mit einem amerikanischen Unternehmen. Sie besitzen ein Patent auf ein neues technisches Gerät und sie hatten geplant, die Lizenz an das amerikanische Unternehmen zu vergeben. Die Forderungen der amerikanischen Seite aber werden aus Ihrer Sicht immer dreister. Man setzt Sie unter Druck, indem man andeutet, eine eigene Entwicklung auf den Weg zu bringen, wenn Sie die Konditionen nicht akzeptieren. Sie drehen sich seit etlichen Verhandlungsrunden im Kreis; Sie haben das Gefühl, einen Endpunkt erreicht zu haben. Wie formulieren Sie den Gesprächsabbruch?

(Kleiner Tipp: Denken Sie an eine gute Begründung des Abbruchs; wie könnte eventuell eine goldene Brücke aussehen? Hinweis dazu: auf die gemeinsamen Interessen und die bereits erzielten Vereinbarungen aufmerksam machen etc.)

Sachliche Robustheit

Im ersten Abschnitt dieses Kapitels haben wir uns mit konkreten Kommunikationswerkzeugen beschäftigt, die helfen können, Manipulationen abzuwehren. Diese Werkzeuge sind relativ einfach und leicht zu lernen. Sie sind gewissermaßen unsere Floretts, Degen und Säbel, die wir zu unserem Schutz verwenden können. Diese Werkzeuge sind wichtig, aber es gibt noch einen anderen Weg, wie wir uns verteidigen können. Wir legen uns eine Rüstung zu. Weniger bildlich gesprochen: Wir entwickeln sachliche Robustheit.

Robustheit ist ein Schutzfaktor, an dem Manipulationen abprallen können. Robustheit besteht im Grunde aus nichts anderem als der sachlichen Festigkeit der eigenen Position. Wenn meine Position gut begründet, meine Anliegen berücksichtigt sind, dann werde ich bereits auf der sachlichen Ebene gut gegen unfaire Verhaltensweisen und Angriffe gewappnet sein.

Vier Elemente oder Faktoren helfen bei der Entwicklung von Robustheit:

1. Sie kontrollieren die Beweislast.
2. Sie bauen Begründungsdruck auf.

3. Sie verteidigen Ihre Anliegen.
4. Sie kennen Ihre Ausstiegsoption.

Diese vier Elemente wollen wir uns im Folgenden etwas genauer anschauen.

Sie kontrollieren die Beweislast

Vor Gericht gilt das Motto: in dubio pro reo, im Zweifel für den Angeklagten. Das heißt: Die Unschuldsvermutung hat Priorität. Ein Angeklagter ist solange als unschuldig anzusehen, solange seine Schuld nicht zweifelsfrei nachgewiesen ist. Vor Gericht liegt somit die Beweislast nicht auf Seiten des Angeklagten, sondern auf Seiten des Staatsanwalts.

Die Beweislast ist ein zentraler Faktor in Diskussionen und argumentativen Situationen. Wer die Beweislast kontrolliert, befindet sich zunächst in einer stärkeren Position. Er kann sich darauf verlegen, den Gesprächspartner um gute Gründe für die von ihm vertretene Position zu bitten. Wenn die Beweislast auf der Seite meines Gesprächspartners liegt, bin ich nicht genötigt, selbst nach Gründen für meine Meinung oder meinen Standpunkt zu suchen. Vielmehr kann ich durch geschicktes Fragen die Position des Gesprächspartners testen.

Gerade dann, wenn jemand eigentlich keine guten Gründe hat, und das ist bei Manipulatoren ja häufig der Fall, gerade dann kann die Beweislast ein wichtiger Verbündeter für mich sein. Das gilt besonders in argumentativen Auseinandersetzungen. Ich kann mir die Beweislast zu nutze machen, wenn der Manipulator versucht, mich in die Enge zu treiben.

Zuerst entsteht natürlich die Frage, woher man weiß, wer die Beweislast eigentlich trägt. Zur Identifikation der Beweislast gibt es ein paar Faustregeln:

Die Beweislast trägt, wer

- etwas verändern möchte und gegen den Status Quo argumentiert
- eine neue, ungesicherte Behauptung in das Gespräch einführt
- etwas vertritt, was der allgemeinen Meinung entgegen steht
- für die riskantere Seite argumentiert.

Am besten illustrieren wir das anhand konkreter Beispiele:

Beispiel 1

Das Alphateam bei Promog hat einen Plan zur Einführung eines neu entwickelten Produkts aufgestellt. Klaus, ein Teammitglied, konfrontiert Max, den Projektleiter, bei einer Besprechung mit einem Vorschlag, der den Ablauf in Frage stellt.

Hier liegt die Beweislast auf der Seite von Klaus; also nicht Max muss zeigen, dass man an dem gemachten Plan festhält, sondern Klaus, dass er geändert werden sollte. Das heißt Klaus braucht gute Gründe. Max kann sich auf kluges Fragen zurückziehen.

Beispiel 2

Jürgen und Ferdinand machen eine Bergtour. Sie haben die Zeit für den Aufstieg zur Hütte, die sie erreichen wollen, etwas unterschätzt. Ferdinand schlägt vor, einen etwas weniger sicheren, steileren, aber kürzeren Aufstieg zu wählen.

Hier liegt die Beweislast auf Ferdinands Seite, denn er schlägt eine riskantere Aufstiegsvariante vor.

Beispiel 3

Bei CommerzTec überlegt man, welcher Standort besser für das Unternehmen geeignet ist, München oder Berlin. Franziska argumentiert für Berlin, Anton für München.

In dieser Situation liegt die Beweislast gleichmäßig auf beiden Seiten. Franziska und Anton müssen unabhängig voneinander für ihre jeweilige Position argumentieren. Wir haben hier also eine symmetrische Beweislastverteilung.

Die Taktik der Beweislastverschiebung

Vorsicht: Manchmal versucht der Manipulator, die Beweislast zu verschieben, obwohl er die Beweislast eigentlich tragen müsste, weil wir uns in einer der oben beschriebenen Situationen befinden (s. Faustregeln zur Identifikation der Beweislast). Lassen Sie sich darauf nicht ein. Der schwarze Peter liegt dann nämlich bei Ihnen und Sie ziehen sich einen Schuh an, den Sie sich eigentlich nicht anziehen müssten. Dazu ein Beispiel:

Beispiel

Klaus und Max diskutieren, wie man in ihrer Firma bei der Produktinnovation vorgehen sollte.

Klaus: „Also der existierende Plan gefällt mir überhaupt nicht. Ich finde, wir sollten hier ganz anders vorgehen: Wir sollten zuerst ein Produkt kon-

zipieren und dann die Konsumenten danach befragen, ob ihnen unser neues Produkt zusagt."
Max: „Das ist ja ganz entgegengesetzt zu der Vorgehensweise, auf die wir uns geeinigt haben. Da haben wir eine Grundsatzdebatte. Warum sollten wir denn so vorgehen, wie du es jetzt vorschlägst?"
Klaus: „Zeig du mir lieber, dass wir mit dem Gegenteil richtig liegen ..." (Klaus versucht die Taktik der Beweislastverschiebung).
Max: „Moment mal. Wir haben einen festen Plan, der bereits verabschiedet wurde. Falls es da überhaupt noch zu Änderungen kommt, musst du uns jetzt mit wirklich guten Gründen erklären, warum wir das tun sollten. Wir können uns jetzt gern zehn Minuten dafür Zeit nehmen, dass du uns gute Gründe lieferst. Wenn keine stärkeren dabei sind, dann machen wir mit unserem ursprünglichen Plan weiter. Also ..."

Max erkennt, dass Klaus versucht, die Beweislast auf illegitime Weise zu verschieben. Klaus wünscht Veränderungen. Das bedeutet, dass die Beweislast auf seiner Seite liegt. Es ist also an ihm, Begründungen für seinen Vorschlag zu liefern. Max federt diese Taktik geschickt ab und verschiebt die Beweislast wieder dahin, wo sie hingehört.
Überlegen Sie sich also gut, wie es um die Beweislast in der Gesprächssituation steht, in der Sie sich befinden. Wenn der Manipulator Druck aufzubauen versucht und Sie in die Enge treiben möchte, fragen Sie sich, ob Sie nicht Gegendruck erzeugen können, indem Sie die Beweislast auf legitime Weise zurückspielen. Dazu noch ein Beispiel.

Beispiel

Robert hat einen rhetorisch geschickten Mitarbeiter, Otto. Otto kommt häufig bei Robert im Büro vorbei, um irgendwelche Vorschläge und Änderungswünsche zu diskutieren. Dabei tritt er immer recht forsch auf. Bisher hat Robert stets so reagiert, dass er dafür argumentiert hat, warum ein Vorschlag nicht funktioniert. Er war dadurch immer in der Defensive. Nun jedoch dreht Robert den Spieß um. Er lässt die Beweislast dort, wo sie hin gehört, nämlich bei Otto. Otto muss ihm sehr gute Gründe liefern, warum etwas getan werden sollte. Die Besuche Ottos bei Robert sind dadurch erheblich weniger geworden.

19. Übung: Die Beweislast erkennen *(siehe Lösungsteil)*

Auf welcher Seite liegt in folgenden Situationen die Beweislast?

Petra und Martina diskutieren, ob die Türkei der EU beitreten soll. Petra ist dafür und Martina ist eher dagegen.

Frank und Herbert haben ihre Verhandlungen erfolgreich abgeschlossen. Franks Chef möchte jedoch noch eine kleine Änderung. Frank ruft Herbert an und macht den Änderungsvorschlag.

Antonia und Johanna diskutieren über die Darwinsche Evolutionstheorie. Antonia hat Zweifel, ob die Theorie wirklich stimmt.

Denken Sie an eine argumentative Situation, in der Sie vor kurzem standen. Wie war in dieser Situation die Beweislast verteilt? Und wie hätten Sie sich die Beweislastverteilung zu Nutze machen können?

Tipp

Wenn Sie gern mal jemanden beeindrucken und dezent Ihren humanistisch geprägten Bildungshintergrund andeuten möchten, können Sie die Sache mit der Beweislast – elegant platziert – durch eine lateinische Sentenz zum Ausdruck bringen: „affirmanti incumbit probatio" (Dem, der eine Behauptung aufstellt, obliegt der Beweis.) Nutzen Sie die Sentenz, um jemand darauf aufmerksam zu machen, dass die Beweislast auf seiner Seite liegt.

Sie bauen Begründungsdruck auf

Wenn Sie klare Begründungen und Argumente liefern, stellen Sie den Manipulator vor große Herausforderungen. Denn Sie haben dadurch Begründungsdruck aufgebaut. Begründungen verschieben die Beweislast auf legitime Art und Weise auf die andere Seite. Habe ich meine Position begründet, führt dies dazu, dass auch der Gesprächspartner nun seine Position argumentativ untermauern muss. Je besser Sie Ihren Standpunkt begründen, umso schwieriger wird es für den Manipulator, Ihnen auf der sachlichen Ebene ein Bein zu stellen (s. auch den ersten Teil des Buches zum Thema „Überzeugen"). Das würde er natürlich am liebsten, denn dann könnte er seine Vorgehensweise sachlich und inhaltlich begründet rechtfertigen. Er könnte sich den Anschein von Rationalität und vernunftgemäßer Vorgehensweise geben. Klare Begründungen auf Ihrer Seite erhöhen den Beweislastdruck auf der anderen Seite.
Suchen Sie daher nach Möglichkeit stets präzise Begründungen für Ihre Behauptungen oder Meinungen. Oder stellen Sie Erklärungszusammenhänge her. Begründungen und Erklärungen sind wichtige Schutzschilder. Wir wollen Ihnen an dieser Stelle ein paar Varianten von Schutzschildern (Begründungsklassiker) vorstellen, die Sie in Ihr Begründungsarsenal aufnehmen sollten.

Schutzschild 1: Die Nutzenargumentation

Bei einer Nutzenargumentation wird gezeigt, dass ein bestimmter Sachverhalt dem Adressaten einen Nutzen oder Vorteil bringt und der Adressat ihn daher akzeptieren sollte.

Den Nutzenbegriff fassen wir dabei ziemlich weit:
Es kann ein Mehr an Zeit, Geld, Ansehen, etc. oder ein Weniger an Nervenkraft, Stress, Ärger, finanziellem Aufwand ... bedeuten.

Begründungsschema
X sollte getan werden, X ist ratsam, X ist vernünftig, ... weil durch X der Nutzen Z entsteht.

Veranschaulichen wir das durch ein Beispiel:

Beispiel

„Herr Müller, wenn Sie sich für unser Bevorratungskonzept entscheiden, entsteht für Sie folgender Nutzen: Sie können Nachfragespitzen bequem erfüllen, Sie sind für Ihre Kunden damit ein verlässlicher Partner und Sie sparen sich Stress und Kosten, wenn Sie Lieferengpässe nicht auf andere Weise ausgleichen müssten. Ich möchte Ihnen daher unser Bevorratungskonzept noch einmal im Einzelnen vorstellen."

Die Nutzenargumentation ist eine der effektivsten Argumentationsformen. Sie knüpft nämlich unmittelbar an der Frage an, die sich Ihr Adressat stets stellen wird, wenn Sie ihn mit einem Vorschlag oder einer Idee konfrontieren: „Was bringt mir/uns das?“

Schutzschild 2: Die Folgenargumentation

Bei der Folgenargumentation wird gezeigt, welche Folgen etwas haben wird bzw. könnte. Dabei kann man sowohl auf positive als auch auf negative Folgen verweisen.
Auch den Begriff einer Folge fassen wir sehr weit:
Unter „Folgen“ verstehen wir alle Konsequenzen einer Handlung oder Entscheidung, die für den Adressaten relevant bzw. wichtig sind bzw. sein könnten.

Begründungsschema
X sollte getan werden, X ist ratsam, X ist vernünftig, ... weil durch X die positiven Folgen Z entstehen (können).
X sollte nicht getan werden, X ist nicht ratsam, X ist unvernünftig, ... weil durch X die negativen Folgen Z entstehen (können).

Ein Beispiel wird uns zeigen, wie das Schema funktioniert:

Beispiel

„Herr Meier, im Moment versuchen Sie mit Ihrem Geschäft alle Arten von Kunden anzusprechen. Kunden, die hochpreisige Produkte wünschen und Kunden, die nach besonders günstigen Produkten verlangen. Wenn Sie auf beide Schienen gleichermaßen setzen, dann besteht das Risiko (Folge!), dass Sie von Ihren Kunden in Ihrem Angebot nur sehr diffus wahrgenommen werden und Sie sich in zu vielen unterschiedlichen Marketingaktivitäten verzetteln. Dem könnten Sie entgegen wirken, wenn Sie sich für ein Kundensegment entscheiden ..."

Das Management von LionAir erwägt die Preise zu senken, um durch ein günstigeres Angebot als die Konkurrenz die Auslastung der Flugzeuge zu erhöhen. Der Vertriebsleiter ist dafür. Er verspricht sich dadurch mehr Umsatz. Der Marketingleiter macht auf die möglichen Folgen dieses Schrittes aufmerksam. Wenn LionAir die Preise senkt, wird die Konkurrenz vermutlich nachziehen und ebenfalls die Preise reduzieren. Es bestehe dadurch die Gefahr in eine Wettbewerbsspirale (Folgen!) zu geraten. Er verweist auf die Situation von CrashAir, die vor zwei Jahren durch eine ähnliche Preispolitik in den Ruin getrieben wurde.

Folgenargumente wirken noch überzeugender, wenn nicht nur eine einzelne Folge angeführt wird, sondern ein ganzes Folgenbündel. Genau dies geschieht in folgendem Fall:

Beispiel

Maria und Sarah arbeiten in einem Elektronik-Unternehmen in der Marketingabteilung. Maria ist Sarahs Vorgesetzte. Maria möchte, dass sich Sarah intensiver um die Kundenbeschwerden kümmert. „In den letzten Monaten haben wir 20 Prozent mehr Beschwerden als im Vergleichszeitraum. Wir sollten unbedingt etwas dagegen unternehmen. Denn wenn wir nichts tun, gehen uns die Kunden verloren und wandern zur Konkurrenz ab. Das wird sich natürlich herumsprechen, unseren Ruf verschlechtern und uns noch mehr Kunden kosten. Wir sollten dem so früh wie möglich entgegenwirken."

Der Verweis auf ein ganzes Bündel von Folgen verstärkt die Brisanz und Dramatik eines Folgenarguments. Wichtig ist dabei natürlich, dass die Folgen auch tatsächlich wahrscheinlich oder zumindest plausibel sind. Andernfalls kann ein Bündel von Folgenargumenten schnell als bloße Schwarzmalerei oder Übertreibung abgetan werden. Dann stellt es im Grunde nur noch eine Taktik, aber kein echtes Argument mehr dar.

Wenn Sie Folgenargumente benutzen, sollten Sie auf diese Punkte achten:

- Die Folgen sollten für den Adressaten relevant sein. Folgen, die für den Adressaten ohne Bedeutung sind, werden ihn nicht interessieren.
- Die Folgen sollten entweder tatsächlich eintreffen oder zumindest wahrscheinlich bzw. plausibel sein. Um dies zu zeigen, ist möglicherweise ein argumentativer Zwischenschritt notwendig, der den Beleg dafür liefert, dass die postulierten Folgen auch wirklich eintreten werden.
- Ein Folgenbündel kann die Brisanz und Wirkung eines Folgenarguments erhöhen.

Schutzschild 3: Die Anliegenargumentation

Bei der Anliegenargumentation wird an das angeknüpft, was dem Adressaten wichtig ist, worauf es ihm ankommt. Jeder von uns hat „Dinge“, die ihm am Herzen liegen. Die Anliegenargumentation zielt auf diese Dinge ab.

Unter „Anliegen“ verstehen wir die Wünsche, Interessen, Vorlieben, Neigungen einer Person – aber auch deren Ängste, Befürchtungen, Abneigungen.

Bei der Betrachtung von Anliegen machen wir folgende Unterscheidung:

Wir unterscheiden Anliegen, die

- der Adressat tatsächlich hat,
- er eigentlich haben sollte,
- ich (der Argumentierer) habe. (In dieser Version der Anliegenargumentation verdeutlichen Sie, was Ihnen am Herzen liegt).

Begründungsschema
X sollte getan werden, ist ratsam, ist vernünftig ... weil dadurch die Anliegen A der Person Y bzw. der Personengruppe G erfüllt bzw. gefördert werden.

Lassen Sie uns die verschiedenen Varianten von Anliegenargumentationen wieder mit Hilfe konkreter Beispiel illustrieren:

Beispiel

Lothar, ein Mitarbeiter bei GonTec, hat gerade einen Kunden am Telefon, Herrn Müller:

„Herr Müller, Sie haben gerade davon gesprochen, dass Ihnen eine möglichst unbürokratische Abwicklung von Reklamationsfällen wichtig ist. Das passt genau zu unserer Vorgehensweise. Ihr Anliegen wird durch unser Konzept der Reklamationsbearbeitung genau getroffen. Ich würde Ihnen das gern kurz vorstellen ..."

Lothar baut seine Begründung mit Bezug auf ein Anliegen auf, dass der Adressat – in diesem Fall Herr Müller – tatsächlich hat.

Beispiel

Karin ist Mitarbeiterin in einer Werbeagentur. Sie ist gerade in einem Gespräch mit einem Kunden, für den sie ein paar kleinere Projekte bereits erfolgreich durchgeführt hat. Karin sagt:

„Mir wäre wichtig, dass wir unsere Zusammenarbeit mittelfristig intensivieren. Deshalb möchte ich Ihnen heute einen Vorschlag machen, wie wir das erreichen könnten ..."

Karin nimmt bei dieser Argumentation also Bezug auf ein persönliches Anliegen. Diese Art der Begründung kann gut funktionieren, wenn zwischen den Gesprächspartnern ein gutes Vertrauensverhältnis besteht. Wenn das nicht der Fall ist, wird meinem Gesprächspartner nämlich ziemlich egal sein, was mir wichtig ist.

Beispiel

„Umweltverträglichkeit ist ein Thema, das uns alle angeht. Ich möchte Ihnen daher gern aufzeigen, wie durch unseren Vorschlag die Umweltbelastungen in Ihrem Betrieb massiv verringert werden könnten ..."

In dieser dritten Variante der Anliegenargumentation wird auf ein universelles Anliegen aufmerksam gemacht, also ein Anliegen, das der Adressat vielleicht gar nicht de facto hat, das er aber eigentlich haben sollte (qua Bürger dieser Welt, qua Mitglied dieser Gesellschaft, qua Führungskraft, qua Vernunftwesen ...)

Schutzschild 4: Die Zielargumentation

Bei der Zielargumentation wird gezeigt, dass ein Vorschlag oder eine Handlung dem Adressaten dabei hilft, seine Ziele zu erreichen.
Unter einem Ziel verstehen wir eine sehr konkrete und anschauliche Beschreibung eines zukünftigen Zustandes (der Welt), der innerhalb einer gesetzten Frist realisiert werden soll.

Begründungsschema
X sollte getan werden, X ist ratsam, X ist vernünftig, ... weil durch X die Realisierung von Ziel Z vorangetrieben wird. X sollte nicht getan werden, X ist nicht ratsam, X ist unvernünftig, ... weil durch X die Realisierung von Ziel Z gefährdet bzw. unmöglich wird.

Diese Begründungsform wollen wir uns wieder an Beispielen ansehen:

Beispiel

Klaus ist Marketingberater und er ist gerade in einem Gespräch mit einem potentiellen Kunden, einem Unternehmer. Klaus: „Herr Meier, Sie haben vorhin erwähnt, dass Sie im nächsten Jahr eine Umsatzsteigerung von zehn Prozent anstreben. Durch die Sortimentspolitik, die ich Ihnen vorschlagen möchte, könnten Sie genau das erreichen."
Ein bisschen später im Gespräch benutzt Klaus eine weitere Zielargumentation. Klaus: „Ihr Ziel ist es ja, Ihre Marktpräsenz zu steigern. Eine Möglichkeit, das zu erreichen wäre eine Reihe gezielter Veranstaltungen, mit denen Sie Ihre Kunden ansprechen könnten ..."

Ziele bilden eine einfache, aber gute Begründungsbasis. Denn fast alle Menschen haben Ziele, die sie erstreben oder erreichen möchten, wie unklar sie auch immer formuliert sein mögen. Einige Ziele, die man verfolgt, sind vielleicht sogar eher unbewusster Natur.
Zielargumente können stark oder schwach formuliert werden. In einem stark formulierten Zielargument wird gezeigt, dass es notwendig ist A zu tun, um Ziel X zu erreichen. Stark formulierte Zielargumente haben in unserer Alltagsargumentation häufig einen Mangel. Sie erwecken den Eindruck, als gäbe es nur einen Weg zum Ziel. Deshalb sind sie als Argumente oft schwach. Denn meistens gibt es mehrere Mittel und Wege, um etwas zu erreichen. Sie sind nur dann wirklich stark, wenn es tatsächlich nur einen Weg zur Zielerreichung gibt, wenn dieser Weg – um die Schachmetapher zu bemühen – einen erzwungenen Zug darstellt.
Aus diesem Grund ist es ratsam, statt stark formulierter lediglich schwach formulierte Zielargumente zu benutzen. Schwach formulierte Zielargumente haben folgendes Schema: Um X zu erreichen, ist es vernünftig, ratsam, A zu tun.
Herr Müller tut dies in unserem nächsten Beispiel:

Beispiel

Die Brauer GmbH will eine systematische Personalentwicklung einführen. In den letzten Jahren hat man sich nur auf das Wachstum des Unternehmens konzentriert und die Personalentwicklung sehr stiefmütterlich behandelt. Die Belegschaft ist auf über 500 Mitarbeiter angewachsen. Günter Müller, einer der Vorstandsmitglieder, möchte seine Kollegen dafür gewinnen, zu diesem Zweck professionelle Unterstützung in Anspruch zu nehmen.

Müller: „Wir sind uns einig, dass wir eine Personalentwicklung brauchen. Und das ziemlich schnell. Um das zu erreichen halte ich es für ratsam, dass wir uns der Hilfe eines externen Beraters bedienen. Denn ein Berater weiß aus Erfahrung, wie man das Ganze systematisch anpackt."

Müller argumentiert, dass man A (Berater engagieren) tun muss, um X (systematische Personalentwicklung) zu erreichen. Dabei wird noch ein Zwischenschritt eingeschaltet, der klar macht, warum A zu X führt. In diesem Fall wird auf die Erfahrung von Beratern verwiesen. Solche Zwischenschritte können sinnvoll sein, um die Mittel-Ziel-Beziehung präziser herauszustellen.

Übrigens sind Zielargumente dann besonders stark, wenn man auf gemeinsame Ziele aufmerksam machen kann, die man mit dem Adressaten teilt, nach dem Motto: „Wir alle brauchen doch ..." Hier kommt der psychologische Effekt einer Gemeinsamkeit hinzu.

Schutzschild 5: Die Werte- und Prinzipienargumentation

Bei der Werte- und Prinzipienargumentation wird gezeigt, dass etwas einem wichtigen Wert (einem wichtigen Prinzip) entspricht bzw. dagegen verstößt.

Am besten funktioniert ein Appell an Werte und Prinzipien, wenn der Adressat diese Prinzipien oder Werte entweder offiziell vertritt oder wenn es sich dabei um Werte handelt, die jeder Adressat normalerweise akzeptiert.

Es gibt viele verschiedene Arten von Werten oder Prinzipien: Fairness, Innovation, Kundenorientierung, Mut, Zuverlässigkeit, Eleganz, Ehrlichkeit, Gerechtigkeit, Widerspruchsfreiheit, Schönheit usw.

Begründungsschema
X sollte getan werden, ist ratsam, ist vernünftig ... weil dadurch der Wert W gefördert oder erfüllt wird.
X sollte nicht getan werden, ist nicht ratsam, ist unvernünftig, ... weil durch X das Prinzip P verletzt wird.

In folgenden Beispielen sehen wir diese Begründungsformen verdeutlicht:

Beispiel 1

Miriam, Abteilungsleiterin bei GlobalCom, führt ein Gespräch mit einem neuen Mitarbeiter, Herrn Müller. Im Gespräch erwähnt sie die zentralen Werte, die in ihrem Team wichtig sind:
„Herr Müller, uns kommt es ganz besonders auf kollegiale Zusammenarbeit (Wert!) an. Das ist ein wichtiges Prinzip für uns. Es wäre daher toll, wenn Sie mir immer sofort sagen würden, wenn Sie etwas an unserer Zusammenarbeit stört ..."

Beispiel 2

Tanja arbeitet bei einem Computerhersteller. Sie muss am Telefon einen erbosten Kunden beschwichtigen, der sich über die langen Lieferzeiten beklagt:
„Ich verstehe, dass Sie die Ware gern sofort geliefert haben möchten. Aber Sie kennen ja unsere Liefersituation im Moment. Es wäre jetzt unredlich und unfair (Wert!) , wenn ich Ihnen da eine Zusage machen würde, die ich nicht einhalten kann ..."

Beispiel 3

Franz erläutert seinem Gesprächspartner, worauf es ihm ankommt:
„Zuverlässigkeit (Prinzip) ist für uns eine wichtige Regel. Ich würde daher gern einen genauen Plan mit Ihnen erarbeiten, zu welchem Zeitpunkt Sie welche Produkte und welche Informationen von uns erhalten ..."

Unter Werten verstehen wir die bewussten oder unbewussten Orientierungsstandards oder Leitvorstellungen, die Menschen oder Gruppen haben. Werte oder Prinzipien sind ein wichtiger Motivator dafür, dass man etwas tut oder auch nicht tut. Werte sind Dinge oder Aspekte, die einem so wichtig sind, dass man nicht darauf verzichten möchte. Sie bilden damit eine hervorragende Begründungsbasis. Der entscheidende Punkt ist natürlich auch hier, dass ich mich auf die Werte beziehe, die der Adressat vertritt. Kann ich zeigen, dass mein Standpunkt mit Werten vereinbar ist, die ihm wichtig sind, wird er meinen Standpunkt leichter akzeptieren.

Schutzschild 6: Die Normenargumentation

Unter Normen verstehen wir Regeln oder Gesetzmäßigkeiten, die von einer Gruppe akzeptiert werden.
Es gibt verschiedene Arten von Normen: Pflichten, Vereinbarungen, Spielregeln, Gesetze, Gepflogenheiten, Sitten, Standards ...

Begründungsschema
A sollte getan werden oder A ist richtig, weil A der Norm X entspricht.
A sollte nicht getan werden, weil A gegen die Norm X verstößt.

Dazu wieder ein paar Beispiele:

Beispiel 1

Claudia ist unzufrieden mit Maria. Zu den Montagsbesprechungen kommt sie nämlich mit schöner Regelmäßigkeit zu spät. Claudia spricht diesen Punkt an. Claudia: „Maria, mir gefällt gar nicht, dass du zu unseren Montagsbesprechungen immer um mehr als zehn Minuten zu spät kommst. Es gefällt mir deshalb nicht, weil wir klar die Vereinbarung (Norm!) getroffen haben, pünktlich zu starten. Ich bitte dich daher, pünktlich um 9 Uhr zu erscheinen."

Beispiel 2

Rita ist China-Expertin; sie unterstützt Herrn Schulz, den Geschäftsführer von Xmachines, bei der Vorbereitung für die Verhandlungen mit dem chinesischen Joint-Venturepartner. Rita macht auf folgenden Punkt aufmerksam: „Es entspricht den Gepflogenheiten (Norm!) in China bei Verhandlungen viel Zeit drauf zu verwenden, die andere Person kennen zu lernen, um dadurch eine vertrauensvolle Beziehung aufzubauen. Sie sollten daher im Gespräch nicht sofort versuchen, auf den sachlichen Verhandlungsgegenstand zu kommen."

Sich gegen ein Normenargument zu stellen bedeutet sich gegen einen allgemein akzeptierten Standard zu stellen. Damit liegt die Beweislast sofort bei demjenigen, der opponiert. Umgekehrt gilt: Wenn der Überzeuger auf Normen in seiner Begründung Bezug nehmen kann, besteht eine hohe Chance der Akzeptanz beim Adressaten. Als Mitglied der Gruppe, in der diese Norm gilt, wird er sehr wahrscheinlich die Norm akzeptieren.

Schutzschild 7: Die Faktenargumentation

Unter einer Faktenargumentation verstehen wir empirische Belege in Form von Zahlen, Daten und Fakten. Fakten umfassen: Zahlen, Statistiken, Beobachtungen, Tatsachen ...

Begründungsschema
A ist richtig, sinnvoll oder ratsam, weil A von den Fakten X gestützt wird.
A ist nicht richtig ..., weil A den Fakten X widerspricht.

Ein kleines Beispiel wird zur Illustration dieser Argumentationsweise genügen:

Beispiel

Lothar, ein Politiker, beruft sich in seiner Argumentation auf Statistiken und Zahlen: „Wir haben im Moment eine Arbeitslosenquote von zwölf Prozent und ein Wirtschaftswachstum, das um ein Prozent liegt. Die Situation ist also desillusionierend. Wir müssen daher unbedingt ein Aktionsprogramm starten, um dieser Situation entgegen zu wirken. Ich habe dazu einen Fünf-Punkte-Plan entwickelt."

Faktenargumente wirken überzeugend, weil sie einen objektiven Charakter suggerieren. Zahlen haftet das Prestige wissenschaftlicher Exaktheit an. Mit der Bezugnahme auf empirische Belege ist in der Regel ein Anspruch auf Wahrheit und Objektivität verbunden. Man beruft sich bei seiner Argumentation auf die Welt, wie sie wirklich ist. Den Schiedsrichter im Argumentationswettstreit stellt gewissermaßen die Realität selbst dar. Deshalb weisen Faktenargumente eine hohe Überzeugungskraft auf. Darüber hinaus sind sie häufig schwer widerlegbar, weil nicht deutlich gemacht wird, wie die Zahlen überhaupt zustande kommen. Ein typischer Konter ist dann eine eigene Faktenargumentation, die die eigene Position stützen soll. Beobachten Sie unter diesem Blickwinkel mal eine Talkshow (z.B. Anne Will), um zu sehen, welche Faktenargumente auf den Tisch gelegt werden.

20. Übung: Argumentationsformen finden

Suchen Sie für jede Argumentationsform ein eigenes Beispiel.

21. Übung: Argumentationsformen finden

Lesen Sie einen Kommentar in einer Zeitung und prüfen Sie, welche Begründungsformen eingesetzt werden.

22. Übung: Argumentationsformen finden (siehe Lösungsteil)

Welche Argumentationsform wird jeweils in folgenden Fällen benutzt:

Fall 1

„Liebe Kollegen, ich habe mir die Kosten- und Einnahmestruktur für unsere Produkte A und B mal genau angesehen. Ich habe dabei folgende Entdeckung gemacht: Abzüglich der Kosten für den Kauf von Materialien und Teilen haben wir im letzten Jahr 68 Mio. Euro eingenommen. Unsere Gesamtkosten – ohne Materialien und Teile belaufen sich auf 56 Mio. Euro. Mit unserem Produkt A haben wir Einnahmen in Höhe von 12 Mio. Euro erzielt. Für A wurde jedoch 24 Prozent der gesamten Transaktionen aufgewendet. Deshalb beliefen sich seine wirklichen Kosten auf 13,5 Mio. Euro. Das bedeutet einen negativen Beitrag. Und das im Gegensatz zu den zwölf Prozent, die unsere Buchhaltungsstatistik ausweist. Das heißt, wir können dieses Produkt nur durch unwirtschaftliche Anstrengungen am Markt halten. Sehen wir uns dagegen Produkt B an. Trotz einer nur `unbefriedigenden´ Gewinnspanne von nur drei Prozent weist das Produkt einen Nettoeinkommensbeitrag von fast vier Mio. Euro auf, der größte Einzelbeitrag zum Gewinn. Es ging in ziemlich großen Mengen an eine kleine Anzahl wichtiger Kunden. Angesichts dieser Situation ist mein Vorschlag uns stärker auf Produkt B zu konzentrieren."

Fall 2

„Herr Meier, es ist Aufgabe und Pflicht Ihrer Abteilung, die Systeme in unserem Haus am Laufen zu halten. In den letzten Wochen sind jedoch immer wieder massive Störungen aufgetaucht. Ich bitte Sie daher nach Lösungen zu suchen, die diese Störungen verhindern."

Fall 3

„Natürlich können wir an dieser Stelle die Verhandlungen abbrechen. Sie müssen dann jedoch damit rechnen, dass Sie in den nächsten Jahren auf sich allein gestellt sein werden und ohne einen Partner auskommen müssen. Die Frage ist, ob Sie dies wollen."

Fall 4:

„Frau Müller, ich bitte Sie, die Alternativen noch einmal zu durchdenken. Denn mir wäre wichtig, dass wir zu einem Ergebnis kommen, das von allen Beteiligten getragen wird. Bei einigen Alternativen sehe ich aber keine umfassende Beteiligung."

Fall 5

„Nur wer als erster auf den Markt kommt, wird gewinnen. Es ist daher wichtig, dass wir unser Produkt so schnell wie möglich auf den Markt bringen."

> ***23. Übung: Nutzenargumentation aufbauen***
> Sie möchten Ihre Nachbarn dafür gewinnen, eine gemeinsame Weihnachtsparty zu gestalten. Bauen Sie hierfür eine Nutzenargumentation auf. (Tipp: Überlegen Sie zuerst, welche Vorteile die Nachbarschaft davon haben könnte, eine solche Party zu machen.)

Sie verteidigen die Anliegen

Viele Gesprächssituationen sind von Grabenkämpfen gekennzeichnet. Man verbarrikadiert sich in seiner Position und versucht durch mühsame Zermürbungstaktiken, die Position des anderen zu schwächen, um ihn für die eigene Position zu gewinnen. Knifflige Gesprächssituationen münden häufig in Positionskämpfe. Wie kommt man da heraus?

Ein wichtiger Schritt besteht in der Erkenntnis, dass es nicht darum geht, Positionen oder Standpunkte zu verteidigen, sondern die Interessen und Anliegen, die hinter den Standpunkten stehen. Ein wirksames und sachlich robustes Modell ist daher folgender Verhandlungsleitfaden, den wir Ihnen vorstellen möchten.

Diesen Leitfaden kann man immer dann benutzen, wenn Position gegen Position steht, also in Verhandlungs- oder Konfliktsituationen.

Das Modell baut auf der Einsicht des französischen Diplomaten Francois de Callières (1645–1717) auf, der formuliert hat: Das Geheimnis des Verhandelns liegt darin, die wirklichen Interessen der beteiligten Parteien unter einen Hut zu bringen.

Der zentrale Trick dabei ist, die Anliegen aller beteiligten Personen heraus zu arbeiten und miteinander in Einklang zu bringen. Auf diese Weise kann jede Partei als Gewinner vom Feld gehen. Dabei werde ich auf der einen Seite meine eigenen Anliegen verteidigen und auf der anderen Seite meinem Gegenüber dabei helfen, seine Anliegen zu identifizieren.

Im Detail sieht dieses Verhandlungsmodell folgendermaßen aus:

Schritt 1: Die Parteien erläutern sich gegenseitig ihre Standpunkte

Als erstes erhält jede Partei die Gelegenheit, ihren jeweiligen Standpunkt darzustellen, zu begründen und zu erläutern. Das ist wichtig, damit jede Seite „Dampf ablassen“ und „Flagge zeigen“ kann. Als Beteiligter lassen Sie sich also den Standpunkt der anderen Seite erklären. Hierdurch erhalten Sie sehr häufig bereits wichtige Informationen über die Anliegen, die hinter den Positionen stecken und nicht offen

ausgesprochen werden. Natürlich achten Sie auch auf Ihr Recht, Ihren eigenen Standpunkt darzustellen.
Leider bleiben viele in dieser Phase des Verhandelns stecken. Bestenfalls versucht man sich Zugeständnisse abzuringen, um wenigstens einen Kompromiss zu erreichen. Aber letztendlich steht allzu oft Position gegen Position, Standpunkt gegen Standpunkt.

Schritt 2: Die Parteien erläutern sich ihre Anliegen

Der entscheidende Schritt bei der Suche nach einer Verhandlungs- oder Konfliktlösung besteht nun darin, sich nicht auf die Standpunkte zu konzentrieren, sondern auf die Anliegen, die hinter den Standpunkten stecken. Im Grunde vertritt man ja einen gewissen Standpunkt nur, weil man glaubt, er sei die beste Lösung für die eigenen Anliegen. Zu den Anliegen kommt man durch Fragen wie „Warum" oder „Was ist Ihnen an Ihrem Standpunkt so wichtig?" Im Gegensatz zu den Standpunkten, die wegen Ihres apodiktischen Charakters den Gesprächspartnern keinen Handlungsspielraum lassen, ermöglichen Anliegen einen wirklichen Austausch und die Chance sich anzunähern. Dieses Vorgehen ermöglicht Lösungen und alle beteiligten Parteien können als Gewinner den Verhandlungstisch verlassen. Hier ein Beispiel für einen Standpunkt und das dahinter stehende Anliegen.

Beispiel

Franz und Karin streiten sich um die nächste Urlaubsreise. Karin möchte in die USA, Franz möchte nach Italien. Beide versuchen im ersten Schritt den anderen vom eigenen Urlaubsziel zu überzeugen. Karin hat eigentlich nichts gegen Italien, aber sie möchte gern einmal eine Reise in die USA unternehmen. Schon seit ein paar Jahren hat sie diesen Wunsch Franz gegenüber geäußert. Franz wehrt sich jedoch mit Händen und Füßen dagegen. Karin forscht nach durch Fragen, warum Franz nicht nach Amerika möchte. Schließlich findet sie heraus, dass Franz riesige Flugangst hat und aus diesem Grund nicht in die USA möchte. Sein Anliegen hinter der Position (des „Pudels Kern") ist, dass er aus Angst in kein Flugzeug steigen möchte. Als Karin Franz vorschlägt, vielleicht eine Schiffsreise in die USA zu unternehmen, willigt er in die Reise ein.

Dieses Beispiel zeigt, dass Anliegen nicht einfach nur Interessen sein können, sondern auch Ängste, Befürchtungen, Wünsche, Erwartungen, Hoffnungen usw.

Schritt 3: Die Parteien erläutern sich ihre Kernanliegen

Wenn die Erarbeitung der Anliegen noch keine Lösung gebracht hat, dann müssen Sie zu den Kernanliegen vorstoßen. Die Kernanliegen sind die wichtigsten Anliegen oder die Anliegen, die hinter den Anliegen stehen (Warum ist dieses Anliegen wichtig?). Es kann sich bei den Kernanliegen auch um Ausschlusskriterien handeln. („Das darf auf keinen Fall passieren.“)

Achtung: eigene Anliegen

Als Verhandlungspartei ist für mich natürlich entscheidend, mir darüber im Klaren zu sein, was meine eigenen Anliegen und Kernanliegen sind. Das ist nicht immer ganz einfach herauszufinden. Das erfordert harte Denkarbeit. Denn die eigenen Anliegen erschließen sich einem nicht immer auf Anhieb.

Liegen Anliegen und Kernanliegen auf dem Tisch, können Sie sich um die Verhandlungslösungen kümmern. Die elegantesten Verhandlungslösungen sind sogenannte integrative Lösungen, also Lösungen, die alle Anliegen unter einen Hut bringen.

Schritt 4: Die Parteien suchen gemeinsam nach Lösungen, die zu den Kernanliegen (Anliegen) passen

Die Grundidee in dieser Phase ist: Die gemeinsame und ausdauernde Suche nach Lösungen verbessert das gegenseitige Verständnis, schafft Vertrauen und setzt immer mehr „Lösungskreativität“ frei. Lassen Sie sich nicht durch die in Phase 1 bezogenen Standpunkte bei der Lösungssuche behindern (Ankereffekt). Sehr oft denkt man nicht daran, dass es verschiedenste Lösungsmöglichkeiten gibt. Entscheidend ist in diesem Stadium der Verhandlung, nicht nur eine, sondern mehrere Lösungsmöglichkeiten zu erarbeiten.

Schritt 5: Die Parteien einigen sich auf eine der Lösungen

Konsens spielt in dieser Phase eine bedeutende Rolle: Jeder Verhandlungspartner muss seine Kernanliegen berücksichtigt wissen. Alle Kernanliegen müssen unter einen Hut gebracht werden. Nur dann ist eine einvernehmliche Lösung möglich.
Sehen wir uns an einem realen Beispiel die fünf aufeinander folgenden Verhandlungsschritte an.

Beispiel

Zwischen zwei Krankenschwestern, die auf einer Krankenhaus-Station arbeiten, schwelt seit einiger Zeit ein Konflikt. Frau Huber ist sehr jung, sehr resolut und sehr offen. Frau Meier ist seit 35 Jahren Krankenschwester, hat also eine enorme Erfahrung und ist ein eher ruhiger Mensch. Beide streiten sich in einem Krankenzimmer vor den Patienten. Der Grund: Frau Meier hat sich um ein Bett gekümmert, für das eigentlich Frau Huber zuständig wäre.

Frau Huber wirft Frau Meier vor, sie ständig zu bevormunden, ihre veraltete Auffassung von Pflege aus Sturheit nicht ändern zu wollen, immer alles besser zu wissen. Außerdem fühlt sie sich nicht ernst genommen und von oben herab behandelt.
Frau Meier wirft Frau Huber vor, ihre Aufgaben nachlässig zu erfüllen, das Bett nicht rechtzeitig gemacht zu haben und trotz ihrer nur sehr geringen Erfahrung immer alles besser wissen zu wollen. Auch sie fühlt sich nicht ernst genommen und von oben herab behandelt.

Welche Anliegen und Kernanliegen gibt es in diesem Fall?

- Das sind die Anliegen von Frau Meier:
  Sie hat den Wunsch nach optimaler Patientenversorgung, sie möchte ihre Erfahrungen an die jüngere Kollegin weitergeben, sie hat einen gewissen Führungsanspruch aufgrund ihrer Erfahrung, sie möchte gern den Respekt ihrer jüngeren Kollegin, und sie möchte die Abläufe auf der Station beibehalten.
  Ihre Kernanliegen: Respekt vor Kollegen, Beibehaltung der Arbeitsabläufe auf der Station.

- Das sind die Anliegen von Frau Huber:
  Sie möchte sich durch Frau Meier nicht bevormunden lassen, sie hat neue Idee, die sie einbringen möchte, sie möchte nicht, dass sich Frau Meier in ihre Arbeit einmischt, sie wünscht sich Gleichberechtigung.
  Ihre Kernanliegen: Wunsch nach Anerkennung trotz ihrer Jugend.

Nachdem die Anliegen und Kernanliegen herausgearbeitet waren, kam es zu folgender mehrstufiger Lösung: Auf Stufe 1 wurde eine strikte Einhaltung der Bereiche vereinbart. Außerdem wurde beschlossen, dass eine gegenseitige Unterstützung nur nach ausdrücklicher Bitte um Hilfe erfolgen sollte. Auf Stufe 2 vereinbarte man ein gemeinsames Kleinprojekt zur Formulierung von Pflegestandards. Auf diese Weise konnte das Wissen beider Krankenschwestern zusammengeführt werden. Und auf Stufe 3 sollte jede Krankenschwester einen Verbesserungsvorschlag der Kollegin umsetzen und ausprobieren. Hier kam also das Gegenseitigkeitsprinzip zum Tragen, das realistische und sinnvolle Vorschläge sicherstellte.

Unser Modell Anliegen-orientierten-Verhandelns kann als ganz robuster Leitfaden für schwierige Gesprächssituationen dienen, Gesprächssituationen, in denen es darum geht, die Anliegen der beteiligten Parteien herauszufiltern, um sie einer von allen Parteien gemeinsam getragenen Lösung zuzuführen.

24. Übung: Vorbereitung einer Verhandlung

Denken Sie an eine schwierige Verhandlungs- oder Konfliktsituation, in der Sie sich gegenwärtig befinden oder einmal befanden. Überlegen Sie nun für diese Situation:

Was ist mein Standpunkt?

Was ist mein Anliegen?

Was ist mein Kernanliegen?

Welche Anliegen könnte die andere Seite haben?

Welche Rahmenbedingungen muss eine Lösung erfüllen?

Welche Lösungsmöglichkeiten könnte es geben?

Dies sind alles Fragen, die bei der Vorbereitung einer Verhandlung durchdacht werden sollten.

Sie kennen Ihre Ausstiegsoption

Den letzten Robustheits-Faktor, den wir Ihnen vorstellen wollen, nennen wir die „Ausstiegsoption". Was verstehen wir darunter? Die Ausstiegsoption bildet die Antwort auf die Frage: Was mache ich, wenn das Gespräch mit meinem Gesprächspartner scheitert und wir keine tragfähige Lösung oder Vereinbarung finden?

Die Antwort auf diese Frage überlegt man sich idealer Weise bereits im Vorfeld eines wichtigen Gesprächs oder einer Verhandlung. Die Ausstiegsoption stellt in gewisser Hinsicht Ihre Verhandlungsmacht dar. Denn die Stärke Ihrer Ausstiegsoption bestimmt, wie leicht oder auch wie schwer es Ihnen fallen wird, ohne Ergebnis vom Verhandlungstisch aufzustehen und wegzugehen. Je stärker Ihre Ausstiegsoption desto größer Ihre Verhandlungsmacht. Sollte das Gespräch zum Scheitern verurteilt sein, dann machen Sie von Ihrer Ausstiegsoption Gebrauch. Das ist die Grundidee.

Man sollte die Ausstiegsoption dabei auf faire Weise einsetzen. Das bedeutet: Wenn man die Ausstiegsoption im Gespräch nennt, sollte sie nicht wie eine Drohung präsentiert werden, sondern sie sollte auf eine Weise formuliert sein, die den Rückweg ins Gespräch offen hält. Betrachten wir zwei Beispiele.

Beispiel 1

Max ist Vorgesetzter von Klaus und Bettina. Bettina und Klaus haben seit mehreren Wochen einen Konflikt miteinander. Sie können sich nicht über die Aufgabenverteilung im Team einigen. Im Gespräch mit beiden macht Max den Vorschlag, dass sie selbst eine Lösung für das Problem suchen und sie dann Max präsentieren, der sie schließlich absegnen wird. Nach

einer Woche treffen sich alle Beteiligten wieder; Klaus und Bettina haben aber keine Lösung gefunden.
Max hat sich im Vorfeld bereits überlegt, was er machen wird, wenn es zu keiner Konfliktlösung kommt; er wird dann einfach selbst eine Entscheidung in diesem Fall treffen.
Als Klaus und Bettina im zweiten Gespräch wieder keine Lösung vorlegen können, konfrontiert Max sie mit seiner Ausstiegsoption auf faire Weise: „Es scheint so, dass ihr beide nicht in der Lage seid, dieses Problem in den Griff zu bekommen. Ich sehe jetzt zwei Möglichkeiten: Entweder Ihr schafft es noch bis morgen Nachmittag selbst eine Lösung zu finden, oder ich werde das selbst übernehmen und einfach eine Entscheidung treffen. Was meint Ihr?"

Beispiel 2

Robert hat ein großes Problem mit seiner Vorgesetzten Maria; er fühlt sich bei der letzten Bonusvergabe ungerecht behandelt. Für das Gespräch mit ihr überlegt er sich seine Ausstiegsoption: „Wenn das Gespräch mit ihr scheitert, werde ich mich an unseren gemeinsamen, nächst höheren Vorgesetzten wenden". Und tatsächlich, das Gespräch zwischen beiden führt zu keinem befriedigenden Ergebnis. Daher macht Robert jetzt von seiner Ausstiegsoption Gebrauch. Er sagt: „Maria, irgendwie habe ich gar keine Hoffnung mehr, dass wir es jetzt noch schaffen, zu einer Lösung zu kommen. Für mich gibt es eigentlich nur zwei Optionen: Entweder wir kriegen es tatsächlich noch hin, dass wir das Bonusproblem aus der Welt schaffen, oder ich gehe zu Peter und werde ihn bitten, sich der Sache anzunehmen. Was meinst du dazu?"

Wer sich seine Ausstiegsoption gut überlegt, geht gestärkt und selbstsicher in schwierige Gesprächssituationen, Konflikte oder Verhandlungen. Ich weiß, was ich tue, wenn wir zu keinem Ergebnis kommen. Ich habe mich im Vorfeld mit dem möglichen Scheitern beschäftigt, der schlimmste Fall ist dann bei weitem nicht mehr so dramatisch.
Nach unserer Erfahrung beschäftigen sich nur wirklich wenige Menschen mit den möglichen Ausstiegsoptionen. Sie gehen einfach in Verhandlungen und geraten in Panik, wenn die Verhandlungen vor dem Scheitern stehen. Eine rationale Auseinandersetzung mit den Handlungsalternativen im Falle eines Scheiterns schafft eine gute Voraussetzung für ein selbstbewusstes Auftreten. Ohne Ausstiegsoption in Verhandlungen zu gehen schwächt die eigene Verhandlungsposition.
Wir haben dazu zwei Übungen konzipiert:

25. Übung: Ausstiegsoption finden

Stellen Sie sich vor, Sie haben wieder einen Streit mit Ihrem Nachbarn, weil er fast jeden Tag ab 23 Uhr laute Musik spielt und Sie sich davon gestört fühlen. Sie suchen das Gespräch mit ihm: Was könnten Ihre Ausstiegsoptionen sein, wenn das Gespräch zu keinem Ergebnis führt?

26. Übung: Ausstiegsoption finden *(siehe Lösungsteil)*

Sie stehen vor Gehaltsverhandlungen und Sie möchten gern mehr Geld: Was könnten hier Ihre Ausstiegsoptionen sein?

Die Suche nach Ausstiegsoptionen schließt unsere Reihe an Robustheitsfaktoren ab. Sachliche Robustheit schafft einen guten Schutzpanzer gegen Manipulationen. Sie schützt mich dabei nicht nur, sondern sie zeigt mir einen konstruktiven Weg auf, wie man in eine sachliche Sphäre zurück gelangen kann.
Zum Schluss dieses Abschnitts haben wir für Sie noch ein paar spezielle Robustheitstipps zusammengestellt.

Robustheits-Tipps

Diese Tipps können Ihnen in schwierigen Gesprächssituationen von Nutzen sein. Viele Menschen haben nämlich Schwierigkeiten, Ihre eigenen Anliegen zu verteidigen. Oft verhalten sie sich zu kooperativ und gehen zu schnell auf die Wünsche der Gegenseite ein:

- Stellen Sie sich vor im Namen Dritter zu verhandeln oder das Gespräch zu führen. Vielen Menschen fällt es schwer im eigenen Namen zu handeln. Die Vorstellung, die Interessen und Anliegen anderer zu verteidigen, hilft die eigene Position zu stärken.
- Setzen Sie Ihre Ziele hoch an. Konzentrieren Sie sich nicht auf das Minimum, das Sie erreichen möchten, sondern auf das Maximum.
- Schaffen Sie sich ein Publikum. Erzählen Sie Freunden, Bekannten oder Kollegen, was Sie erreichen möchten. Natürlich möchten Sie vor Ihren Freunden und Bekannten nach der Verhandlung nicht dumm da stehen. Und so zwingt Sie dieser kleine Trick, Ihre Interessen etwas hartnäckiger zu vertreten als Sie es sonst wahrscheinlich tun würden.

Innerlich und äußerlich gewappnet und gestärkt, können wir nun tief durchatmen und uns dem Manipulator stellen. Jetzt sind wir bereit, einen Blick in die Trickkisten des Manipulators zu werfen. Zwei große Kisten stehen für uns bereit. Nur Mut: Greifen Sie hinein. Sie können sich ja jetzt bestens zur Wehr setzen.

Trickkiste 1: Psychologische Manipulationen

Mit zwei Trickkisten des Manipulators werden wir uns beschäftigen. Sie enthalten zwei Arten von Manipulationen: Psychologische Manipulationen und Logische Manipulationen. Erstere zeichnen sich in erster Linie durch psychologische Effekte aus. Dabei handelt es sich meistens um Einschüchterung und Verunsicherung. Unter logischen Manipulationen verstehen wir Vorgehensweisen, die eher auf der argumentativen Ebene angesiedelt sind. Während man die psychologischen Effekte auch nonverbal erzeugen könnte, lässt sich dies von den logischen Manipulationen nicht sagen.
Die Unterscheidung ist nicht ganz trennscharf. Denn natürlich haben logische Manipulationen auch psychologische Effekte. Doch es kommt hier nicht auf eine klare Definition an. Ich glaube, der Unterschied wird deutlich, wenn wir uns die konkreten Vorgehensweisen ansehen. Gehen wir einfach zu unserer ersten Kiste und sehen wir uns an, was uns an Tricks und Fallen entgegen springt. Ganz oben auf liegend sehen wir ein hübsch verpacktes Geschenk.

Die Gegenseitigkeitsfalle

Kleine Geschenke erhalten die Freundschaft, so sagt man. Manch geschickter Manipulator nutzt diese Volksweisheit auf raffinierte Weise, um im Gespräch seine Ziele durchzusetzen. Sehen wir uns hierzu ein Beispiel an:

Beispiel

Frau Müller ist Sachbearbeiterin bei PowerCom, einem Versicherungsunternehmen. Seit mehreren Monaten hat sie erhebliche Konflikte mit einem Kollegen, Herrn Meier, der rechten Hand des Gruppenleiters. Immer wieder kam es bereits zu kleineren Eruptionen. Man schrie sich an, warf sich gegenseitig Unfähigkeit vor ... Frau Müller fühlt sich von Herrn Meier ungerecht behandelt; sie hat aus ihrer Sicht häufig gute Ideen, die von Herrn Meier vor versammelter Mannschaft auf Besprechungen jedoch stets herunter gemacht werden. Sie vermutet, dass Herr Meier sie als Rivalin betrachtet und er deshalb auf diese Weise reagiert. Frau Müller will sich das alles nicht länger gefallen lassen und sucht deshalb ein Gespräch mit dem

Vorgesetzten, Herrn Bauer. Wir steigen in der Mitte des Gesprächs zwischen Herrn Bauer und Frau Müller ein.
Müller: ... ich möchte mir dieses Verhalten von Herrn Meier einfach nicht mehr gefallen lassen. Ich hoffe, dass sie das verstehen.
Bauer: Ja, Frau Müller ich kann Ihren Ärger durchaus nachvollziehen. Aber glauben Sie nicht, dass Sie vielleicht aus einer Mücke einen Elefanten machen?
Müller: Das glaube ich nicht. Wir haben hier einen ausgewachsenen Elefanten vor uns. Ich würde ja nichts sagen, wenn es nur ein einmaliger Fall wäre, aber nein, es gibt fast jeden Tag Vorfälle dieser Art. Ich denke, da sollten Sie mal aktiv werden.
Bauer: Ob das gleich notwendig ist, dass ich hier aktiv eingreife. Ich weiß nicht ...
Müller: Das ganze Team leidet bereits darunter.
Bauer: Mir ist das noch gar nicht so aufgefallen.
Müller: Doch, da brodelt es bereits ganz gewaltig ...
Bauer: Na ja ... Frau Müller, mir fällt da gerade noch ganz was anderes ein; weil Sie gerade hier bei mir sind. Ich habe es jetzt durchgeboxt, dass Sie den Englischkurs in London besuchen können; das hatten Sie sich ja schon lang gewünscht. Gestern habe ich das O.K. dazu von der Personalabteilung bekommen. Was die andere Sache betrifft, um darauf wieder zurück zu kommen, da wäre es mir ganz recht, wenn wir die Sache einfach mal auf sich beruhen lassen könnten. Und vielleicht geben Sie dem Herrn Meier einfach nicht so viel Contra. Er muss sich halt auch erst mal daran gewöhnen, dass es jemand im Team gibt, der etwas auf dem Kasten hat und gute eigene Ideen hat. Was meinen Sie? ...

Haben Sie erkannt, was Herr Bauer hier versucht? Er macht Frau Müller ein kleines Geschenk, ein Geschenk, das ja in Wirklichkeit gar kein Geschenk ist, weil sie es ohnehin bekommen hätte, nämlich die Teilnahme an einem Englischkurs. Herr Bauer platziert dies aber so geschickt, dass es so aussieht, als hätte er ihr hier tatsächlich etwas Wichtiges zu geben. Und jetzt sitzt Frau Müller schon in der Falle. Im Gegenzug möchte er nämlich etwas von ihr. Ein Gegengeschenk sozusagen. In diesem Fall das Zugeständnis, den Konflikt einfach auf sich beruhen zu lassen und auf Eis zu legen. Gleichzeitig appelliert Herr Bauer an ihre Kooperationsbereitschaft.

Die Grundidee dieser Manipulationstaktik:
Der Manipulator macht ein Angebot, ein Zugeständnis, ein Quasi-Geschenk. Dadurch entsteht beim Gegenüber ein Verpflichtungsgefühl etwas zurück zu geben.
Geschickterweise wird der Manipulator ein Geschenk machen, das ihn nicht viel kostet. Im Gegenzug wird er von seinem Gesprächspartner

aber etwas Substantielles erwarten. Und oft bekommt der Manipulator auch, was er sich vorstellt.
Es kann sein, dass er ein kleines Zugeständnis macht, aber etwas viel Wichtigeres von Ihnen möchte. Es kann sein, dass er Ihnen nur unwichtige, marginale Informationen gibt, aber wesentliche Informationen von Ihnen erwartet.
Werfen wir einen Blick auf folgendes Beispiel:

Beispiel

Zwei Berater, Tom und Günter, treffen sich zu einem Kennenlerngespräch. Sie möchten sich ein bisschen über ihre jeweiligen Beratungskonzepte austauschen.
Tom: Also ich kann Ihnen, wenn Sie möchten, von einem konkreten Projekt berichten, das wir in der Vergangenheit hatten, bei dem unsere Methodik deutlich wird. Haben Sie Interesse? (Tom gibt vermeintlich bereitwillig Informationen ... Er macht gleich mal den ersten Schritt und erzählt ein bisschen von dem Projekt und der besagten Methodik.)
Er fährt fort: „Jetzt habe ich Ihnen ja sehr ausführlich unsere Vorgehensweise geschildert. Ich habe gehört, dass Sie auch ein neues Leadership-Konzept haben, das würde mich sehr interessieren. Haben Sie da vielleicht ein schriftliches Konzept dazu? Wir wollten ja auch noch ein paar andere Punkte besprechen. Und da reicht uns die Zeit vielleicht nicht mehr. Also wenn Sie da schriftliche Unterlagen hätten, dann wären das glaube ich auch für mich wichtige Infos, so wie ich sie jetzt Ihnen geschildert habe."

Plumps, schon kann Günter in der aufgestellten Falle sitzen. Er wird durch Tom darauf verpflichtet, etwas zurückzugeben. Und Tom hat bereits ganz konkrete Vorstellungen davon, was er haben möchte.

In all diesen Fällen nutzt der Manipulator ein wichtiges Prinzip aus, das man **Gegenseitigkeitsprinzip** nennen kann, oder salopp formuliert „Wie du mir – so ich dir“.
In vielen unserer Alltagsweisheiten kommt dieses Prinzip zum Ausdruck: „Was du nicht willst, das man dir tu, das füg auch keinem anderen zu.“ „Wie man in den Wald hineinruft, so schallt es heraus.“ „Behandle die andern so, wie du auch selbst behandelt werden möchtest.“
Das Gegenseitigkeitsprinzip ist ein fundamentales Prinzip menschlicher Kooperation. Das haben schon Philosophen wie Thomas Hobbes und David Hume herausgearbeitet. Es stellt den zentralen Mechanismus dar, der Zusammenarbeit und Vertrauensaufbau zwischen Menschen ermöglicht. Das Gegenseitigkeitsprinzip basiert auf der Vereinbarung, sich gegenseitig zu helfen. Dabei ist die Risikostelle klar

markiert: Einer macht den ersten Schritt. Er gibt Vertrauensvorschuss und geht das Risiko ein, im schlimmsten Fall ausgenutzt zu werden. Wenn der andere nachzieht, dann haben beide die Vereinbarung eingehalten und jeder hat von der Zusammenarbeit profitiert. Beim nächsten Mal haben sie bereits gelernt, dass man sich auf das Wort des anderen verlassen kann. Sie beginnen einander zu vertrauen.
Dieses Prinzip hat für sich genommen nichts mit Manipulation zu tun. Aber es kann, gerade weil es einen wichtigen Mechanismus zum Vertrauensaufbau in Gang setzt, manipulativ ausgenutzt werden. Und vor solchen manipulativen Anwendungen sollte man auf der Hut sein.
In München sieht man in der Fußgängerzone manchmal Leute mit Büchern herumlaufen. Diese Bücher werden an Passanten einfach verschenkt. Im Gegenzug erwartet man jedoch etwas, nämlich ein Gespräch, meistens über irgendwelche religiösen Inhalte. Und viele fallen darauf herein, denn sie haben ja etwas bekommen und nun wäre es unhöflich, nicht auch etwas von sich zu geben und wenn es in diesem Fall auch nur etwas Zeit für ein Gespräch ist.
Bei Verhandlungen kann diese Taktik natürlich auch eingesetzt werden. Die übliche Vorgehensweise dabei ist, dass man die eigene Position zunächst etwas höher schraubt, um dadurch Spielraum zu haben, dem Verhandlungspartner etwas abzugeben. Dummerweise macht die Gegenseite häufig dasselbe, so dass sich ein Tit-for-Tat-Spiel ergibt, bis man sich schließlich bei realistischen Forderungen beider Seiten eingependelt hat. Sie kennen dieses ganze Spiel vermutlich: Die Tarifverhandlungen zwischen Arbeitgebern und Gewerkschaften laufen stets nach diesem Muster ab. Natürlich ist es mittlerweile als bloßes Ritual durchschaut.

1. Übung: Die Gegenseitigkeitsfalle

Denken Sie bitte an einen eigenen Fall, bei dem Ihnen diese Taktik beziehungsweise dieses Prinzip begegnet ist. Sind Sie darauf herein gefallen? Wie haben Sie reagiert?

Wie kann man sich vor der Gegenseitigkeitsfalle schützen?

Der erste wichtige Schritt ist natürlich, die Falle überhaupt zu kennen. Dieses Wissen wappnet mich bereits bestens. Darüber hinaus ist wichtig, auf eine Äquivalenz der „Geschenke“ zu achten, auch darauf, ob es sich seitens des Gesprächspartners wirklich um ein wichtiges Zugeständnis in der Sache handelt oder ob es möglicherweise mit der Sache an sich überhaupt nichts zu tun hat und damit das „Geschenk“ nur Verpackung darstellt und keinen Inhalt aufweist.

2. Übung: Die Gegenseitigkeitsfalle *(siehe Lösungsteil)*
Wie sollte Frau Müller auf die Äußerung von Herrn Bauer aus unserem Beispiel von oben reagieren? (Tipp: die verschiedenen Themen auseinander halten.)

Eine Variante der Gegenseitigkeitsfalle nennt sich Ködertaktik. Sie funktioniert so: Der Manipulator erwähnt im Gespräch oder in der Verhandlung zum Beispiel fünf Punkte, die ihm vorgeblich sehr wichtig sind und die ein Gesprächsergebnis berücksichtigen sollte. In Wirklichkeit sind ihm drei dieser Punkte überhaupt nicht sonderlich wichtig. Im weiteren Verlauf des Gesprächs kann er daher leichten Herzens auf diese Punkte verzichten, sich damit also als sehr kooperativ und großzügig erweisen. Natürlich möchte er dann etwas Entsprechendes für sein großzügiges Verhalten zurückbekommen. Wer möchte das nicht?
Wie schützt man sich am besten in diesem Fall?
Es ist entscheidend zu testen, wie wichtig die vom Gesprächspartner genannten Punkte wirklich sind. Am besten erreicht man dies durch präzises Nachfragen. Lassen Sie sich erläutern, warum Ihr Gesprächspartner auf bestimmte Punkte so großen Wert legt. (Präzisierungstrichter). Durch den entstehenden Begründungsdruck entlarvt sich der Manipulator häufig. Denn die Begründungen stehen auf wackligen Beinen. Auf diese Weise kommt man dahinter, worum es dem Gesprächspartner wirklich geht.

3. Übung: Ködertaktik
Sie möchten mit Ihrem Partner gern ins Kino gehen; Ihnen schwebt ein Film vor, von dem Sie wissen, dass Ihr Partner darüber nicht so begeistert ist. Setzen Sie die Ködertaktik ein, um Ihren Partner für den Film zu gewinnen. (Tipp: Welche Dinge könnten Sie noch nennen, die Sie für gute Alternativen zum Kino halten, die bei Ihrem Partner auf wenig Gegenliebe stoßen würden und auf die Sie leicht verzichten könnten? Zeigen Sie doch mal, dass Sie nachgeben können (!))

Die Konsistenzfalle

Menschen möchten sich ungern in Widersprüche verwickeln. Denn wenn man einen Widerspruch nachweisen kann, dann führt das dazu, dass man die ursprüngliche Behauptung oder Aussage aufgeben und zurückziehen muss. Anders ausgedrückt: Wir versuchen stets widerspruchsfrei in unseren Äußerungen zu sein. Ein anderes Wort für Widerspruchsfreiheit ist Konsistenz. Der Manipulator kann uns bei unserem Konsistenzwunsch packen. Dazu folgendes Beispiel:

Beispiel

Max freut sich auf seinen verdienten Feierabend. Im Büro war heute ziemlich viel Stress, eine Unmenge von Besprechungen und Max hat das Gefühl heute nicht wirklich etwas vorangebracht zu haben. Zu Hause angekommen lässt er sich auf sein Sofa sinken und er überlegt, wie er diesen herrlichen Sommerabend noch nutzen könnte. Da klingelt das Telefon.
G: Guten Tag Herr Meier, mein Name ist Gabi Laumann von International Research. Spreche ich mit Herrn Max Meier?
M: Ja.
G: Herr Meier, würden Sie mir fünf Minuten Zeit schenken? Wir führen gerade eine Umfrage im Zusammenhang mit Steuersparmodellen durch.
M: Meinetwegen.
G: Herr Meier, was würden Sie sagen, wenn Sie 50 Prozent Steuern sparen könnten?
M. Das wäre schön.
G: Ja, das wäre gut, nicht wahr.
M: Ja, sicher.
G: Wenn Ihnen jemand so einen Vorschlag unterbreiten würde, würden Sie sich das anhören?
M: Ich denke, ja.
G: Das trifft sich gut Herr Meier, wir haben nämlich ein Konzept, wie Sie Ihren Wunsch, 50 Prozent Steuern zu reduzieren, realisieren könnten.
M: Jetzt am Telefon möchte ich nicht darüber sprechen, ich bin auch ziemlich müde ...
G: Das verstehe ich. Da wäre es doch am besten, wenn einfach mal jemand ganz unverbindlich von uns bei Ihnen vorbeikommt. Wann würde es Ihnen denn am besten passen?
M: Ich weiß jetzt auch nicht ...

Schon ist die Falle zugeschnappt. Der Manipulator in diesem Beispiel hat es geschafft, dass sich Herr Meier auf eine bestimmte Aussage festgelegt hat. Und dann hat der Manipulator ihn auf alle Folgerungen aus dieser Aussage festgelegt. Die grundsätzliche Vorgehensweise bei dieser Taktik ist also:

Der Manipulator bringt den Adressaten dazu, einem scheinbar harmlosen Prinzip zuzustimmen. Daraus leitet der Manipulator dann einen Punkt ab, der für ihn von Vorteil ist und dem der Adressat normalerweise nicht ohne weiteres zugestimmt hätte.
Meistens benutzt der Manipulator Fragen in diesem Spiel. Durch die Fragen versucht er den Gesprächspartner zur Zustimmung gewisser Thesen oder Behauptungen zu bringen. Sehr häufig ist dabei gar nicht klar, in welche Richtungen die Fragen eigentlich zielen.
Sehen wir uns ein weiteres Beispiel an.

Beispiel

Dieser Fall spielt in Peking. Max ist in China um mit seinem Gegenüber, Herrn Wang, die Rahmenbedingungen für ein gemeinsames Joint Venture zu verhandeln. Herr Wang ist mit allen Wassern gewaschen.

Wang: Wie wichtig ist Ihnen Freundschaft und eine gute Beziehung zu ihren Geschäftspartnern?

Max weiß, dass Freundschaft ein wichtiges Konzept in den Beziehungen zu Chinesen ist. Er ist jetzt sehr vorsichtig und behutsam in dem, was er sagt.

Max: Freundschaft ist sehr wichtig für uns. Auch zu Ihnen wollen wir gute freundschaftliche Beziehungen pflegen.

Wang: Das freut mich sehr zu hören. Glauben Sie dann auch, dass bei einer guten Freundschaft der Stärkere dem Schwächeren helfen sollte?

Max: Ja, sicher.

Wang: Auch das freut mich zu hören.

In diesem Moment ahnt Max schon, in welcher Falle er sitzt und sieht diese sehr deutlich, als Herr Wang formuliert:

Wang: Sie wollen freundschaftliche Beziehungen zu uns, Sie sind der stärkere Partner, Sie haben mehr Erfahrung, mehr Know-how. Da ist es doch fair, wenn Sie uns lehren, welche technologischen Möglichkeiten es gibt, um uns an unserem gemeinsamen Unternehmen stärker partizipieren zu lassen.

Bei Max schrillen jetzt die Alarmglocken. Wie kommt er hier wieder heraus?

Herr Wang hat Max sehr geschickt in die Konsistenzfalle geführt. Würde Max jetzt einen Rückzieher machen, läuft er Gefahr, dass Herr Wang ihm vorwirft, er wäre nicht an einer freundschaftlichen Beziehung zu dem chinesischen Partner interessiert.

Auch im folgenden Beispiel ist die Konsistenzfalle aufgespannt.

Beispiel

In diesem Beispiel unterhalten sich Rita und Paula über Sinn und Zweck der Ehe.

Paula: Würdest du ein Versprechen geben, wenn du nicht sicher wärest, dass du es auch halten kannst?

Rita: Nein, natürlich nicht.

Paula: Aber zu heiraten heißt doch gerade, dass du ein Eheversprechen gibst, mit ein und derselben Person für den Rest deines Lebens zusammen zu sein. Nicht wahr?

Rita: Das stimmt.

Paula: Kannst du wirklich ausschließen, dass du dich nie von dieser Person trennen wirst?

Rita: Nein, natürlich nicht.

Paula: Dann solltest du auch nicht heiraten. Denn du könntest guten Gewissens kein Versprechen abgeben. Außer du wirst deinem eigenen Prinzip untreu.
Rita: Meinst du wirklich?

Auch in diesem Beispiel hat die Konsistenzfalle zugeschnappt. Rita wurde durch Paulas Fragen auf einige Prinzipien und Behauptungen festgelegt und nun muss sie scheinbar alle Folgerungen daraus akzeptieren.

***4. Übung: Die Konsistenzfalle** (siehe Lösungsteil)*

Sie möchten in einem Elektrogeschäft eine neue Digitalkamera kaufen. Sie würden jedoch gern einen niedrigeren Preis erzielen. Deshalb weisen Sie den Verkäufer darauf hin, dass in anderen Geschäften, die Kamera um bis zu 20 Prozent billiger ist. Auf welches Prinzip könnten Sie versuchen, den Verkäufer festzulegen, um dann die Konsistenzfalle anzuwenden? (Tipp: Denken Sie an das Thema Wettbewerb.)

Wie kommt man aus der Konsistenzfalle heraus oder wie schützt man sich davor?

- Erstens kann man sich natürlich wieder dadurch schützen, dass man die Falle kennt.
- Zweitens: Die Falle kündigt sich häufig durch Fragen des Manipulators an. Man weiß noch nicht genau, in welche Richtung die Fragen zielen. Genau dies kann ein gutes Signal dafür sein, dass irgendwo eine Falle lauert. Deshalb besteht eine Schutzmöglichkeit darin, das Tempo zu verlangsamen und den Manipulator einfach danach zu fragen, zu welchem Zweck er diese Fragen stellt.
- Eine weitere Möglichkeit besteht darin, zu verdeutlichen, dass die eigentliche Position, auf die Sie der Manipulator festlegen möchte, gar nicht aus dem ursprünglichen Prinzip folgt, dem Sie bereitwillig zugestimmt haben. Es gibt immer veränderliche Randbedingungen, die berücksichtigt werden müssen.
- Eine zusätzliche Empfehlung ist: Wenn man Sie auf einen Standard oder auf ein Prinzip festnageln möchte, dann formulieren Sie den Standard mit eigenen Worten und formulieren sie ihn so weit, dass Sie später Möglichkeiten zur Interpretation haben.

Konsistenz ist das tägliche Brot der Philosophen. Sie schlagen sich ja mit Argumenten für und wider bestimmte Positionen herum. Das wichtigste Fundament guter Argumente ist Widerspruchsfreiheit, also

Konsistenz. Umgegehrt ist einer der wichtigsten Angriffspunkte bei Argumenten Inkonsistenz bzw. Widersprüchlichkeit. Wenn ich zeigen kann, dass ein bestimmtes Argument inkonsistent ist, dann ist das die stärkste Waffe, die ich gegen meinen argumentativen Gegner einsetzen kann.

Wir haben für Sie ein kleines philosophisches Rätsel herausgesucht, ein ziemlich kniffliges Argument. Es dreht sich um die Frage, ob der Mensch einen freien Willen besitzt, oder ob es egal ist, was er unternimmt, da sowieso alles vorherbestimmt ist. Das Thema passt gut zur gegenwärtig geführten Debatte über Entscheidungsfreiheit und freien Willen.

Beispiel

Max und Moritz sind in eine Diskussion über den freien Willen vertieft. Max ist der Meinung, dass es so was wie einen freien Willen nicht gibt, dass vielmehr alles vorherbestimmt ist und zwar nicht nur in einem kausalen Sinne sondern sogar in einem logischen Sinne.

Max: Unser Schicksal und alles, was wir tun, stehen bereits von vornherein fest.

Moritz: Das halte ich für etwas übertrieben.

Max: Ich kann dir das glasklar beweisen. Und am besten benutze ich dazu ein Beispiel. Wir wissen, dass manchmal Menschen durch einen Verkehrsunfall umkommen. Stellen wir uns vor, Herr Meier hat das Pech, am Dienstag, den 10. August um 12 Uhr 15 bei einem Verkehrsunfall ums Leben zu kommen. Er überquert eine Straße an einer Ampel, er wird von einem Auto erfasst, das mit überhöhter Geschwindigkeit bei roter Ampel in die Kreuzung rast, und Herr Meier wird so unglücklich angefahren, dass er noch am Unfallort stirbt. Das ist doch ein möglicher Fall, nicht wahr?

Moritz: Sicher.

Max: Wenn also jemand, der vielleicht als Zeuge den Unfall beobachtet hat, um 12 Uhr 15 sagt: „Herr Meier ist gerade bei einem Autounfall ums Leben gekommen", dann sagt er etwas Richtiges und Wahres. Stimmts?

Moritz: Klar.

Max: Wenn jemand am nächsten Tag, also am Mittwoch nach dem besagten Unfalltag, sagen würde: „Herr Meier ist gestern bei einem Autounfall ums Leben gekommen", wäre das wahr oder falsch?

Moritz: Das wäre natürlich wahr. Ich weiß nicht, worauf du hinauswillst.

Max: Warte mal, sei nicht so ungeduldig. Stell dir nun vor, am Montag, also einen Tag vorher, hätte jemand gesagt: „Herr Meier wird morgen bei einem Unfall sterben", so hätte er zu diesem Zeitpunkt auch etwas Wahres gesagt. Er hätte vielleicht keine Gründe dafür, vielleicht hat er die Äußerung einfach nur so gemacht. Nichtsdestotrotz wäre wahr, was er gesagt hätte. Richtig?

Moritz: Ja.

Max: Aber das bedeutet doch, dass am Montag, dem 9. August schon wahr ist, dass Herr Meier stirbt. Es hätte Meier dann also nichts genützt, wenn

er zu diesem Zeitpunkt einen anderen Weg gegangen wäre. Denn dann wäre die Äußerung am Montag ja nicht mehr wahr. Und wie könnte etwas passieren, dass eine wahre Äußerung plötzlich nicht mehr wahr ist. Wenn sie wahr ist, dann ist sie immer wahr.
Und das zeigt, dass am Montag eindeutig feststand, was am Dienstag passiert. Egal, was ich mache, es hat keinen Einfluss auf das bereits fest stehende Ergebnis.
Moritz: Da muss doch was faul sein bei deinem Argument ...

Ja, möglicherweise ist etwas faul an dieser Argumentation. Haben Sie eine Idee, wo der Fehler liegen könnte?
Wir wollen Sie nicht weiter mit philosophischen Rätseln martern und haben daher eine ganz handfeste Übung für Sie.

5. Übung: Die Konsistenzfalle *(siehe Lösungsteil)*
Wie könnte Max auf Herrn Wang aus unserem Beispiel von oben geschickt reagieren? (Tipp: Wie könnte er das Freundschaftsprinzip für seine Zwecke nutzen?)

Die Nachverhandlungstaktik

Unser nächstes manipulatives Manöver wollen wir ohne lange Vorrede gleich durch ein konkretes Beispiel, ein kleines Gedankenexperiment, einleiten.

Beispiel

Nach zähen Verhandlungen sind Sie mit Ihrem Gesprächspartner endlich zu einem Ergebnis gekommen. Sie machen sich erleichtert auf den Heimweg und schlafen zum ersten Mal seit Wochen wieder ruhig und tief durch. Am nächsten Morgen erreicht sie ein Anruf von Ihrem Verhandlungspartner: Es gebe da noch ein paar Punkte, die geklärt werden müssen, bevor der Vertrag endgültig aufgesetzt werden könne. Sie sind schockiert: „Beginnt jetzt wieder alles von vorn?"

In diesem Moment bemerken Sie den Trick überhaupt nicht: den Nachverhandlungstrick. Sehen wir uns diese Taktik noch etwas genauer an einem anderen Beispiel an:

Beispiel

Frank steckte über drei Monate in äußerst langwierigen Lizenzverhandlungen. Er hat ein Produkt entwickelt, das eine Neuerung bei der Auswertung von Biodaten darstellt. InfoLog möchte dieses Produkt in Lizenz vertreiben. Frank hat dazu ziemlich intensiv mit Werner von InfoLog verhandelt. Man hat schließlich für alle Länder, in denen das Produkt vertrieben werden soll, individuelle Vereinbarungen getroffen. Da InfoLog ziemlich stark auf dem amerikanischen Markt ist, hat man hier vereinbart, dass Frank nur mit 7 Prozent Umsatzbeteiligung dabei ist, statt mit den ausgehandelten 9 Prozent. Die Verhandlungen waren ziemlich mühselig, manchmal diskutierte man tagelang um die zweite Stelle hinter dem Komma. Aber jetzt scheint alles erledigt, Frank ist zufrieden. Einen Tag später bekommt er einen Anruf von Werner:

Werner: Hallo Frank, gut zu Hause angekommen?

Frank: Ja, sehr gut.

Werner: du, Frank, ich möchte gleich zur Sache kommen. Also von der Geschäftsleitung ist alles unter Dach und Fach; sie haben unser Verhandlungsergebnis abgesegnet.

Frank: Prima. Schön zu hören.

Werner: Ja, finde ich auch. Es gibt an einer Stelle nur noch einen kleinen Änderungswunsch.

Frank: Und der wäre ...

Werner: Es wäre schön, wenn wir uns für den Raum Kanada auch noch auf 7 Prozent einigen können. Angesichts der Tatsache, dass wir alles sonst unter Dach und Fach haben, glaube ich sollte das kein so großes Problem sein ...

Wie soll Frank sich jetzt verhalten? Es wurde bereits eine klare Vereinbarung getroffen, beide Parteien haben sich auf diese Vereinbarung festgelegt. Und nun geht es um eine scheinbar kleine Änderung, die nachträglich untergebracht werden soll. Der Manipulator nutzt in diesem Fall natürlich die Situation, dass Frank bestimmt wieder an die gesamten mühseligen Verhandlungstage denken wird. „Ich dachte, alles ist vorbei und jetzt geht es schon wieder los ...“

An der Stelle haben viele Menschen bereits resigniert. Sie möchten nicht noch einmal die gleiche Situation durchleben. Und es hängt ja nur noch an einer kleinen Sache. Soll man sich da stur stellen? Wie sollte Frank also reagieren? Hier ein paar Möglichkeiten:

- Option 1: Frank ist bereit, den Veränderungswunsch aufzunehmen. Auch wenn dadurch vielleicht Geld verloren geht. Hauptsache ist, dass man sich prinzipiell geeinigt hat. Frank möchte sich jetzt auch nicht unkooperativ zeigen. Möglicherweise riskiert er sonst, dass das Geschäft doch nicht zustande kommt, vier Monate absolut verloren sind und eventuell Rechtsstreitigkeiten ins Haus stehen.
- Option 2: Frank klärt Werner darüber auf, dass die Verhandlungen eigentlich schon abgeschlossen sind. Er erklärt sich aber – kooperativer Weise – bereit, die Verhandlungen noch einmal neu aufzurollen. Es sollten dann aber noch einmal genau alle Punkte durchgesprochen werden.

- Option 3: Frank ist über die Verhaltensweise massiv verärgert. Er erklärt alle Vereinbarungen für nichtig und bricht die Verhandlungen ab.

Option 1 ist verständlich und nachvollziehbar. Sehr kooperative Menschen oder Menschen, die Konflikten lieber aus dem Weg gehen, neigen zu dieser Lösung. Man möchte es sich zum Schluss nicht noch mit dem Verhandlungspartner verderben, indem man eine vermeintlich kleine Bitte nicht erfüllt. Man denkt außerdem an die mühevolle Verhandlungszeit und sieht alle Zeit, alle Nerven und alles Geld falsch investiert. Die Chancen sind an der Stelle groß, den Investitionskosten-Fehlschluss zu begehen. Der Fehlschluss geht ungefähr so: Jetzt habe ich so viel Zeit und Geld investiert. Das könnte jetzt alles verloren sein, ich jetzt nicht weitermache.
Dabei übersieht man, dass alles, was investiert wurde, ohnehin bereits in der Vergangenheit verschwunden und damit unwiederbringlich verloren ist. Die entscheidende Frage lautet also vielmehr: Lohnt es sich jetzt, an dieser Stelle, mit dem Wissen, über das ich gegenwärtig verfüge, weiterzumachen, oder ist es besser aufzuhören? Genau diese Frage sollte sich Frank stellen?

Option 2 erscheint uns am sinnvollsten. Im Grunde müssten die Verhandlungen nämlich neu gestartet werden. Natürlich kann man sich zuvor fragen: Inwiefern berührt der Wunsch meines Verhandlungspartners eines meiner wichtigen Kernanliegen? Könnte ich den Wunsch erfüllen, ohne dass für mich ein Verlust entsteht? Man sollte auf alle Fälle nicht sofort reagieren und die Konsequenzen des Wunsches genau durchdenken. Eventuell lohnt es sich, ein Gegengeschäft vorschlagen, das heißt die Situation für einen Deal zu nutzen.
Im schlimmsten Fall muss man anbieten, die Verhandlungen einfach neu zu starten. Auch der anderen Seite wird dies natürlich unangenehm sein. Damit hat man jetzt nicht gerechnet. Unter Umständen kommt es daher zu einem Rückzug des Änderungswunsches.

Option 3 ist verständlich, vor allem angesichts des Ärgers und des Unmuts, den man empfindet. Bei dieser Lösung würde aber das Kind zu schnell mit dem Bade ausgeschüttet.

Haupttipp bei der Nachverhandlungstaktik

Nutzen Sie die Chance, wenn jemand nachverhandeln will. Vielleicht gibt es ja etwas, mit dem Sie selbst noch nicht hundertprozentig zufrieden sind und das jetzt nachgebessert werden könnte. Nutzen Sie also die Gelegenheit für einen Deal.

6. Übung: Die Nachverhandlungstaktik

Bei dieser Übung möchten wir Sie zu einem kleinen Feldexperiment überreden. Setzen Sie die Nachverhandlungstaktik doch mal bei Ihrem nächsten größeren Einkauf ein. Sie haben sich zwar schon für ein Produkt entschieden und haben auch dem Verkäufer gesagt, dass Sie das Produkt möchten, doch kurz bevor Sie zur Kasse gehen, haben Sie einfach noch einen zusätzlichen Wunsch. Beobachten Sie, wie der Verkäufer reagiert.

Das Kontrastprinzip

Sie sind Beifahrer in einem Porsche. Der Fahrer drückt aufs Gas und rast mit über 200 Sachen mit Ihnen davon. Plötzlich bremst der Fahrer auf 100 Stundenkilometer ab und Ihnen kommt es so vor, als ob Sie dahin kriechen würden. Hinter dieser Erfahrung steht ein Bündel von Phänomenen, die man Wahrnehmungskontraste nennt. Eine weiße Fläche zum Beispiel erscheint Ihnen vor einem dunklen Hintergrund heller und weißer als vor einem helleren Hintergrund. Wahrnehmungskontraste sind ein alltägliches psychologisches Phänomen. Manipulatoren können diese Wahrnehmungskontraste nun ausnutzen. Dazu zwei Beispiele:

Beispiel

Anton hat sich einen Webnamen reservieren lassen, der von einer etablierten Firma für sich reklamiert wird. Anton führt ein Gespräch mit dem Anwalt der Firma. Der Anwalt sagt:
„Normalerweise müsste man in diesem Fall mit einer Klage rechnen. Das könnte Kosten von bis zu 50.000 Euro erzeugen, die Sie zahlen müssten plus natürlich die Kosten des Gerichtsverfahrens. Wir würden Ihnen aber folgendes Angebot machen, da uns auch daran liegt, möglichst schnell zu einer Einigung zu kommen. Wir verzichten auf jegliche Ansprüche an Sie und Sie geben die Rechte des Namens sofort auf. Ich glaube, das ist ein faires Angebot."

Beachten Sie den Wahrnehmungskontrast, der hier aufgebaut wird. Im Vergleich zu möglichen Kosten von bis zu 50.000 Euro erscheint das Angebot doch ziemlich vernünftig. Gerade wenn Anton nicht weiß, wie hoch das Risiko wirklich einzuschätzen ist, wird die Vorgehensweise des Juristen bestimmt ihre Wirkung zeigen.

In unserem zweiten Beispiel geht es um einen Autokauf.

Beispiel

Maria hat sich entschieden, sich ein Mittelklassefahrzeug anzuschaffen. Es kostet 28.000 Euro. Ein stolzer Betrag für sie. Nun argumentiert der Verkäufer auf folgende Weise:
„Ich empfehle Ihnen zusätzlich noch eine Klimaanlage mit dazu zu nehmen, das würde nur 2.200 Euro zusätzlich ausmachen. Auch ein Navigationssystem würde letztlich nur mir 1.500 Euro ins Gewicht fallen. Das scheint mir angesichts des Nutzens vertretbar. Was meinen Sie dazu?"

Auch hier nutzt der Verkäufer den Wahrnehmungskontrast. Im Vergleich zu dem teuren Auto scheint eine Klimaanlage und ein Navigationssystem tatsächlich nicht mehr viel zu kosten. Absolut betrachtet sieht das Ganze natürlich anders aus.

7. Übung: Wahrnehmungskontraste nutzen *(siehe Lösungsteil)*

Stellen Sie sich vor, dass Sie Schuhe in einem Kaufhaus gekauft haben, die Ihnen nun doch nicht mehr sonderlich gefallen. Sie haben sie einmal getragen und möchten sie nun umtauschen oder zumindest das Geld zurück. Wie könnten Sie das Kontrastprinzip nutzen, um Ihr Anliegen zu formulieren? (Tipp: Verweisen Sie auf frühere Einkäufe in dem Kaufhaus.)

Wie kann man sich vor dem manipulativen Einsatz des Kontrastprinzips schützen?

Wenn Ihnen das Kontrastprinzip begegnet, wählen Sie ganz bewusst einen anderen Vergleichspunkt. Fragen Sie sich, ob Sie sich für die Sache entscheiden würden, wenn Sie die Sache nur isoliert betrachten würden. Das hilft dabei, zu einer Entscheidung zu kommen, die nicht von Wahrnehmungskontrasten beeinflusst ist.

Starke und schwache Gegensätze

Im Zusammenhang mit dem Kontrastprinzip kann man noch eine weitere Manipulationsweise betrachten. Dabei handelt es sich eigentlich mehr um eine logische, das heißt eine rein argumentative als eine psychologische Manipulation. Die Manipulation nutzt die für viele Menschen undurchsichtige Unterscheidung in starke und schwache Gegensätze. Der Trick besteht darin, einen schwachen Gegensatz zu einem starken Gegensatz zu machen, um auf diese Weise den Ge-

sprächspartner zu beeinflussen. Um das zu verstehen, müssen wir uns zuerst ansehen, worin ein starker oder ein schwacher Gegensatz eigentlich besteht.
Ein starker Gegensatz zwischen zwei Aussagen besteht dann, wenn die Wahrheit der einen Aussage die Wahrheit der anderen ausschließt. Anders ausgedrückt: Wenn Aussage A wahr ist, muss Aussage B falsch sein und umgekehrt.

Beispiel

„Es regnet." und „Es regnet nicht." sind zwei Aussagen, die einen starken Gegensatz beschreiben.

„Alle Zahlen sind korrekt. – Es gibt mindestens eine Zahl, die nicht korrekt ist." Dies beschreibt ein zweites Beispiel für einen starken Gegensatz. (Der zweite Satz ist die Negation des ersten. Wenn der erste Satz wahr ist, muss der zweite falsch sein. Übrigens machen viele Menschen den Fehler, den Satz „Keine Zahl ist korrekt" als Verneinung des Satzes „Alle Zahlen sind korrekt" zu halten. Das ist aber falsch.)

Man kann bei einem starken Gegensatzpaar von Aussagen auch von einem kontradiktorischen Gegensatz sprechen.

Was ist nun ein schwacher Gegensatz? Ein schwacher Gegensatz zwischen zwei Aussagen besteht dann, wenn die beiden Aussagen zwar nicht gleichzeitig wahr sein können, aber durchaus gleichzeitig falsch. Das heißt, die Wahrheit der einen Aussage bedeutet nicht notwendigerweise die Falschheit der anderen Aussage. Es könnten beide Aussagen gleichzeitig falsch sein.

Beispiel

Der Ball ist einfarbig. Der Ball ist zweifarbig.

Beide Aussagen könnten falsch sein, nämlich dann, wenn der Ball dreifarbig ist. Sehen wir uns an einem konkreten Beispiel an, wie der Manipulator einen an und für sich schwachen Gegensatz zu einem starken Gegensatz aufbläht und so den Gesprächspartner in die Enge zu treiben versucht:

Beispiel

Ein Politiker hält eine Rede und versucht die Menschen zur Unterstützung für seine Sache zu gewinnen: „Wir müssen aus dieser Krise einen Ausweg finden und zwar dringend. Wir haben keine Minute zu verschenken. Der einzige Weg besteht darin, drastisch die Steuern zu erhöhen. Wir haben bereits eine starke Koalition von Partnern, die uns hierbei unterstützen.

> Dabei ist klar zu sagen: Wer in dieser Krise nicht für uns ist, der ist gegen uns. Der ist gegen alle, die versuchen, unser Land aus dieser Situation zu retten."

Hier wird versucht, den Gesprächspartner automatisch in eine bestimmte Richtung zu drängen, wenn man sich nicht einer bestimmten Position anschließt. Man unterstellt, dass nur eine weitere Position existiert, die im Gegensatz zur eigenen vertreten werden kann. Aber das ist nicht korrekt. Es ist falsch zu folgern, dass derjenige, der nicht für uns ist, gegen uns sein muss. Es ist nämlich möglich, dass er weder für uns noch gegen uns ist.

Diese Manipulation begegnet uns immer dann, wenn undifferenziertes Denken die Oberhand gewinnt und wir nur noch Schwarzweißmalerei vor uns haben. Während des Irak-Krieges hat die amerikanische Regierung dieses Argumentationsmuster ausgenutzt. (Wer nicht für die Koalition der Willigen war, der war automatisch gegen die USA und die freiheitlich-demokratische Weltordnung.)
Besonders in der politischen Diskussion findet man dieses Phänomen vor, dass scheinbar konträre Positionen zu starken Gegensätzen verzerrt werden. Wer zum Beispiel für mehr Liberalismus eintritt, muss zwangsläufig gegen das System sozialer Gerechtigkeit sein, so als ob beide Positionen sich gegenseitig ausschließen würden.
Wie schützt man sich vor diesem Trick?
Die Kenntnis dieser Falle ist auch hier der beste Schutz. Dann kann man auf entsprechende Weise reagieren. Am besten, indem man diese Taktik entweder klar benennt oder sie durch ein Gegenbeispiel entlarvt.

8. Übung: Der Gegensatztrick *(siehe Lösungsteil)*
Überlegen Sie bitte, wie man am besten auf die Rede des Politikers aus unserem Beispiel von oben reagieren könnte.

Der Spiegeltrick

In einer Ecke unserer Trickkiste des Manipulators entdecken wir einen Spiegel. Wir werfen einen Blick auf ihn und verstehen sofort, welche Art von Manipulation mit dem Spiegel verbunden ist: Wenn ich in einen Spiegel hinein schaue, was sehe ich? Natürlich mich selbst, eine Person, der ich (in der Regel!) vertraue und der ich glaube, was sie

sagt. Der Trick des Manipulators besteht nun darin, sich so zu verhalten und so zu geben, dass wir uns (idealer Weise) selbst in ihm erkennen. Mit anderen Worten: Der Manipulator sucht nach Ähnlichkeiten oder Gemeinsamkeiten.
Ähnlichkeiten machen sympathisch. Und natürlich möchten wir lieber mit Menschen zusammenarbeiten und zu tun haben, die uns sympathisch sind als mit Menschen, die wir nicht ausstehen können. Der geschickte Ähnlichkeits-Manipulator nutzt diesen Sympathie-Effekt aus, und so kann es passieren, dass wir in die Spiegelfalle tappen.

Unter den Kommunikationsmethoden gibt es eine spezielle Richtung, die sich Neuro-Linguistisches-Programmieren nennt. Diese Methode nutzt ganz bewusst den Spiegeltrick, um eine Ähnlichkeitsverbindung zwischen den Gesprächspartnern herzustellen. Da wird zum Beispiel die Körperhaltung gespiegelt: Der Gesprächspartner lehnt sich nach vorn, ich lehne mich auch nach vorn. Da wird Vokabular gespiegelt: Der Gesprächspartner benutzt Wörter aus dem visuellen Bereich, ich benutze daher zum Beispiel: „Das sehe ich auch so.“, also Begriffe die dem gleichen Assoziationsfeld entstammen. Im Grunde kann der Manipulator alle Arten von Ähnlichkeiten versuchen einzusetzen, die ihm auffallen.
Bei der Spiegelfalle müssen wir uns eigentlich mehr vor uns selbst schützen als vor der anderen Person. Wenn wir Menschen für vertrauenswürdig halten, werden wir risikobereiter und achten nicht mehr so stark auf mögliche Fallen. Zugegeben, die Falle ist nicht besonders Angst erregend, sie ist eher von der sympathischen Sorte. Trotzdem sollte man sie kennen. Denn wir glauben, dass gerade sehr kooperative Menschen in diese Falle hinein tappen können.
Sehen wir uns an zwei Beispielen, die wir mit Absicht etwas drastisch formuliert haben, an, wie die Falle funktioniert.

Beispiel

Max ist Vertriebsmitarbeiter einer Versicherungsagentur spezialisiert auf Lebensversicherungen und Altersvorsorge. Er hat es sich zur Gewohnheit gemacht, beim Besuch potentieller Kunden ganz bewusst nach Ähnlichkeitsaspekten Ausschau zu halten, um dann im Gespräch auf Ähnlichkeiten aufmerksam zu machen. Er möchte erreichen, dass sein potentieller Kunde ihn einfach mag. Er weiß genau: Menschen, die man mag und sympathisch findet, denen glaubt man mehr.
Max: ... Ah Herr Bauer, ich sehe Sie spielen Golf.
Bauer: Ja.
Max: Welches Handicap haben Sie denn?
Bauer: Ich habe erst vor einem halben Jahr angefangen.

Max (spielt seit fünf Jahren Golf und hat Handicap 20): Bei mir ist es auch noch nicht so lange her, dass ich angefangen habe. Ist ziemlich anspruchsvoll das Ganze, nicht wahr?
Bauer: Das kann man wohl sagen. Ich bin jetzt fast jedes Wochenende auf der Driving Range, aber manchmal ist es einfach zum Verzweifeln ...
Max: Das kann ich gut nachfühlen. Oft hatte ich beim nächsten Mal schon wieder vergessen, was ich vorher gelernt hatte ...
Bei seinem nächsten Kunden sieht Max ein Buch über die Geschichte des Mittelalters auf dem Tisch liegen. Sofort ergreift er die Gelegenheit beim Schopf.
Max: Sie lesen gerade ein Buch über mittelalterliche Geschichte?
Huber: Ja, ein Steckenpferd von mir.
Max (der sich eigentlich nicht sonderlich dafür interessiert, aber zu Weihnachten von seiner Frau ein Buch geschenkt bekommen hatte, in dem er zumindest einmal geblättert hat): Ich interessiere mich auch seit der Schulzeit für diese Thematik, hatte aber immer wenig Zeit mich intensiv damit zu beschäftigen. Gerade über die Kreuzzüge würde ich gern etwas mehr lernen. Haben Sie da vielleicht eine Buchempfehlung?
Huber: Ja, da könnte ich Ihnen ein Buch empfehlen ...

Das sind typische Beispiele für die Masche eines Manipulators, der es darauf anlegt, sich von seinem Gesprächspartner sympathisch finden zu lassen. Der Manipulator sucht nach Ähnlichkeitsaspekten, die er dann ins Gespräch einbaut. Die Bandbreite von Ähnlichkeitsaspekten kann sehr weit gefächert sein: Herkunft, Interessen, Meinungen, Alter ...

9. Übung: Die Spiegelfalle

Mache Sie bitte eine Liste, bei welchen Punkten ein Manipulator sie packen könnte. Überlegen Sie außerdem: Wer ist Ihnen besonders sympathisch und warum?

Wie schützt man sich vor der Spiegelfalle?

Seien Sie vorsichtig, wenn Sie bemerken, dass Ihnen jemand nach dem Mund redet.

Wenn Ihnen jemand besonders sympathisch ist, stellen Sie sich ganz bewusst die Frage: Unterstütze ich ihn oder bin ich seiner Meinung, nur weil er mir besonders sympathisch ist?

Noch einmal: Uns geht es nicht darum, bewusst misstrauisch zu sein, um sich zu schützen. Man sollte diese Falle jedoch kennen. Das hat auch Leonardo da Vinci bereits erkannt:

„Schau, dass du die guten Teile vieler schöner Gesichter nimmst, und zwar solcher, die dem Ruf nach als schön gelten und nicht nach deinem Urteil; denn du könntest dich irren und Gesichter nehmen, die deinem eigenen ähnlich sehen: denn häufig scheint es, als gefielen uns solche Ähnlichkeiten; und wenn du hässlich wärest, würdest du keine schönen Gesichter auswählen und hässliche Gesichter malen wie viele Maler; denn häufig ähneln die Gestalten ihrem Meister."

(Leonardo da Vinci, Manuskript 2038 BN 27 r, zitiert nach Leonardo da Vinci, Sämtliche Gemälde ..., a. a. O. S. 371)

Der Bestätigungstrick

Eine andere Variante, Ähnlichkeit und Sympathie entstehen zu lassen, finden wir im Bestätigungstrick. Dabei versucht der Manipulator die Meinungen seines Gesprächspartners zu identifizieren, um genau für diese Meinungen bestätigende Informationen zu liefern. Ziel des Manipulators ist also, den Adressaten in seiner Position zu bestärken, indem man aufzeigt, dass man die Dinge ähnlich sieht wie er. Man könnte diesen Trick daher durchaus als einen Spezialfall der Spiegelfalle sehen.

Dabei benötigen wir häufig gar keinen Manipulator, um auf diesen Trick hereinzufallen. Meistens legen wir uns selber ganz gut herein. Wir sind unsere eigenen Opfer. Denn wir tendieren allgemein dazu, eher nach bestätigenden Informationen als nach widerlegenden Informationen unserer Meinungen und Positionen Ausschau zu halten. Genau diese Tendenz zur Selbstbestätigung kann der Manipulator ausnutzen. Dabei ist sein Vorgehen ganz simpel: Er hört sich die Meinungen seines Gesprächspartners an und liefert dazu bestätigende Informationen.

Betrachten wir an Beispielen, wie der Trick funktioniert:

Beispiele

Herr Huber möchte gern in China investieren. Er glaubt für sein mittelständisches Maschinenbauunternehmen sei dies in Zukunft ein wichtiger Markt. Herr Claasen, ein Berater, bestätigt ihn während eines ersten Sondierungsgesprächs laufend in seinen Annahmen. Herr Claasen würde nämlich gern einen Beratungsauftrag bekommen. Geschickt erzählt Herr Claasen Erfolgsgeschichten kleinerer Unternehmer, die in China äußerst erfolgreich waren. Mit keinem Wort erwähnt er mögliche Probleme, die zum Beispiel in einem ungesicherten Rechtsumfeld bestehen.

Günther möchte in Aktien investieren. Sein Bankberater wittert ein gutes Geschäft und bestärkt ihn in diesem Vorhaben. Er macht ihm Komplimente für die Vernünftigkeit seiner Entscheidung.

Franz ist Geschäftsführer eines mittelständischen Unternehmens. Max ist Berater in einer großen, weltweit operierenden Unternehmensberatung. Es geht um einen möglichen Beratungsauftrag für Max und sein Unternehmen. Folgender Dialog entsteht:
Franz: Wir hatten mit großen strategischen Implementierungen und Veränderungsprozessen in den letzten Jahren nicht besonders viel Erfolg. Eigentlich sind fast alle Prozesse, die unternehmensweit angelegt waren, letztendlich gescheitert. Ich halte daher nicht viel von riesigen Veränderungsprozessen.
Max (der bisher immer unternehmensweite Prozesse empfohlen hat): Ich sehe das ähnlich wie Sie und auch in meiner Erfahrung bringen Riesenprozesse meist herzlich wenig. Man muss in kleinen Schritten anfangen.
Franz: Ja, das ist auch meine Meinung.

Sie sehen schon an den Kommentaren und Erläuterungen, die wir eingefügt haben, um was es uns hier geht. Natürlich ist nichts dagegen einzuwenden, wenn jemand ähnliche Meinungen oder Erfahrungen hat wie der Gesprächspartner. Natürlich ist es auch richtig, das zu äußern. Wer jedoch anfängt, diese Ähnlichkeitsaspekte und Bestätigungsmanöver ganz bewusst einzusetzen, um den Gesprächspartner gezielt in seiner Position zu bestärken und damit zu zeigen, wie ähnlich man sich doch „im Geiste" sei, und wer damit seine ehrlichen eigenen Meinungen verrät, der manipuliert schlicht.
Natürlich hören wir lieber Nachrichten, die uns in unserer Meinung bestärken. Wir suchen in lieber nach unterstützenden Informationen als nach widerlegenden. Die Gefahr dabei ist jedoch, dass wir möglicherweise eine falsche Entscheidung treffen. Daher Vorsicht vor Menschen, die Ihnen in allem Recht geben. Es könnte sein, dass diese Menschen die Bestätigungsfalle für Sie aufgespannt haben.
Es gibt einige typische Situationen, bei denen wir gern in die Bestätigungsfalle laufen. Man sollte diese Situationen kennen, um dadurch gegen den Fall gefeit zu sein.

Typische Situationen, in denen wir gern in eine Bestätigungsfalle laufen:

- Ich habe ein Feindbild und suche nur noch nach Bestätigung, was für ein Schuft der andere ist. Wer sucht hier schon nach Gegenbeispielen, die „den anderen" als anständigen Kerl auszeichnen? (Der Manipulator unterstützt dieses Feindbild.)

- Ich habe eine bestimmte Meinung. Wenn diese mir lieb und teuer ist, tendiere ich eher dazu, sie vor Widerlegung zu schützen, als diese herauszufordern! (Der Manipulator fördert diese Meinung.)
- Ein Team unter Zeitdruck schiebt „Skeptiker" gerne zur Seite und gibt sich mit Daten zufrieden, die das eigene Vorgehen stützen. (Der Manipulator macht bewusst darauf aufmerksam, dass nur noch wenig Zeit zum Handeln besteht.)
- Vorurteile hegt und pflegt man durch Ausblenden widersprechender Daten. (Der Manipulator erkennt unsere Vorurteile und fördert sie.)
- Eigene Kaufentscheidungen werden noch im Nachhinein gerechtfertigt und verteidigt. (Der Manipulator unterstützt uns dabei.)
- Einmal getroffene Teamentscheidungen sind sehr stabil: „Jetzt hör doch endlich auf, unsere Teamentscheidungen zu hinterfragen. Wir machen das jetzt so – und Schluss!" Dahinter steht die Angst, den Konsens in der Gruppe grundsätzlich zu gefährden. (Der Manipulator verstärkt den Konsensdruck.)

Wie schützt man sich am besten vor der Bestätigungsfalle?

Es gibt einige wichtige, kritischen Fragen, die man sich stets selbst stellen sollte:

- Welche Hypothesen / Annahmen habe ich gebildet? Welche Lieblingsmeinungen habe ich?
- Wie könnte ich diese Hypothesen oder diese Meinungen widerlegen?
- Wie genau lautet eigentlich meine These?
- Welche Informationen bräuchte ich, um gegen die geplante Entscheidung zu votieren?
- Woher bekomme ich diese Informationen?

Diese Fragen können helfen, die eigene Position und Meinung kritisch zu hinterfragen, um dadurch der Bestätigungsfalle zu entgehen. Kritisches Fragen hilft uns dabei, zu besseren Meinungen zu kommen.

Achtung

Je älter eine Meinung ist, desto verfestigter ist sie oft. Also: Wehret den Anfängen!

Auch für die Bestätigungsfalle haben wir ein paar kleine Übungen zusammengestellt.

10. Übung: Bestätigungstrick einsetzen *(siehe Lösungsteil)*

Wie könnte eine bestätigende Äußerung in folgendem Fall aussehen. Nutzen Sie also den Bestätigungstrick, um Rudi in seiner Position zu bestärken.

Rudi: Die Deutschen sind unfähig zu Reformen. Da machen wir in anderen Ländern ganz andere Erfahrungen ...

11. Übung: Beispiele für die Bestätigungsfalle

Suchen Sie nach eigenen Beispielen, in denen Sie selbst oder Personen, die Sie kennen, in die Bestätigungsfalle getappt sind.

12. Übung: Zahlenexperiment *(siehe Lösungsteil)*

Ihnen wird folgende Zahlenreihe vorgelegt: 2, 4, 6, 8, 10 ... Natürlich haben Sie eine Vermutung, wie die Reihe fortgesetzt wird. Um Ihre Vermutung zu testen, dürfen Sie aus folgenden fünf Fragen drei auswählen. Welche Fragen würden Sie auswählen?

a) Ist 12 in der Reihe enthalten?
b) Ist 14 in der Reihe enthalten?
c) Ist 11 in der Reihe enthalten?
d) Ist 18 in der Reihe enthalten?
e) Ist 13 in der Reihe enthalten?

Die Starker-Mann-Taktik

In unserer Kiste finden wir eine kleine aufblasbare Figur. Zuerst ist unklar, wofür diese Figur steht, aber dann dämmert es uns. Die Taktik lautet: Sich aufblasen, groß und mächtig erscheinen, um so den Gegner einzuschüchtern.

Wir kennen das aus dem Sport: sofort versuchen dem Gegner den „Schneid abzukaufen". (Wie man bei uns in Bayern sagt.) Man tritt dem Gegner so massiv entgegen, dass er an Selbstvertrauen verliert. Ähnliches kann man in Gesprächssituationen erleben:

Der Manipulator versucht dabei von Anfang an so stark und deutlich Position zu beziehen, dass der Gesprächspartner durch diesen mächtigen Auftritt verunsichert wird. (Ein bisschen mehr Lautstärke und eine kleine Dosis Rüpelhaftigkeit schadet dabei nicht.)

Werfen wir einen Blick auf ein Beispiel:

Beispiel 1

Berater Hubert trifft sich zu Honorarverhandlungen mit einem Vertreter der Einkaufsabteilung der Firma SmaX. Der Einkäufer eröffnet das Gespräch mit den Worten:
„Eines sage ich Ihnen gleich: Sie verdienen hier viel zu viel. Mit mir wird das so nicht zu machen sein."

Das hat Hubert nicht erwartet. Er ist tatsächlich verunsichert und weiß nicht genau, wie er sich jetzt verhalten soll.

Diese Taktik funktioniert sehr gut bei Menschen, die sehr kooperativ, behutsam und vorsichtig sind. Zeigt der Manipulator mit emotionaler Wucht vielleicht sogar noch Ärger oder Zorn, führt dies häufig dazu, dass das Gegenüber einen Rückzieher macht und einknickt, oder zumindest die eigene Position nicht so vertritt, wie es sie eigentlich vertreten wollte. Man möchte Gefühle des Ärgers oder des Zorns vermeiden und dies führt häufig zu einem Rückzugsverhalten.
Entscheidend für den Manipulator ist, bereits mit den ersten Worten seine Starke-Mann-Position zu unterstreichen und hervorzuheben. Welche Worte könnten das sein? Lassen Sie uns ein paar typische Bemerkungen sammeln.

- „Gleich vorweg: Das Gespräch wird kein Zuckerschlecken für Sie ..."
- „Eines möchte ich Ihnen gleich sagen: Viel zu verhandeln gibt es aus meiner Sicht nicht ..."
- „Um Ihnen gleich mal ein paar Illusionen zu nehmen: An unseren Forderungen führt kein Weg vorbei ..."

Durch diese Worte versucht der Manipulator von Beginn an eine Einschüchterungs-Atmosphäre aufzubauen. Es sieht danach aus, als ob es keinerlei Verhandlungsspielraum gebe und der einzige Ausweg, halbwegs einvernehmlich aus dem Gespräch zu gehen, darin besteht, die Position des Manipulators zu akzeptieren.

13. Übung: Die Starker-Mann-Taktik

Überlegen Sie sich bitte typische Anfangsbemerkungen, die der Manipulator bei der Anwendung der Starker-Mann-Taktik einsetzen könnte.

Wie könnte man sich vor der Starker-Mann-Taktik schützen?

Die wichtigste Schutzmethode lautet: ignorieren und weitermachen. Das heißt, ich lasse mich von der Äußerung nicht durcheinander bringen und versuche das Gespräch sofort auf unsere Agendapunkte zu lenken. Manchmal gelingt es vielleicht, das Ganze sogar mit einer humorigen Bemerkung aufzufangen.

An folgendem Beispiel können wir sehen, wie das funktioniert:

Beispiel 2

Max arbeitet in der Marketingabteilung, Moritz in der Vertriebsabteilung. Zwischen beiden herrscht seit einiger Zeit dicke Luft. Sie haben nämlich unterschiedliche Vorstellungen darüber, welche Werbematerialien im Verkauf sinnvoll sind und welche nicht. Das Gespräch geht gleich mit einer Starker-Mann-Taktik los:

Max: „Gleich vorweg: Das Gespräch heute wird bestimmt kein Zuckerschlecken für Sie."

Moritz: „Schade, aber dann sollten wir uns doch gleich mal unsere Agendapunkte ansehen, damit wir zügig durchkommen. Einverstanden?"

Moritz lässt sich gar nicht auf die Bemerkung ein, er konzentriert sich vielmehr sofort auf die inhaltlichen Anliegen, die er mit Max besprechen möchte. Auf diese Weise geht die Einschüchterungstaktik ins Leere. Das ist der beste Weg, mit dieser Taktik umzugehen: Konzentration auf den sachlichen Rahmen. Die Starker-Mann-Taktik verpufft dann wie heiße Luft.

14. Übung: Die Starker-Mann-Taktik *(siehe Lösungsteil)*

Wie könnte Hubert aus unserem ersten Beispiel auf die Starker-Mann-Taktik reagieren?

Der Ankereffekt

In der Fernsehquizsendung „Wer wird Millionär?" gibt es die Möglichkeit, die Antwort auf eine Frage, bei der man sich selbst nicht sicher ist, an das anwesende Publikum zu delegieren. Der Quizteilnehmer wählt dann meistens die Antwort, für die die Mehrheit des Publikums plädiert. Wenn der Kandidat sich dabei jedoch verspricht und im Vorhinein eine Vermutung äußert, welche der angegebenen Möglichkeiten zutreffen könnte, dann ist das Zuschauervotum unbrauchbar. Die Zuschauer sind durch die Vermutung des Kandidaten zu

sehr beeinflusst. Mit anderen Worten: Der Kandidat hat einen Anker gesetzt.
Beim Ankereffekt binden gegebene Anfangsinformationen Schätzvorgänge oder Meinungen, so dass es häufig zu voreingenommenen Urteilen kommt.
Der Manipulator nutzt diesen Ankereffekt auf folgende Weise: Er startet die Eröffnung eines Gesprächs und setzt gezielt Informationsanker, die den Verlauf des Gesprächs beeinflussen. Zum Beispiel durch das Nennen von Zahlen legt der Manipulator bereits einen bestimmten Bereich fest. Oft tendieren die Ankeropfer dann dazu, sich in Ihrer Meinung den bereits genannten Informationswerten anzupassen. Die Eröffnung bietet häufig die Chance, dass der Gesprächspartner plötzlich seine Ziele ändert. Dazu ein Beispiel:

Beispiel

Im Seminar baten wir (die Autoren) zwei Teams A und B getrennt voneinander, die Einwohnerzahl Vietnams zu schätzen. Dabei haben wir in jeder Gruppe durch eine beiläufige Bemerkung jeweils einen anderen Anker gesetzt: in Team A die Zahl 30 Mio. in Team B die Zahl 120 Mio. Die Folge: Die Schätzungen und das Gruppenergebnis orientierten sich eindeutig am jeweiligen Anker!

Im Grunde kann jede Art von Information als Anker dienen: Die Formulierung des Entscheidungsproblems, der letzte Artikel in der Zeitung, ein bestimmter Trend, von dem man gehört hat; vergangene Verkaufszahlen; Eröffnungsangebote usw. In einem Umfeld schneller Veränderungen bzw. unter Zeitdruck können Anker verhängnisvoll sein, da sie verhindern, nach anderen Informationen zu suchen.
Von manchen Verhandlungsprofis werden Anker ganz bewusst als Manipulationstaktik benutzt. Sie nutzen den Effekt gern beim Eröffnungsangebot. Das können wir in folgendem Beispiel sehen.

Beispiel

Thomas und Anton stecken in schwierigen Verhandlungen. Thomas möchte sofort auf den Punkt kommen und sagt: „O.K. Anton, ich glaube, es macht gar keinen Sinn, wenn wir lange um den heißen Brei herum reden. Ich stelle mir für unsere Maschine einen Preis von 120.000 Euro vor."

Thomas nutzt die Chance, gleich eine Zahl in den Raum zu werfen. Er weiß, dass dies seine Wirkung nicht verfehlen wird und die Zahl wie ein Anker wirken wird, um die sich die weiteren Verhandlungen vermutlich drehen werden. Der Manipulator nutzt also das Nennen einer

Zahl oder einer Information ganz bewusst, um den Gesprächspartner entsprechend zu beeinflussen.

Manchmal hört man in Verhandlungsseminaren, man solle nicht mit der Eröffnung starten und erst mal die andere Seite kommen lassen. Das ist aber so nicht richtig. Es hängt davon ab, was ich bezwecke. Wenn ich die Verhandlung gleich in gewisse Bahnen und Richtungen lenken möchte, dann kann es sinnvoll sein, im Zuge der Eröffnung einen Anker zu setzen.
Wir haben im Folgenden einige typischen Situationen zusammengestellt, in denen der Ankereffekt im Alltag vorkommen kann:

Typische Situationen im Alltag, in denen der Ankereffekt vorkommen kann:

- Marktschätzung, Zielvereinbarungen, Personalbedarf, Investitionsschätzungen (vom Chef).
- Preisgebot, Mindestgebot, erstes Gebot („Feilschen“).
- Meinungsbildung (z. B. Personaleinstellung).
- Verhandlung (z. B. Gehalt).

Wie schützt man sich vor der Ankerfalle?

- Seien Sie sich der Möglichkeit einer Ankerfalle immer bewusst, vor allem bei Eröffnungsangeboten.
- Durchdenken Sie ein Problem zunächst selbst, bevor Sie andere fragen (genaue Analyse).
- Hinterfragen Sie mögliche Anker in Meetings sofort und konsequent!
- Setzen Sie gegebenenfalls einen Gegenanker.
- Betrachten Sie Ihr Entscheidungsproblem von verschiedenen Perspektiven aus und nutzen Sie möglichst verschiedenartige Informationsquellen.
- Fordern Sie alle auf, konsequent gemeinsam zu überlegen.
- Werfen Sie keine Anker bei anderen Personen, sonst bekommen Sie immer nur Ihre eigenen Informationswerte zurück, insbesondere dann, wenn Sie diese Personen aktiv einbeziehen möchten.

Beispiel:

Ich bitte als Vorgesetzter meine Mitarbeiter um Vorschläge für die Lösung eines Problems, nenne aber zuerst meine eigenen Ideen.
Die Folge: ein Ideenecho

15. Übung: Reflektion Ankereffekte

Denken Sie an ein paar Situationen in der letzten Woche. Wo könnten Ankereffekte in Ihrem Alltag gewirkt haben?

16. Übung: Ankereffekt und Feedback *(siehe Lösungsteil)*

Stellen Sie sich vor, Sie leiten ein Team und Sie möchten gern einmal ein ehrliches Feedback von Ihren Mitarbeitern erhalten. Sie haben deshalb mal eine Stunde Zeit auf einer Besprechung dafür eingeplant. Nun wissen Sie jedoch um den Ankereffekt. Das heißt, es könnte passieren, dass nach den ersten Feedbacks die anderen sich an dieses Feedback anhängen. Wie können Sie den Ankereffekt vermeiden?

17. Übung: Auf Ankerfalle reagieren *(siehe Lösungsteil)*

Wie könnte Anton auf Thomas aus unserem Beispiel von oben reagieren? (Tipp: Sehen Sie noch mal unsere Liste mit Schutzmethoden durch.)

Die Darstellungsfalle

Jeder kennt die Geschichte vom Glas, das halb leer beziehungsweise halb voll ist, je nachdem welche Perspektive man einnimmt. Diese Geschichte illustriert, wie die Darstellung oder Formulierung eines Sachverhalts unterschiedlich aufgefasst werden kann. Und das führt uns zu dem für uns interessanten Punkt. Die Formulierung einer Frage oder eines Problems beeinflusst oft unsere erste Reaktion beziehungsweise Antwort darauf. Dazu ein Beispiel:

Beispiel

Ihrem Unternehmen geht es schlecht, es muss eine schwierige Entscheidung getroffen werden. Das Unternehmen hat sechs Produktionsstätten und 1.200 Mitarbeiter. Es geht um eine Überlebensstrategie. Zwei Pläne existieren.
Plan A rettet drei Produktionsstätten und 400 Arbeitsplätze.
Plan B hat eine Wahrscheinlichkeit von 33 Prozent, dass alle sechs Produktionsstätten und alle Arbeitsplätze gerettet werden, aber eine 2/3-

> Chance, dass gar kein Arbeitsplatz und überhaupt keine Produktionsstätte gerettet werden.

Für welchen Plan entscheiden Sie sich? (natürlich sind viele Fragen ausgeklammert, es geht im Moment nur um eine erste subjektive Einschätzung).
Betrachten Sie aber jetzt folgende Formulierungen:

> Plan C führt in jedem Fall zu einem Verlust von drei Produktionsstätten und 800 Arbeitsplätze müssen abgebaut werden.
> Bei Plan D existiert zwar eine 2/3-Chance, dass alle Arbeitsplätze und alle Produktionsstätten verloren gehen, aber immerhin eine 1/3-Chance, dass kein Arbeitsplatz und keine Produktionsstätte verloren geht.

Für welche Strategie würden Sie sich entscheiden? Experimente zeigen immer wieder, dass im ersten Fall, über 80 Prozent der Befragten Plan A den Vorzug geben, und über 80 Prozent Plan D im zweiten Fall.
Beide Strategiegruppen sind im Wesentlichen identisch, nur die Formulierung und die Betonung der Ergebnisse und der Folgen unterscheiden sich.
Grund für dieses unterschiedliche Verhalten ist: Wir bewerten Konsequenzen unterschiedlich, wenn wir Sie als Gewinn oder Verlust betrachten. Je nachdem, ob etwas einen Gewinn oder Verlust für uns darstellt, haben wir unterschiedliche Bezugspunkte.
Bei einem relativ sicheren Gewinn entscheiden wir uns oft und intuitiv für die risikoärmere Alternativen. Motto: „Lieber den Spatz in der Hand als die Taube auf dem Dach."
Bei einem drohenden Verlust, entscheiden wir uns oft für die risikoreichere Alternative. Motto: „Alles oder nichts (ist eh schon egal)."
Die Darstellung oder Formulierung eines Sachverhalts hat einen großen Einfluss darauf, ob wir den Sachverhalt akzeptieren oder nicht. Die Darstellung kann dabei Aspekte umfassen, die über die bloße sprachliche Formulierung hinausgehen. Wir denken insbesondere an den Einsatz visueller Hilfsmittel, also Bilder. Bilder haben einen enormen Einfluss darauf, wie wir uns entscheiden. Ein besonders plastisches Beispiel für die Macht der Darstellung der Bilder ist die Rede des früheren amerikanischen Außenministers Colin Powell vor dem UN Sicherheitsrat. In dieser Präsentation versuchte Powell durch Bilder (und natürlich auch Worte) eindeutig zu belegen, dass der Irak über Massenvernichtungswaffen verfügte. Am Ende waren viele tatsächlich davon überzeugt, dass der Irak nuklear aufrüstet. Heute kennen wir das Ende der Geschichte: Es wurden im Irak keine Massenvernich-

tungswaffen gefunden. Dieses Beispiel zeigt, wie suggestiv die richtigen Bilder und die richtigen Worte wirken können. Die Frage ist daher:

Wie schützt man sich vor der Darstellungsfalle?

Wir sehen folgende Möglichkeiten:

- Situationsbeschreibungen sollten systematisch hinterfragt und ergänzt werden. Betrachtet man die Dinge aus unterschiedlichen Formulierungsblickwinkeln, kann die Darstellungsfalle nicht so leicht zuschnappen.
- Konsequent sollten zusätzliche Informationen eingeholt werden. Das kann zu einem Perspektivenwechsel führen.
- Die eigene Intuition sollte sofort nach einer Begründung hinterfragt werden: „Warum ist das für mich klar?" Die Frage nach dem „Warum" ist eine gute Methode sich vor der Formulierungs- und Darstellungsfalle zu schützen. Die Falle funktioniert nämlich am besten bei eher spontan reagierenden Menschen. Wer sich Zeit nimmt und eine Begründung oder Erklärung einfordert, ist gegen die Falle am besten gefeit.

18. Übung: Die Darstellungsfalle *(siehe Lösungsteil)*

Angenommen Sie wären ein Finanzberater und Sie möchten einen wohlhabenden potentiellen Kunden, der bisher nur in Aktien investiert hat, davon überzeugen, stärker in Immobilien zu investieren. Versuchen Sie dabei den Formulierungseffekt zu nutzen. (Tipp: an Risiken und Sicherheitsaspekte denken!)

Der Besitzeffekt

Wenn wir im Besitz einer Sache oder eines Guts sind, so schätzen wir den Wert dieser Sache weitaus höher ein, als wenn wir nicht im Besitz dieser Sache sind. Hausbesitzer zum Beispiel schätzen grundsätzlich den Wert ihrer Immobilie höher ein als er tatsächlich ist. Man nennt dies den Besitzeffekt.

Im einem unserer Seminare haben wir jedem Mitglied eines Teams eines unserer Bücher mit persönlicher Widmung geschenkt und dann darum gebeten, sich darauf zu einigen, zu welchem Preis sie bereit wären, dieses eben erhalten Buch zu verkaufen. Den Mitgliedern eines zweiten Teams haben wir das Buch nur gezeigt und um ein Kaufangebot gebeten, das heißt, sie sollten sich auf einen Betrag einigen, zu dem sie bereit wären, dieses Buch zu kaufen.

In dieser und ähnlichen Situationen zeigt sich oft, dass die Besitzer des Buches zu einem deutlich höheren Preis tendieren als die Bieter.
Der Grund dafür liegt in einer Fülle von emotionalen Aspekten bzw. Bindungen, die das, was man schon (lange) hat, für einen selbst sehr wertvoll machen – weit über den „sachlich“ gerechtfertigten Preis hinaus. Das gilt auch für Erwartungen. Dazu eine Frage: Wird ein Lottospieler seinen Schein für den Einsatz plus 1 Euro verkaufen?
Hier ein paar Beispiele, die deutlich machen, wo der Besitzeffekt überall seine Wirkung entfaltet.

Beispiele

- Meine eigene Meinung, die ich mir vielleicht hart erarbeitet habe, ist mir lieb und teuer.
- Neue Maschinen, die alte ersetzen sollen, stoßen oft auf Widerstand auf Seiten der Mitarbeiter, die sich von den alten trennen sollen.
- Neue Software, die die alte ersetzen soll, wird mit offensichtlichen Scheinargumenten schlecht gemacht.
- Mitarbeiter haben ein Riesenproblem damit, neue Räume zu beziehen – obwohl diese vielleicht sogar heller, größer und funktionaler sind als die alten.
- Der Arbeitsplatz: Mein Büro, mein Rechner, mein Schrank, ...
- Mein Parkplatz.

19. Übung: Beispiel für den Besitzeffekt
Welche eigenen Beispiele für den Besitzeffekt aus Ihrem Alltag fallen Ihnen ein?

Die Frage in unserem Zusammenhang ist nun: Wie kann der Manipulator den Besitzeffekt nutzen? Eine Möglichkeit besteht darin, dass er einer Person etwas gibt, die dadurch von dem Besitzeffekt erfasst wird, was zukünftige Veränderungen schwierig macht, weil die fragliche Person, von dem, was sie erhalten hat, sich nicht mehr trennen möchte. Und genau damit rechnet der gewiefte Manipulator. Dazu ein paar Beispiele:

Beispiel 1

Herr Huber ist einer der drei Geschäftsführer bei ZetaX (neben Herrn Bauer und Herrn Meier), er versteht sich jedoch gar nicht mit Herrn Meier. Herr Meier ist in der Geschäftsleitung für Personalfragen verantwortlich. Als Herr Meier in Urlaub ist, überzeugt Huber Herrn Bauer einen Teilbereich für Personalfragen zu übernehmen, wohl wissend, dass Herr Bauer diesen Bereich in Zukunft bestimmt behalten will und nicht mehr so leicht hergeben wird. Was wird wohl passieren, wenn Herr Meier wieder aus dem Urlaub zurückkommt?

Beispiel 2

Toni, der noch amtierende ärztliche Direktor in einer Klinik, führt spezielle Parkplätze ein, obwohl er weiß, dass der neue Geschäftsführer, der demnächst kommen wird, das nicht schätzt.

Eine andere Möglichkeit, den Besitzeffekt zu schüren, dass man direkt oder indirekt auf bestehende Besitzstände aufmerksam macht oder man Koalitionen bildet, von denen man weiß, dass sie dazu tendieren werden, bestehende Zustände zu verteidigen. Dazu folgende Beispiele:

Beispiel 1

Maria unterstützt den Besitzeffekt, indem sie auf einem Meeting davon spricht, dass es wenig Sinn macht, Altbewährtes einfach über den Haufen zu werfen. Daher sollte man sich nicht so einfach von der alten Software trennen.

Beispiel 2

Klaus, ein Vertriebsmanager bei GoalCom, möchte Veränderungen in der Vertriebsstruktur verhindern und sucht sich dafür Gruppen als Unterstützung, die bei den Veränderungen etwas aufgeben müssten.

Eine weitere Möglichkeit besteht für den Manipulator darin, bei gewissen Personen, die ihm wichtig sind und die er an sich binden möchte, durch Privilegien oder Statussymbole den Besitzeffekt zu verstärken.

Beispiel 1

Nur Frau Müller, die Chefsekretärin, bekommt einen Flachbildschirm.

Beispiel 2

Nur die Abteilungsleiter bekommen eine Einfahrtsmarke für die Tiefgarage.

Beispiel 3

Herr Karl bekommt das Prestige-Projekt „Markteinführung in China" übertragen.

Dies alles sind Möglichkeiten, wie der Manipulator den Besitzeffekt für seine Zwecke nutzen kann. Und natürlich erhebt sich auch hier die Frage:

Wie kann man sich vor dem drohenden Besitzeffekt schützen?
Ein zentraler Punkt ist die Einsicht: Rationale Argumente prallen an emotionalen oft ab! Es hat daher keinen Sinn, den oder die Gesprächspartner weiterhin mit rationalen Argumenten zu bombardieren, wenn der Besitzeffekt von ihnen Besitz ergriffen hat.
Entscheidend ist, den Trennungsschmerz anzusprechen und anzuerkennen: Wertschätzung und Verständnis sind wichtig!
Eine weitere Möglichkeit besteht darin, eine Testphase anzubieten. Das lässt sich auch gut begründen: Denn erst durch eine Testphase wird man in vielen Fällen eine brauchbare Datenbasis gewinnen, die als Entscheidungskriterium dienen kann.
Eine weitere Empfehlung ist, klein zu beginnen, Dinge in kleinen Schritten durchzuführen. Dadurch gibt man dem Opfer des Besitzeffekts die Chance, sich Dinge neu anzueignen.
Gerade bei einem mächtigen Besitzeffekt ist es wichtig, nicht einfach mit Worten zu versuchen, jemanden zu etwas Neuem zu bringen, sondern ihn zum Beispiel etwas ausprobieren zu lassen oder ihn mit Menschen in Kontakt zu bringen, denen er vertraut und die die entsprechende Veränderung bereits erfolgreich durchgeführt haben. Dinge, die man sieht oder erlebt, zählen manchmal mehr als tausend Worte.

20. Übung: Besitzeffekt
Ihr Sohn, vier Jahre alt, kann sich einfach nicht von seiner Schmusedecke trennen. Sie denken, es wird Zeit, dass die Decke entsorgt wird, denn sie ist schon ziemlich unansehnlich. Was könnten Sie tun, um dem massiven Besitzeffekt, der in diesem Fall vorhanden sein wird, entgegen zu wirken?

21. Übung: Besitzeffekt *(siehe Lösungsteil)*
Sie sind neuer Geschäftsführer in einem kleinen Krankenhaus. Vor dem Krankenhaus gibt es spezielle Parkplätze für die Chefärzte, den Verwaltungsleiter und den Geschäftsführer, also Sie. Sie finden, die Parkplätze sollten besser für Besucher genutzt werden. Was tun Sie, um die beteiligten Personen dafür zu gewinnen?

Der Glaubwürdigkeitstrick

Niemand möchte einen Gesichtsverlust erleiden, weder in Asien, wo die Wahrung des Gesichts eine große Rolle spielt, noch in Europa; und die meisten Menschen wissen, dass es wichtig ist, andere vor einem Gesichtsverlust zu bewahren. Genau diese Karte kann der Manipulator versuchen zu spielen. Wie, das führen wir an zwei Beispielen vor:

Beispiel 1

Sonja, die Personalleiterin von HuberElektronik, möchte gern, dass die ganze Firma einen Betriebsausflug macht. Max, der Vertriebsleiter, ist jedoch dagegen. Sonja sagt nun: „Das Problem ist, dass ich bereits in mehreren Teams davon gesprochen habe, dass wir dieses Jahr einen Betriebsausflug planen. Du siehst damit bestimmt mein Problem, wenn es zu keinem Betriebsausflug kommt."

Beispiel 2

Der Boss der Marketingabteilung spricht auf einer Besprechung zu seinen Kollegen: „Ich habe dem Vorstand gegenüber bereits erklärt, dass wir in diesem Jahr noch stärker unsere Blockbuster-Produkte vorantreiben wollen, wenn dies auch vielleicht auf Kosten anderer Produkte geht. Da habe ich mich bereits aus dem Fenster gelehnt."

Der Manipulator macht dem Adressaten klar, dass er bei einer bestimmten Personengruppe bereits im Wort steht. Er kann daher an gewissen Punkten nicht vorbei, so gern er auch würde. Wenn auch ich nun als Gegenpartei auf meinem Standpunkt beharre, würde ich ihn zur Verletzung eines wichtigen Prinzips zwingen, nämlich ein Versprechen oder sein Wort zu halten. Wir können diesen Trick des Manipulators den Glaubwürdigkeitstrick nennen.
Diese Taktik erscheint dann besonders wirkungsvoll, wenn der Manipulator zum Manipulierten ein recht gutes Verhältnis hat. Er kann unter dieser Voraussetzung nämlich ziemlich sicher davon ausgehen, dass der Gesprächspartner ihn nicht im Regen stehen lassen wird.
Der Manipulator kann den Glaubwürdigkeitstrick noch verstärken, wenn er seine Position tatsächlich öffentlich vertritt zum Beispiel auf einer Besprechung oder einer Konferenz. Jetzt ist für alle ersichtlich, dass er nicht ohne Gesichtsverlust aus der Sache herauskommen kann. Er hat sich öffentlich auf einen bestimmten Standpunkt verpflichtet. Er hat sich damit selbst festgenagelt. Jeder vernünftige Verhandlungspartner – so das Kalkül des Manipulators – wird nun dem Manipulator so weit entgegenkommen müssen, dass der nicht an Glaubwürdigkeit einbüßt. Werfen wir dazu einen Blick auf ein weiteres Beispiel:

Beispiel

Der Vereinsvorsitzende auf der Mitgliederversammlung: „Ich hatte gestern bereits ein Gespräch mit dem Bürgermeister. Ihm hat auch meine Idee gut gefallen, unseren Verein in drei Sparten aufzugliedern: Weißhaar-Kaninchen, Braunhaar-Kaninchen und Schwarzhaar-Kaninchen. Natürlich würde mich jetzt auch Eure Meinung interessieren, was Ihr zu dieser Sparteneinteilung meint." (Wirklich?)

Wie kann man sich vor dem Glaubwürdigkeitstrick schützen?
Wichtig ist, die eigene Sache weiterzuverfolgen und zu verteidigen. Eine Möglichkeit besteht darin, den drohenden Gesichtsverlust anzusprechen (man hat also zur Kenntnis genommen, was auf dem Spiel steht), die eigene Sache weiter zu vertreten und zu besprechen, wie man den drohenden Gesichtsverlust vermeiden könnte.
In gewisser Weise treibt der Manipulator bei der Anwendung dieser Taktik ein gefährliches Spiel. Er ist nämlich auf den Goodwill der manipulierten Person angewiesen. Denn der Manipulierte könnte das Glaubwürdigkeitsthema einfach ignorieren. Der Manipulator geht also bei dieser Taktik durchaus ein beträchtliches, unkalkulierbares Risiko ein. Außer, wenn er einfach gelogen hat und gegenüber der Personengruppe gar kein entsprechendes Versprechen vorliegt.

***22. Übung: Der Glaubwürdigkeitstrick** (siehe Lösungsteil)*
Was könnte Max aus unserem Beispiel 1 auf Sonja erwidern?

23. Übung: Glaubwürdigkeitstrick beobachten
Achten Sie mal in den Fernsehnachrichten darauf, wie oft hier der Glaubwürdigkeitstrick von Politikern angewendet wird.

Der Das-ist-mein-letztes-Wort-Trick

Bei der nächsten Taktik aus unserer Trickkiste versucht der Manipulator den Gesprächspartner unter Druck zu setzen, indem er ihm klarmacht, dass er keine weiteren Zugeständnisse mehr machen kann und jetzt ein Schlusspunkt für ihn erreicht ist. Das wird so hart und kategorisch formuliert, dass der Adressat glaubt, ein Abbruch könne bevor stehen. Und das möchte er natürlich nicht riskieren. Das folgende Beispiel zeigt diese Taktik:

Beispiel

Es geht um Honorarverhandlungen für einen Beratungsauftrag. Der Auftrag umfasst zehn Manntage. Erich, der Berater, möchte gern einen Tagessatz von 1.500 Euro realisieren. Anton, der Einkäufer, bietet aber nur 1.100 Euro. Es wird ein bisschen um den Preis geplänkelt, dann sagt Anton: „Eines sage ich Ihnen gleich, das ist mein einziges und letztes Wort in dieser Sache. Da lasse ich nicht mir handeln. Sie können das Angebot annehmen oder gehen."

Diese Äußerung von Anton hört sich ganz danach an, dass es keinen Sinn macht, noch weiter um das Honorar zu verhandeln. Anton scheint bereit zu sein, das Gespräch zu beenden und somit auch die Zusammenarbeit. Durch seinen massiven Auftritt fördert er natürlich diesen Eindruck.
Was tun? Einschwenken? Dann hätte der Manipulator sein Ziel erreicht.

Die meisten Menschen sind eher kooperativ veranlagt (wir können das nicht durch Zahlen belegen, aber unsere Erfahrung zeigt dies), und das hat zur Folge, dass sie dem Druck des Manipulators nachgeben. Ein typischer Reaktionsmechanismus wird dadurch gestartet.
Was könnte Erich jetzt also tun? Wie kann er sich schützen?
Zunächst einmal sollte Erich gut vorbereitet sein: Er kennt seine Bottom-Line, und er kennt seine Ausstiegsoption. Bottom-Line bedeutet, dass er sich im Vorhinein überlegt hat, bis zu welchem Betrag er seinem Gesprächspartner entgegen gehen kann. Die Bottom-Line ist seine Schmerzgrenze, unter die er nicht gehen wird. Die Ausstiegsoption kennen wir ja schon, dass heißt Erich hat sich eine Antwort darauf zurecht gelegt, was er machen wird, wenn das Gespräch scheitert. Er hat sich darüber hinaus vorgenommen, sich im Gespräch nicht zu verbiegen. Sehen wir uns an, wie er weiter vorgeht.

Beispiel

Erich: „Das hört sich ja jetzt sehr eindeutig von Ihrer Seite an. (Er schildert seinen Eindruck). Damit liegen wir natürlich ziemlich weit auseinander. Ich kann Ihnen sagen, dass ich mich nicht sehr weit von 1.500 Euro fortbewegen möchte. Das handhaben wir auch bei unseren anderen Kunden so. (Erich signalisiert, dass ein gewisses Entgegenkommen möglich ist, lässt aber noch offen wie weit.)"
Anton: „Das wird dann zu wenig sein. Das können Sie vergessen. Dann lassen wir es halt bleiben."
Erich: „Wie wichtig ist Ihnen denn eine Zusammenarbeit mit uns?" (Erich stellt mal eine Frage)
Anton: „Jedenfalls nicht um jeden Preis."
Erich: „Ich möchte Ihnen eine Vorschlag machen: Wir sprechen doch jetzt von insgesamt zehn Tagen. Es könnte aber durchaus sein, dass wir unser Projekt früher abgeschlossen haben. Wir führen nun einen Staffelpreis ein. 1.500 für die ersten fünf Tage und 1.200 für die zweiten fünf Tage. Das kommt dann Ihrer Vorstellung sehr weit entgegen und ist für uns ein Ansporn, das Projekt zügig zu erledigen. So gewinnen wir unter dem Strich beide. Was halten Sie davon?" (Erich überrascht durch einen recht kreativen Vorschlag; diesen Plan hatte er sich natürlich vorher bereits zurechtgelegt.)

Jetzt kommt es darauf an, wie Anton reagieren wird. Wenn er weiter auf stur schaltet, wird Erich vermutlich das Gespräch abbrechen. Wenn Anton einlenkt, ist eine Vereinbarung getroffen.

Wie kann man sich vor Das-ist-mein-letztes-Wort-Trick schützen?

Wie man sich vor dieser Taktik schützen kann, haben wir gerade – eingebaut in ein Beispiel – gesehen. Hier noch mal die Schutzmechanismen im Überblick, wenn jemand versucht, die „Das-ist-mein-letztes-Angebot"-Taktik einzusetzen:

- Schmerzgrenze überlegen
- Ausstiegsoption planen
- Eigene Anliegen deutlich machen und verteidigen
- Fragen stellen
- Kreative Lösung vorschlagen

24. Übung: Mein-letztes-Angebot-Taktik: Reflektion

Denken Sie an eine schwierige Gesprächssituation oder Verhandlung, in der Sie einmal standen. Stellen Sie sich vor, dass Ihr Gesprächspartner durch die Mein-letztes-Angebot-Taktik versucht, Sie unter Druck zu setzen. Wie sollten Sie reagieren? Spielen Sie verschiedene Möglichkeiten in Gedanken durch.

Emotionale Appelle

Gefühle und Emotionen sind mächtige Verbündete des Manipulators. Denn der Manipulator weiß, dass Emotionen unser Vernunftdenken mit Leichtigkeit außer Kraft setzen können. Emotionen stellen einen fundamentalen Handlungsantrieb dar. Alle Arten von Entscheidungen können durch Emotionen beeinflusst und gelenkt sein. Wenn der Manipulator Emotionen nutzt, um seinen Standpunkt durchzusetzen oder andere von ihrem Standpunkt abzubringen, dann sprechen wir von emotionalen Appellen. In unserer Trickkiste finden wir ein ganzes Bündel von emotionalen Appellen.

Der emotionale Appell soll den Gesprächspartner dazu bringen, eine bestimmte Behauptung zu akzeptieren oder abzulehnen. In solchen Fällen findet keine echte Überzeugung statt. Vielmehr wird eine mächtige Beeinflussungsstrategie gewählt, die den Gesprächspartner oder den Adressaten in eine bestimmte Richtung drängen soll.

Dabei steht dem Manipulator die gesamte Bandbreite emotionaler Empfindungen zur Verfügung: Mitleid, Furcht, Solidarität, Neid,

Hass, Stolz, Gleichmaß usw. Der Manipulator zielt mit seinen emotionalen Appellen auf die Instinkte seines Gesprächspartners. Es geht ihm darum, kritisches Denken außer Kraft zu setzen, um seine Ziele durchzusetzen.
Wir werden uns einige typische Beispiele für emotionale Appelle ansehen: populäre Gefühle, Solidaritätsgefühle, Furcht, moderate Gefühle, Appelle an die Fairness und Mitleid.
Bevor wir damit starten, möchten wir noch hervorheben, dass Emotionen auch das zentrale Geschäft der Werbung sind. In der Werbung geht es darum, eine emotionale Bindung zu Produkten und Marken aufzubauen. Denn emotionale Bindungen scheinen stabiler und mächtiger zu sein als rein – wenn man davon überhaupt sprechen kann – rationale Bindungen. Wer also genauer beobachten möchte, wie mit Emotionen gearbeitet werden kann, der sollte einen intensiven Blick in die Welt der Werbung werfen.

Appell an populäre Gefühle

Der Appell an populäre Gefühle ist eine Methode, bei der der Manipulator Emotionen und Meinungen weckt, die in der Bevölkerung weite Zustimmung finden. Man appelliert an Gefühle, die den Bedürfnissen und Interessen der meisten Menschen entsprechen. Und da niemand gern außen vor steht und jeder sich lieber als Teil der Gemeinschaft sieht, sind diese Appelle sehr wirkungsvoll.

Tipp

Appelle an populäre Gefühle haben in der Argumentationstheorie einen Fachbegriff. Sie werden Argumentum ad populum genannt. Wenn jemand einen solchen Appell startet, warum ihn nicht mal beim Namen nennen? Das wird beim Manipulator vielleicht etwas Verwirrung hervorrufen. Es ist häufig eine gute Gegentaktik, das Manipulationsmanöver mit Namen zu identifizieren. Wenn man etwas einen Namen geben kann, ist es gleichzeitig durchschaut und die Wirkung reduziert.

Beim Appell an populäre Gefühle spricht der Manipulator also gezielt eine Emotion oder eine Stimmungslage an, von der er weiß, dass sie bei seinem Gegenüber offen oder latent vorhanden ist. Das sehen wir im nächsten Beispiel:

Beispiel

Bei einer Besprechung versucht Max Stimmung gegen das Management zu machen und die Teilnehmer auf seine Seite zu ziehen.
„Wie müssen auf jeden Fall auf der Hut sein. Wir wissen doch, dass wieder eine Fusion anstehen wird. Und da könnt Ihr euch doch denken, worum es unserem Top-Management gehen wird: um den eigenen Geldbeutel. Ihr

dürft wetten, wenn der Preis stimmt, wird niemand von denen ‚Nein' zur Fusion sagen."

Mit diesem Argumentum ad populum trifft Max wahrscheinlich eine recht weit verbreitete Stimmungslage. Das Management kümmert sich nicht um die Menschen an der Basis, sondern nur um seine eigenen egoistisch motivierten Interessen. Max nutzt also diese Stimmungslage, um seine eigene Position besser ins Licht zu rücken. Das folgende Beispiel stammt aus einer Talkrunde im Fernsehen:

Beispiel

In der Talkshow geht es um die Frage, welche Reformen für Deutschland sinnvoll sind und was die Unternehmen und Politiker dafür tun müssten. Eine Vertreterin der Gewerkschaften formuliert: „Wissen Sie, ich frage mich die ganze Zeit – und ich glaube das ist eine wirklich spannende Frage – ob diese hohen Managergehälter wirklich gerechtfertigt sind. Welche Art von Leistung steht denn diesen Gehältern gegenüber?"

Auch dieses Argumentum ad populum wird auf fruchtbaren Boden treffen. Vielen Menschen wird die Gewerkschaftsfunktionärin aus dem Herzen sprechen.

In Nigeria hat ein Argumentum ad populum zu verhängnisvollen Konsequenzen geführt. Das wird berichtet im Spektrum der Wissenschaften (Ausgabe April, 2005; „Rückschlag im Kampf gegen Polio"). Die Polioschutzimpfung hat in Nigeria für einige Zeit einen starken Rückschlag erlitten, als im Bundesstaat Kano Politiker und Geistliche die Polioimpfung als westliche Hinterlist bezeichneten. „Das Serum sei mit HIV verunreinigt und enthalte Hormone, die moslemische Frauen unfruchtbar machen." Diese These schien auf fruchtbaren Boden zu fallen (weit verbreitete Vorurteile gegen die westliche Welt) mit der Konsequenz, dass das Immunisierungsprogramm sich um elf Monate verzögerte und sich die Krankheit in einigen umgebenden Regionen, die schon poliofrei waren, wieder ausbreitete.

Appell an das Wir-Gefühl

Verwandt mit dem Appell an populäre Gefühle ist der Appell an das Wir-Gefühl. Dabei versucht der Manipulator, Gefühle der Solidarität zu wecken und ein Wir-Gefühl zu erzeugen, mit dem er sein Gegenüber auf seine Seite ziehen will. Der Manipulator versucht zu erreichen, dass sein Publikum denkt „Das ist einer von uns!" Hier sind Beispiele dafür:

Beispiel

Dieter möchte Sonja dafür gewinnen, ihn bei der nächsten Budgetplanung zu unterstützen: „Schauen Sie, Sonja, wir sitzen doch im Grunde im selben Boot. Sie möchten erfolgreich in Ihrer Abteilung sein, und ich natürlich auch. Beide haben wir oft mit Entscheidungen zu tun, die wir eigentlich nicht nachvollziehen können ..."

Dieter ebnet den Weg durch einen Appell an das Solidaritätsgefühl. Er spekuliert darauf, sich auf diese Weise Sonjas Wohlwollen und Unterstützung zu sichern.

Beispiel

Ein Politiker spricht auf einer Versammlung vor Beschäftigten der Stahlindustrie: „Ich weiß, was Sie zur Zeit durchmachen. Auch mein Vater war Stahlkocher und ich habe noch zu gut in Erinnerung, wie übel ihm und seinen Kollegen mitgespielt wurde. Lassen Sie mich daher ein für alle Mal festhalten: Mit uns ist die gegenwärtige Politik des menschlichen Raubbaus nicht zu machen. Mit uns nicht."

Ganz klar versucht der Politiker hier ein gemeinsames Band zwischen ihm und dem Publikum zu knüpfen. Der Verweis auf den Beruf des Vaters soll diesen Trick hinkriegen.
Eine weitere Taktik, die in politischen Diskussionen häufig benutzt wird, ist die Beschwörung der Schicksalsgemeinschaft. Auch dieser Begriff soll dabei helfen, ein Wir-Gefühl zu erzeugen.

Appell an die Furcht

Furcht ist eine wichtige Emotion. Aus Angst sind Menschen bereit, Dinge zu tun, die sie sich vorher nicht zugetraut hätten oder sie schrecken vor Dingen zurück, die sie eigentlich vorhatten. Der Manipulator kann Gefühle der Angst ganz bewusst nutzen, um sich durchzusetzen und sein Ziel zu erreichen. Emotionale Appelle an die Furcht sind auch unter dem Namen Argumentum ad baculum bekannt. „Ad Baculum" bedeutet Stock oder Knüppel. Damit wird schon deutlich gemacht, wie dieser emotionale Appell funktioniert. Es handelt sich dabei schlicht um versteckte oder sogar offene Drohungen. Ein Beispiel führt das vor Augen:

Beispiel

Klaus ist Journalist und Petra (Mitglied des Gemeinderats) versucht ihn davon abzubringen, einen Artikel über die Machenschaften des Gemeinderats zu schreiben: „Ich hoffe, dir ist klar, was das bedeuten wird, wenn du den Artikel schreibst. Du solltest dir das gut überlegen. Du hast dir jetzt ein gutes Standbein in dieser Gemeinde aufgebaut. Schmutzige Wäsche zu waschen wird dir und deiner Familie nicht dabei helfen, dich hier noch weiter zu entwickeln..."

Petra versucht Klaus unter Druck zu setzen. Dabei äußert sie keine offenen Drohungen, sondern malt nur vage ein ungemütliches Szenario aus. Klaus aber wird die Botschaft verstehen.

Beispiel

Ein Mitarbeiter, Jürgen, spricht mit seinem Chef, Egon: „Sie sollten ein bisschen stärker unsere Wünsche berücksichtigen, Chef. Sie haben sich mit dem Projekt doch recht weit hinausgelehnt. Ich nehme mal an, durch den engen Zeithorizont stehen Sie selbst unter enormen Druck. Noch viel stärker als wir an der Basis. Ich glaube, es wäre da unvernünftig, wenn Sie es sich mit uns Projektmitgliedern verscherzen sollten. Ich habe da schon einige Projekte gesehen, die an die Wand gefahren wurden, weil die Mitarbeiter sich auf geschickte Weise quer gestellt haben. Es gibt da immer Möglichkeiten."
Jürgen: „Soll das jetzt eine Art Drohung sein?"
Egon: „Um Gottes willen nein, ich möchte nur, dass Sie an alle Eventualitäten denken. Ich möchte Sie dabei nur unterstützen."

Egon, der Manipulator geht hier besonders raffiniert vor. Er packt zunächst den Knüppel aus, droht Jürgen. Der spricht die Drohung an und nun verkauft Egon seine „Drohung“ als ein freundliches Entgegenkommen seinerseits. (Man will ja nur helfen.)

Auch im nächsten Beispiel wird mit Furcht gearbeitet.

Beispiel

Ludwig spricht zu seinen Mitarbeitern bei Wentol, einem kleinen Pharmaunternehmen, das demnächst von BioClear übernommen wird.
Ludwig: „Ich hoffe, Ihnen ist klar, dass durch die geplante Übernahme keiner unserer Arbeitsplätze wirklich sicher ist. Ich weiß, einige von Ihnen haben erst vor kurzem eine Familie gegründet, ein Haus gebaut. Natürlich sehen Sie dies jetzt in Gefahr. Und offen gesagt, es ist auch in Gefahr. Es gibt nur eine Chance: Wir müssen unsere Anstrengungen verdoppeln, um dem Unternehmen zu zeigen, dass wir unentbehrlich sind."

Ludwig baut ein Argumentum ad baculum auf. Und wahrscheinlich liegt Ludwig mit seiner Äußerung nicht einmal so falsch. Aber natürlich nutzt er die Möglichkeit, bestehende Ängste noch weiter zu schüren, um seine Ziele durchzusetzen. Der Sprecher setzt bewusst auf die Angst der Mitarbeiter, ihren Arbeitsplatz zu verlieren. Jedes kritische

Fragen wird damit unterbunden. Aber sehr wahrscheinlich erlischt auch das Engagement der Mitarbeiter für die anstehenden Aufgaben.

Achtung

Nicht immer stellt ein emotionaler Appell eine unlautere Manipulation dar. Emotionale Appelle sind durchaus legitim. Emotionen und Gefühle scharfen eine Farbigkeit und Dringlichkeit, die uns leichter zum Handeln bringt als trockene Vernunftargumente. Unfair und illegitim sind sie nur dann, wenn sie die einzige argumentative Methode darstellen, um Menschen zu etwas zu bewegen.

Appell an moderate Gefühle

Die Wahrheit liegt in der Mitte. Diesen Slogan kann man oft hören. Aber ist er wirklich wahr?

Eine ganz besondere Taktik ist es, wenn dafür appelliert wird, keine Extreme zu verfolgen, sondern einen ausgeglichenen Mittelweg zu gehen. „Moderato“ heißt das Motto. Für das Moderate ist der Gesprächspartner besonders dann empfänglich, wenn er sich für sehr rational und vernünftig hält. Diese Taktik wird oft durch Wendungen begleitet wie: „Wir sollten hier vernünftig vorgehen ...“ Betrachten Sie zum Beispiel folgenden Fall:

Beispiel

Ein Top-Manager wird gefragt, ob der Staat stärker in das Marktgeschehen eingreifen sollte. Er antwortet: „Wissen Sie, das eine Extrem repräsentieren diejenigen, die eine starke Industriepolitik fordern, das andere Extrem jene, die mehr freien Wettbewerb verlangen. Wie immer liegt die Wahrheit in der Mitte. Wir müssen eine vernünftige Politik betreiben: Wir brauchen eine ausgewogene Balance zwischen einer intelligenten Industriepolitik und einem sich selbst regulierenden Markt."

Die Wahrheit liegt also in der Mitte. Das hört sich ziemlich vernünftig an. Aber wo ist das genau, die Mitte? Und warum soll das so sein? Warum liegt die Wahrheit nicht mehr links oder rechts oder oben oder unten? Warum genau in der Mitte?

Dieser emotionale Appell an den Mittelweg kleidet die Vernunft in einem warmen Gefühlsmantel. Er scheint alles vereinigen zu können: die Emotion, zumindest die gemäßigte, und das kritische vernünftige Denken. In Wirklichkeit ist der Appell nur eine Luftblase, argumentativer Schaum, der sich bei der ersten kritischen Frage in Nichts auflöst.

Was der Manipulator tun muss, um diesen Appell wirkungsvoll einzusetzen, ist folgendes: Er überlegt sich, was die beiden Extreme zu seiner

These sind und präsentiert seine These als einen eleganten Mittelweg. Genießen Sie folgendes Beispiel:

Beispiel

Andrea und ihre Freunde diskutieren darüber, ob die Türkei in die EU aufgenommen werden sollte. Es herrschen unterschiedliche Meinungen. Schließlich sagt Andrea: „ Manche sagen, wir sollten der Türkei sofort die Mitgliedschaft in der EU einräumen. Das ist die eine Seite. Die andere Seite sagt: Wir sollten die Türkei draußen halten. Ich glaube, beide Extreme führen zu keiner Lösung, die Wahrheit braucht eine Balance. Deshalb plädiere ich für eine privilegierte Partnerschaft der Türkei."

Appell an die Fairness

Fairness ist für die meisten Menschen ein zentraler Wert. Fast alle Menschen möchten fair sein und integre Ziele verfolgen. Für den Manipulator liefert dieser Wert einen hervorragenden Hebel für seine Intentionen. Ein Beispiel illustriert das am besten:

Beispiel

Norbert führt ein kleines Problemlösungsgespräch mit seiner Kollegin, Frau Meier. Norbert: „Frau Meier, ich kenne Sie ja jetzt schon sehr lange. Und ich weiß, dass Ihnen immer daran liegt, eine faire und gerechte Lösung zu finden. Lassen Sie uns doch auch dieses Mal wieder so vorgehen. Mein Vorschlag wäre daher, dass Sie Ihr Lösungsmodell zunächst noch einmal zurückziehen und wir gemeinsam überlegen ..."

Ob Frau Meier so viel Stehvermögen besitzt, diesen emotionalen Appell zu ignorieren?

Appell ans Mitleid

Mitleid ist ein starkes Gefühl, das uns sehr oft zum Handeln bewegt. Doch beim Argumentieren und Verhandeln kann es irreführend sein, mit Appellen an das Mitleid einen Standpunkt zu begründen. Dieser emotionale Appell wird auch Argumentum ad misericordiam genannt. Wie der Appell funktioniert, sehen wir im nächsten Fall:

Beispiel

Lydia hat Schwierigkeiten mit Frau Müller. Sie geht zu ihrer Vorgesetzten, Karin, um diese zu bitten, sich des Konflikts anzunehmen.
Karin: „Sie sagen, Sie kommen mit Frau Müller nicht aus. Aber versetzen Sie sich mal in ihre Lage: Sie hat drei Kinder zu versorgen, ist allein stehend und Sie wissen, dass ihr Gehalt auch nicht so toll ist, da sie ja nur halbtags arbeitet. Die Frau muss schauen, wie sie über die Runden kommt. Da kann man doch verstehen, dass ihre Nerven blank liegen und sie hin und wieder etwas unangemessen reagiert."

Karin appelliert hier ganz deutlich an Mitleidsgefühle, um zu beschwichtigen und das Problem, das Lydia schildert so schnell wie möglich ad acta zu legen.

Die Überlegenheit der Gefühle

Es gibt einen Spezialfall eines emotionalen Appells, den wir an dieser Stelle noch anführen möchten. Dabei wird herausgestellt, dass wir unseren Gefühlen mehr vertrauen sollten als der nüchternen und kalten Vernunft. Der Grundgedanke ist: Wer seinen Gefühlen und Emotionen vertraut, der ist wahrhaft vernünftig. Ein Beispiel macht diese Taktik deutlich:

Beispiel

Rudolf ist Betriebsrat bei ReNoKlax. Im Unternehmen sollen etliche Mitarbeiter entlassen werden, um das Unternehmen wieder flott zu kriegen. In einem Fernsehinterview äußert er sich. Rudolf: „In diesem Fall geht es nicht einfach nur um kalte Zahlen, sondern es geht um Menschen. Wir sollten daher auch unser Gefühl sprechen lassen. Die reine Vernunft hat uns oft genug im Stich gelassen. Ein bisschen mehr Vertrauen auf unser Gefühl und unsere Intuition kann uns nicht schaden. Kennzahlen sind nicht alles. Sie spiegeln nicht die ganze Wahrheit wider. Es ist daher eindeutig eine falsche Entscheidung das Wert in Hintertupfing zu schließen"

Mit diesem letzten Appell an die Überlegenheit von Gefühlen schließen wir unsere Sammlung emotionaler Appelle ab. Der Übersicht halber fassen wir sie noch einmal gebündelt zusammen, jeweils mit einer kurzen Bemerkung, in welcher Situation der Manipulator dazu tendieren wird, den Appell anzuwenden.

Ein Überblick über die emotionalen Appelle:

- Appell an populäre Gefühle: Einsetzbar, wenn eine allgemeine Stimmungslage getroffen werden kann.
- Appell an das Wir-Gefühl: Einsetzbar, wenn es eine Gemeinsamkeit zwischen Sprecher und Adressat gibt.
- Appell an die Furcht: Einsetzbar, wenn eine unsichere und nachteilige Zukunft droht.
- Appell an das Mitleid: Einsetzbar, wenn Personen unter einer Sache leiden werden.
- Appell an moderate Gefühle: Einsetzbar, wenn es zwei Extreme gibt und die eigene These als Mittelweg dargestellt werden kann.

- Appell an die Fairness: Einsetzbar, wenn Fragen der Gerechtigkeit eine Rolle spielen können.
- Appell an die Überlegenheit der Gefühle: Einsetzbar wenn man Kritik an kalter, rationaler Vernunft üben will.

Wie schützt man sich vor solchen emotionalen Appellen?
Der wichtigste Schritt ist zu erkennen, dass mittels emotionalem Appell versucht wird, Sie zu etwas zu bewegen. Hier wird also nichts begründet, sondern nur appelliert. Wenn man das erkannt hat, dann gibt es folgende weitere Schutzmöglichkeiten:

- Sie können durch kritisches Fragen den Gesprächspartner dazu auffordern, sachliche Gründe anzuführen.
- Sie können die Taktik auch ignorieren und weitermachen,
- oder die Schallplatte mit Sprung auflegen.
- Sie können auch die Taktik beim Namen nennen, sollten aber das angesprochene Gefühl ernst nehmen.

Diese letzte Art der Verteidigung erleben wir in folgendem Fall. Katharina wendet sie an:

Beispiel

Monika appelliert an Mitleidsgefühle: „Wenn wir Herrn Peter jetzt entlassen, wird er vielleicht keinen neuen Arbeitsplatz mehr finden. Immerhin ist er schon 55 Jahre alt. Er hat eine kranke Tochter zu Hause, und seine Frau ist vor kurzem gestorben. Obwohl er aktiv Mobbing gegen Kolleginnen betrieben hat, sollten wir ihm noch eine Chance geben."
Katharina: „Natürlich ist mitfühlendes Verständnis wichtig (Anerkennung des Gefühls). Aber wir sollten eine Entscheidung nicht auf dieses Gefühl gründen, sondern auf zwingende Gründe (rationale, sachliche Gründe werden benötigt). Herr Peter war die entscheidende Person in der Mobbing-Affäre. Wir müssen auch unsere Mitarbeiter schützen. Wir haben ihnen gegenüber auch Verpflichtungen. Daher müssen wir Herrn Peter so schnell wie möglich entlassen - auch wenn uns das nicht leicht fällt."

Katharina spricht den emotionalen Appell an und bringt gleichzeitig Gründe für ihren Standpunkt, dass Herr Peter nicht weiter im Unternehmen beschäftigt werden sollte.

25. Übung: Appell an moderate Gefühle aufbauen *(siehe Lösungsteil)*

Karin möchte dafür argumentieren, dass in ihrem Unternehmen (ein Unternehmen der Computerindustrie) noch mehr Geld in die Forschung gesteckt wird als bisher. Wie könnte sie einen Appell an moderate Gefühle aufbauen? (Tipp: Denken Sie daran, dass der Appell als ein Mittelweg dargestellt werden muss. Karin braucht also zwei Extreme, die ihre Position flankieren.)

26. Übung: Emotionale Appelle sammeln

Suchen Sie für jeden emotionalen Appell nach einem eigenen Beispiel.

27. Übung: Emotionale Appelle identifizieren *(siehe Lösungsteil)*

An welche Emotionen wird in folgenden Beispielen appelliert:

Beispiel 1:

Martin: „Ich glaube, Sie sollten ein Interesse daran haben, dass diese Daten nicht an die Öffentlichkeit gelangen. Über mögliche Konsequenzen brauche ich Ihnen, glaube ich, gar nichts zu sagen. Erinnern Sie sich nur an den Fall Meier."

Beispiel 2:

Regina: „Denken Sie einmal klar darüber nach, was unsere Politiker machen. Ein leeres Versprechen nach dem anderen. Kann man da nicht verstehen, dass man Politik verdrossen ist, kann man da nicht verstehen, dass die Menschen den Wahlurnen fern bleiben?"

28. Übung: Emotionalen Appell anwenden *(siehe Lösungsteil)*

Sie sind nicht damit einverstanden, dass einer Ihrer Nachbarn seinen Garten so verwildern lässt. Im Herbst fliegt außerdem das ganze Laub seiner Bäume in Ihren Garten. Wenn er seinen Garten ein bisschen pflegen würde, dann würde das nicht passieren. Das möchten Sie ihm gern klar machen. Welchen emotionalen Appell könnten Sie hier einsetzen? (Tipp: Was könnte dem Nachbar wichtig sein?)

Nebenkriegsschauplätze und Ablenkungsmanöver

Fühlt sich der Manipulator selbst unter Druck gesetzt, wird er mit einem Thema konfrontiert, bei dem er möglicherweise den Kürzeren zieht, greift er manchmal zu einem ganz anderen Mittel: Er wechselt das Thema, oder er eröffnet Nebenkriegschauplätze. Das folgende Beispiel gibt uns darüber Auskunft, wie dies geschieht.

Beispiel

Lothar führt ein Kritikgespräch mit Alexandra. Beide arbeiten an einem gemeinsamen Buchprojekt; es wurden klare Vereinbarungen getroffen, wer welche Teile übernehmen wird. Aber Alexandra hält sich nicht an ihre Vereinbarungen. Diesen Punkt kritisiert Lothar.

Alexandra: „Eines will ich dir dazu mal sagen, du hast nur deine Karriere im Kopf und nichts anderes."

Lothar: „Was hat das jetzt mit meiner Karriere zu tun?"

Alexandra: „Alles. Du machst doch immer alles, nur damit du selbst im besten Licht da stehst. Andere Leute sind dir total egal. Bei Maria war es ja genauso."

Lothar: „Was war da genau so?"

Alexandra: „Erst war alles eitel Sonnenschein. Da habt Ihr dick unter einer Decke gesteckt. Und als du sie nicht mehr brauchtest, hast du sie fallen lassen wie eine heiße Kartoffel ..."

Lothar: „Moment mal. Ich weiß jetzt wirklich nicht, wovon du eigentlich sprichst."

Alexandra: „Genau das ist ja dein Problem. Du hörst nicht wirklich zu ..."

Spätestens an dieser Stelle muss die Frage erlaubt sein, worüber zwischen den beiden eigentlich gesprochen wird. Alexandra ist es gelungen, Lothar vom eigentlichen Thema wunderbar abzubringen. Natürlich ist bei dem Verdacht der Themenablenkung Vorsicht angesagt: Vielleicht gibt es wirklich ein anderes Thema zwischen den beiden, das ausgesprochen werden muss, bevor man weiter arbeiten kann. Der Themenwechsel kann auch einfach ein Signal sein, dass der Gesprächspartner im Hintergrund noch ein ganz anderes Problem sieht. Und das sollte natürlich bearbeitet werden. Das muss registriert werden. Oft aber sind diese Themenwechsel rein taktische Manöver, um den Gesprächspartner von seinem ursprünglichen Ziel abzulenken. Wie kann Lothar hier sinnvoller Weise reagieren? Wie kann er sich schützen? Er muss die verschiedenen Themen registrieren, darf sich von seinem eigentlichen Thema aber nicht abbringen lassen.
Es wird an dieser Stelle Zeit für die Schallplatte mit Sprung. Sehen wir uns das am besten in dem Beispiel an:

Beispiel

Lothar. „O.K. Stopp mal, du hast jetzt gleich mehrere Themen auf den Tisch gebracht. Das können wir gern besprechen: meine Karriere, die Sache mit Maria, mein schlechtes Zuhören. Gut, ich habe das zur Kenntnis genommen. (Lothar nimmt die verschiedenen Themen zur Kenntnis.) Ich möchte jedoch zuerst darauf zurückkommen, warum du dich nicht an die Vereinbarungen hältst, die wir getroffen haben?" (Er führt auf sein eigentliches Thema zurück.)

Alexandra: „Das hat durchaus alles mit den anderen Themen zu tun ..."

Lothar: „Mag sein. Trotzdem möchte ich, dass wir jetzt nur über die misslungen Vereinbarungen sprechen."

Ablenkungsmanöver und Nebenkriegsschauplätze eröffnet der Manipulator dann, wenn

- er durch diese Taktik hofft, den Gesprächspartner bei gewissen Themen selbst unter Druck setzen zu können
- der Manipulator selbst unter Druck steht und die Aufmerksamkeit woanders hinlenken möchte
- er einfach verwirren möchte um so den Gesprächspartner aus dem Gleichgewicht zu bringen

Politiker sind wahre Meister in der Kunst des Themenwechsels und des Ablenkungsmanövers. Immer wenn es in der Diskussion eng wird, starten sie – manchmal geschickt, manchmal auch plump – ein Ablenkungsszenario. In einer Fernsehdiskussion beispielsweise wird ein Politiker gefragt, ob er in der Fraktionssitzung in der letzten Woche nun mit Rücktritt gedroht habe oder nicht. Darauf die Antwort des Politikers: „Wissen Sie, es geht doch gar nicht so sehr um mich. Wir haben Aufgaben zu erledigen, wichtige Aufgabe. Um Ihnen nur mal drei Punkte zu nennen ..." Und so weiter und so fort!
Ablenkungsmanöver werden nicht nur als kleine Taktiken eingesetzt, sie werden auch in der großen Politik benutzt. Der Klassiker besteht darin, auf außenpolitische Fragestellungen und Themen abzulenken, wenn es für Regierungen im innenpolitischen Bereich schwierig und kritisch wird. Dieses Phänomen lässt sich immer wieder beobachten. So wurde zum Beispiel auch Bill Clinton ein Ablenkungsmanöver vorgeworfen, als er eine chemische Fabrikanlage im Sudan bombardieren ließ, bei der es sich angeblich um eine Anlage zur Herstellung chemischer Waffen gehandelt haben soll. Ablenken sollte diese Aktion von der Lewinsky-Affäre, die den amerikanischen Präsidenten damals stark unter Druck setzte.

Tipp

Bei Verhandlungen mit Asiaten erlebt man oft, dass ein plötzlicher Themenwechsel stattfindet. Grund dafür ist, dass wahrscheinlich ein Thema angesprochen wurde, das für den asiatischen Gesprächspartner zu einem Gesichtsverlust führen würde. In dieser Situation wäre es unklug, die Schallplatte mit Sprung aufzulegen. Ein Themenwechsel ist in Asien eine wichtige Form der indirekten Kommunikation, um die Harmonie der Situation zu wahren.

Fassen wir die Schutzmöglichkeiten noch einmal zusammen:
Lassen Sie sich durch Nebenkriegsschauplätze und Ablenkungsmanöver nicht irritieren. Nehmen Sie die Themen zur Kenntnis, bieten Sie an, darüber zu sprechen, lassen Sie sich aber ansonsten nicht von Ihrem eigentlichen Thema abbringen.

28. Übung: Ablenkungsmanöver

Sie sind in einem Gespräch mit einem Kollegen. Sie wurden beide von Ihrem Chef aufgefordert, die Urlaubsplanung für das nächste Jahr miteinander abzusprechen. Sie würden gern einmal im Juli Urlaub machen. Aber seit zwei Jahren beansprucht bereits Ihr Kollege immer diese Urlaubszeit. Sie machen den Vorschlag, dass Sie gern im Juli Urlaub machen würden. Ihr Kollege reagiert auf folgende Weise: „Da wollte ich eigentlich wieder in Urlaub gehen. Ich finde sowieso, dass du dir immer die besten Arbeitszeiten raussuchst. Du teilst dich immer für den Vormittag ein und mir bleiben immer nur die Nachmittagsstunden. Da ist ja immer das meiste los. Dann stehe ich mit den Kunden da, während du dir schon einen schönen Lenz zu Hause machen kannst ..."

Wie würden Sie auf dieses Ablenkungsmanöver reagieren? (Tipp: Denken Sie an das Auseinanderhalten der Themen.)

30. Übung: Ablenkungsmanöver starten

Denken Sie an ein schwieriges Gespräch mit einem Ihrer Kollegen. Welche Nebenkriegsschauplätze könnten Sie eröffnen, um ihn zu irritieren oder ihn unter Druck zu setzen?

Die Konsensfalle

Mit Ausnahme weniger Exzentriker möchte niemand gern ein Außenseiter sein. Die meisten Menschen streben danach, sich in Gruppen und Gemeinschaften zu integrieren. Das bedeutet natürlich stets, sich anzupassen, die Meinungen an den Gruppenmeinungen auszurichten, das heißt mit den Positionen in einer Gemeinschaft weitestgehend konform zu gehen.
Dadurch entsteht ein gewisser Konsensdruck, der in gruppenorientierten Gesellschaften wie in Japan oder China noch stärker ausgeprägt ist als in individualistisch orientierten wie den USA und Mitteleuropa.
Diesen latent vorhandenen Konsensdruck kann der Manipulator sich zu nutze machen, um die sogenannte Konsensfalle aufzustellen. Das heißt mit anderen Worten, der Manipulator nutzt unsere Tendenz aus, jene Verhaltensweisen als richtig zu empfinden, die wir bei anderen Menschen beobachten. „Wenn die anderen das auch machen,

dann muss das O.K. sein.“ Dieses Prinzip ist umso wirkungsvoller, je mehr Unsicherheit wir spüren, je unsicherer wir selbst in der Einschätzung von Situationen sind. Da, wo wir keine klaren Handlungsanleitungen haben, wo wir mit neuen Dingen konfrontiert sind, da orientieren wir uns gern daran, was die anderen machen. Betrachten wir hierzu wieder ein Beispiel:

Beispiel Teil 1

Ludwig erklärt seiner Mitarbeiterin Claudia, die sich weigert für das neue Projekt Überstunden zu machen: „Ich kann verstehen, dass Sie am Wochenende gern bei Ihrer Familie sein möchten. Uns geht es allen so. Aber die meisten in unserem Projekt, auch die mit Familie, haben bereits eingesehen, dass angesichts der Wichtigkeit dieser Sache mal eine Ausnahme gemacht werden muss. Sie würden zu den sehr wenigen gehören, die sich dagegen stemmen."

Ludwig versucht gezielt sozialen Druck aufzubauen, indem er darauf aufmerksam macht, dass bereits eine Mehrheit hinter ihm steht. Eine Mehrheit von Personen, die auch – wie Claudia – Familie haben und für die auch die Familie eine wichtige Rolle spielt. Ludwig nimmt auf diese Weise Claudia die zentrale Rechtfertigungsbasis für ihren Standpunkt. Es wird klar: Sie hat keinen guten Grund, die Überstunden abzulehnen. Claudia steht mit ihrem Ansinnen also ziemlich isoliert da.

Der Trick des Manipulators besteht also darin, darauf hinzuweisen, dass es eine Mehrheit für seine Sache gibt. Seine Absicht ist, den anderen zu isolieren und so den Wunsch in ihm entstehen zu lassen, sich der breiten Mehrheit anzuschließen. Es fällt schwer sich dagegen zur Wehr zu setzen. Immerhin sind wir Gruppenwesen. Und in unserer Erfahrung sind wir ja meistens gut damit gefahren, wenn wir uns den Sichtweisen und den Verhaltensweisen der anderen Menschen angeschlossen haben. Unser Konsensinstinkt ist, wie Cialdini formuliert, ein Art Autopilot, der uns durch schwieriges und unbekanntes Gelände zu navigieren hilft.

Wie schützt man sich in Situationen, in denen der Manipulator versucht sozialen Druck aufzubauen und die Konsenstaktik anzuwenden? Hier gibt es eigentlich nur eine Antwort: standhaft bleiben und dem eigenen Urteil vertrauen. Außerdem: Sich weitere Informationen verschaffen und so die Unsicherheitssituation überwinden.

Eine andere Möglichkeit besteht darin, gezielt Fragen zu stellen, um offen zu legen, wie viele Personen wirklich schon auf der Seite des Manipulators stehen. Häufig ist die starke Position nämlich nur vorgetäuscht. Man kann dies daran erkennen, dass der Manipulator nur recht vorsichtig und abgeschwächt formuliert, wie viele Leute er tatsächlich hinter sich hat. Und so kommt es zu Formulierungen wie:

> „Es gibt eine große Anzahl von Befürwortern meines Plans."
> „Wirklich? Wer denn alles?"
> „Nun, so genau darf ich Ihnen das nicht sagen."

Beeindruckt Sie das jetzt noch? Ich hoffe, nicht. Sehen wir uns an, wie Claudia aus unserem Beispiel von oben reagiert.

Beispiel Teil 2

Claudia: „Das ist ja sehr gut, wenn es schon so viele gibt, die bereit sind, die Überstunden zu machen. Dann brauchen Sie mich ja eigentlich nicht." (Claudia kehrt die Argumentation geschickt in ihrem Sinne um.)
Ludwig: „Würden Sie das nicht für unfair halten, wenn die anderen bleiben und Sie gehen." (Ludwig versucht ein schlechtes Gewissen zu erzeugen.)
Claudia. „Nein. Unfair wäre es, wenn man bleiben müsste, obwohl man nicht will. Die anderen wollen ja bleiben. Das ist eine faire Sache." (Schönes Eigentor, Ludwig.)

31. Übung: Konsensfalle

Überlegen Sie bitte ein eigenes Beispiel für eine Konsensfalle.

32. Übung: Konsensdruckfaktor *(siehe Lösungsteil)*

Neben dem Faktor Unsicherheit gibt es noch einen weiteren Faktor, der den Konsensdruck fördert. Welche könnte das sein?

- Langeweile
- Ähnlichkeit
- Sympathie
- Emotionale Anspannung
- Selbstgewissheit

Die Falle des schlechten Gewissens

In unserer Trickkiste finden wir ein kleines Kissen. Aufgestickt ist der Spruch: „Ein ruhiges Gewissen ist ein sanftes Ruhekissen". Wer kennt nicht diese etwas abgedroschen klingende Alltagsweisheit.
Aber sie trifft einen durchaus wichtigen Punkt. Wenn etwas das Gewissen belastet, dann wird das bei vielen Menschen zu entsprechenden Reaktionen führen, den Gewissensbissen. Manipulatoren kennen diesen Zusammenhang sehr genau und sie versuchen ihn zu nutzen, in-

dem sie beim Gesprächspartner ein schlechtes Gewissen zu erzeugen versuchen. So können Schuldgefühle entstehen und auf Basis dieser Schuldgefühle kann der Manipulator erreichen, was er möchte. Sehen wir uns dazu ein Beispiel an:

Beispiel 1

Herr Bauer und Herr Meier sind in ein Gespräch vertieft; es geht um Themen der zukünftigen Zusammenarbeit. Da kommt der Chef von Herrn Bauer ins Zimmer.
Herr Karl: „Herr Bauer, haben Sie eigentlich mit Frau Gerland gestern noch gesprochen?"
Herr Bauer: „Nein, da bin ich leider nicht mehr dazu gekommen."
Herr Karl: „Sie sind sich natürlich bewusst, dass das wichtig ist. Wir stehen ja im Moment in dieser Fusion, da brauche ich Ihnen ja nicht zu sagen, dass entscheidend ist, dass wir die richtigen Prioritäten setzen."
Bauer: „Ja, klar ..."
Herr Karl: „Planungsgespräche sind wichtig und sie haben auch ihren Nutzen, aber wir dürfen nicht vergessen, worum es jetzt geht. Wir müssen uns das immer wieder vor Augen halten. Sonst tun wir einfach nicht unseren Job."

Mit diesen Worten verlässt Herr Karl den Raum. Und obwohl er Herrn Bauer in keiner Weise direkt kritisiert oder gar angegriffen hat, wurde die Botschaft sehr wohl verstanden. Herr Bauer bricht das Gespräch mit Herrn Meier ab. Auf geschickte Art und Weise hat Herr Karl deutlich gemacht, dass Herr Bauer seine Arbeit in dieser angespannten Situation nicht ordentlich erledigt. Ein tolles Beispiel für indirekte Kommunikation, in der ein schlechtes Gewissen oder Schuldgefühle erzeugt wurden.

Sehen wir uns ein weiteres Beispiel an, in dem ganz offen versucht wird, den Gesprächspartner bei der Ehre zu packen, das heißt ein schlechtes Gewissen zu induzieren.

Beispiel 2, Teil 1

Herr Franz ist der Vorgesetzte von Herrn Huber; Herr Franz ist nicht ganz mit der Führungsrolle von Herrn Huber zufrieden.
Herr Franz: „Herr Huber, Sie beklagen sich darüber, dass dies nicht Ihre eigentliche Aufgabe sei. Aber gehört es nicht zu Ihrer Verantwortung als Führungskraft, hier deutlich Zeichen zu setzen und diese Aufgabe zu übernehmen? Ist es nicht Ihre Pflicht, hier mit gutem Beispiel voranzugehen? Wie soll das auf Ihre Mitarbeiter wirken, wenn diese zwar ständig die Kohlen aus dem Feuer holen müssen, und wir Führungskräfte sagen, das geht uns alles nichts an."

Der Manipulator spielt hier darauf an, dass der Gesprächspartner wichtige ethische Prinzipien (Pflicht, Verantwortung) verletzt. Das dient ganz klar dazu, ein schlechtes Gewissen zu erzeugen. Der Gesprächspartner – in diesem Fall Herr Huber – ist nun dazu aufgefordert, reumütig das zu tun, was der Manipulator von ihm möchte.
Die Beispiele machen deutlich, in welchen Situationen der Manipulator diese Taktik einsetzen wird. Sie wird dann gut funktionieren, wenn er auf

- ein ethisches Prinzip (Verantwortung, Fairness, Ehrlichkeit) verweisen kann, das verletzt wird
- wichtigere Prioritäten anspielen kann

Wie schützt man sich vor dieser Taktik?

Der beste Schutz scheint uns darin zu bestehen, die Taktik zu ignorieren und weiter zu machen.
Eine andere Möglichkeit könnte sein, die Argumentation umzudrehen nach dem Motto „Gerade weil ...!“ Herr Huber in unserem letzten Beispiel könnte daher auf folgende Weise reagieren:

Beispiel 2, Teil 2

Herr Huber: „Ich gebe Ihnen Recht, gerade weil wir mit gutem Beispiel vorangehen sollten und gerade weil wir Verantwortung übernehmen sollten, sollten wir in diesem Fall dem Top-Management zurückmelden, dass wir dieses Projekt auf keinen Fall durchführen können, wollen wir unsere anderen Vorhaben nicht gefährden."

33. Übung: Die Falle des schlechten Gewissens abwehren *(siehe Lösungsteil)*
Wie hätte Herr Bauer aus unserem ersten Beispiel in diesem Abschnitt reagieren können, wenn er die Gelegenheit dazu gehabt hätte?

Lügen und Halbwahrheiten

„Die Lüge ist in der Welt. Sie ist in uns und um uns. Man kann die Augen nicht vor ihr verschließen.“
(Harald Weinrich, Linguistik der Lüge, S. 9)

Die Lüge bildet ein wichtiges Instrument in Händen des Manipulators. Sie ist ein zentrales Täuschungsmittel. Lügen können jedoch entlarvt werden und deshalb wird der geschickte Manipulator vorsichtig mit diesem Instrument umgehen. Er wird seine Lügen verschleiern und mit Wahrheiten würzen. Was dabei herauskommt sind Halbwahrheiten. Das Täuschungspotential von Halbwahrheiten ist groß. Das sieht zum Beispiel auch Samuel Huntington in seinem Buch „Who Are We" (S. 59) so.

> *„Teil- oder Halbwahrheiten sind oft gefährlicher als ganz falsche Aussagen. Letztere lassen sich leicht entlarven, wenn man Beispiele anführt, die sie widerlegen. Deshalb werden sie kaum jemals als die ganze Wahrheit verstanden. Eine Halbwahrheit hingegen ist plausibel, weil manches für sie spricht, und folglich wird sie schnell für die ganze Wahrheit genommen."*

Betrachten wir ein Beispiel für die Lügentaktik.

Beispiel

Dieter und Emma arbeiten in einem Projekt zusammen. Beide hatten sich darauf geeinigt, dass noch mehr Mitarbeiter für das Projekt gebraucht werden. Dieter hat zugesagt, zum Chef zu gehen und ihn um mehr Manpower zu bitten. Eine Woche später fragt Emma Dieter, was er unternommen hat. Dieter hat in Wirklichkeit mit seinem Chef nicht darüber gesprochen, weil er dazu nicht den Mut hatte, immerhin stammt die ursprüngliche Ressourcenplanung von Dieter. Er hätte somit zugeben müssen, einen Fehler gemacht zu haben. Dieter: „Ja, ich war letzte Woche bei ihm, es war ein ganz interessantes Gespräch (Dieter war wirklich bei ihm, aber wegen einer ganz anderen Sache), aber mehr Manpower werden wir wohl nicht kriegen. Der Chef war dem gegenüber gar nicht aufgeschlossen."

Emma: „Soll ich noch mal mit ihm sprechen?" (Jetzt schrillen Dieters Alarmglocken, denn jetzt könnte ja heraus kommen, dass er gar nicht über das besagte Thema mit dem Boss gesprochen hat.)

Dieter: „Sicher, du könntest es noch mal probieren. Aber ehrlich gesagt, bringt das gar nichts, das hat er ziemlich deutlich gemacht. Ich glaube, wenn jetzt noch jemand kommt, würde ihn das ziemlich verärgern und ich würde auch ein bisschen blöd da stehen. Immerhin hat er es mir ja schon abgelehnt." (Auf diese Weise versucht Dieter, die Kurve zu kriegen.)

Halbwahrheiten sind schwer zu identifizieren, oder besser gesagt, der Lügenanteil in einer Halbwahrheit ist schwer zu identifizieren. Der Manipulator wird nämlich wahrscheinlich so vorgehen, dass der Lügenanteil entweder nicht nachprüfbar ist, oder wenn er doch nachprüfbar sein sollte, zumindest so verschleiert ist, dass er mit einer kleinen Korrektur (Ach, es war doch nur ein Missverständnis) zurückgezogen werden kann.

Was kann man gegen den Einsatz von Halbwahrheiten tun?
Man kann auf ein Bündel von Indizien achten. Wenn der Manipulator Halbwahrheiten entwickelt, wird dies bestimmt kein Einzelfall sein, sondern er wird dies öfter in seine Manipulationstaktik einbauen. Das führt bisweilen zu kleinen Widersprüchen und Verständnislücken. Denn niemand hat volle Kontrolle über das von ihm gesponnene Lügengewebe. Der Lügner wird sich verraten. Wenn Ihnen Ungereimtheiten wiederholt auffallen, sollten Sie wachsam werden und entweder Mikromanagement betreiben, das heißt, kleinere Kontrollschritte durchführen oder bei wichtigen Dingen und Aktionen selbst präsent sein. Dadurch können Sie am ehesten vermeiden, dass Ihnen Lügenmärchen aufgetischt werden.

34. Übung: Halbwahrheiten erkennen *(siehe Lösungsteil)*
Was könnte Emma konkret tun, wenn sie den Verdacht hegt, dass Dieter ihr nicht die ganze Wahrheit gesagt hat?

Die Verzettelungstaktik

Die Verzettelungstaktik ist ein Manöver, bei der es zu einer Zermürbung des Gegenübers kommen soll. Dabei versucht der Manipulator in der Regel, Detaildiskussionen zu starten. In diesen Detaildiskussionen entwickelt er dann ein phantasievolles Szenario unüberwindbarer Hindernisse, alles mit dem Hintergedanken die Gesamtidee in Frage zu stellen.
Die Taktik funktioniert besonders dann gut, wenn

- das Thema sehr komplex ist
- viele Detailfragen noch unklar sind

Ein Beispiel zeigt, wie der Manipulator diese Taktik konkret einsetzt:

Beispiel Teil 1

Markus möchte gern die Vertriebsstruktur bei GammaTime verändern. Armin ist ganz explizit dagegen. Auf einer Besprechung fordert er Markus heraus.
Armin: „Dein Vorschlag wird doch bedeuten, dass ganz neue Regionen geschaffen werden müssen. Da frage ich mich, wie genau die Grenzen in den Gebieten gezogen werden können."
Markus: „Wir haben ja jetzt auch Grenzen."
Armin: „Aber die sind fest etabliert. Neue Regionen zu konstruieren ist ein ungeheurer Aufwand, der einen Rattenschwanz an unnötigen Diskussio-

nen nach sich ziehen wird. Außerdem schlägst Du vor, in einer Region immer zwei Mitarbeiter für einen Kunden zuständig sein sollen, das heißt, dass in Teams gearbeitet werden soll. Da frage ich mich, wie die Leute es schaffen sollen sich abzusprechen. Du weißt genau, dass jeder Vertriebsmann seine eigene Vorgehensweise hat, das sind alles Einzelkämpfer. Der Abstimmungsbedarf, der da entstehen würde, ist enorm. Ich stelle mir gerade vor, wie viel Zeit nur dafür vertrödelt wird, dass man gemeinsam einen Besuch plant ..."

Armin wird bestimmt ohne große Mühe weitermachen können. Er wird ein Problemfeld nach dem anderen eröffnen. Im Laufe der Zeit wird sich vor allem bei den Unentschlossenen der Eindruck verstärken, dass man auf einen riesigen Berg von Problemen zusteuert. Dass es sich dabei um einen Berg von marginalen Problemen handelt, wird keiner mehr mitbekommen. Was hängen bleibt, ist die Summe von Schwierigkeiten und genau das ist das Ziel des Manipulators. Diese Taktik kann gut mit der Strohmanntaktik und dem Lawinenargument oder der Schwarzfärberei verknüpft werden (siehe nächstes Kapitel).

Wie schützt man sich davor?

Man muss darauf achten, die Hauptthemen von Detailthemen zu trennen. Die Themen müssen benannt und markiert werden, aber zunächst muss an der Hauptargumentationslinie gearbeitet werden. Man sollte also ganz deutlich darauf aufmerksam machen, dass alle Detailfragen im Moment zwar gesammelt, aber erst zu einem späteren Zeitpunkt besprochen werden. Genau das macht Markus in seiner Replik auf Armin:

Beispiel Teil 2

Markus: „Ich kann verstehen, dass dich diese Themen bewegen: Regioneneingrenzung, Absprachen unter den Mitarbeitern. Aber das sind alles zunächst Detailfragen. Mir geht es zuerst um das große Ganze und da würde ich gern noch mal die Aufmerksamkeit auf den Nutzen der Umstrukturierung lenken. Es werden sich zwei große Vorteile ergeben, die sich unmittelbar in Zahlen ausdrücken lassen ..."

Markus markiert also die angesprochen Themen von Armin, macht aber gleichzeitig deutlich, dass es sich dabei um Detailfragen handelt, die zu einem späteren Zeitpunkt geklärt werden können. Wichtig ist, dass Markus die Themen aufnimmt und nicht einfach übergeht. Das fungiert als Signal, dass die Themen und Fragen des Manipulators durchaus ernst genommen werden.

Übrigens: Oft verzettelt man sich in Details, ohne dass eine gezielte Manipulation dahinter steckt.

35. Übung: Die Verzettelungstaktik erkennen

Achten Sie auf Ihrem nächsten Arbeitstreffen mit Kollegen einmal darauf, wie oft die Verzettelungstaktik (ob bewusst oder unbewusst) eingesetzt wird.

36. Übung: Partnerübung: Die Verzettelungstaktik anwenden

Suchen Sie sich zusammen mit einem Kollegen oder Freund ein Diskussionsthema (zum Beispiel: Türkei in die EU; Studiengebühren; Verlagerung von Arbeitsplätzen ins Ausland etc.). Einer von Ihnen hat die Aufgabe, die Verzettelungstaktik zu starten, der andere hat die Aufgabe diese Taktik abzuwehren.

Die Gut-und-Böse-Taktik

Die Gut-und-Böse-Taktik ist uns sehr gut aus einigen Hollywood-Filmen bekannt. Sie funktioniert nach folgendem Schema: Es gibt einen guten Polizisten und einen bösen Polizisten. Beide sind in einem Verhör mit dem vermeintlichen Täter. Der gute Polizist gibt sich konziliant, kooperativ, mitteilsam und unterstützend. Der böse Polizist verhält sich ganz entgegengesetzt. Er setzt den Täter unter emotionalen Druck, indem er beispielsweise Wutausbrüche vortäuscht oder den Täter mit Worten angreift. Da dieses Verhalten natürlich emotional zermürbend ist, reagieren die Täter auf den netten Polizisten, der das eine oder andere freundliche Angebot macht, mit Zugeständnissen. Sogar in Geschäftsverhandlungen kann man dies erleben. Dazu ein Beispiel.

Beispiel

Herr Müller ist Vertreter der deutschen Firma Gentex, die mit dem chinesischen Unternehmen DongXiao ins Geschäft kommen möchte. Gentex möchte Maschinenteile an DongXiao liefern. Herr Müller spricht mit Herrn Li und Herrn Wang.

Müller: „Wir haben Ihnen ja jetzt ausführlich unsere Konditionen erläutert. Wir hoffen sehr, dass die für Sie in Ordnung gehen."

Li: „Das klingt schon mal nicht schlecht ..."

Wang: „Das Angebot ist eine bodenlose Frechheit. Sie versuchen uns, nur weil wir Chinesen sind, über den Tisch zu ziehen. Was erlauben Sie sich eigentlich ..."

Müller: „Wir möchten Sie nicht über den Tisch ziehen ..."

Wang. „Sie denken, wir sind rückständig und lassen alles mit uns machen. Das sind ja alles überzogene Forderungen."
Li: (beschwichtigend): „Bitte, Herr Wang meint dies nicht so böse. Wir sind an einem Abschluss sehr interessiert. Wir wollen eine Beziehung, die von gegenseitigem Nutzen geprägt ist. Wenn wir in der Preisfrage uns noch etwas näher kommen könnten, wäre das wahrscheinlich sehr hilfreich. Ich glaube, das ist es, was Herrn Wang jetzt sehr bewegt."
Müller: „Na ja, ich weiß nicht ..."
Wang: „Sie nehmen uns und unsere Bedürfnisse nicht ernst. Wahrscheinlich sollten wir hier abbrechen."
Müller: „O.K. Fünf Prozent Preisnachlass können wir Ihnen noch gewähren."

Herr Wang und Herr Li haben erreicht, was sie wollten. Natürlich war das ein abgekartetes Spiel. Die Rollen waren vorher schon verteilt. Das Wechselbad der Gefühle von Wohlwollen und Ärger oder Zorn, das Herr Müller entgegenschlug, sollte ihn verunsichern.

Sie können den Verdacht hegen, dass Sie in solch einem Spiel gefangen sind, wenn Sie auf der anderen Seite vielleicht den einen Verhandlungspartner mögen, während Sie den anderen zum Teufel jagen könnten.
Der gute Gesprächspartner eröffnet freundlich, gibt sich gewogen, hört sich unsere Anliegen an, bringt seine Anliegen scheinbar offen auf den Tisch, ist lösungsorientiert und ausgleichend. Er schafft zunächst also eine freundliche, harmonische Atmosphäre.
Der böse Verhandlungspartner setzt ein, wenn wir uns gerade auf ein angenehmes Gespräch eingerichtet haben. Der Überraschungseffekt ist dadurch umso größer. Damit haben wir nicht gerechnet. Er wirft uns vielleicht vor, unsere Position sei unverschämt, unvernünftig etc. Das sitzt. Ziel des „Bösen" ist es, unsere Erwartungen herab zu setzen. Denn jetzt sehen wir vielleicht die Verhandlung insgesamt gefährdet. Wir stellen uns innerlich bereits darauf ein, Zugeständnisse zu machen oder Kompromisse einzugehen, die wir ursprünglich nicht vorhatten.
Just in dem Moment, wenn wir eigentlich schon denken, alles ist verloren, da steigt der Gute wieder ein und insistiert, dass der Böse sich doch einen Ruck geben und einlenken sollte. Es sieht so aus, als sei der Gute auf unserer Seite, was ihn nur noch sympathischer für uns macht. Wir sehen den Guten als jemanden, der offensichtlich in der Lage ist, vernünftige Vorschläge zu machen. Wir betrachten ihn bewusst oder unbewusst als jemanden, der objektiv zwischen beiden Seiten vermitteln kann. Wenn er nun ein Friedensangebot, ein Angebot zur Güte auf den Tisch legt, dann sind wir wahrscheinlich geneigt,

dieses Angebot anzunehmen. So funktioniert dieses kleine Gut-und-Böse-Spiel.

Wie kann man sich vor der Gut-und-Böse-Taktik schützen?

- Sie ignorieren die Taktik einfach, sobald Sie die Taktik bemerkt haben und machen „gnadenlos“ auf sachlicher Ebene weiter.
- Sie benennen die Taktik und verlangen eine Klärung der Autorität. („Mit wem von Ihnen soll ich jetzt eigentlich verhandeln?“)

Es gibt eine Variante dieser Taktik. Wir nennen sie die Chef-Trick-Variante. Bei dieser Variante kann man die Gut-und-Böse-Taktik auch als einzelne Person ohne einen Partner anwenden. Dabei benutzt der Manipulator als Ersatz für den „Bösen“ seinen nicht-anwesenden Chef. Sehen wir uns dazu ein Beispiel an:

Beispiel Teil 1

Karin ist in Honorarverhandlungen mit Robert vom Einkauf der Firma GemmaPot. Karin verlangt 1.200 Euro als Honorar. Nun reagiert Robert: „Ich kann dieses Honorar absolut nachvollziehen. Mein Chef aber, der kriegt, wenn er das hört, rote Ohren. Sie sollten ihn mal sehen. Da befürchte ich fast, dass der dann eine Zusammenarbeit gar nicht möchte. Das passiert schon mal bei dem. Es geht ja auch um ein gehöriges Volumen. Immerhin 24.000 Euro. Ich würde Ihnen vorschlagen, auf 1.000 oder besser sogar noch 900 Euro runter zu gehen. Dann kriege ich das durch. Und das Gesamtvolumen ist für Sie ja immer noch sehr stattlich. Was meinen Sie? Das wäre ein Angebot zur Güte."

Die letzte Bemerkung ist im Grunde die Höhe. Robert macht ein Angebot zur Güte in einem Konfliktfall, der gar nicht wirklich existiert. Er hat ihn ja nur berichtet. Die Möglichkeit ist sehr groß, dass dies eine verkappte Variante der Gut-und-Böse-Taktik darstellt.
Wie sollte man darauf reagieren? Im Grunde kann man hier in gleicher Weise reagieren wie bei der echten 2-Mann-Taktik (was nicht implizieren soll, dass nicht auch Frauen zu dieser Taktik in der Lage wären). Sehen wir, was Karin unternimmt.

Beispiel Teil 2

Karin: „Das sieht mir jetzt ein bisschen danach aus, als wenn Sie mir hier die „Guter-und-böser-Polizist-Situation" ausmalen; mit Ihrem Chef als bösem Polizisten. Ich frage mich gerade, ob es nicht am besten wäre, direkt mit Ihrem Chef zu sprechen. Das würde ich an der Stelle fast vorziehen." Mal sehen, wie Robert jetzt reagiert.

***37. Übung: Die Gut-und-Böse-Taktik abwehren** (siehe Lösungsteil)*
Wie könnte Herr Müller in seinen Verhandlungen mit den Chinesen reagieren? Welche Formulierungsvorschläge haben Sie? Was könnte er konkret sagen, wenn er das Spiel der beiden Manipulatoren durchschaut hat? (Tipp: Wie könnte Herr Huber die Situation für sich nutzen? Ist ein Gegengeschäft möglich?)

Der Beziehungstrick

Beim Beziehungstrick greift der Manipulator den Wunsch des Adressaten nach guten Beziehungen auf. Jeder von uns strebt nach guten und harmonischen Beziehungen zu anderen Menschen. Das kann der Manipulator ausnutzen. Dabei kann er auf unterschiedliche Weisen vorgehen. Er kann zum Beispiel versuchen, die guten Beziehungen zu nutzen, um Freundschaftsdienste zu erlangen. Das macht folgendes Beispiel klar:

Beispiel

Hans, Bauunternehmer in Gernharting, trifft sich mit Franz, dem Bürgermeister von Gernharting. Nach einem kurzen Gesprächsgeplänkel über die letzten Landtagswahlen sagt Hans:
„Franz, wir arbeiten doch wirklich schon seit über 20 Jahren wunderbar zusammen. Das hat immer alles gut geklappt. Ich glaube, wir haben uns auch immer gut gegenseitig unterstützt. Und da hätte ich heute mal eine Bitte an dich." (Und jetzt kommts ...)

Der Manipulator setzt also auf die positiven, guten Beziehungen, um seinen Zielen näher zu kommen. Hans in unserem Beispiel hat dabei in geschickter Weise erwähnt, dass man sich ja in der Vergangenheit immer echt gut gegenseitig geholfen hat. Damit spielt Hans darauf an, dass auch er bereits Dinge für Franz getan hat. Steht Franz vielleicht sogar noch in seiner Schuld? Das wissen wir nicht. Und auch Franz wird sich nicht ganz sicher sein können, ob Hans eine ganz spezielle Schuld im Kopf hat. Diese Unsicherheit macht ihn möglicher Weise sogar noch aufgeschlossener für die Bitte von Hans. Das Nutzen von Beziehungen und Netzwerken für die eigenen Vorhaben ist natürlich keine große Neuigkeit in unserer Welt. Und solange keine Gesetze gebrochen werden, kann die Pflege von Beziehungen nicht als etwas Anstößiges oder Verwerfliches betrachtet werden. In manchen Kulturen ist es das A und O guten Geschäftsgebarens. So spielt das Beziehungsnetzwerk beispielsweise in China oder Taiwan eine enorme Rolle.

Aber auch in Frankreich ist es wichtig, das eigene Beziehungsnetzwerk zu pflegen.
Dennoch kann es natürlich Manipulatoren geben, die besonders diese Beziehungen für ihre persönlichen Ziele ausnutzen. Sie wenden den Beziehungstrick bewusst an.

Wie schützt man sich vor dieser Manipulationsmethode?
Als entscheidender Schritt erscheint uns, die Beziehungsebene nicht mit dem sachlichen Thema zu vermischen. Der beste Schutz besteht darin zu prüfen, inwiefern hier etwas verlangt wird, was man in sachlicher Hinsicht eigentlich nicht geben kann. Wenn dies der Fall ist, dann sollte man das offen benennen.

38. Übung: Der Beziehungstrick
Denken Sie mal an Situationen, in denen es Ihnen auf Basis Ihrer Beziehung zu einer Person gelungen ist, diese Person für etwas zu gewinnen. Und umgekehrt: Denken Sie mal an Situationen, wo es anderen Personen gelungen ist, Sie für etwas zu gewinnen, obwohl Sie sich eigentlich dagegen sträubten? Anders gefragt: Wann sind Sie auf den Beziehungstrick hereingefallen?

Der Vollendete-Tatsachen-Trick

Was tun, wenn man weiß, dass man mit Worten nichts erreichen wird, man aber trotzdem seinen Willen durchsetzen möchte. Eine wortlose Taktik besteht darin, vollendete Tatsachen zu schaffen. Zuerst mag der Ärger groß sein, aber die Staubwolken werden sich auch wieder senken und man hat erreicht, was man wollte. „Nicht lange herum reden, Tatsachen schaffen" ist hier das Motto.
Das wird jedoch nur funktionieren, wenn die Position des Manipulators einigermaßen sattelfest ist, dass heißt, wenn er aus einer Machtposition heraus agieren kann. Folgendes Beispiel zeigt dies:

Beispiel

In der Marketingabteilung von G-XNok streitet man darum, welche Werbestrategie man in Zukunft verstärkt fahren soll. Einige Kollegen der Marketingabteilung plädieren dafür, auf klassische Werbung in den Printmedien zu verzichten. Als Hersteller von Sportschuhen verspricht man sich viel mehr davon, durch Aktionen und Events auf sich aufmerksam zu machen. Fred, der Abteilungsleiter, möchte weiterhin die klassischen Printmedien einsetzen, er ist von den Endlos-Diskussionen genervt. Es wird Zeit, dass man einfach mal was macht. Also heckt er mit einem seiner Teammitglieder einfach eine neue Kampagne für die Printmedien aus und bucht auch schon entsprechend. Die Kollegen sind darüber ziemlich sauer. Sie machen sich auf dem nächsten Meeting zwar kurz Luft. Aber ziemlich schnell ist der Ärger auch wieder verraucht.

Vollendete Tatsachen zu schaffen, birgt ein ziemlich hohes Eskalationspotenzial. Der Manipulator muss sich im Grunde hier recht sicher sein können, dass die Gegner relativ schwach sind. (In unserem obigen Beispiel liegt die Schwäche der „Gegner" bereits in der Tatsache begründet, dass Fred als Abteilungsleiter Entscheidungsbefugnis besitzt.) Das Risiko für den Manipulator besteht nämlich darin, dass seine Aktion torpediert und unterminiert wird, dass man sich also dagegen wehrt. Wenn er allerdings damit rechnen kann, dass die Gegner um des lieben Friedens willen keine weitere Eskalation wünschen oder sich eine Auseinandersetzung aufgrund ihrer schwachen Position gar nicht leisten können, dann hat der Manipulator einen wichtigen Sieg errungen.

Wie kann man sich vor diesem Trick schützen?

Zunächst kann man sich natürlich gar nicht dagegen schützen, weil man ja in der Regel nicht vorhersehen kann, dass jemand vollendete Tatsachen zu schaffen versucht. Natürlich kann sich in wichtigen Entscheidungssituationen bereits vorbeugend die Frage stellen, welche Gefahr besteht, dass der Verhandlungspartner durch das Schaffen von Tatsachen versuchen wird, seine Ziele umzusetzen.

Was kann ich aber tun, wenn das Kind bereits in den Brunnen gefallen ist?

Es gibt aus unserer Sicht zwei Möglichkeiten: eine schwache Variante und eine starke.

- Bei der schwachen Variante spreche ich diese Taktik an und diskreditiere meinen Gegner damit moralisch. Das wird ihn wahrscheinlich wenig interessieren. Aber ich habe immerhin ein Signal gegeben, dass ich mit dieser Art von Aktion nicht einverstanden bin und in Zukunft verstärkt wachsam sein werde.
- Die starke Variante besteht darin, dass ich es auf einen Machtkampf ankommen lasse und die Aktion, sofern möglich, aktiv bekämpfe.

In unserem Marketingfall könnte es sein, dass Kollegen sich dazu entschließen, beim nächst höheren gemeinsamen Vorgesetzten zu intervenieren, weil sie es im Interesse der Firma für richtig halten. Auch wenn dies einer kleinen „Meuterei auf der Bounty" gleichkommt.

39. Übung: Der Vollendete-Tatsachen-Trick
Überlegen Sie bitte einen Fall, in dem Sie schon einmal mit solch einer Taktik konfrontiert wurden. Welchen Handlungsspielraum haben Sie tatsächlich genutzt und was hätten Sie tun können?

Der Knappheitskniff

„Jetzt unbedingt zuschlagen. Dieses Angebot haben wir nur bis Ende April im Angebot!“ Wer auf diese Weise wirbt, versucht einen Aspekt zu nutzen, den man den Knappheitsfaktor nennen kann. „Wovon es wenig gibt, das muss wertvoll sein.“ Dieser Gedanke steckt hinter diesem Faktor. Knappheit macht Dinge interessant.
Außerdem wird durch das Knappheitsszenario der Gedanke erzeugt, dass man es später vielleicht bereuen könnte, wenn man nicht sofort zugreift. Dieses Gefühl des Bereuens möchte man vermeiden. Eine Chance verpasst zu haben, das nagt an uns.
Durch Knappheit wird also Druck aufgebaut, um das Gegenüber dazu zu bringen, etwas zu tun, was er bei längerem Überlegen vielleicht nicht getan hätte. Knappheit kann in Bezug auf alle Ressourcen eingesetzt werden: Zeit, Geld, Produkte, Manpower. Dazu gleich ein Beispiel:

Beispiel

Franz setzt Karl unter Zeitdruck: „Also Karl, ich sage dir gleich, wir müssen hier möglichst schnell eine Entscheidung treffen. Ehrlich gesagt, erwartet unser Chef noch heute eine Antwort von uns. Wenn er die Antwort nicht erhält, wird er irgendeine Entscheidung treffen; und da können wir nie sicher sein, dass die in unserem Sinne ausfallen wird.“

Franz spielt die Karte „wenig Zeit“ aus, um Karl zu einer schnellen Antwort zu bewegen.

Beispiel

Günter setzt einen Kunden, der sich ein neues Auto anschaffen möchte, unter Druck: „Lange überlegen können Sie in diesem Fall aber nicht. Entweder Sie entscheiden sich noch heute oder ... Morgen kann das Auto schon weg sein. Ich habe eine riesige Nachfrage.“

Günter nutzt das Knappheitsprinzip „geringes Angebot, hohe Nachfrage“.

Die suggerierte Knappheit führt zu Entscheidungsdruck. Wenn man keine Entscheidung trifft, besteht die Gefahr, dass man unwiederbringlich einmalige Chancen verpasst, dass einem ein lukratives Geschäft entgeht oder dass man sich sogar negative Konsequenzen einhandelt. Der Knappheitskniff kann somit ein recht erfolgreiches Manipulationsmittel sein. Gerade in der Werbung oder in sogenannten Point-of-Sales-Marketingaktionen wird dieser Trick benutzt, um Menschen zum Kauf zu animieren.

Wie kann man sich vor dem Knappheitskniff schützen?

Der beste Schutz ist, sich gerade nicht unter Druck setzen zu lassen. Gerade wenn Sie verspüren, jemand versucht Sie durch ein Knappheitsszenario zu einer raschen Entscheidung zu bringen, dann verlangsamen Sie ganz bewusst. Denn die suggerierte Knappheit besteht meistens nur vermeintlich.

Eine weitere Schutzmaßnahme liegt darin, die Knappheitssituation für einen Deal zu nutzen. Das heißt: Im Gegenzug für Ihre rasche Entscheidung schlagen Sie ein Gegengeschäft vor oder verlangen Sie ein Zugeständnis.

Ein dritte Möglichkeit besteht darin: Sie treten aus der Situation (s. Methode „Aus-der-Situation-treten“ aus dem ersten Kapitel) und sprechen die Taktik direkt an, machen dann einen Vorschlag, was man tun könnte.

Greifen wir unser Beispiel von oben noch mal auf, in dem Franz versucht Karl Entscheidungsdruck aufzuerlegen. Wie könnte Karl reagieren?

> Möglichkeit 1: „Ich verstehe, was du sagst. Ich möchte jedoch nicht so schnell eine Antwort geben, von der wir nicht sicher sein können, dass sie uns wirklich hilft. Ich bräuchte zwei Tage mehr Zeit. Was könnten wir denn tun, um unseren Chef hier einerseits zufrieden zu stellen und andererseits noch zwei Tage mehr zu bekommen?"

Karl lässt sich also nicht unter Druck setzen. Er nimmt allerdings den Punkt von Franz (Chef möchte heute noch eine Antwort) auf, um ihn mit seinem Anliegen unter einen Hut zu bringen. Dabei stellt er eine Frage und spielt den Ball somit zu Franz zurück. Jetzt ist Franz zunächst wieder mal in Zugzwang. Gleichzeitig weiß Franz, dass Karl sich nicht so leicht unter Druck setzen lässt. Wenn es also wirklich nur eine Manipulationstaktik war, wird er sie vermutlich nicht noch einmal benutzen. Sehen wir uns Möglichkeit 2 an:

Möglichkeit 2: „O.K. Franz, ich kann mir vorstellen heute noch eine Lösung zu finden. Wenn wir das aber tun, dann möchte ich gern, dass du jemand aus deinem Team für eine Woche abstellst, der uns beim Gamma-Projekt helfen kann."

Karl nutzt hier also die Situation für einen Deal.

***40. Übung: Knappheitskniff abwehren** (siehe Lösungsteil)*

Sie sind Geschäftsführer in einem Maschinenbauunternehmen und führen Verhandlungen mit einem potentiellen Lieferanten. Dieses Unternehmen hat eine neue Technologie entwickelt, die Ihre eigenen Arbeitsprozesse erheblich beschleunigen und zu einer großen Produktivitätssteigerung führen könnte. Die in Frage stehende Maschine soll 10 Mio. Euro kosten. Ihnen ist das um 2 Mio. zu teuer. Nun sagt Ihr Gesprächspartner: „Wissen Sie, Sie sind natürlich nicht das einzige Unternehmen, mit dem wir konkrete Gespräch führen. Zwei Ihrer Mitbewerber sind da natürlich auch im Rennen. Ich würde es gern mit Ihnen machen, das sage ich ganz offen; ich glaube, wir passen auch von der Philosophie her zusammen. Aber natürlich müssen Sie uns da noch gehörig entgegenkommen."

Ihr Verhandlungspartner baut also ein Knappheitsszenario (potentielle Mitbewerber), um Sie unter Druck zu setzen. Wie reagieren Sie? (Tipp: Denken Sie an die Verlangsamung.)

***41. Übung: Knappheitskniff anwenden** (siehe Lösungsteil)*

Bauen Sie für das Gespräch mit dem Lieferanten der Maschine selbst eine Knappheitstaktik ein. Wie könnte sie aussehen? (Tipp: Auf welchen knappen Faktor könnten Sie anspielen: Ressourcen? Zeit? ...)

42. Übung: Knappheitskniff suchen

Sehen Sie sich in der Werbung zu verschiedenen Produkten mal gezielt um, wie oft Ihnen die Knappheitstaktik begegnet.

***43. Übung: Knappheitsargument entwickeln** (siehe Lösungsteil)*

Sie haben Interesse am Kauf eines Hauses. Sie sind bereits in erste Gespräche mit einem Hausbesitzer eingetreten, dessen Haus Ihnen gefallen würde. Er kann sich aber nicht entscheiden, ob er das Haus verkaufen soll oder nicht. Entwickeln Sie ein Knappheitsargument. (Tipp: Welche Engpassfaktoren könnte es für Sie geben, die Sie dazu zwingen, eine rasche Antwort des Hausbesitzers zu bekommen? Wie könnten Sie diese Engpassfaktoren in ein Knappheitsargument einbauen?)

Der Eskalationstrick

Die bewusste Eskalation einer Sache oder Angelegenheit ist eine weitere Strategie oder Taktik, um Unruhe und Unsicherheit herbei zu führen. Ziel des Manipulators ist es, durch spezielle Aktionen zusätzlichen äußeren Druck auf den Adressaten aufzubauen. Das können wir am besten an einem Beispiel illustrieren.

Beispiel

Max und Lothar arbeiten bei RanCall an einem gemeinsamen Projekt zusammen. Sie sollen für RanCall eine Intranet-Plattform schaffen.
Max ist nicht mit den Ergebnissen zufrieden, die Lothar liefert. Er schreibt eine Dringlichkeits-Mail an Lothar und setzt den gemeinsamen Vorgesetzten in Kopie. Max möchte also, dass der Chef oder die Chefin davon Wind kriegt, was bei Lothar los ist.

Diese Vorgehensweise birgt erhebliches Eskalationspotenzial. Für den Manipulator ist das ein Spiel mit dem Feuer, denn er kann ja nicht absehen, wie der Manipulierte reagieren wird. Sein Ziel ist, dass sein Gegner einlenkt. Aber es könnte auch die Gefahr bestehen, dass er zurückschlägt und dadurch eine Eskalationsspirale startet, was eigentlich nicht im Interesse des Manipulators liegt. Eskalationstaktiken beinhalten immer die Gefahr aus dem Ruder zu laufen. Schnell kommt eine Konfliktlawine in Gang und werden unbeteiligte Dritte in Mitleidenschaft gezogen.

44. Übung: Der Eskalationstrick

Welche Beispiele aus Ihrem Berufsalltag fallen Ihnen ein, in denen bewusst eine Eskalation provoziert wurde?

Wie kann man sich vor dem Eskalationstrick schützen?

Im Grunde ist in solchen Situation schon aktives Konfliktmanagement gefragt. Sie sollten nicht mit einer eskalierenden Gegenmaßnahme reagieren, weil sie dadurch wahrscheinlich den Konflikt nur noch weiter treiben werden. Stellen Sie am besten den Manipulator zur Rede, machen Sie klar, dass Ihnen sein Verhalten nicht gefällt, und suchen Sie gemeinsam nach einer Lösung für das Problem, das offenbar besteht. Dabei können Sie unser Verhandlungsmodell einsetzen.

45. Übung: Eskalation im „Rosenkrieg"

Leihen Sie sich den Film „Der Rosenkrieg" und beobachten Sie, welche Eskalationsstufen der Film durchläuft. Das ist höchst aufschlussreich.

Mauern und Blockieren

Zu den schwierigsten und unangenehmsten Situationen gehört, wenn der Manipulator sich auf eine Blockadetaktik eingeschworen hat. Das heißt, der Manipulator schaltet auf stur, gräbt sich in seine Position ein, stellt die Kooperation mehr oder weniger ganz ein und gibt vielleicht gar keine vernünftigen Äußerungen mehr von sich. Mit anderen Worten: Er mauert. Das folgende Beispiel illustriert diese Vorgehensweise:

Beispiel

Karin führt ein Kritikgespräch mit Cornelia. Karin ist Cornelias Vorgesetzte. Aus Karins Sicht hat Cornelia ihre Arbeit in den letzten Wochen etwas schleifen lassen. Die Zahl der Fehler in der Bearbeitung der Dokumente, für die Cornelia zuständig ist, hat sich extrem gehäuft. Auch in der Einhaltung zugesagter Termine scheint Cornelia immer nachlässiger zu werden.

Karin konfrontiert Cornelia mit diesen Kritikpunkten. Zunächst reagiert Cornelia sehr aufbrausend, streitet alles ab, eröffnet Nebenkriegsschauplätze und schließlich antwortet sie fast gar nicht mehr auf Fragen, die Karin ihr stellt. Mit verschränkten Armen sitzt sie vor Karin und murmelt hin und wieder „Mach doch was du willst" oder „Wenn du das so siehst, wird's schon stimmen".

Cornelia hat sich für eine Blockadestrategie entschieden, um Karin dadurch auflaufen zu lassen und mürbe zu machen. Karin versucht mit Engelszungen auf Cornelia einzureden, aber alle Redekünste bringen nichts.

Was kann man gegen solche Blockademanöver tun? Denken Sie bitte einen Augenblick nach, bevor Sie weiter lesen: Was würden Sie tun?
Ungeduldige Naturen neigen in diesen Situationen dazu, schwere Gegengeschütze aufzufahren. Typischerweise werden Drohungen ausgesprochen. („Wenn Du nicht, dann ...) Darauf reagiert der Blockierer meist mit einer noch höheren und breiteren Mauer.
Wir möchten Ihnen ein kleines Eskalationsmodell im Umgang mit Blockaden vorstellen. Dieses Modell hilft auf recht elegante Weise, Blockaden zu handhaben. Dabei kommt es zu einem dosierten Machteinsatz Ihrerseits. Wie funktioniert das?

Schritt 1: Verstehen

Sie haben die Blockadestrategie erkannt. Ihr erster Schritt ist zu verstehen. Was steckt hinter dieser Verhaltensweise? Gibt es irgendwas, was mein Gesprächspartner mir sagen möchte? Gibt es irgendwo viel-

leicht einen Pudels Kern, den es zu identifizieren gilt, bevor wir im Gespräch auch nur irgendeinen Fortschritt machen können? In dieser Phase bedeutet das nichts anderes, als dass Sie auf Fragen und Zuhören konzentrieren. Ein brauchbares Instrument ist beispielsweise der Präzisierungstrichter aus unserem Anfangskapitel.
Stellen wir uns jedoch vor, dass Ihr Einsatz von Fragen nicht von Erfolg gekrönt. Ihr Gesprächspartner mauert weiter. Dann wird es Zeit für den zweiten Schritt.

Schritt 2: Kooperation unterstellen

Sie unterstellen auf Seiten des Gesprächspartners prinzipielle Kooperation. Sie gehen davon aus, dass es irgendein Hemmnis, vielleicht ein Unverständnis auf der anderen Seite gibt, das verhindert, dass das Gespräch Fortschritte macht.
Eine Handlungsmöglichkeit bei der Unterstellung von Kooperation ist: Sie ignorieren die Blockadehaltung und machen auf der sachlichen Ebene zunächst einfach weiter, begeben sich vielleicht auf die Suche nach konstruktiven Lösungen „O.K. Lassen Sie uns dann einfach mal bei der Lösungssuche für unser Problem weitermachen. Was halten Sie denn von folgendem Lösungsvorschlag ...?“
Eine zweite Option besteht darin, das Band zurück zu spulen: „Eines ist mir noch nicht ganz klar; vielleicht habe ich mich einfach nur unklar ausgedrückt. Ich würde daher gern noch mal auf einen Punkt vom Anfang zurückkommen ...“
Eine dritte Option sehen wir in der positiven Interpretation der beobachteten Verhaltensweise, das heißt der Blockade. Konkret bedeutet das: Sie unterstellen, dass es einen guten Grund für die vermeintliche Blockade gibt: „Da Sie auf meine Frage nicht antworten möchten, vermute ich, dass Sie einen sehr wichtigen Grund dafür haben. Ich möchte das daher einfach mal so stehen lassen. Was würden Sie denn vorschlagen, was wir als nächstes tun sollten?“
Nehmen wir an, die Blockadestrategie wird weiter durchgehalten. Jetzt können Sie in Sachen Kooperation noch eine Schippe drauf legen. Und das leitet den dritten Schritt in unserem Eskalationsmodell ein.

Schritt 3: Kooperation signalisieren

Auf welche Weise man Kooperation signalisieren kann, ist abhängig vom Thema. Das Prinzip besteht darin, dass Sie Verantwortung übernehmen, mit gutem Beispiel vorangehen und den Vorschlag machen, einen ersten Schritt als Zeichen Ihres guten Willens zu unternehmen. Zum Beispiel: „Da Sie auf meine Frage nach Ihren Interessen nicht antworten möchten, nehme ich an, dass es Ihnen vielleicht lieber ist, wenn ich Ihnen zuerst **meine** Anliegen kurz darlege. Das werde ich gern tun."

Oder Sie signalisieren Kooperation, indem Sie Zeit und Raum zum Nachdenken ermöglichen: „Wahrscheinlich überraschen Sie meine Fragen etwas und Sie brauchen ein bisschen Zeit, um darüber nachzudenken. Wenn es Ihnen lieber ist, können wir gern morgen oder übermorgen unser Gespräch fortsetzen. Was meinen Sie?"

Da unser Manipulator ein besonders hartnäckiger Blockierer ist, gehen wir davon aus, dass auch diese Angebote nicht weiterhelfen. Dann wird es Zeit, deutlicher zu werden.

Schritt 4: Blockade ansprechen

Der nächste Schritt besteht darin, die Blockade direkt und gezielt anzusprechen. Dabei können Sie unsere Methode „Aus der Situation treten" einsetzen. Zum Beispiel: „Ich möchte unser Gespräch an dieser Stelle unterbrechen. Wir sitzen schon geraume Zeit zusammen. Ich habe Ihnen mehrere Fragen gestellt. Sie haben jedoch auf keine Frage geantwortet und meine Fragen nur mit Äußerungen quittiert wie 'Wenn Sie meinen …' usw. Das ist ziemlich unbefriedigend. Ich habe ehrlich gesagt das Gefühl, dass Sie einfach nur mauern. Was ist denn los?"

Die Hoffnung ist, dass der Gesprächspartner durch die Identifikation der Taktik aufgerüttelt wird und das Gespräch noch einmal in Gang kommt. Doch Hoffnungen werden oft enttäuscht. Stellen wir uns also vor, dass auch diese Vorgehensweise nichts fruchtet. Was kann jetzt getan werden.

Schritt 5: Macht fair einsetzen

Das Gespräch ist nun an einem Endpunkt angelangt. Das endgültige Scheitern steht unmittelbar bevor. Was kann man tun, um die Initiative zu behalten? Die Antwort darauf: Sie können Ihre Macht auf faire Art und Weise einsetzen. Das hört sich geheimnisvoll an. Werden jetzt gar Zaubermächte benutzt? Von Zaubermächten jedoch kann nicht die Rede sein; Ihre Macht besteht nämlich in nichts anderem als Ihrer Ausstiegsoption, das heißt der Antwort auf die Frage, was Sie tun werden, wenn das Gespräch erfolglos endet. Wir haben im ersten Kapitel bereits aufgezeigt, wie wichtig es ist, sich eine Ausstiegsoption zu überlegen und zwar bereits im Vorfeld eines wichtigen Gesprächs. Dank Ihrer Vorbereitung können Sie von dieser Ausstiegsoption nun Gebrauch machen.

Bei der Benutzung der Ausstiegsoption kommt es darauf an, dass Sie die Ausstiegsoption als ein faires Angebot formulieren. Sie kündigen Ihre Ausstiegsoption als reale Alternative zwar an, bieten aber zugleich aber die Möglichkeit an, wieder zu einem sachlichen und ergebnisorientierten Dialog zurückzukehren.
Insgesamt verläuft der faire Machteinsatz in drei Schritten:

- Ankündigen der Macht (Ausstiegsoption) als faires Angebot
- Einsetzen der Macht mit klarer Begründung, falls auf das Angebot nicht eingegangen wird
- Konsequent handeln, Ausstiegsoption durchführen

Diese drei Schritte können wir am besten wieder mit einem Beispiel illustrieren:

Beispiel: Ankündigen der Ausstiegsoption als faires Angebot

Max: „Herr Meier, ich sehe jetzt zwei Möglichkeiten: Entweder wir legen gemeinsam bis heute Nachmittag noch eine Lösung fest oder ich mache von meiner Leitungskompetenz Gebrauch, in diesem Fall einfach eine Entscheidung zu treffen. Natürlich hoffe ich, dass wir eine gemeinsame Lösung finden. Was schlagen Sie vor?"

Herr Meier geht nicht auf die Frage und das Angebot ein. Daher folgt der zweite Schritt:

Beispiel: Einsetzen der Ausstiegsoption mit klarer Begründung

Max: „Herr Meier, ich habe ganz stark den Eindruck, dass Ihnen nicht an einer gemeinsamen Verhandlungslösung gelegen ist. Als Teamleiter bin ich dem Team und unseren Kunden gegenüber in der Verantwortung. Ich kann die gegenwärtige Situation so nicht weiter laufen lassen. Ich werde deshalb eine Entscheidung treffen, wie wir weiter vorgehen werden in unserem Projekt."

Der dritte Schritt besteht darin, dass Max gemäß seiner Ausstiegsoption konsequent handelt.

Worin liegen die Vorteile des fairen Machteinsatzes? Dem Manipulator wird dadurch auf der einen Seite wieder ermöglicht in einen lösungsorientierten Dialog einzutreten und auf der anderen Seite wird ihm unmissverständlich klar gemacht, welche Konsequenzen er zu erwarten hat, wenn er auf das Angebot nicht eingeht. Der Manipulator selbst hat die Wahl und der Machteinsatz stellt somit keine platte Drohung dar.

Wichtig ist natürlich, dass man, falls der Manipulator das Angebot, wieder in einen Dialog einzutreten, nicht annimmt, die Ausstiegsoption konsequent durchführt. Tut man dies nicht, steht die eigene Glaubwürdigkeit auf dem Spiel.

46. Übung: Umgang mit Blockaden

Überlegen Sie, welche Ausstiegsoption Karin (Beispiel am Anfang) im Gespräch mit Cornelia hat und wie Sie Ihre Macht fair anwenden könnte.

Exkurs: Chinesische Manipulationsstrategien

Chinesen haben eine lange Tradition in der Meisterschaft der listigen Verhandlungsführung, das heißt in der Anwendung von Manipulationsstrategien. Besonders bekannt sind die 36 Strategeme der Verhandlungskunst. Zur Abrundung unseres Kapitels psychologischer Manipulationen wollen wir eine Reihe dieser Strategeme vorstellen. Vielleicht erkennen Sie ja die eine oder andere Taktik, die wir in diesem Kapitel bereits erörtert haben.

Den Staat Wei belagern, um den Staat Zhao zu retten

Das heißt: Identifiziere die Schwachpunkte des Gegners und greife diese gezielt an. Versuche den wunden Punkt des Gegners herauszufinden und benutze ihn zu deinem Vorteil.

Mit einem geliehenen Messer töten

Das heißt: Nutze fremde Ressourcen zu deinem eigenen Vorteil. Spiele die Wettbewerber gegeneinander aus. Achte auf unvorsichtige Bemerkungen deines Gegners und nagele ihn später darauf fest.

Entspannt den erschöpften Feind erwarten

Das heißt: Kontrolliere die Rahmenbedingungen der Verhandlungen; bestimme den Ort, der für dich von Vorteil ist, lege einen Zeitplan fest, der dich in Vorteil bringt; baue Verzögerungen ein, um den Gegner auf die Folter zu spannen; geh mit einem großen Team in die Verhandlungen, um den Gegner dadurch einzuschüchtern.

Plündere ein brennendes Haus

Das heißt: Nutze die Situation, wenn der Gegner Probleme hat oder in einer Krise steckt. Verschaffe dir einen Vorteil aus dem ungenügenden Wissen des Gegners. Entdeckst du unterschiedliche Interessen auf der gegnerischen Seite, dann spiele diese Interessen gegeneinander aus.

Stelle Forderungen im Osten, aber greife im Westen an

Das heißt: Tarne deine wirklichen Interessen und Bedürfnisse. Verwickle den Gegner in Diskussionen über kleine, unwichtige Dinge, um ihn in seiner Aufmerksamkeit zu schwächen. Oder stell überzogene Forderungen, um ihn von seinem eigentlichen Kurs abzubringen.

Den Bürgersteig öffentlich reparieren, aber heimlich nach Chen Cang marschieren

Das heißt: Verhandle offen mit der einen Seite, aber heimlich mit der anderen Seite, um bei Bedarf über mehrere Optionen zu verfügen.

Das Feuer von der anderen Seite des Flusses aus betrachten

Das heißt: Baue bewusst Verzögerungstaktiken ein, erzeuge Blockaden, erhalte aber trotzdem die Hoffnung auf der anderen Seite, dass es für sie zu einer guten Lösung kommen kann. So wird der Gegner mürbe.

Verstecke ein Messer in einem Lächeln

Das heißt: Mache einen freundlichen Eindruck, um das Vertrauen des Gegners zu gewinnen. Setze deine Gastfreundschaft ein, um seine Sympathie zu erhalten. Sei jedoch wachsam und stark und handle erst, wenn der Gegner unachtsam wird.

Den Pflaumenbaum an Stelle des Pfirsichbaums verdorren lassen

Das heißt: Opfere kleine Dinge, um große Gewinne zu erzielen. Setz gezielt die Gut-und-Böse-Taktik ein.

Eine Ziege im Vorbeigehen wegführen

Das heißt: Nutze auch die kleinsten Gelegenheiten für Zugeständnisse, wenn sie sich bieten. Fordere beständig von deinem Gegner kleine Extras und Zugaben ein.

Aufs Gras schlagen um die Schlange zu erschrecken

Das heißt: Setze bewusst Schweigen ein, um den Gegner zu irritieren. Übe bisweilen Druck auf den Gegner aus, um zu sehen, wie er reagiert.

Einen Körper leihen, um die Seele zurück zu geben

Das heißt: Suche aktiv nach Partnerschaften und Koalitionen, die dich unterstützen können.

Bringe den Tiger dazu, die Berge zu verlassen

Das heißt: Bringe den Gegner in eine Umgebung, die für ihn ungewohnt ist und in der er seine Macht nicht nutzen kann.

Um etwas zu fangen, lass es zuerst gehen

Das heißt: Wiege den Gegner in Sicherheit. Mach ihm beständig deutlich, dass man in der Verhandlung bereits große Fortschritte erzielt hat, um ihn auf diese Weise „einzulullen".

Um Banditen zu fangen, fang zuerst den Anführer

Das heißt: Bring zuerst die wichtigsten Leute (Verhandlungsführer und Entscheider) ins Spiel. Besprich zuerst die wichtigsten Dinge und Angelegenheiten.

Das Feuerholz unter dem Kochtopf entfernen

Das heißt: Suche gezielt nach Möglichkeiten, wie du die Stärken des Gegners unterminieren kannst.

Wühl das Wasser auf, um den Fisch zu fangen

Das heißt: Bring den Gegner in schwierige Situationen, um dann seine Hilflosigkeit auszunutzen. Stifte gelegentlich bewusst Verwirrung. Erschöpfe den Gegner körperlich zum Beispiel durch lange Abende.

Schließ die Tür, um den Dieb zu fangen

Das heißt: Schaff einerseits eine positive Atmosphäre, baue andererseits aber Zeitdruck auf. Schiebe alles auf den letzten Moment hinaus, um dann unter Zeitdruck zu verhandeln.

Befreunde dich mit den entfernt liegenden Staaten, während du die nahe liegenden angreifst

Das heißt: Beschäftige dich mit deinem Gegner nach und nach. Schaffe freundschaftliche Beziehungen mit Teilen des gegnerischen Teams. So weichst du die generische Front auf.

Leih eine Straße um den Staat Guo zu erobern

Das heißt: Nutze die Stärken einer Partnerschaft, aber verfolge deine eigenen Ziele. Benutze diese Partnerschaften als wichtige Informationsquellen.

Spiel einen naiven Dummkopf

Das heißt: Verstecke die eigenen Ziele; tu so, als würdest du viele Dinge nicht verstehen oder kennen. Man wird dich unterschätzen, und später gewinnst du durch totale Überraschung.

Den Feind aufs Dach locken und dann die Leiter wegnehmen

Das heißt: Nutze die zeitlichen Rahmenbedingungen deines Gegners zu deinem Vorteil. Wenn er in Zeitnot, dann schlag daraus Profit.

Der Gast wird zum Gastgeber

Das heißt: Mach dem Gegner deutlich, welch großer Nutzen für ihn in einer Zusammenarbeit mit dir liegt. Täusche Schwäche vor und tu so, als ob du Hilfe benötigen würdest.

Die schöne Frau nutzen

Das heißt: Sammle so viele geheime Informationen wie möglich. Benutze Einladungen, um den Gegner gefügig zu machen.

Die leere Stadt

Das heißt: Gib vor, dass du dich geschlagen gibst, um den Gegner am Ende zu überraschen. Mach leere Zugeständnisse oder leere Versprechungen.

Strategie 33: Gegenspionage

Das heißt: Kenne die Lage und die Situation des Gegners genau, identifiziere seine Stärken und Schwächen.

Die Strategie der vermischten Strategien

Das heißt: Verlass dich nicht nur auf eine Strategie, sondern kombiniere mehrere Strategien miteinander.

Machiavelli light – typische Machtspiele

Ganz unten in unserer Trickkiste 1, fast hätten wir es übersehen, finden wir ein Büchlein: Machiavelli „Der Fürst". Da schwant Ihnen bereits, um was es jetzt gehen wird, nämlich um Macht.
Im Grunde war Macht bereits bei allen Methoden, die wir bisher kennengelernt haben, ein zentrales Thema. Sich durchzusetzen, etwas zu blockieren, den anderen von seinem Ziel abzubringen, dies kann man alles als Varianten von Machtspielen verstehen. Machtspiele finden wir in einer Vielzahl von Versionen und Gestalten. Zum Ende unseres zweiten Kapitels jedoch wollen wir dieses Thema noch einmal gezielter bearbeiten. Denn es gibt einige Phänomene, die man unter den Begriff der psychologischen Manipulation fassen kann, denen wir aber bisher noch nicht genügend Aufmerksamkeit geschenkt haben. Und diese Phänomene haben alle mit dem Thema „Macht" zu tun.
Macht ist auf hervorragende Weise manipulatorisch einsetzbar. Wir blättern ein bisschen in dem Buch von Machiavelli und lesen:

> *„Denn die Art, wie man lebt, ist so verschieden von der Art wie man leben sollte, dass, wer sich nach dieser richtet statt nach jener, sich eher ins Verderben stürzt, als für seine Erhaltung sorgt; denn ein Mensch,*

der in allen Dingen nur das Gute tun will, muss unter so vielen, die das Schlechte tun, notwendig zugrunde gehen. Daher muss ein Fürst, der sich behaupten will, imstande sein, schlecht zu handeln, wenn die Notwendigkeit es erfordert."

(Machiavelli, Der Fürst, S. 78)

Genau das ist es, denken Sie. Darum geht es: Um die Erhaltung von Macht und ihren Ausbau. Und schon fallen Ihnen wahrscheinlich Beispiele ein, die dieses Prinzip verkörpern.
Machtinstrumente kann der Manipulator bewusst einsetzen, um zu erreichen, was er möchte. Oft genügen dazu lediglich kleine Machtdemonstrationen, um den Gesprächspartner in die gewünschte Richtung zu lenken.
Werfen wir einen Blick auf eine Situation, die in unseren Unternehmen typisch ist: das Mitarbeitergespräch zwischen dem Chef und einem Mitarbeiter. Das Mitarbeitergespräch - die hohe Schule des partnerschaftlichen Gesprächs in unseren Organisationen. Aber sehen wir uns an, wie ein solches Mitarbeitergespräch oft abläuft.

Beispiel

Der Chef kommt zur Tür herein, der Mitarbeiter wartet bereits seit fünf Minuten.
Chef: „So, Meier, da sind Sie ja. Ich hatte gerade noch ein wichtiges Telefonat mit unserem Vorstand. Hat ein bisschen länger gedauert. Aber gut, dass Sie pünktlich sind, da können wir gleich loslegen. Sie sind bereit?"
Meier: „Ja."
(Der Chef hat irgendwo mal gehört, dass es vernünftig ist, den Mitarbeiter als erstes reden zu lassen. Das probiert er gleich aus.)
Chef: „Also Meier, schießen Sie doch mal los: Wie geht's Ihnen denn hier so bei uns im Team?"
Meier: „Im Großen und Ganzen ganz gut."
Chef: „Das hör ich gern. Wissen Sie, wir stehen ja im Moment vor ziemlichen Herausforderungen. Erstens wollen wir unser neues Produkt noch in diesem Jahr auf den Markt bringen. Darum ging es auch grade in dem Telefonat mit unserem Vorstand. Sie können sich gar nicht ... (Nach zehn Minuten Monolog erinnert sich der Chef an seinen Vorsatz, dass er eigentlich seinen Mitarbeiter reden lassen wollte) So Meier, im Großen und Ganzen ganz gut. Was gibt's denn noch?"
Meier: „Ja, es gäbe da vielleicht ein paar Punkte, die unsere Aufgabenverteilung betreffen."
Chef: „Moment Herr Meier, sorry, dass ich da gleich mal einhake. Die Aufgabenverteilung steht natürlich nicht zur Debatte. Wissen Sie, was das für ein Kampf war, bis wir uns auf die jetzige Struktur geeinigt haben? Nein, natürlich, das wissen Sie wahrscheinlich nicht."

Verlassen wir diesen kleinen Ausschnitt aus diesem Mitarbeitergespräch. Nicht zu übersehen waren eine ganze Reihe kleiner Machtdemonstrationen erkennbar. Sie verstärken das Machtgefälle zwischen dem Mitarbeiter und seinem Vorgesetzten. Wie sahen diese Machtdemonstrationen aus?

Der Chef

- kommt zu spät
- macht deutlich, mit wem er Kontakt hat
- macht herablassende Bemerkung über die Pünktlichkeit von Herr Meier
- nimmt sich das größte Rederecht
- erklärt die Welt
- nimmt sich das Recht nicht zuzuhören und zu unterbrechen
- nimmt bestimmte Themen aus der Diskussion heraus

Das sind hübsche Machtdemonstrationen, die die Position des einen stärken und die des anderen schwächen können. Es sei dahingestellt ob absichtlich oder unabsichtlich.

Um ein Missverständnis zu vermeiden: Wir sind keine Romantiker. Wir halten Macht für ein „natürliches“ Phänomen in unserer Welt und unserer Gesellschaft. Und Macht ist für sich betrachtet weder schlecht noch verdammenswert. Sie ist allerdings ein Tabuthema und sie kann zum Schlechten, das heißt unfair, eingesetzt werden. Ein Beispiel unfairen Einsatzes ist die typische Machtdemonstration, die dem Gesprächspartner klar machen soll, wer in jedem Fall am längeren Hebel sitzt.

47. Übung: Machtdemonstrationen

Welche typischen Machtdemonstrationen kennen Sie aus Ihrem Alltag? Sammeln Sie ein paar Beispiele.

Machtspielvariationen

Wir wollen uns noch einige weitere Varianten von Machtspielen ansehen, die Formen der Manipulation darstellen. Dabei lohnt es sich, einen Blick darauf zu werfen, was Machtmenschen üblicher Weise tun, um Macht zu entwickeln und auszubauen. Der Machtmensch greift häufig zu folgenden Taktiken:

- Erstens: Er weckt Hoffnungen in den Menschen. Hoffnungen sind ein wichtiger Antriebsfaktor. Diese Erkenntnis setzt der Manipulator ein. („Hier ist jemand, der uns helfen kann, das zu erreichen, was wir erhoffen.“) Hoffnungen haben den Vorteil, normalerweise ziemlich weit in die Zukunft zu verweisen und relativ vage zu sein. Diese Umstände sind hilfreich, wenn schließlich eingesehen werden muss, dass die Hoffnungen wahrscheinlich enttäuscht werden. Aber neue Hoffnungen stehen schon bereit. Und wer erinnert sich heute noch darin, was vor ein paar Jahren einmal gesagt wurde. (War da nicht einmal von blühenden Landschaften in Ostdeutschland die Rede?) Der Hoffnungshunger der Menschen lässt sich gut mit leeren Versprechungen stillen. Wenn die Versprechungen eingelöst werden sollen, nun ja: Man hat es damals sowieso anders gemeint (Man ist systematisch missverstanden worden.), und außerdem hat sich die Welt einfach geändert. So was kommt vor.
- Zweitens: Der Machtmensch sucht sich Hilfssheriffs. Er identifiziert loyale Gruppen, die ein paar Privilegien erhalten. Diese Gruppen sorgen für die nötige Unterstützung in der Gemeinschaft. Die erhaltenen Privilegien werden sie als Auszeichnung als Ehre verstehen. Außerdem schafft man dadurch moralische Mittäter. Wer wird schon zugeben, dass er aus bloßem Eigeninteresse, das herrschende Machtgefüge unterstützt hat. Nein, da werden schon übergeordnete Ziele und Ideale herhalten müssen. Und die wird man nicht von heute auf morgen aufgeben können. Das erzeugt Stabilität im System, was den Machtmenschen freut.
- Drittens: Der Machtmensch sucht und propagiert einen inneren oder äußeren Feind. Dieser Feind fungiert fortan als Projektionsfläche für alle Dinge, die schlecht laufen oder mit denen man nicht zufrieden ist. (Ein guter Feinderzeugungs-Mechanismus ist übrigens Neid.) Das bedeutet, der Machtmensch wird ganz gezielt Ängste schüren, dabei wird er gleichzeitig die moralische Rechtmäßigkeit oder gar Überlegenheit seiner Position und der seiner Anhänger heraus streichen.

Wer diese Prinzipien beherzigt, wird gute Chancen haben, seine Macht auf- und auszubauen. Auf zwei besondere Formen wollen wir dabei noch etwas spezieller eingehen: das Sündenbock-Prinzip und das Prinzip „Divide et impera“.

Das Sündenbock-Prinzip

Dieses Prinzip kann man in die Frage kleiden: Wem kann man die Schuld aufladen?

Eine uns bekannte Führungskraft eines großen Unternehmens hat im Gespräch uns gegenüber einmal erläutert: „Wissen Sie, ich habe mir folgende Taktik zurechtgelegt: Schiebe die Schuld auf nicht anwesende Dritte. Das funktioniert hervorragend, die können sich nämlich nicht wehren." Diese Äußerung beschreibt sehr klar die Vorgehensweise des Manipulators: sollte etwas nicht klappen, sollte ein Fehler auftauchen, dann hat er einen Sündenbock parat, dem dieser Fehler angelastet werden kann. („Der frühere Projektleiter hat da …" „Die Forschungsabteilung hat geschludert", etc.) Das Sündenbock-Prinzip erfordert, dass der Nachweis der tatsächlichen Schuld oder des tatsächlichen Fehler nur schwer oder gar nicht geführt werden kann. Sonst könnte nämlich der Bumerang zurückkommen.

Viele Machtmenschen (Politiker) setzen eine besondere Version des Sündenbock-Prinzips ein. In dieser Variante sind dann nicht einzelne Personen oder Personengruppen die Sündenböcke, sondern die ganze Welt. Diese Version wird benutzt, wenn es um die Zuschreibung von Erfolg oder Misserfolg geht. Erfolge schreibt man sich immer selbst zu, seinem persönlichen Einsatz und dem seiner Verbündeter; Misserfolge schreibt man einer veränderten Welt zu („Die Weltwirtschaft steckt in einer Krise …"; „Die Globalisierung hat zu deutlichen Veränderungen geführt" … usw.)

Divide et impera

„Divide et impera" ist lateinisch und bedeutet „Entzweie und herrsche". Es ist nicht genau verbürgt, von wem dieser Ausspruch genau stammt. Eine historische Wurzel geht auf den französischen König Louis XI zurück, der gesagt haben soll: „Diviser pour régner". Bei wem das Copyright für diesen Ausspruch auch immer liegen mag, entscheidend ist das Prinzip, das er verkörpert: nämlich Zweitracht zu säen, also Vertrauen zu unterminieren, um auf Basis dieser Misstrauenssituation, die eigenen Ziele zu verfolgen.

Vielleicht wird es Sie überraschen, aber wir sehen dieses Machtprinzip als ein zentrales Element in vielen unserer Organisationen und Unternehmen. In welcher Form tritt es dort in Erscheinung?

- Unsere Unternehmen sind in Funktionssilos aufgeteilt, die erbitterte Kämpfe um Budgets und Ressourcen führen.

- Anreizsysteme (incentives) sollen zu mehr Motivation führen, untergraben aber letztendlich das Vertrauen der Mitarbeiter untereinander. („Wieso hat der und nicht ich …?“)
- Anonyme Beurteilungssysteme sollen die interne Zusammenarbeit verbessern, schaffen aber nur weiteres Misstrauen und stromlinienförmiges Anpassungsverhalten.
- Teamarbeit soll gefördert werden, gleichzeitig benutzt man individuelle Bonussysteme.

Zur Unterstützung des „Divide et impera“ werden an die Mitarbeiter mehrdeutige oder paradoxe Botschaften ausgesandt. Diese Botschaften halten die Organisation auf einem hohen Unsicherheitsniveau, was für Machtstabilität sorgt. Solche Botschaften lauten: „Gehen Sie Risiken ein, aber seien Sie sich dessen bewusst, dass Sie das Geld unserer Shareholder ausgeben“; „Vertrauen ist mir sehr wichtig und bitte schicken Sie mir jede Woche einen ausführlichen Bericht.“ „Seien Sie kreativ und übernehmen Sie Verantwortung; vergessen Sie dabei nicht sich an die bestehenden Prozesse und Verfahrensweisen zu halten.“
Wir werden Ihnen nun keine Tipps dafür geben, wie man solche strukturellen Machtgefüge aufbrechen kann. Entscheidend ist, ein bisschen sensibel dafür zu werden, in welchen Formen Macht uns begegnen kann.
Womit wir uns allerdings noch beschäftigen wollen, ist mit der Frage, wie man sich vor individuellem unfairen Machteinsatz schützen kann.

Wir sehen folgende Möglichkeiten:

- Setzen Sie sich ein klares Ziel vor und verfolgen Sie dies beharrlich (auf kooperative Weise).
- Bauen Sie Begründungs- und Verhandlungsmacht auf. Das heißt: Begründen Sie Ihre Standpunkte präzise; verlangen Sie Begründungen von der anderen Seite und verteidigen Sie Ihre Anliegen (entsprechend unserem Verhandlungsmodell ab S. 115).
- Entwickeln Sie selbst Macht. Dazu müssen Sie sich fragen, welche Machtquellen Sie selbst anzapfen können, um Ihre Position zu stärken.

Welche Möglichkeiten Sie hier haben, das können Sie herausfinden, wenn Sie folgende Checkliste mal durcharbeiten:

Machtquellen nutzen

Über welche Mittel verfüge ich?
Wer über Ressourcen verfügt, der hat in der Regel Macht. Ressourcen können Geld, Freunde, Manpower usw. sein. Stellen Sie sich folgende Fragen

- Über welche Ressourcen verfüge ich? (Geld, Manpower ...)
- Wer ist aufgrund meiner Ressourcen-Macht von meinen Entscheidungen abhängig?
- Von wem bin ich abhängig?
- Wer verteilt die für mich relevanten Ressourcen?
- Wie ist mein Verhältnis zu dieser Person oder Personengruppe?
- Wie kann ich den Verteilungsprozess von Ressourcen beeinflussen?
- Wie kann ich mir größere Ressourcen verschaffen?
- Wie kann ich bestehende Ressourcen stärker anzapfen?
- Welche Möglichkeiten gibt es, Ressourcen aus dem Nichts zu schaffen?
- Kann ich beispielsweise spezielle Projekte initiieren, die von anerkanntem Nutzen sind und die wichtige Ressourcen benötigen?
- Wen (und damit wessen Ressourcen) kann ich als Verbündete gewinnen?

Wie ist meine Position im Informationsnetz?
Personen, bei denen viele Informationen zusammen laufen, die wie die Spinne im Netz im Zentrum der Kommunikationskanäle sitzen, stellen einen wichtigen Machtblock dar. An diesen Personen kommt man nicht leicht vorbei; mit ihnen muss man sich austauschen. Sie verfügen dadurch über viele wertvolle Informationen. Diese Informationen können Sie natürlich gezielt steuern

- Bin ich im Zentrum des Kommunikationsnetzes oder eher an der Peripherie?
- Wer sind meine wichtigsten Kommunikationspartner? Und warum?
- Wie viele relevante Informationen erhalte ich?
- Gehen wichtige Informationen an mir vorbei?
- Wie kann ich sicherstellen, dass mich die relevanten Informationen erreichen?
- Mit wem sollte ich laufend kommunizieren?
- Wie sieht meine Vernetzung im Aufgabengeflecht aus?
- Müssen andere wichtige Bereiche mit mir kommunizieren oder können sie mich außen vor lassen?
- Was kann ich tun, um den Kommunikationsdruck für die anderen Bereiche mit mir zu erhöhen?
- Wie könnte ich ganz allgemein meine Position im Kommunikationsnetz stärken?
- Wie sieht das Interessenskraftfeld aus?
- Wer unterstützt? Wer ist neutral? Wer blockiert?

Machtquellen nutzen
Wie sieht meine formale Macht und Reputation aus? Manche Menschen besitzen einfach formale Macht. Sie sind auf eine Stelle gesetzt worden, wo Sie Weisungsbefugnis gegenüber anderen Menschen besitzen. Ein wichtiger informeller Faktor ist dabei der Ruf, den jemand genießt. • Auf welche formale Macht kann ich mich stützen? • Wer hat welchen Einfluss auf Entscheidungen? • Welchen Ruf hat unsere Abteilung? • Wie können wir unseren Ruf fördern? • Über welche erfolgreichen Dinge oder Projekte sollten wir noch besser kommunizieren? • Wie sollten wir uns positionieren?
Wie wichtig ist die Gruppe oder Organisationseinheit, zu der ich gehöre? Die Gruppenzugehörigkeit hat einen Einfluss auf die Machtbasis, die man besitzt. Ist die Gruppe insgesamt sehr wichtig, kommt man aufgrund ihrer Aufgaben und ihrer Rolle in der Organisation nicht an ihr vorbei, so steigt der eigene Machteinfluss. Dabei ist auch wichtig, wie die Gruppe nach außen auftritt. • Wie einheitlich treten wir nach außen auf? • Wie können wir diesen Auftritt verstärken? • Werden durch uns kritische Probleme für die Organisation gelöst? • Wie ersetzbar sind wir? (Outsourcing-Resistenz)? • Wie hoch ist der Durchdringungsgrad unserer Abteilung? • Wo mischen wir überall mit? • Wo sollten wir uns platzieren?

Tipp:

Eine Machtquelle sollte man nicht vergessen. Sie wird sie vielleicht überraschen, und von vielen Menschen wird sie unterschätzt. Es handelt sich um die moralische Macht. Wer fair und aufrichtig handelt, wer als jemand wahrgenommen wird, der für solche Werte steht, der entwickelt moralische Macht. Er wird zu einer Art moralischer Institution. Die Menschen hören durchaus auf moralische Mächte. Ein bekanntes Beispiel aus der Geschichte stellt der Machtkampf zwischen Cäsar und Cato im alten Rom dar. Cäsar hatte enorme militärische Macht; Cato aber, der unparteiisch für die Werte der römischen Republik kämpfte, hatte moralische Macht. Cato hatte aufgrund seiner moralischen Macht einen großen Einfluss auf seine Mitbürger. Sogar Cäsar, sein Gegner, schien sich die Anerkennung durch Cato gewünscht zu haben. Darauf lassen einige Quellen schließen.

48. Übung: Machtquellen-Checkliste

Arbeiten Sie die Fragen unserer Checkliste einmal durch und überlegen Sie, aus welchen Machtquellen Sie in Ihrem Unternehmen, Ihrem Verein etc. schöpfen können.

Tipp:

Sollten Sie Lust verspüren, sich in Ihrem Unternehmen oder Ihrer Organisation auf einen Machtkampf einzulassen, weil es vielleicht eine Gruppe von Mächtigen gibt, deren Position Sie nicht akzeptieren wollen, dann sollten Sie an folgendes denken:

- Überlegen Sie sich, welches Risiko Sie bereit sind, einzugehen. Ist es die Sache wert, für die Sie sich einsetzen wollen?
- Achten Sie darauf, sich nicht für unklare Interessen anderer Personen einspannen zu lassen. Konzentrieren Sie sich auf Ihre Sache.
- Lassen Sie keine Gelegenheit ungenutzt, die Machtprivilegien der Mächtigen, mit denen Sie sich anlegen wollen, in Frage zu stellen. Da ist eine gehörige Portion Mut gefragt.
- Geben Sie sich selbst keine Blöße, lassen Sie sich nicht auf unklare Deals und Machenschaften ein, aus denen Ihnen später „ein Strick gedreht" werden könnte. So werden Sie nämlich erpressbar.
- Achten Sie darauf, Ihre Position stets sauber argumentativ zu untermauern.
- Suchen Sie nach Verbündeten und Gleichgesinnten.

Seien Sie vorsichtig: Wenn die Mächtigen bemerken, dass Sie an Einfluss gewinnen, greifen sie möglicherweise zur Strategie der Verbrüderung, das heißt, sie werden versuchen Sie auf Ihre Seite zu ziehen.
Mit diesen kleinen Ratschlägen für „Widerstandskämpfer" wollen wir unsere erste Trickkiste mit Manipulationen schließen. Daneben steht ja schon die zweite Kiste. Aber bevor wir die aufmachen, haben wir uns erst mal eine Pause verdient.

Trickkiste 2: Logische Manipulationen

Ausgeruht und entspannt wenden wir uns Trickkiste 2 zu. In großen schwarzen Lettern steht dort „Logische Manipulationen". Was wird sich darin verbergen?

Unter logischen Manipulationen verstehen wir alle Arten von Scheinargumenten, die Manipulatoren in Gesprächen einsetzen können. Bei logischen Manipulationen versucht der Manipulator durch (scheinbar) argumentative Mittel, den Gesprächspartner für etwas zu gewinnen. Bei genauerem Hinsehen aber entpuppen sich diese argumentativen Mittel als fehlerhaft und inkorrekt.

Um zu verstehen, inwiefern es sich um Scheinargumente bei den Manipulationsversuchen handelt, muss man zuerst verstehen, was eigentlich ein Argument ist. Daher ein kurzer Exkurs zum Thema Argumente. Auch hier schwirren unter unseren Alltagsbegriffen eine Reihe unterschiedlicher Vorstellungen umher.

Was ist ein Argument?

Was würden Sie sagen: Was ist ein Argument?

- Ein Argument besteht in den Gründen, die zur Stützung einer Behauptung herangezogen werden. (beschreibt unsere Alltagsvorstellung von Argumenten, ist aber leider nicht ganz korrekt)
- Ein Argument ist die Behauptung zusammen mit den angeführten Gründen. (ist richtig. Lassen Sie uns ein bisschen genauer ansehen, wie das zu verstehen ist.)
- Ein Argument ist nur die Behauptung, die man vertreten möchte. (beschreibt überhaupt kein Argument)

Jedes Argument besteht aus zwei zentralen Bausteinen:

- dem Standpunkt (Meinung, Behauptung), der begründet werden soll
- den Gründen, die benutzt werden, um den Standpunkt zu stützen

Beispiel

Max, der Vertriebsleiter des Softwareunternehmens SmartX, argumentiert bei einer Besprechung mit seiner Mitarbeitern: „Wir müssen etwas tun, um unser Umsatzziel zu erreichen. Denn die Zahlen der letzten Monate zeigen, dass wir 20 Prozent unter unserem Soll liegen."

Max' **Standpunkt** ist: Wir müssen etwas tun, um unser Umsatzziel zu erreichen.
Der **Grund** dafür: Die Zahlen der letzten Monate zeigen, dass wir 20 Prozent unter unserem Umsatzziel liegen.

Das Interessante bei Argumenten ist, dass man sie auch umdrehen kann. Dann spricht man nicht mehr von Begründungen, sondern von Schlüssen. Ein Schluss ist nichts anderes als eine umgekehrte Begründung.

Beispiel

Max: „Die Zahlen der letzten Monate zeigen, dass wir 20 Prozent unter unserem Umsatzziel liegen. Daher müssen wir etwas tun, um unser gesetztes Umsatzziel zu erreichen."

In einem Schluss wird der Grund also zuerst genannt und dann wird daraus eine Schlussfolgerung gezogen, die eigentliche Behauptung. Das ist der rein formale Aufbau eines Arguments. Das ist für sich betrachtet noch nicht sehr spannende.

Was viele Menschen besonders interessiert, ist die Frage: Worin besteht die Überzeugungskraft eines Arguments? Was macht ein Argument erfolgreich?
Das lässt sich einfach erklären, wenn man betrachtet, unter welchen Umständen ein Argument fehlschlagen kann. Zwei Fehlschlagsmöglichkeiten lassen sich unterscheiden.

- Erstens: Ein oder mehrere im Argument genannte Gründe sind falsch oder inakzeptabel. Das Argument wird dann vom Adressaten zurückgewiesen, weil die Gründe nicht als wahr oder akzeptabel betrachtet werden.
- Zweitens: Die Gründe, obwohl wahr oder akzeptabel, stehen nicht in der richtigen Begründungsbeziehung zur zentralen Behauptung. Das heißt es handelt sich nur um vermeintliche Gründe. In diesem Fall ist das Argument logisch nicht korrekt.

Der häufigste Fall in Überzeugungssituationen ist, dass eine Argumentation zurückgewiesen wird, weil die Begründung vom Adressaten nicht akzeptiert wird. Dass jemand auf logische Inkorrektheit hinweist, ist eher selten, weil in der Regel beim Austausch von Argumenten die Zeit fehlt, ein Argument auf seine logische Stichhaltigkeit hin zu überprüfen. Auch sind viele Alltagsargumente elliptisch, das heißt die Argumente werden nicht vollständig in ihrer gesamten logischen Struktur präsentiert. Manchmal werden Gründe zum Beispiel einfach weggelassen, weil sie sich aus dem Kontext ergeben.

Die Überzeugungskraft richtet sich im Alltag daher meistens nach der Akzeptanz der Gründe. Daraus folgt: Je akzeptabler die Gründe, umso stärker die Überzeugungskraft.

Die Grundidee besteht darin, dass mein Gesprächspartner meinen Standpunkt (Behauptung) dann akzeptiert, wenn er die Gründe akzeptiert, die ich für meinen Standpunkt anführe. Je akzeptabler die Gründe, desto eher wird er meine Behauptung oder meinen Standpunkt übernehmen. Ein anderer Ausdruck für „Gründe" ist übrigens „Prämissen".

1. Übung: Argumente identifizieren

Durchforsten Sie einmal die Kommentar- oder die Leserbriefseite in einer Zeitung und rekonstruieren Sie alle Argumente, die Ihnen auffallen: Identifizieren Sie die Behauptungen, die aufgestellt werden und die Gründe, die zur Stützung der Behauptungen herangezogen werden.

Im zweiten Schritt überlegen Sie bitte, an welcher Stelle die Argumente, die Sie gefunden haben, am leichtesten angegriffen werden können.

In den Scheinargumenten und Taktiken, die wir Ihnen vorstellen wollen und die sich in Trickkiste 2 der Manipulation befinden, läuft argumentativ etwas ziemlich verkehrt. Die Gründe, die angeführt werden (falls überhaupt welche angeführt werden) stehen in keiner vernünftigen Begründungsbeziehung zu der Behauptung, die eigentlich vertreten wird. Das ist der wichtigste Knackpunkt der argumentativen Tricks, mit denen wir es gleich zu tun haben werden.

Bevor wir jedoch die einzelnen Taktiken vorstellen, hier ein paar Empfehlungen, wie man sich vor diesen argumentativen Taktiken am besten in Acht nimmt:

Achtung:

- Die Taktik erkennen: Wie im Fall unserer eher psychologischen Manipulationen ist dies meistens der entscheidende Schritt. Wenn wir den Fehler identifiziert haben, sind wir meistens schon bestens geschützt.
- Die Taktik benennen und dadurch aus dem Feld räumen: Alle Taktiken, die wir Ihnen vorstellen wollen, haben spezielle Namen. Daher ist eine Methode, wie man sich vor dem argumentativen Trick schützt, diesen Trick einfach beim Namen zu nennen.
- Kritische Fragen stellen: Was Manipulatoren, die mit logischen Trickserеien arbeiten, gar nicht mögen, ist, wenn sie mit kritischen Fragen konfrontiert werden. Dazu muss ich natürlich erst mal die Taktik identifiziert haben. Wenn ich das aber getan habe, dann kann ich durch kluge Fragen, den wunden Punkt in der Argumentation elegant aufzeigen.
- Gegentaktik auffahren, zum Beispiel Methode des Gegenbeispiels: Eine letzte Möglichkeit sich zu schützen besteht darin, die Taktik des Manipulators durch ein Gegenbeispiel oder eine Gegentaktik zu entlarven. Die Methode funktioniert besonders dann gut, wenn unbeteiligte Dritte anwesend sind. Denn gerade in Situationen, wo ein Publikum präsent ist, ist entscheidend, Punkte zu sammeln, indem man es dem Manipulator gewissermaßen mit „gleicher Münze heimzahlt".

Alle diese Methoden werden Sie bei der Vorstellung der logischen Taktiken aus unserer Trickkiste erleben können. Also greifen wir in die Kiste und sehen, was alles zum Vorschein kommt.

Der genetische Fehlschluss

Argumente brauchen wir, wenn wir eine aufgestellte Behauptung nicht einfach nur so akzeptieren können, sondern wenn wir Gründe benötigen, die uns sagen, warum wir die Behauptung akzeptieren sollten. Argumente stellen also einen Begründungszusammenhang her. Fragen der Entdeckung sind da im Grunde irrelevant. Das heißt, es spielt für die Wahrheit und Akzeptanz einer Aussage im Grunde keine Rolle, woher sie kommt, wie sie entdeckt wurde.

Wenn man jedoch den Entdeckungszusammenhang mit dem Begründungszusammenhang verwechselt, kann der sogenannte genetische Fehlschluss entstehen.

Ein besonders radikales Beispiel für den genetischen Fehlschluss ist: Die Nazis haben die Theorien von Einstein abgelehnt, weil ein Einstein ein Jude war.

Der genetische Fehlschluss ist nach folgendem Muster aufgebaut:

Begründungsschema
Wir sollten die Behauptung A nicht akzeptieren (A ist nicht wahr), weil sie aus Quelle X stammt. Wir sollten die Behauptung B akzeptieren (B ist wahr), weil sie aus Quelle X stammt.

Dazu gleich ein Beispiel.

Beispiel

Auf einer Besprechung sagt Rudolf, der Vertriebsleiter bei Markt & More: „Ich glaube, den Vorschlag von Herrn Meier, uns andere Märkte zu erschließen, um so neue Umsätze zu generieren, brauchen wir nicht weiter zu verfolgen. Als Betriebsrat verfügt er kaum über den nötigen Management-Überblick."

In diesem Beispiel wird ein Vorschlag abgelehnt, weil er vom Betriebsrat stammt. Die Herkunft einer Aussage oder Behauptung sagt aber nichts über deren Qualität oder Wahrheitsgehalt aus. Und genau um diesen Wahrheitsgehalt geht es. Argumente haben die Funktion, uns den Wahrheitsgehalt einer Aussage oder Behauptung zu verbürgen. Fragen der Quelle, der Herkunft oder der Entdeckung spielen dabei keine Rolle.

Natürlich gibt es auch Situationen, in denen genetische Argumente relevant sein können. Das ist dann der Fall, wenn es um die Glaubwürdigkeit einer Quelle geht. Denken Sie zum Beispiel an Gerichtsverfahren, in denen es zu Zeugenaussagen kommt. In diesen Verfahren wird häufig versucht die Glaubwürdigkeit eines Zeugen in Frage zu stellen. Das kann durchaus eine legitime Vorgehensweise sein. Dabei benutzt man genetische Argumente. Zum Beispiel: „Wir sollten der Aussage von Herrn A nicht glauben, weil er schon zweimal eine Falschaussage gemacht hat.“ Wenn es also um die Glaubwürdigkeit einer Quelle geht, dann können genetische Argumente in Ordnung sein. Aber per se ist der Wahrheitsgehalt einer Aussage unabhängig von seiner Herkunft.

Der Manipulator benutzt den genetischen Fehlschluss manchmal, um die Position eines Gesprächspartners zu unterminieren. Der genetische Fehlschluss kann aber auch benutzt werden, um die eigene Meinung zu stützen. Dabei wird er sich auf Quellen beziehen, die nicht so leicht auszuhebeln sind.

Beispiele

„Unser Chef hat gesagt, dass Plan A besser ist. Deshalb ist Plan A besser."

„Ich habe die Intuition, das starke Gefühl dass, deshalb sollten wir ..."

Dass der Chef etwas sagt, verbürgt nicht die Richtigkeit einer Sache und dass man eine starke Intuition besitzt, ist vielleicht ein Indiz, dass man einer Sache auf den Grund gehen sollte, aber es ist kein Wahrheitsgarant.

Wie schützt man sich vor dem genetischen Fehlschluss?
Der beste Schutz gegen den genetischen Fehlschluss ist, zügig darauf aufmerksam zu machen, dass die Entdeckung und die Quelle einer Aussage von ihrem Wahrheitsgehalt unterschieden werden müssen.

2. Übung: Den genetischen Fehlschluss abwehren *(siehe Lösungsteil)*
Wie könnte man auf Rudolf reagieren, der in unserem ersten Beispiel den Betriebsrat disqualifiziert?

3. Übung: Den genetischen Fehlschluss abwehren *(siehe Lösungsteil)*
Wie könnte man auf folgende Äußerung reagieren: „Ich habe die ganz starke Intuition, dass es besser ist, unsere Marketingaktivitäten zuerst in Deutschland zu starten, bevor wir in die anderen Länder gehen."

Konditionale Fehlschlüsse

Eine wichtige Klasse logischer Argumente stellen konditionale Argumente dar. Wesentlicher Bestandteil konditionaler Argumente sind Wenn-dann-Aussagen: Wenn A, dann B.
Der Wenn-Teil einer konditionalen Aussage kann „Antecedens“ genannt werden, der Dann-Teil „Konsequens“. Hier ein typisches Beispiel für ein gültiges konditionales Argument.

Wenn es regnet, werden wir am Sylvesterabend nicht zum Olympiaberg gehen.
Es regnet.
Also gehen wir nicht zum Olympiaberg.

Dieses Argument ist logisch gültig. Man kann es mit folgendem Schema darstellen:

Begründungsschema
Wenn A, dann B & A → also B

Nennen wir diese Argumentform Ja-zum-Antecedens-Argument. Wir nennen es deshalb so, weil die zweite Prämisse in unserem Argument den Wenn-Teil bzw. das Antecedens bejaht.
Für die Buchstaben „A“ oder „B“ können wir beliebige Sätze einsetzen. Wir werden immer einen logisch gültigen Schluss erhalten.
Ein weiteres gültiges Muster sieht folgendermaßen aus:

Wenn es am Sylvesterabend regnet, dann bleiben wir zu Hause.
Wir bleiben nicht zu Hause.
Also regnet es nicht.

Auch diese Argumentform ist logisch gültig. Sie hat folgendes Schema:

Begründungsschema
Wenn A, dann B & nicht B → also nicht A

Diese Argumentform können wir Nein-zur-Konsequens-Argument nennen. Der Name rührt daher, dass die zweite Prämisse in unserem Argumentschema das Konsequens des Wenn-dann-Satzes verneint.
So weit so gut. Der Trick des Manipulators kann nun darin bestehen, konditionale Argumentformen zu benutzen, die unseren beiden Schemata in gewisser Weise ähnlich sind, jedoch keine logische Gültigkeit besitzen. Der Manipulator erweckt den Eindruck eines logisch gültigen Arguments. In Wirklichkeit hat er jedoch ein Scheinargument benutzt, das wir nicht akzeptieren sollten. Betrachten wir dazu folgendes Beispiel:

Beispiel

Am Sylvesterabend setzen sich Klaus und Maria in einer ruhigen Minute in eine Ecke. Aus Marias Sicht sollte Klaus einiges in seinem Leben verändern. Folgen wir ihrem Gespräch:
Maria: „Du beklagst dich ja immer, dass das Leben viel zu kurz sei für alle die Dinge, die du gern unternehmen würdest."
Klaus: „Ja, es gäbe so viele Sachen. Aber die Jahre und Monate, die fliegen nur so dahin."
Maria: „Ich weiß, was du tun könntest."
Klaus: „So, was denn?"
Maria: „Eins steht fest: du rauchst zuviel, du trinkst zu viel und du treibst zu wenig Sport. Das führt alles dazu, dass sich deine Lebensspanne ver-

kürzt. Mein Rat: Hör auf zu trinken, hör auf zu rauchen, mach mehr Sport; dann wird sich deine Lebensspane zwangsläufig verlängern."

Das hört sich irgendwie vernünftig an, ist aber leider ein Fehlschluss. Wenn Klaus alles tut, was Maria ihm vorschlägt, dann folgt daraus nicht zwangsläufig, dass seine Lebensspanne sich verlängert. Schon Morgen könnte er von einem Meteorit getroffen werden. Als logisches Argument ist die Argumentationsweise von Maria ungültig. Schreiben wir das Argument noch mal genauer hin: Wenn Klaus raucht und trinkt und keinen Sport treibt, dann verkürzt er seine Lebensspanne. Er sollte aufhören zu rauchen und zu trinken und macht mehr Sport. Also: Klaus' Lebensspanne verlängert sich.

Diese Argumentationsform hat folgendes Schema:

Begründungsschema
Wenn A, dann B & nicht A → also nicht B

Sie sehen: Es ähnelt unserem obigen Argumentationsmuster; leider ist es logisch nicht gültig. Alle Argumente, die nach diesem Schema konstruiert werden, sind falsch. Wie nennen es den Nein-zum-Antecedens-Fehlschluss.
Wann wird der Manipulator zu einer solchen Art von Scheinargument greifen? Er wird es benutzen, wenn er Veränderungen verhindern und für den Status Quo plädieren möchte, oder wenn er Pläne unterstützen möchte, die in seinem Sinne sind.
Er wird dabei Konsequenzen oder Folgen ausmalen. Und aus der Verneinung der Folgen wird er auf die Verneinung der Ausgangsbedingung schließen. Dazu ein Beispiel:

Beispiel

Helmut ist gegen die geplante Umstrukturierung seines Unternehmens: „Wenn die neue Struktur kommt, dann werden - wie schon in anderen Unternehmen - Hunderte von Kollegen ihre Arbeitsplätze verlieren. Wenn wir daher die Umstrukturierung verhindern, dann werden auf diese Weise alle Arbeitsplätze gesichert werden."

Es kann sein, dass sich Helmut mit seiner Argumentation durchsetzt und nach 12 Monaten das ganze Unternehmen – ohne Umstrukturierung – schließen muss.

***4. Übung: Den genetischen Fehlschluss rekonstruieren** (siehe Lösungsteil)*
Versuchen Sie die Argumentation von Helmut übersichtlich nach unserem Schema aufzuschreiben.

5. Übung: Ein eigenes Beispiel für den Fehlschluss abwehren
Überlegen Sie sich einen eigenen Nein-zum-Antecedens-Fehlschluss.

***6. Übung: Ein Gegenbeispiel entwickeln** (siehe Lösungsteil)*
Überlegen Sie sich ein Gegenbeispiel, durch das man zeigen kann, dass es sich bei diesem Schluss um ein fehlerhaftes Argument handelt. (Tipp: Suchen Sie nach Prämissen, die bekanntlich wahr sind und einer Behauptung, die zwar aus den Prämissen folgte sollte, die aber bekanntermaßen falsch ist.)

Der nächste Fehlschluss mittels konditionaler Argumente heißt Ja-zur-Konsequenz-Fehlschluss. Wahrscheinlich können Sie bereits aufgrund des Namens vermuten, wie dieser Fehlschluss aufgebaut ist. Genau, er hat folgende schematische Form:

Begründungsschema
Wenn A, dann B & B → also A

Beispiel

Lothar zu seinem Anwalt: „Maria ist nur auf das Erbe aus. Alles andere ist ihr egal. Wir wissen ja, wie Leute sich verhalten, wenn sie scharf aufs Geld sind. Und haben Sie gesehen, wie Maria sich auf die chinesische Vase gestürzt hat? Ich glaube, das sagt alles."

In diesem Beispiel ist der Ja-zur-Konsequenz-Fehlschluß ziemlich gut versteckt. Wir können ihn auf folgende Weise rekonstruieren.
Wenn Leute scharf aufs Geld sind, dann zeigen sie bestimmte uns allen bekannte Verhaltensweisen. Maria zeigte eine solche Verhaltensweise (sie stürzte sich auf die chinesische Vase). Daher: Maria ist nur auf das Geld und damit auf das Erbe aus.
Aus den Prämissen folgt jedoch nicht zwingend, dass Maria nur auf das Erbe aus ist. Es könnte auch andere Gründe haben, warum Maria dieses auffällige Verhalten gezeigt hat. Dieses Beispiel verdeutlicht jedoch schön, in welchen Situationen ein Manipulator dazu tendieren wird, diesen Fehlschluss zu gebrauchen. Nämlich dann, wenn er je-

mand unlautere oder vielleicht sogar böse Absichten unterstellen möchte.

Absichten lassen sich ja nicht direkt beobachten, wir können niemanden in den Kopf sehen. Wir müssen sie aus den Verhaltensweisen erschließen. Und dies kann der Manipulator nutzen, um den Ja-zur-Konsequenz-Fehlschluss zum Einsatz zu bringen.

7. Übung: Fehlschluss konstruieren

Konstruieren Sie einen Ja-zur-Konsequenz-Fehlschluss

8. Übung: Gültig oder ungültig? *(siehe Lösungsteil)*

Welches der folgenden konditionalen Argumente ist gültig, welches ungültig?

Welches der folgenden konditionalen Argumente ist gültig, welches ungültig?

a) Nur wenn das Top-Management schnell eine Entscheidung treffen wird, können wir unser Geschäftsrisiko niedrig halten. Und ich weiß, dass sie heute noch eine Entscheidung treffen werden. Also wird auch unser Risiko minimal sein.

b) Wenn das Bewusstsein wirklich nur ein Prozess im Gehirn ist, dann haben wir auch keine echte Entscheidungsfreiheit. Aber das Bewusstsein ist kein bloßer Gehirnprozess; deshalb sind wir auch voll verantwortlich.

c) Ich habe volles Vertrauen, dass unser Sozialsystem erhalten bleibt. Es stimmt zwar: Unsere Sozialsysteme würden früher oder später zusammenbrechen, sollte sich Deutschland nicht zu großen Reformen durchringen können. Aber Deutschland macht genau das: große Reformen durchführen.

d) Wenn Mitgefühl kein wichtiger Wert in unserer Gesellschaft wäre, dann würden die Menschen auch nicht so zahlreich für die Opfer der jüngsten Katastrophe spenden. Das zeigt deutlich, wie stark dieser Wert in unserer Gesellschaft vorherrscht.

Schwarzweißmalerei

Der Eindruck der logischen Argumentation ist das zentrale Manöver des Manipulators bei logischen Manipulationen. Eine dankbare Methode liefert die sogenannte Schwarzweißmalerei.

Der Manipulator nutzt dabei Entweder-oder-Argumente, die für sich genommen logisch durchaus gültig sind. Folgendes Beispiel veranschaulicht ein einfaches Entweder-oder-Argument:

Entweder wir investieren in Aktien oder wir investieren in eine Immobilie. Aktien kommen nicht in Frage; daher werden wir in eine Immobilie investieren.

Das Argument hat folgende Form:

Begründungsschema
Entweder A oder B & nicht A → also B

Die Argumentform ist immer dieselbe: Entweder tritt Fall A ein oder Fall B; wenn Fall B nicht eintritt, muss konsequenterweise Fall A eintreten. Diese Argumentation ist in sich logisch gültig. Aber nur unter der Voraussetzung, dass lediglich die angegebenen Alternativen existieren. Und genau darin liegt der entscheidende Schwachpunkt in dieser Argumentation, die Sollbruchstelle.
Der Manipulator setzt die Schwarzweißmalerei in Form eines Entweder-oder-Arguments ein, um „logischen Druck" auf den Gesprächspartner auszuüben, der diesen zwingen soll, sich der Argumentation des Manipulators anzuschließen. Betrachten Sie folgendes Beispiel:

Beispiel

Hubert versucht Claudia unter Druck zu setzen: „Es gibt im Moment nur zwei Möglichkeiten: Entweder verfolgen wir Plan A oder Plan B. Gerade haben wir festgestellt, dass Plan A nicht funktionieren kann, also bleibt nur Plan B. Das ist ja wohl logisch."

Wenn Sie mit einer solchen Argumentation konfrontiert sind, sollten Sie sich also als erstes die Frage stellen, ob die Behauptung auch wirklich alle Alternativen umfasst. Wer sich durch Entweder-oder-Aussagen auf nur zwei mögliche Alternativen beschränkt, fördert das Schwarzweißdenken und blockiert kreative Optionen.
Mit ein bisschen Anstrengung und Phantasie kann man diese Blockade durchbrechen. In den wenigsten Fällen stehen uns nur zwei einander ausschließende Optionen zur Verfügung.
Hier ein weiteres Beispiel für diese Taktik:

Beispiel:

Bei Twixtom möchte man ein EDV-gestütztes Wissensmanagement-System einführen. Die beauftragte Software-Firma liefert aber keine besonders brauchbaren Ergebnisse. In dieser Situation spricht der IT-Chef bei Twixtom, Max, vor dem Vorstand: „Was können wir tun? Wir können still halten und nichts tun. Oder wir können aktiv werden und etwas unternehmen und das Projekt selbst in die Hand nehmen. Ich glaube Nichtstun ist keine Alternative für Menschen, die proaktiv ihre Zukunft und ihr Unternehmen gestalten wollen. Daher bleibt nur, dass wir das Projekt selbst starten und das entsprechende Know-how dafür erwerben."

Die Frage schwebt im Raum, ob dies wirklich alle Optionen sind? Wie kann man sich vor dieser Taktik schützen?

Wie kann man eine Schwarzweißmalerei am besten abwehren?
Das ist kurz abzuhandeln: Am besten ziehen Sie die Entweder-oder-Behauptung in Zweifel. Und stellen hierzu eine kritische Frage. „Wie kommen Sie darauf, dass dies unsere einzigen Alternativen sind?"

> ***9. Übung: Schwarzweißmalerei abwehren*** *(siehe Lösungsteil)*
> Wie könnte man auf Huberts Argumentation aus unserem Beispiel von oben reagieren?

> ***10. Übung: Schwarzweißmalerei abwehren*** *(siehe Lösungsteil)*
> Tanja hat ein Auto gesehen, das sie sich kaufen möchte. Sie hat jedoch wenig Hoffnung, das Auto zu bekommen. Hier ist ihre Argumentation: „Entweder ich kriege das Auto für 2.000 Euro (so viel kann ich nämlich ausgeben) oder ich habe keine Chance. Da ich es für 2.000 Euro sowieso nicht bekomme, brauche ich gar nicht hin zu gehen."
> Wie würden Sie darauf reagieren?

Der Fehlschluss der falschen Alternative

Eng mit der Taktik der Schwarzweißmalerei hängt eine Taktik zusammen, die wir Fehlschluss der falschen Alternative nennen. Dabei wird eine bestimmte Alternative aus einer Reihe von gegebenen Alternativen als richtig oder akzeptabel eingestuft, weil die anderen Alternativen inakzeptabel seien. Bei diesem Manöver wird verschleiert, dass alle Optionen gleichermaßen unannehmbar und schlecht sein können. Das Argument verläuft also ungefähr so: Wir haben die Alternativen A, B und C. A und B sind inakzeptabel, also bleibt nur Alternative C.
In dieser Form ist das Argument natürlich unkorrekt. Anders sähe es aus, wenn wir mit Sicherheit wüssten, dass in der betrachteten Situation nur drei Möglichkeiten A, B, oder C in Frage kämen und wir gezwungen sind, eine auszuwählen. Dann könnten wir tatsächlich schließen, dass Alternative C richtig/akzeptabel sein muss, wenn sich A und B als falsch/inakzeptabel herausstellen.
Der Manipulator geht bei dieser Taktik in der Regel so vor: Zunächst verdammt er mögliche Alternativen als unannehmbar, um dann den eigenen Vorschlag als einzig mögliche Lösung zu präsentieren. Durch die Gegenüberstellung dieses Vorschlags mit den anderen Optionen

entsteht der Eindruck, als seien alle Möglichkeiten bereits ausgeschöpft. So geschieht es auch im folgenden Beispiel.

Beispiel

Werner und Marlene führen ein Konfliktgespräch. Jeder hat im Gespräch bereits einen eigenen Lösungsvorschlag präsentiert.
Werner: „Also, Marlene, wo stehen wir im Moment? Wir haben drei Lösungsvorschläge auf dem Tisch. Zwei davon haben Sie vorgeschlagen, der andere stammt von mir. Jetzt haben wir gerade gesehen, dass Ihre beiden Vorschläge nicht realisierbar sind, weil sie entweder zu viel kosten oder in der Durchführung zu viel Zeit in Anspruch nehmen würden. Nach dem Gesetz der Logik bleibt somit nur noch der dritte Lösungsvorschlag übrig. Da wir irgendwas tun müssen, sollten wir den versuchen. Was meinen Sie?"

Es ist mutig von Werner, sich hier die Logik zum Verbündeten zu machen. Denn seine Argumentation wäre natürlich nur richtig, wenn die beiden Lösungsvorschläge tatsächlich alle Möglichkeiten ausgeschöpft hätten.
Wenn der Manipulator sehr geschickt vorgeht, wird er die Handlungsalternativen so beschreiben, dass tatsächlich der Eindruck entsteht, als wären alle Möglichkeiten in Betracht gezogen. Unterstützen werden ihn dabei Formulierungen wie:

- Prinzipiell gibt es nur drei Möglichkeiten ...
- Alles in allem stehen uns ja nur folgende Alternativen zur Verfügung ...
- Wenn man es genau betrachtet, haben wir ja nur zwei Möglichkeiten ...
- Mehr steht uns an brauchbaren Alternativen nicht zur Verfügung.

Sehen wir uns noch ein Beispiel an.

Beispiel

Manfred trifft sich mit seinem Bankberater Egon. Es geht um die Frage, wie Manfred 10.000 Euro gut investieren kann. Egon argumentiert auf folgende Art und Weise: „Wenn man es genau betrachtet, stehen Ihnen eigentlich nur folgende Alternativen zur Verfügung: Sie können in Aktien investieren, Sie können in Fonds investieren, Sie können festverzinsliche Wertpapiere wählen. Festverzinsliche werden zu unattraktiv für Sie sein, da sind Sie noch jung genug, um ein gewisses Risiko eingehen zu können; Aktien können sehr Risiko behaftet sein, vor allem wenn man nicht in der Lage ist genügend zu diversifizieren. Da bleibt eigentlich in Ihrem Fall nur die Investition in solide Fonds. Ich kann Ihnen da etwas vorstellen, was zu Ihren Bedürfnissen passt."

Die Argumentation hört sich nicht unvernünftig an. Und doch kann der Fehlschluss der falschen Alternative lauern.

Wie kann man den Fehlschluss der falschen Alternative abwehren?
Weisen Sie deutlich darauf hin, dass durch das Argument nicht gezeigt wird, dass die gewählte Alternative tatsächlich gut und akzeptabel ist. Sie machen den Vorschlag, nach weiteren Optionen zu suchen.
Diese Vorgehensweise können wir in folgendem Beispiel beobachten:

Beispiel

Werner hat Marlenes logischen Sachverstand unterschätzt. Sie kontert: „Ihr Argument wäre nur richtig, wenn unsere drei Lösungsvorschläge wirklich die einzigen Alternativen wären, die wir hätten. Es folgt noch lange nicht zwingend, dass Ihr Vorschlag realisierbar und gut ist, nur weil meine Vorschläge zurückgezogen werden müssen. Vielleicht sollten wir an eine weitere Alternative denken, bei der jedem von uns gedient ist ..."

11. Übung: Fehlschluss der falschen Alternative abwehren *(siehe Lösungsteil)*
Wie könnte man auf den Bankberater reagieren? Welche kritischen Fragen könnte man stellen?

12. Übung: Fehlschluss anwenden
Sie möchten mit Ihrem Partner heute gern ins Kino gehen. Wie könnten Sie die Taktik für diesen Fall einsetzen? Tipp: Suchen Sie geeignete Alternativen, die sich leicht aus dem Feld schlagen lassen.

Das falsche Dilemma

Eine ebenfalls mit der Schwarzweißmalerei verwandte Taktik ist die Konstruktion eines sogenannten falschen Dilemmas. Ein Dilemma hat folgende Form:

Begründungsschema
Entweder tritt Fall A ein oder Fall B.
Wenn Fall A eintritt, dann tritt Fall C ein.
Wenn Fall B eintritt, dann tritt Fall D ein. Also tritt entweder Fall C oder Fall D ein.

Diese Argumentform ist logisch gültig. Bei einem Dilemma werden die Konsequenzen der Alternativen durchgespielt. Dabei wird unterstellt, dass man nur zwischen zwei sich erschöpfenden Alternativen wählen kann. Das Argument baut also auf einer Entweder-oder-Behauptung auf. Hierzu ein Beispiel:

Beispiel

Nadja weiß nicht, ob sie das Angebot von ihrer Firma, ein Jahr nach Japan zu gehen, annehmen soll. Sie überlegt:
„Entweder nehme ich das Angebot an oder ich lehne es ab. Wenn ich es annehme, bin ich für ein Jahr von meinem Freund getrennt, in einem Land, das ich überhaupt nicht kenne, zu dem ich eigentlich keinen Bezug habe. Wenn ich es ablehne, verpasse ich wahrscheinlich eine gute Chance in meiner Karriere und man wird nicht noch einmal fragen. Wahrscheinlich wird meine Karriere hier dann zu Ende sein. Also habe ich entweder ein privates oder ein berufliches Problem am Ende."

Nadja sieht sich also in einer Dilemmasituation. Für sich genommen ist die Argumentation gültig, aber es kann ein Fehler darin stecken: Der Fehler heißt falsches Dilemma. Der Fehler entsteht, wenn die genannten Alternativen die Situation im Grunde nicht vollständig beschreiben. Es kann Alternativen geben, die unberücksichtigt blieben.

In folgendem Beispiel konstruiert Lothar ein solches falsches Dilemma:

Beispiel

Lothar hat Geld geerbt, das er nun gut anlegen möchte. Er denkt an ein Sparbuch oder an den Kauf von Aktien. Er argumentiert wie folgt: „Ich habe folgende Möglichkeiten: Entweder ich lege das Geld auf ein Sparbuch, oder ich investiere es in Aktien. Wenn ich es auf das Sparbuch lege, erhalte ich nur eine sehr geringe Rendite. Wenn ich es in Aktien investiere, trage ich das Risiko, dass ich sogar Geld verliere. Also gewinne ich nur sehr wenig oder verliere sogar etwas."

Ganz klar, dass Lothar hier einem falschen Dilemma aufsitzt. Denn die Optionen, die ihm einfallen, sind erstens nicht erschöpfend und schließen sich zweitens auch nicht aus.

Ein Manipulator kann ein Dilemma geschickt einsetzen, um jemandem von einer bestimmten Handlung abzuraten. Dabei wird er – auf der Basis einer Entweder-oder-Behauptung – Konsequenzen ableiten, die nicht wünschenswert sind. Das Manöver funktioniert natürlich auch in umgekehrter Weise, wenn der Manipulator versucht, den Gesprächspartner zu einer Handlung zu bringen. Wir illustrieren dies mit Hilfe des folgenden Beispiels:

Beispiel Teil 1

Karl hat Probleme mit seinem Gruppenleiter. Er geht zum Abteilungsleiter Rainer, um sich zu beraten, was er tun könnte. Rainer ist das Gespräch unangenehm, er möchte Karl so schnell wie möglich wieder loswerden.
Rainer zu Karl: „Klar, Sie haben Recht. Sie haben zwei Möglichkeiten: sich zu beschweren oder ganz das Team zu verlassen. Aber bedenken Sie, wenn Sie sich beschweren, handeln Sie sich möglicherweise Ärger ein, der Sie stets in diesem Unternehmen begleiten wird. Wenn Sie daran denken, das Team zu verlassen, entgeht Ihnen die Chance auf eine Beförderung, die demnächst ansteht. Wie Sie es auch drehen und wenden, Sie werden in jedem Fall den Kürzeren ziehen."

In diesem Beispiel wird ein weiterer Schwachpunkt dieser Taktik deutlich. Wer sagt denn, dass die genannten Konsequenzen tatsächlich eintreten? Die möglichen Folgen der verschiedenen Alternativen können auf sehr wackeligen Beinen stehen. Prüfen Sie also gut, wie es um die genannten Konsequenzen wirklich steht. Oft malt der Manipulator nämlich Furcht erregende Konsequenzen aus, um dadurch den Gesprächspartner einzuschüchtern.

Wie kann man sich vor einem falschen Dilemma schützen?

Gegen ein falsches Dilemma können Sie in ähnlicher Weise vorgehen, wie gegen die Schwarzweißmalerei in einem Entweder-oder-Argument. Sie fordern auf, weitere Alternativen zu suchen. Sie können außerdem in Frage stellen, ob die genannten Konsequenzen tatsächlich zu erwarten sind. Werfen wir einen Blick auf die Fortsetzung des Beispiels von oben:

Beispiel Teil 2

Karl folgt Rainers Argumentation nicht: „Ich bin mir da ehrlich gesagt nicht so sicher, dass ich wirklich nur diese Möglichkeiten habe. Eigentlich bin ich zu Ihnen gekommen, um weitere Alternativen zu überlegen. Wenn ich auch tatsächlich nur die Möglichkeiten hätte, mich entweder zu beschweren oder das Team zu verlassen, sehe ich nicht, warum sich die Konsequenzen daraus ergeben sollten, die Sie genannt haben. Was meinen Sie damit, dass ich mir Ärger einhandeln werde, der mich im Unternehmen immer begleiten wird?"

Eine weitere Abwehrmöglichkeit besteht darin, das Dilemma einfach in eine positive Form zu gießen und dadurch zu kontern. Also sozusagen ein Gegendilemma aufzustellen. Lothars Argumentation könnte zum Beispiel auf folgende Weise gekontert werden:

Beispiel

„Sieh es doch mal so: Entweder du legst das Geld auf ein Sparbuch, oder du investierst es in Aktien, wie du gesagt hast. Wenn du es auf das Sparbuch legst, erhältst du eine sichere, stabile Rendite. Wenn du es in Aktien investierst, hast du ziemlich gute Gewinnaussichten. Also hast du entweder eine sichere, stabile Rendite oder gute Gewinnaussichten. Ich finde das nicht so schlecht."

13. Übung: Gegendilemma entwerfen *(siehe Lösungsteil)*
Überlegen Sie sich ein positives Dilemma als Konter auf Nadjas Dilemma-Argument von oben

Der falsche Tausch von „Ein" und „Jeder"

Unseren nächsten Fehlschluss leiten wir ohne Umschweife gleich durch ein Beispiel ein:

Beispiel

Konstantin und Klaus sind in ein philosophisches Gespräch vertieft. Sie denken darüber nach, was eigentlich Veränderungen sind und was bei Veränderungen passiert.
Konstantin argumentiert: „Wenn sich etwas verändert, dann muss es auch etwas geben, das in irgendeiner Form konstant bleibt. Sonst könnte man gar nicht von Veränderung sprechen. In jedem Ding und in jeder Sache gibt es etwas, das identisch bleibt, wenn Veränderungen eintreten. Wie gesagt, sonst könnte man ja gar nicht mehr von derselben Sache sprechen."
Klaus: „Ja, das hört sich logisch an."
Konstantin: „Daraus folgt jetzt aber für mich: Wenn es stimmt , dass es bei allen Veränderungen etwas gibt, das konstant bleibt, dann muss es etwas geben, das allen Veränderungen zugrunde liegt. Ein Art metaphysischer Substanz, eine Art Substrat."
Klaus: „Mhh ...?"

Ist Ihnen aufgefallen, welchen Fehler Konstantin hier macht? Nicht so ganz klar? Wir klären Sie auf: Konstantin baut folgendes Argument auf: Bei allen Veränderungen gibt es etwas, das konstant bleibt. Also muss es etwas geben, was allen Veränderungen zugrunde liegt.

Formaler ausgedrückt sieht dieses Argument so aus:

Begründungsschema
Zu jedem Gegenstand X mit der Eigenschaft F gibt es einen Gegenstand Y mit der Eigenschaft G → also gibt es einen Gegenstand Y mit der Eigenschaft G zu jedem X mit der Eigenschaft F.

Wir hoffen, Sie haben bei dem recht abstrakten Buchstaben-Potpourri nicht den Überblick verloren. Aber so sieht es nun mal aus, wenn Logiker sich mit einer Sache in ihrer formalen Sprache beschäftigen. Keine Sorge, wir werden gleich wieder auf den Boden des gesunden Menschenverstandes zurückkehren.
Wichtig war uns nur zu zeigen, dass wir mit dieser logischen Form einen blitzsauberen Fehlschluss konstruiert haben.
Immer dann, wenn Sie passende Einsetzungen in dieses Buchstabenschema vornehmen, haben Sie einen Fehlschluss produziert. Dazu einige Beispiele:

Beispiele

Alle erfolgreichen Staaten besitzen ein System der sozialen Gerechtigkeit. → Also: Soziale Gerechtigkeit ist es, was einen Staat erfolgreich macht.

Alle Töchter haben eine Mutter. → Also: Es gibt eine Person, die Mutter von allen Töchtern ist.

Das letzte Beispiel ist gut geeignet, die Fehlerhaftigkeit des Arguments deutlich vor Augen zu führen. Das gibt auch einen Hinweis darauf, wie sich diese Taktik am besten abwehren lässt.

Wie schützt man sich am besten vor diesem Fehlschluss?

Die beste Methode, falls Ihnen diese Taktik einmal begegnen sollte, ist die Methode des Gegenbeispiels. Das heißt, benutzen Sie ein Gegenbeispiel wir unser „Mutter-Beispiel“, um die Fehlerhaftigkeit zu entlarven.

14. Übung: Eigenen Fehlschuss konstruieren

Überlegen Sie sich ein eigenes Beispiel nach dem Muster des Fehlschlusses. (Tipp: Am besten tarnen Sie den Fehlschluss, wenn Sie abstrakte Dinge benutzen. Dazu noch ein Beispiel: Jeder Mensch strebt nach etwas Gutem. Also gibt es etwas, das Gute, nach dem alle Menschen streben.)

Kausale Fehlschlüsse

Kramen wir ein bisschen weiter in unserer Trickkiste. Wir stoßen dabei auf eine spezielle Art von Argumenten: Kausalargumente. In unseren Alltagsargumentationen und Diskussionen spielen Kausalargumente eine wichtige Rolle. Mit ihrer Hilfe stellen wir Kausalzusammenhänge her und liefern damit Erklärungen. Zwischen zwei Ereignissen besteht dabei ein Kausalzusammenhang, wenn die zwei Ereignisse in einem Ursache-Wirkungs-Verhältnis zueinander stehen.
Beispielsweise könnte man sagen: Die schlechten wirtschaftlichen Aussichten sind verantwortlich für die Konsumflaute. Hier wird ein Kausalzusammenhang hergestellt zwischen der wirtschaftlichen Lage und der Konsumneigung der Verbraucher.
Kausalargumente dienen darüber hinaus dazu, auf Ereignisse zu schließen, die wir nicht unmittelbar wahrnehmen können; sie sind Bestandteil von Erklärungen menschlichen Verhaltens und spielen somit eine zentrale Rolle beim Aufbau von Verstehen.
Zwei Arten von Kausalargumenten möchten wir herausstreichen: der Kausalschluss und Schlüsse von der Ursache auf die Wirkung (Erinnern wir uns daran: Ein Schluss ist nichts anderes als ein umgedrehtes Argument).

Kausalschlüsse haben allgemein folgende Form:

Begründungsschema
Es besteht eine positive Korrelation zwischen zwei Ereignissen A und B. Das heißt: immer wenn A auftritt, dann tritt auch B auf. → Daher: A ist die Ursache von B.

Schlüsse von Ursache auf die Wirkung haben folgende Form:

Begründungsschema
Ereignis A hat in der Regel Ereignis B zur Wirkung. Ereignis A tritt auf. → Daher: Ereignis B wird wahrscheinlich auch auftreten.

Diese zwei Formen von Kausalargumenten sind passable Argumentationsmuster, das heißt, sie sind zwar nicht logisch gültig, aber sie lie-

fern brauchbare Erfahrungsargumente. Man spricht auch von induktiven Argumenten.
In unserem Zusammenhang ist von Interesse, wie uns solche Kausalargumente in die Irre leiten können. Oder anders gefragt, wie uns Manipulatoren durch fehlerhafte Kausalargumente in die Irre leiten können. Da Kausalargumente in der Regel ein recht hohes Prestige und eine hohe Glaubwürdigkeit mit sich führen, fallen uns Fehler häufig nicht so deutlich auf.
Drei fehlerhafte Argumentationen wollen wir vorstellen:

- Zufallskorrelation
- Verwechslung der Ursache mit der Wirkung
- Fehler der gemeinsamen Ursache

Die zufällige Korrelation

Wir wollen verstehen, was um uns herum passiert. Kausalzusammenhänge liefern, wie bereits gesagt, dazu das entsprechende Material. Dabei lauert ein Fehler, den wir sehr gern begehen. Wir bilden unsere rudimentären Theorien zur Erklärung der Welt auf Basis einiger weniger Beobachtungen. Nina baut im folgenden Beispiel eine solche Mini-Theorie in Form eines Kausalarguments auf.

Beispiel

Nina und Sandra unterhalten sich über die Beförderung ihres Kollegen Klaus zum Chef ihres Teams. Sie denken, dass er sich künftig anders verhalten wird. Nina: „Ich habe das schon so oft erlebt. Ein Kollege wird befördert und er wird richtig unausstehlich. Also ich glaube schon lange, dass Beförderungen den Menschen verändern und zwar zum Schlechteren."

Nina baut einen Kausalschluss auf. Und da Kausalschlüsse für uns eine wichtige Rolle innehaben, hört sich die Argumentation für manche Menschen bestimmt plausibel an. Der Schluss ist ja sogar durch Beobachtungen untermauert. Aber verhält sich das wirklich so? Könnte man wirklich sagen, dass Beförderungen bei Menschen zu Veränderungen ihrer Persönlichkeit führen? Und zweitens: Kann man aus der geringen Anzahl solcher Beobachtungen (die darüber hinaus sehr vage sind) eine solche Meinung begründen?
Der Grundfehler oder die Grundtaktik besteht darin, dass man ein bloß zufälliges Zusammentreffen von Ereignissen für einen Kausalzusammenhang ausgibt. Manchen Menschen genügt bereits eine einzige Beobachtung oder eine einzige Erfahrung, um darauf ein ganzes kausales Theoriegebäude aufzubauen. Davor aber müssen wir uns hüten.

Wir müssen daran denken, dass uns dieser Fehlschluss stets in die Quere kommen kann.

Verwechslung der Ursache mit der Wirkung

Sehen wir uns diesen Fehler anhand eines konkreten Beispiels an:

Beispiel

Cornelia hat den Eindruck, dass ihr Kollege Max von ihrem Vorgesetzten ungerechtfertigt bevorzugt wird. Sie beklagt sich darüber bei ihrer Freundin: „Der Max, der bekommt ständig Spitzenbeurteilungen. Aber es ist ja auch kein Wunder. Er ist ja auch der Liebling des Chefs."

Cornelia glaubt, dass Max positive Beurteilungen bekommt, weil er der Liebling des Chefs sei. Dass der Chef Max gegenüber positiv voreingenommen ist, ist Cornelias Erklärung dafür, dass Max positive Beurteilungen bekommt. Liebling des Chefs zu sein ist also die Ursache der positiven Bewertung. Aber stimmt das wirklich? Könnte es sich nicht auch genau umgekehrt verhalten? Das bedeutet: Max ist Liebling des Chefs, weil er stets gute Beurteilungen bekommt, das heißt gute Arbeit leistet. Diese Erklärung würde Cornelia wahrscheinlich nicht sonderlich befriedigen; ihr Zorn könnte sich dann nämlich als ungerechtfertigt herausstellen.

Das Beispiel macht deutlich, dass Kausalrichtungen nicht immer eindeutig sind. Der Manipulator tendiert dazu, die Richtung in den Vordergrund zu rücken, die seinen Interessen am meisten nützt.

Die Frage, welches Ereignis die Ursache und welches die Wirkung darstellt, kann entschieden werden, wenn die zeitliche Reihenfolge der Ereignisse bekannt ist. In einigen Situationen kann es aber sehr schwierig oder sogar unmöglich sein genau festzustellen, welches die zeitliche Aufeinanderfolge und somit die Kausalrichtung ist. Besonders augenfällig wird dies in Konfliktsituationen. Hier lässt sich in der Regel kaum noch feststellen, welches Ereignis die eigentliche Ursache für den Konflikt ist. Und meistes ist diese Annahme einer eigentlichen Ursache unbegründet. Ereignisse tendieren nämlich dazu, sich wechselseitig zu beeinflussen.

Fehler der gemeinsamen Ursache

Auch diesen Fehler leiten wir durch ein Beispiel ein:

Beispiel

Im Betrieb Betamind herrscht große Unzufriedenheit und eine hohe Krankheitsrate. Man vermutet, dass Unzufriedenheit die Ursache für die vielen Fehltage ist. Klaus macht folgenden Vorschlag: „Ich glaube, wir brauchen ein Motivationsprogramm. Haben wir ein Motivationsprogramm steigt die Zufriedenheit und die Fehltage sinken. So einfach ist das, meine Damen und Herren."

Das Programm wirkt zwar kurzfristig, aber nach einiger Zeit ist die Lage schlimmer als vorher. Die eigentliche Ursache sowohl für die Unzufriedenheit als auch für die Fehltage wurde übersehen, nämlich der sehr autoritäre Führungsstil im Unternehmen. Der blieb unangetastet und so dokterte man nur an den Symptomen herum.
Dieses Beispiel macht den Fehler recht deutlich: Man übersieht eine tiefer liegende gemeinsame Ursache für zwei Ereignisse. Auch hier kann der Manipulator den Eindruck erwecken, die Fakten stünden auf seiner Seite. In Wirklichkeit aber hat er viel zu kurz gedacht.

Wie schützt man sich am besten vor diesen Fehlern in Kausalargumenten?

Ein gutes Mittel ist, ein Repertoire an kritischen Fragen parat zu haben, mit denen man Kausalargumente durchleuchtet. Dazu gehören:

- Gibt es eine positive Korrelation zwischen den Ereignissen A und B?
- Gibt es eine ausreichende Zahl beobachteter Fälle?
- Handelt es sich vielleicht nur um eine Zufallskorrelation?
- In welche Richtung geht die Kausalität eigentlich?
- Können wir eine zeitliche Aufeinanderfolge identifizieren oder müssen wir vielmehr von einer wechselseitigen Beeinflussung ausgehen?
- Kann ausgeschlossen werden, dass die Korrelation zwischen A und B durch einen dritten, tiefer liegenden Faktor entsteht?
- Wie stark ist die Kausalbeziehung zwischen den genannten Ereignissen wirklich?

Ein paar Übungen sollen den Umgang mit solchen kritischen Überprüfungsfragen etwas trainieren:

15. Übung: Kausale Fehlschlüsse *(siehe Lösungsteil)*

Klaus sagt: „Immer wenn unser Chef aus dem Urlaub zurück kommt hat er die erste Woche schlechte Laune. Ich glaube, dass zu langer Urlaub bei ihm schlechte Laune erzeugt." Was würden Sie darauf erwidern? Tipp: Welche kritischen Fragen könnten Sie stellen?

***16. Übung: Kausale Fehlschlüsse** (siehe Lösungsteil)*

Regina sagt: „Das Projekt ist nur fehlgeschlagen, weil die Franzosen wieder mal keinen genauen Plan hatten. Das ist jetzt schon das dritte Mal, dass ich so was erlebe. Für mich steht fest: Wenn du Franzosen im Team hast, kann es nur schief gehen." Wie könnte man darauf reagieren? Tipp: Auch hier könnten kritische Fragen helfen.

17. Übung: Auf Kausalargumente achten

Achten Sie bei der nächsten Diskussion, an der Sie teilnehmen genau darauf, welche Arten von Kausalzusammenhängen von den Diskussionsteilnehmern hergestellt werden. Fragen Sie sich dabei, ob dieser Kausalzusammenhang wirklich gerechtfertigt ist oder ob er auf wackligen Beinen steht.

Schwarzfärberei

Eine übliche Anwendung einer Kausalargumentation zu manipulatorischen Zwecken ist die Schwarzfärberei. Dabei werden insbesondere die negativen Konsequenzen einer Meinung oder Position herausgestrichen. Da diese Konsequenzen nicht wünschenswert sind, ist es notwendig, die ursprüngliche Position abzulehnen. Dieser Argumentationsgang hat folgende schematische Gestalt:

Begründungsschema
Wenn wir die Position P akzeptieren, müssen wir mit Folgen F rechnen. Die Folgen F sind inakzeptabel, also dürfen wir Position P nicht akzeptieren.

Der Manipulator kann sich diese Argumentationsweise zunutze machen, indem er die Position seines Gegners aufnimmt und ein Bild drastischer und düsterer Konsequenzen zeichnet, die sich aus dieser Position ergeben. Der Gesprächspartner soll dadurch so eingeschüchtert werden, dass er sich von seiner Position zurückzieht. Die Taktik funktioniert besonders dann gut, wenn Publikum anwesend ist, das vielleicht noch unentschlossen ist, welcher Meinung es sich anschließen soll. Sehen wir uns die Taktik an einem Beispiel an. Es hat einen bitteren realen Hintergrund.

Beispiel

Zum Zeitpunkt des großen Seebebens in Süd-Ostasien im Dezember 2004 soll angeblich ein Behördenleiter in Thailand bereits davon gewusst haben, dass ein Tsunami (Flutwelle) unterwegs nach Thailand ist und Thailand in einer Stunde erreichen würde. Man diskutierte, was zu tun sei. Schließlich setzte sich folgende Argumentation durch. „Wenn wir jetzt eine Warnung heraus geben, bricht nur eine unnötige Panik aus und unsere Tourismusindustrie wird einen riesigen Schaden dadurch erleiden. Sollen wir das riskieren?"

Da kann man nur sagen: Hätten sie es nur riskiert. Das ist ein äußerst verhängnisvolles Beispiel für eine Schwarzfärberei. Sehen wir uns noch ein etwas harmloseres Beispiel an.

Beispiel Teil 1

In einem Unternehmen wurde eine Mitarbeiterbefragung durchgeführt. Das Ergebnis ist für die Führungskräfte niederschmetternd. Fast jede Führungskraft wird in ihrem Führungsverhalten negativ bewertet. Der Geschäftsführer möchte das Ergebnis der Befragung zurückhalten, obwohl den Mitarbeitern zugesagt wurde, sie über die Resultate zu informieren. Der Marketingleiter ist jedoch der Meinung, dass man Mut beweisen und die Ergebnisse publik machen sollte. Der Geschäftsführer ergreift das Wort: „Haben Sie eigentlich schon einmal überlegt, welche Konsequenzen wir damit möglicherweise heraufbeschwören? Wenn wir diese Daten veröffentlichen, wird sich eine dermaßen negative Stimmung verbreiten, dass sich niemand mehr in diesem Unternehmen wohl fühlen wird. Und unsere Führungskräfte werden so verunsichert, dass sie nicht mehr in der Lage sein werden, vernünftige Entscheidungen zu treffen. Das wollen Sie doch nicht ernsthaft riskieren?"

Wie schützt man sich vor dieser Taktik?

Drei Abwehrmöglichkeiten gegen diese Taktik haben sich bewährt:

- Sie nennen die Taktik beim Namen und machen so darauf aufmerksam, dass manipuliert wird. Der Manipulator wird dadurch möglicherweise gezwungen, seine Folgenabschätzung zu entschärfen, weil er selbst bemerkt, dass er „zu dick aufgetragen" hat.
- Sie zeigen, dass die genannten Konsequenzen gar nicht oder nicht notwendig aus der Position folgen; meistens sind nämlich die aufgezeigten Konsequenzen viel zu radikal, um realistisch zu sein. Außerdem versucht der Manipulator in der Regel, die Konsequenzen als zwangsläufige Folgen darzustellen, um seinem Argument die nötige Stärke zu verleihen. Wir wissen aber nur zu gut, dass es kaum eindeutig identifizierbare, zwingende Folgen gibt – vor allem

nicht im Bereich menschlichen Verhaltens. Es existieren viel zu viele anderen Variablen, die das Eintreten eines bestimmten Ergebnisses beeinflussen. Deshalb kann man bei der Abwehr von Schwarzfärberei auch darauf hinweisen, dass die kausalen Konsequenzen sich nicht notwendig aus der Position ableiten lassen.

- Sie kontern die Taktik, indem Sie die positiven Konsequenzen aufzeigen, die sich aus Ihrer Position ergeben. Diese positiven Konsequenzen überwiegen mögliche negative Folgen.

In der Fortsetzung unseres Beispiels von oben wird die zuletzt genannte Abwehrmöglichkeit benutzt:

Beispiel Teil 2

Der Marketingleiter reagiert auf die Taktik des Geschäftsführers folgendermaßen: „Ich sehe die Situation etwas anders. In meinen Augen kann die Veröffentlichung eine sehr positive Wirkung haben - wie ein reinigendes Gewitter. Durch die Veröffentlichung bleiben wir erstens unserem Wort treu und zweitens geben wir unserem Unternehmen die Chance, sich zu verbessern. Ich bestreite nicht, dass es zu einiger Unruhe kommen wird. Aber die Erneuerungschancen, die sich daraus ergeben, überwiegen meines Erachtens. Jeder im Unternehmen kann dann nämlich identifizieren, wo genau es bei uns hapert – die Grundvoraussetzung für Veränderungen. Ich bin daher dafür, dass wir das Ergebnis auf jeden Fall veröffentlichen. Besonders auch, weil wir sonst einen erheblichen Glaubwürdigkeitsverlust erleiden, wenn wir nicht halten, was wir versprochen haben."

Ist Ihnen aufgefallen, dass der Marketingleiter erstens eine Analogie benutzt, um seinen Standpunkt zu unterstreichen (reinigendes Gewitter), und zweitens zum Abschluss seiner Äußerung ebenfalls das Argument negativer Konsequenzen einsetzt (negative Konsequenzen, die sich aus der Nicht-Veröffentlichung des Befragungsergebnisses ergeben)?

18. Übung: Schwarzfärberei anwenden

Argumentieren Sie gegen die Einführung eines Mautsystems für PKW auf deutschen Autobahnen und benutzen Sie dabei die Schwarzfärberei-Taktik.

19. Übung: Schwarzfärberei identifizieren

Sehen Sie sich eine Talkshow-Sendung mit Politikern an und halten Sie fest, wie oft die Schwarzfärberei-Taktik vorkommt.

Die Rutschbahntaktik

Die Rutschbahntaktik ist mit der Schwarzfärberei verwandt. Auch hier wird auf negative Konsequenzen hingewiesen. Aber sie ist in gewisser Weise eine Steigerung davon. Der grundlegende Gedankengang dieser Taktik sieht so aus: Hat man erst einmal einen Schritt auf eine Rutschbahn gesetzt, gibt es kein Halten mehr. Man rutscht unaufhaltsam ab, mitten ins Verderben.

Die Rutschbahntaktik wird auch „Lawinenargument" genannt. Lawinen können schon durch eine kleine Unachtsamkeit ausgelöst werden. Sie beginnen ganz sanft, reißen aber schließlich alles mit in die Tiefe. Die Angst vor solchen Kräften macht sich der Manipulator zunutze. Dabei startet er mit einem Vorschlag oder einem Standpunkt, der auf den ersten Blick vielleicht noch ganz vernünftig aussieht. Dann argumentiert er jedoch, dass durch diesen so harmlos scheinenden Vorschlag eine ganze Kette verhängnisvoller Konsequenzen ausgelöst wird, die schließlich in einen inakzeptablen Zustand münden. Daraus folgert er, der ursprüngliche Vorschlag müsse unbedingt abgelehnt werden.

Beispiel

Bei der Omega Electric wird überlegt, welche Preisstrategie zukünftig gewählt werden sollte. Ein Vorschlag ist, die Preise zu senken, um auf diese Weise mehr Käufer zu gewinnen und dadurch den Umsatz zu steigern. Katharina, Mitglied der Geschäftsleitung, ist gegen diesen Vorschlag: „Wenn wir jetzt die Preise senken, wird unser größter Konkurrent Alphamind mit Sicherheit nachziehen. Das wird dann nur der Auftakt dafür sein, dass auch andere Unternehmen unserer Branche Preissenkungen durchführen. Das Ergebnis ist ein ruinöser Preiskampf."

Die Rutschbahntaktik wird in der Regel dazu eingesetzt, um vor bestimmten Handlungen zu warnen und den Opponenten dadurch einzuschüchtern. Sie hat folgendes Schema:

Begründungsschema
A ist ein Vorschlag, der zur Diskussion steht und anfänglich plausibel aussieht.
Wenn A tatsächlich verwirklich wird, wird er B verursachen, B schließlich C ... und schließlich ist G die Folge. & G ist unakzeptabel → daher: A sollte abgelehnt werden.

Wir könnten diese Taktik auch Wehret-den-Anfängen-Taktik nennen. Betrachten wir eine weiteres Beispiel:

Beispiel

Lothar argumentiert gegen die Einführung eines Mautsystems für PKW auf deutschen Autobahnen: „Meine Damen und Herren, Sie alle wissen, dass man darüber nachdenkt ein Mautsystem für PKW auf unseren Autobahnen einzuführen. Haben Sie eine Vorstellung davon, was dies für uns bedeuten wird? Die erste Folge wird sein, dass sich der Verkehr wieder stärker auf die Bundes- und Landstraßen verlagern wird, da viele Menschen versuchen werden, die Autobahnen zu vermeiden. In vielen kleinen Ortschaften wird es somit zu einem höheren Durchgangsverkehr kommen. Konsequenz wird sein, dass sich die Unfälle in diesen Orten häufen werden, die Zahl der Verkehrstoten wird insgesamt wieder zunehmen und für unsere Kinder wird es gefährlicher, sich im öffentlichen Verkehr zu bewegen. Die Luftverschmutzung und die Lärmbelastung werden in vielen kleinen Städten zunehmen, die Lebensqualität wird dramatisch sinken. Das wird nur noch mehr dazu führen, dass die Menschen wieder weg vom Land in die großen Ballungszentren ziehen. Die Mieten in Städten wie München oder Frankfurt werden weiter anziehen. Der Kampf um bezahlbaren Wohnraum wird härter, das soziale Klima wird sich weiter massiv verschlechtern. Soziale Unruhen sind vorstellbar. Letzten Endes werden alle Bürger die Zeche bezahlen müssen. Da frage ich Sie: Kann man so etwas ernsthaft wollen? Ich glaube, dass dies noch niemand in solch deutlicher Klarheit gesehen hat. Deshalb: keine Mautgebühren für PKW auf unseren Autobahnen."

Lothar hat hier eine ziemlich gewagte Rutschbahn konstruiert. Einige der von ihm genannten Kausalbeziehungen sind dabei durchaus plausibel.

Wird man mit der Rutschbahntaktik konfrontiert, sollte man zunächst prüfen, ob der Manipulator tatsächlich den vom Gesprächspartner geäußerten Vorschlag benutzt hat, um daraus die unliebsamen Konsequenzen abzuleiten. Häufig werden nämlich die ursprünglichen Positionen etwas verzerrt (siehe Strohmanntaktik), um die negativen Folgen daraus herzuleiten.

Die zweite Sollbruchstelle einer Rutschbahntaktik liegt in der konstruierten Kausalkette. Ein Lawinenargument ist nur so stark, wie die behaupteten kausalen Verknüpfungen. Und gerade hier stellt der Manipulator oft kausale Beziehungen her, die sehr fragwürdig oder sogar unhaltbar sind. Ein zusätzliches Beispiel soll uns zur Anschauung dienen:

Beispiel Teil 1

Zwei Abteilungsleiter der Promex Constructa AG, Max und Franz, diskutieren, inwieweit Mitarbeiter in Entscheidungsprozesse einbezogen werden sollen. Max steht auf dem Standpunkt, dass man als Führungskraft in erster Linie allein die Verantwortung trägt und somit auch allein die Entscheidungen zu treffen hat. Er argumentiert weiter: „Stell dir vor, ich würde tatsächlich anfangen, die Mitarbeiter das eine oder andere Mal bei Entscheidungen mitreden zu lassen. Ich würde dadurch nur die Erwartungen wecken, auch bei anderen Entscheidungen mitreden zu lassen. Das würde dazu führen, dass alle bei allen Entscheidungen dabei sein wollen. Kannst du dir das Chaos vorstellen? Wenn alle überall mitreden möchten, werden Entscheidungen immer zäher und zeitaufwendiger und am Ende wird vielleicht gar nichts mehr entschieden. Und dann leidet unsere Leistungsfähigkeit dramatisch."

Max verwendet die Rutschbahntaktik. Aus einem scheinbar harmlosen Schritt, der Einbeziehung der Mitarbeiter in einige wenige Entscheidungen, werden Chaos und Misserfolg.

Wie schützt man sich am besten vor der Rutschbahntaktik?

Der Schlüssel einer angemessenen Reaktion auf die Rutschbahntaktik liegt in der behaupteten Kausalkette. In den meisten Fällen sind die einzelnen Glieder nur sehr schwach verzahnt. Hier sollte man mit kritischen Fragen oder dem Aufbau einer Gegenposition ansetzen. Will man gegen eine Rutschbahntaktik kontern, empfiehlt es sich, das schwächste Glied in der Kette herauszugreifen.

So ist bei der Argumentation von Max aus unserem letzten Beispiel der Übergang von *bei einigen Entscheidungen mitreden lassen* zu *bei allen Entscheidungen mitreden wollen* sehr gewagt und angreifbar. An diesem Punkt setzt Franz in seiner Replik auf Max auch an:

Beispiel Teil 2

„Ich glaube, du malst ein viel zu düsteres Bild. Ein Schritt ergibt sich aus dem anderen fast wie ein Naturgesetz. Aber das muss doch gar nicht so sein. Dass Mitarbeiter bei Entscheidungen mitreden wollen, führt nicht zwangsläufig dazu, dass sie bei allen Entscheidungen mitreden wollen. Außerdem ist noch gar nicht geklärt, was „Mitreden-wollen" überhaupt heißt. Es ist doch durchaus möglich, dass die Mitarbeiter nur um ihre Meinung gefragt werden möchten, ohne selbst entscheiden zu wollen."

Franz konzentriert sich in seiner Erwiderung auf die schwache Kausalkette, die Max aufgebaut hat. Außerdem verfolgt er noch eine andere Strategie: Er macht darauf aufmerksam, dass die Kausalbeziehungen, die Max beschreibt, nur sehr ungenau sind. Auch das ist ein möglicher

Angriffspunkt bei der Rutschbahntaktik. Die benutzten Ausdrücke selbst sind viel zu vage, um eine klare Kausalbeziehung herzustellen. Dadurch entsteht ein breiter Interpretationsspielraum. Die von Max behauptete Kausalbeziehung versteckt sich hinter dieser Ungenauigkeit. Wenn wir versuchen, den Kausalzusammenhang zu präzisieren, stellt sich heraus, dass keine vernünftige Begründung existiert.

Durch folgende Fragen können Sie eine Rutschbahntaktik testen:

- Wurde der ursprüngliche Vorschlag richtig wieder gegeben, oder kam es dabei bereits zu einer Verzerrung?
- Wie stark sind die Kausalglieder in der Kette der Folgen, die aufgeführt werden?
- Eine Kette ist immer so stark wie sein schwächstes Glied: Was also ist das schwächste Glied?
- Folgt das Endergebnis wirklich?
- Ist das Endergebnis wirklich so negativ wie behauptet?

Zum Schluss haben wir noch ein hübsches Lawinenargument in ganzer Länge und ganzer Wucht für Sie. Es stammt von Roland Baader aus seinem Buch „Geld, Gold und Gottspieler“:

> *... Der Sozialstaat ist nicht nur ein Sprengsatz für das Wirtschafts- und Gesellschaftsgefüge; er bildet eine ganze Feuerwerkskette von Sprengsätzen. In groben Zügen und im Zeitraffer gezeichnet, laufen die Detonationen wie folgt ab:*
>
> *Die Sozialsysteme lösen die Disziplin des familiären Zusammenhalts auf; das „Versicherungssystem“ und Sicherheitsnetz namens Familie ist nicht mehr überlebensnotwendig, wenn kollektive (staatliche) Hängematten bereitstehen. Mit der zerfallenden Institution Familie explodieren die Kosten der sozialen Sicherungen. Zugleich sinkt die Geburtenrate, was die künftigen Kosten für eine überalternde Bevölkerung noch weiter nach oben treibt. Die auf dem aberwitzigen Umlagesystem errichteten Sicherungssysteme, zu finanzieren von immer weniger jüngeren Menschen für immer mehr Alte, Kranke und Hilfsbedürftige, steuern in den Bankrott. Die politisch forcierte „Lösung“ des Problems vermittels unbeschränkter Einwanderung, geht nach hinten los, denn die meiste Zuwanderung erfolgt nicht in die Arbeitsmärkte, sondern in die Sozialsysteme. Außerdem verstärkt die mangelhafte Integration der Einwanderer die Auflösung der gewachsenen Gesellschaftsstrukturen; das Kollektiv wird nicht nur finanziell, sondern auch hinsichtlich*

seiner Kohäsionskräfte überlastet. Zugleich führen die endlos steigenden Steuern und Beiträge (zur Finanzierung des wuchernden Sozialstaats) zur Erosion der Eigenvorsorge- und Selbsthilfemöglichkeiten der Bevölkerung; deren Abhängigkeit vom Kollektiv wächst noch mehr. Die maroden öffentlichen Kassen lassen die Politik vermehrt zum Mittel der Verschuldung und zur Verschleierungsdroge Inflation greifen. Die volkswirtschaftliche Leistungsfähigkeit sinkt, die Vermögen werden entwertet und der Kapitalstock schrumpft. Die Armutsfalle des Sozialstaats ist zur Einwärts-Abwärts-Spirale geworden, die sich immer schneller dreht. Der Staatsbankrott ist nur noch eine Frage der Zeit.“

20. Übung: Auf die Rutschbahntaktik reagieren *(siehe Lösungsteil)*

Wie könnte man auf Lothars Plädoyer gegen die Einführung eines LKW-Mautsystems reagieren? Was ist das schwächste Glied in der von ihm konstruierten Kausalkette?

21. Übung: Auf die Rutschbahntaktik reagieren *(siehe Lösungsteil)*

Rutschbahntaktiken können auch in Kurzform auftreten. Zum Beispiel: „Was sind die Folgen der Erfassung biometrischer Daten in unseren Personalausweisen? Wir machen den ersten Schritt auf dem Weg in den Polizeistaat."

Welche kritischen Fragen könnte man als Erwiderung auf eine solche Kurzfassung eines Lawinenarguments stellen?

Die Präzedenzfall-Lawine

Neben der kausalen Version eines Lawinenarguments gibt es eine weitere Version, die sogenannte Präzedenzfall-Lawine. Sehen wir uns an einem Beispiel an, wie sie funktioniert.

Beispiel

Im Top-Management von Brown Vehicles diskutiert man, ob man Carl, der ein für die Firma sehr wichtiges Projekt erfolgreich abgeschlossen hat, eine Sonderprämie zahlen solle. Martin ist dagegen; er argumentiert auf folgende Weise:

„Bisher haben wir nie so etwas gemacht. Wenn wir jetzt damit anfangen, kann es sein, dass beim nächsten Projekt der Projektleiter auch erwartet, dass ihm ein Bonus gezahlt werde. Und wie wollen wir das dann ablehnen? Wir sollten daher keinen Bonus zahlen."

Bei einer Präzedenzfall-Lawine wird argumentiert, dass, wenn man erst einmal einen Präzedenzfall schafft, man gezwungen ist, ähnliche Fälle gleich zu behandeln, was schlimme Folgen haben kann. Ein Präzedenzfall-Argument ist prima vista ein durchaus plausibles Argument. Es kann jedoch Fehler behaftet sein.
Die kritischen Fragen an diese Argumentform sind:

- Wird wirklich ein Präzedenzfall gesetzt?
- Stimmt die behauptete Folge von Ereignissen?
- Ist das Endergebnis wirklich unvermeidbar?
- Gibt es keine Möglichkeit sich zu schützen?

***22. Übung: Auf die Präzedenzfall-Lawine reagieren** (siehe Lösungsteil)*
Wie könnte man auf Carls Argumentation reagieren?

Die Analogiefalle

Ein sehr wirkungsvolles Scheinargument für Manipulationen liefert die Analogiefalle. Sie basiert auf einem – wer hätte das gedacht – Analogieargument. Analogieargumente haben folgende Struktur:

Begründungsschema
Situation A ist ähnlich zu einer Situation B. In Situation A war es richtig/falsch Handlung X zu tun (oder: In Situation A war/ist Aussage X wahr/falsch), daher ist es auch in Situation B richtig/falsch X zu tun (oder: ist auch in Situation B Aussage X wahr/falsch).

Im folgenden Beispiel benutzt Carla ein solches Analogieargument.

Beispiel

Carla: „Meine Damen und Herren, eine Sache dürfte wohl klar sein: Es wird nichts bringen, wenn man versucht, die Finanzmärkte zu kontrollieren. Das Kapital lässt sich nicht vorschreiben, wohin es fließen soll. Die Regeln der Investition sind wie Naturgesetze. Auch die können wir nicht ändern. Wasser fließt nach unten, das Kapital fließt dorthin, wo es die beste Rendite gibt."

Carla will mit ihrer Argumentation darauf hinaus, dass sich das Kapital nicht kontrollieren lässt. Dazu bringt sie einen Vergleich (eine

Analogie) zwischen den Regeln der Investition und den Naturgesetzen, die sich nicht verändern lassen.

In einer Analogie werden zwei Dinge oder Situationen verschiedener Art miteinander verglichen. Bei diesem Vergleich stellt man gewisse Ähnlichkeiten zwischen den Dingen oder Situationen her. Analogieargumente sind schwache, aber durchaus brauchbare Argumente. Ihre Überzeugungskraft beruht auf der Stärke der festgestellten Analogie, also auf der Frage: Sind die Situationen, die miteinander verglichen werden in einer für das Argument relevanten Hinsicht einander tatsächlich ähnlich? In unserem Beispiel müsste man also die Frage stellen: Können Investitionsregeln sinnvoll mit Naturgesetzen verglichen werden? Hier scheinen Zweifel angebracht.
Analogieargumente sind in Händen eines Manipulators äußerst wirkungsvolle Instrumente. Ein raffinierter Manipulator stellt Vergleiche zu Dingen oder Situationen her, denen man nur zustimmen kann oder die man einfach ablehnen muss - je nach Argumentationsrichtung des Manipulators. Da man der analogen Situation zustimmt (bzw. sie ablehnt), wird man gedrängt, die Zustimmung bzw. Ablehnung auch auf die eigentliche Situation zu übertragen, die Thema der Diskussion ist. In vielen Fällen wird man schneller überrumpelt als man denkt. Wir wollen ein weiteres Beispiel anbringen:

Beispiel Teil 1

In der Nähe einer kleinen Ortschaft wurde eine neue Müllverbrennungsanlage errichtet. Diese Anlage arbeitet nach einem neuartigen Verfahren, bei dem deutlich weniger Schadstoffe anfallen. Dennoch hat sich in dem Ort eine Bürgerinitiative gebildet, die auf die Abschaltung der Anlage drängt.
In einem Gasthaus treffen sich die Geschäftsleitung des Unternehmens und Vertreter der Bürgerinitiative. Der Geschäftsführer erläutert die Vorteile, insbesondere die Umweltverträglichkeit der neuen Anlage. Da meldet sich ein Vertreter der Bürgerinitiative zu Wort: „Wissen Sie, was mir an Ihrem Gedankengang überhaupt nicht gefällt, wo mir richtig unwohl wird: Damit Sie mit Ihrer Anlage produktiv arbeiten können, müssen wir doch Müll produzieren. Es kann doch gar nicht in Ihrem Interesse sein, dass Müll vermieden wird." Darauf erwidert der Geschäftsführer: „Aber das ist doch absurd, was Sie hier sagen. Das würde ja auf das gleiche hinauslaufen, als würden Sie fordern, wir sollten keine Kleider mehr tragen. Der Mensch hat immer Müll produziert und wird immer Müll produzieren."

In unserem Beispiel benutzt der Geschäftsführer einen Analogietrick, um die Absurdität der gegnerischen Position zu zeigen. Seine Argumentation beruht auf einer vermeintlichen Analogie zwischen - ja

zwischen was eigentlich? Hier ist es gar nicht so leicht festzustellen, in welcher Form eigentlich ein Vergleich angestellt wird. Die eine Seite des Vergleichs ist das *Nicht-mehr-Tragen-von-Kleidungsstücken.* Aber was genau ist die andere Seite? Wenn man die Äußerung des Gegners anschaut, dann müsste es seine These sein: *Müll so weit wie möglich reduzieren.* Aber besteht hier tatsächlich eine Analogie zwischen diesen beiden Situationen, so dass dadurch die Argumentation des Anlagengegners tatsächlich ad absurdum geführt wird?
Doch warum ist man mit Analogien so leicht irrezuführen? Einen Grund sehen wir darin, dass man das Analogieargument oft gar nicht als solches erkennt und somit gar nicht auf die Idee kommt, Stärke oder Schwachpunkte der Argumentation zu prüfen. Besonders undurchsichtig wird es, wenn der Manipulator eine versteckte Analogietaktik benutzt. Betrachten wir dazu folgendes Beispiel:

Beispiel

Regina wirft Helmut vor, dass es nicht richtig war, Konrad, einem langjährigen Mitarbeiter, zu kündigen. Helmut verteidigt sich: „Es gibt eben Situationen, wo man nicht anders kann und so handeln muss. Da gibst du mir sicher Recht?"

Wo steckt hier die Analogietaktik? Helmut sagt, dass Situationen existieren, wo man eben so handeln muss, wie er es tut, in unserem Fall heißt das, einen Mitarbeiter zu entlassen. Dieser Aussage würden bestimmt die meisten Menschen zustimmen. Helmut benutzt diese Aussage zur Rechtfertigung seiner Handlung. Um sie jedoch wirklich rechtfertigen zu können, müsste er zeigen, dass seine Situation tatsächlich mit Situationen vergleichbar ist, die zur fraglichen Handlung der Mitarbeiterentlassung zwingt. Das aber bleibt Helmut schuldig. Erstens müsste er dann nämlich die Situationen, in denen es gerechtfertigt ist, einen Mitarbeiter zu entlassen, genauer beschreiben und zweitens müsste er zeigen, dass er in einer solchen Situation stand. Er rettet sich also durch eine vage allgemeine Regel und eine versteckte Analogie.

Wie schützt man sich vor der Analogiefalle?

Am besten wehren Sie sich gegen eine Analogiefalle, indem Sie die behauptete Analogie bestreiten oder Sie zumindest in Frage stellen. Folgende Fragen können dabei helfen:
Sind die genannten Dinge oder Situationen wirklich in einer relevanten Hinsicht einander ähnlich? Oder gibt es wichtige Unterschiede?

Der Müllverbrennungsgegner hätte zum Beispiel so reagieren können:

Beispiel Teil 2

„Ihr Vergleich hinkt natürlich. Keine Kleider mehr zu tragen ist nicht vergleichbar mit meiner Position, Müll nach Möglichkeit zu reduzieren. Insbesondere hat der Vergleich auch nichts mit meiner Überlegung zu tun. Ich möchte Sie noch einmal dazu fragen: Müssen Sie als gewinnorientiertes Unternehmen nicht darauf achten, eine genügende Kapazitätsauslastung zu haben? Und heißt das nicht einfach, dass Sie immer genügend Müll benötigen und somit auch Müll in ausreichender Menge produziert werden muss?"

Am Rande bemerkt: Natürlich ist auch die Überlegung des Anlagengegners nicht ganz wasserdicht. Er unterstellt nämlich, dass eine genügende Kapazitätsauslastung nur erreicht werden kann, wenn kein Müll reduziert wird. Doch ist dieser Zusammenhang ja nicht zwingend. Schließlich besteht ja die Möglichkeit, dass die Kapazitätsauslastung gewährleistet ist, auch wenn Müll reduziert wird. Eine Möglichkeit könnte zum Beispiel auch sein, dass andere, Umwelt belastendere Müllverbrennungsanlagen abgeschaltet werden.

23. Übung: Die Analogiefalle kontern *(siehe Lösungsteil)*

In einer Podiumsdiskussion geht es um die Frage, wie ethisch sich Unternehmen verhalten müssen. Der Vorstandsvorsitzende einer Bank argumentiert, dass man Unternehmen nicht jede ihrer Handlungen vorwerfen können. „Man kann", so fährt er fort, „als Unternehmen nicht immer überblicken, zu welchen Zwecken die Teile, die man herstellt, benutzt werden. Man kann nicht immer wissen, dass die produzierten Teile beispielsweise zum Bau von Waffen genutzt werden." Ein pfiffiger Student steht darauf hin auf und argumentiert: „Das bedeutet ja auch, dass man den Kokabauern in Kolumbien nicht vorwerfen kann, dass sie Koka anbauen. Denn immerhin können sie ja auch nicht wissen, zu welchen Zwecken das Koka schließlich benutzt würde." Der Student benutzt ein Analogieargument. Darauf reagiert der Topmanager mit der Bemerkung, auf solche rhetorischen Spielchen lasse er sich nicht ein. Wie könnte man besser auf die Argumentation des Studenten reagieren?

In einer Podiumsdiskussion geht es um die Frage, wie ethisch sich Unternehmen verhalten müssen. Der Vorstandsvorsitzende einer Bank argumentiert, dass man Unternehmen nicht jede ihrer Handlungen vorwerfen können. „Man kann", so fährt er fort, „als Unternehmen nicht immer überblicken, zu welchen Zwecken die Teile, die man herstellt, benutzt werden. Man kann nicht immer wissen, dass die produzierten Teile beispielsweise zum Bau von Waffen genutzt werden." Ein pfiffiger Student steht darauf hin auf und argumentiert: „Das bedeutet ja auch, dass man den Kokabauern in Kolumbien nicht vorwerfen kann, dass sie Koka anbauen. Denn immerhin können sie ja auch nicht wissen, zu welchen Zwecken das Koka schließlich benutzt würde.“ Der Student benutzt ein Analogieargument. Darauf reagiert der Topmanager mit der Bemerkung, auf solche rhetorischen Spielchen lasse er sich nicht ein. Wie könnte man besser auf die Argumentation des Studenten reagieren?

Die Präzisionsfalle

Ein beliebtes Manöver, um sich mit einer Argumentation durchzusetzen ist, die Argumente mit statistischen Aussagen zu unterlegen. Auch hier lauert eine Falle – die Präzisionsfalle. Bei der Präzisionsfalle werden vom Manipulator Zahlenangaben, zum Beispiel Prozentangaben, eingesetzt, deren Herkunft äußerst zweifelhaft ist. Die Zahlen suggerieren Exaktheit und wissenschaftliche Fundiertheit, die aufgrund der Fragwürdigkeit der Datenerhebung gar nicht eingelöst wird. Wenn statistische Aussagen benutzt werden, die gar nicht oder nur äußerst schwer verifiziert werden können, begeht der Manipulator den Fehler der falschen Präzision. Dieses Manöver kann den Gesprächspartner leicht verleiten anzunehmen, dass die vom Manipulator aufgestellte Aussage exakt die Wirklichkeit abbildet. Tatsächlich ist die Exaktheit eine Täuschung, von der man sich nur allzu leicht irreführen lässt. Man verbindet mit der Angabe genauer Zahlen Wissenschaftlichkeit und vertraut auf ihre Autorität. Das Prestige und die Ästhetik einer präzisen Zahlenangabe verbürgen Seriosität und die Stichhaltigkeit des Arguments. Hier ein Beispiel dazu:

Beispiel

Inge, eine Unternehmensberaterin, in einem Gespräch mit dem Geschäftsführer von INTRIC: „Ich bin sicher, 80 Prozent aller Schwierigkeiten in einem Unternehmen könnten gelöst werden, wenn die Führung sich mehr auf ihre eigentliche Aufgabe konzentrieren würde ...“

Wie kommt Inge zu der Zahl von 80 Prozent? Die Zahlenangabe gaukelt eine Präzision vor, die auf keiner begründeten Basis steht, nur auf einer subjektiven, intuitiven Einschätzung. Potenziert wird der Fehler der falschen Präzision, wenn in der statistischen Aussage zusätzlich Begriffe vorkommen, die so ungenau sind, dass die statistische Aussage dadurch praktisch wertlos wird. Ein solch vager und ungenauer Ausdruck ist auch der Begriff „Schwierigkeit“ in Inges Äußerung. Was meint sie eigentlich damit? Von welcher Art Schwierigkeiten ist die Rede? Betrachten Sie folgendes Beispiel:

Beispiel

Konrad setzt Herrn Müller die Pistole auf die Brust: „Herr Müller, Sie sprechen davon, den Rechtsweg einzuschlagen. Sie wissen wahrscheinlich gar nicht, dass in einem Fall wie Ihrem nur eine zehnprozentige Chance auf Erfolg besteht. Wenn Sie die Mühen bedenken, den Ärger und auch das Geld, das es Sie kosten wird, um diese Sache durchzustehen, frage ich mich, ob es nicht doch besser wäre, nach einer einvernehmlichen Lösung zu suchen."

Konrad benutzt eine statistische Aussage, um seinen Gesprächspartner unter Druck zu setzen. Es ist völlig unklar, wie Konrad zu dieser Zahl kommt und worauf er sich damit bezieht. Aber zehn Prozent Erfolgschance hört sich doch ziemlich wenig an. Da muss man schon ein ziemlicher Hasardeur, wenn man weiter volles Risiko geht.

Wie wehrt man die Präzisionsfalle ab?

Um der Präzisionsfalle zu entgehen, sollten Sie Zahlenangaben kritisch hinterfragen und eine Begründung einfordern.
Herr Müller reagiert in dieser Weise auf Konrads Präzisionsfalle: „Sie sprachen gerade von einer zehnprozentigen Chance. Wie kommen Sie denn zu dieser Zahl?"

24. Übung: Präzisionsfallen identifizieren

Durchforsten Sie einmal die Zeitung und überprüfen Sie, wo es überall einen Fehler der falschen Präzision geben kann. Überlegen Sie: Wie kommt die Zahl zustande? Kann die Zahl sinnvoll verifiziert werden?

25. Übung: Präzisionsfallen in politischen Talkshows

Sehen Sie sich noch einmal eine Talkshow mit Politikern an und achten Sie darauf, welche Zahlen genannt werden.

Die Autoritätstaktik

Bei der Autoritätstaktik bezieht sich der Manipulator in seiner Argumentation auf Autoritäten. Dazu zählen wir: Experten, Fachleute, bekannte Persönlichkeiten oder Institutionen. Durch die Bezugnahme auf Autoritäten versucht der Manipulator seiner ein stärkeres Gewicht zu verleihen. Je höher das Ansehen der zitierten Autorität ist, desto stärker ist der Unterstützungsfaktor für die Position des Manipulators.

Gegen die Bezugnahme auf Autoritäten ist im Grunde nichts einzuwenden, manchmal ist sie durchaus vernünftig und akzeptabel: Jeder von uns ist bis zu einem gewissen Grad auf Ratschläge angewiesen, die wir von Fachleuten erhalten. Mein Anwalt rät mir zu einer einvernehmlichen Lösung zu kommen. Mein Arzt rät mir zu einer speziellen Untersuchung. Expertenmeinungen dienen dazu, Standpunkte und Behauptungen zu begründen. Das ist sinnvoll und legitim. Wir können schließlich nicht auf jedem Gebiet Experte sein. Der Manipulator nutzt diese allgemeine Anerkennung von Expertenmeinungen jedoch aus, um eine Autoritätsfalle zu konstruieren. Dabei kann er auf verschiedene Weise vorgehen:

Möglichkeit 1

Der Manipulator beruft sich auf einen vermeintlichen Experten, der in Wirklichkeit gar kein Experte auf dem Feld ist, um das es im Gespräch oder in der Diskussion geht.

Dieser Fehler ist ein typisches Phänomen der Medienwelt. Da werden Popstars, Schauspieler, Sportler – die sicherlich in ihren jeweiligen Tätigkeitsfeldern als Experten bezeichnet werden dürfen – zu Themen befragt, für die sie eigentlich keine Experten sind. Die Autorität dieser prominenten Persönlichkeiten gründet nicht auf speziellem Wissen, sondern auf ihrer Popularität. Diese Popularität verschafft ihnen allerdings großes Gehör in der Öffentlichkeit. Nicht umsonst werden prominente Personen als Meinungsführer betrachtet. In folgendem Beispiel nimmt Max Bezug auf eine Autorität, um seinen Standpunkt zu stützen:

Beispiel

Für die Mendox AG geht es um die Frage, ob ein Werk in China errichtet werden soll. Max unterhält sich mit Klaus, dem Produktionschef.

Max: „Ich finde, wir sollten nach China gehen. Für uns ist das eine große Chance. Auch unser Finanzchef unterstützt diesen Plan."

Max bezieht sich auf den Finanzchef als jemanden, der den Plan, nach China zu gehen, unterstützt. Es ist alles andere als klar, inwiefern dadurch die Position von Max, dass es sinnvoll sei, in China zu investieren, gestärkt wird. Sicher kann es wichtig sein, den Finanzchef auf seiner Seite zu wissen, immerhin ist er für Fragen der Finanzierung zuständig. Fragwürdig bleibt trotzdem, ob dadurch auch die Sinnhaftigkeit des Projekts gezeigt wird. Das Argument wäre stärker, wenn der Finanzleiter ein ausgewiesener China-Experte wäre; aber das wissen wir nicht. Im Moment sieht es eher nach einem Manipulationsmanöver von Max aus. Denn, wenn Klaus gegen den Standpunkt von Max opponieren möchte, so hat er – scheinbar – automatisch auch den Finanzchef gegen sich, obwohl der im Gespräch gar nicht anwesend ist. Das kann ein geschickter Schachzug des Manipulators sein.

Möglichkeit 2

Bei der zweiten Vorgehensweise der Autoritätstaktik ist der Bezug auf den Experten so vage, dass er entweder als großer Unbekannter auftritt, oder dass das Feld seiner Expertise unklar ist.
Dies geschieht im folgenden Beispiel:

Beispiel

Dr. Hanauer äußert sich auf einer Podiumsdiskussion zur Frage: „War der Euro eine Fehlentscheidung?"
Dr. Hanauer: „Die Einführung des Euro war und ist eine der wichtigsten und fruchtbarsten Entscheidungen, die je getroffen wurden. Mit dieser Meinung stehe ich nicht alleine da, eine ganze Reihe namhafter Wissenschaftler bestätigt diese Ansicht."

Dr. Hanauer bezieht sich hier auf namhafte Wissenschaftler. Es bleibt nicht nur ungenannt, um welche Wissenschaftler es sich handelt, es wird auch nicht geklärt, auf welchem Gebiet diese Wissenschaftler tätig sind.
Ein Bezug auf Experten oder Autoritäten kann ein hohes Maß an Überzeugungskraft entfalten. Denn wer gegenteiliger Meinung ist, muss im Grunde nicht nur dem Manipulator entgegentreten, sondern auch der Phalanx vermeintlicher Experten, die angeblich auf der anderen Seite stehen.

Wie schützt man sich vor der Autoritätstaktik?

- Testen Sie Autoritätsargumente durch folgende Fragen:
  - Ist der zitierte Experte wirklich ein Experte auf dem Gebiet, um das es geht?
  - Um welchen Experten handelt es sich?
- Fordern Sie eine zusätzliche Begründung ein, geben Sie sich nicht mit einem Bezug auf Experten als einzige Begründungsbasis zufrieden.

Klaus, in unserem obigen Beispiel, ist nicht in die Autoritätsfalle getappt.

Beispiel

Klaus erwidert auf die Äußerung von Max:
„Ich finde es gut, dass auch unser Finanzchef hier eine klare Position zu beziehen scheint und den Plan, nach China zu gehen, unterstützt. Aber welche davon unabhängigen Gründe sind für dich ausschlaggebend, eine Investition in China zu empfehlen?"

***26. Übung: Autoritätstaktik einsetzen** (siehe Lösungsteil)*

Stellen Sie sich vor, Sie sollen für eine zweiprozentige Erhöhung der Mehrwertsteuer argumentieren. Wie könnte ein Autoritätsargument dafür aussehen?

Die Brunnenvergiftung

Die Brunnenvergiftung ist eine sehr radikale, manchmal auch plumpe Taktik. Der Manipulator benutzt sie, um die gegnerische Position von vornherein aus dem Rennen zu werfen und sich auf diese Weise einen Argumentationsvorsprung zu verschaffen. Dabei wird der Gesprächspartner in einer möglichen Gegenposition angegriffen, noch bevor er überhaupt ein Wort geäußert hat. Sollte jemand nun doch diese Position einnehmen, trinkt er aus einem vergifteten Brunnen. Die folgenden Beispielsbemerkungen klären uns darüber auf, wie das funktioniert:

Beispiel

„Wer wirklich ehrlich zu sich selbst ist, der wird sofort einsehen, dass die Behauptung, unser Anliegen sei nur profitorientiert, jeder Grundlage entbehrt."
„Niemand mit gesundem Menschenverstand wird ernsthaft den Standpunkt vertreten, dass wir unsere Firmenpolitik ändern sollten."
„Wem es wirklich um gemeinsame Ziele geht, der wird uns bei diesem Antrag unterstützen."
„Wem es um Kooperation geht, der wird sich dem Hilfeersuchen nicht verweigern."

Sollten Sie gegen diese Meinungen opponieren wollen, riskieren Sie, als jemand dazustehen, der nicht ehrlich zu sich selbst ist, dem gesunder Menschenverstand fehlt oder der die gemeinsamen Ziele verrät, der nicht kooperieren möchte.
Im nächsten Beispiel benutzt Lothar die Taktik der Brunnenvergiftung, um einen Konflikt zu unterdrücken.

Beispiel

Lothar zu seinen Mitarbeitern: „Nun lassen Sie mal die Kirche im Dorf. Halbwegs vernünftige Menschen werden doch aus dieser Sache keinen großen Konflikt machen ..."

Wer jetzt aufsteht und gegenteiliger Meinung ist, der scheint zu jenen Individuen zu gehören, denen Vernunft abgeht. Wer wird sich da noch trauen? Das Faszinierende an dieser Taktik ist, dass der Gesprächspartner oder Opponent in seiner Position erschüttert wird, bevor er überhaupt das Wort ergriffen hat. Die gegnerische Position wird so „vergiftet", dass jeder, der diese Position einnimmt, sich selbst diffamiert.

27. Übung: Formulierungen für Brunnenvergiftungen

Suchen Sie nach Formulierungen, durch die man gut Brunnenvergiftungen einleiten kann.

Eine besonders geschickte Variante der Brunnenvergiftung finden wir bei folgender Vorgehensweise: Der Manipulator macht zuerst klar, dass alle anderen Standpunkte von Vertretern bestimmter Interessengruppen stammen, die allesamt eigennützige Motive verfolgen. Im zweiten Schritt deutet er an, dass die eigene Position absolut objektiv und frei von egoistischen Interessen ist. Sobald nun jemand auftritt, der eine andere Position vertritt, steht er unversehens als typischer Interessenlobbyist da. Dazu ein Beispiel.

Beispiel

Ein Kirchenvertreter argumentiert gegen die Ausweitung der Ladenöffnung auf den Sonntag: „Bringen wir es doch mal auf den Punkt: Alle hier anwesenden Vertreter des Handels oder politischen Parteien verfolgen doch sehr deutlich ihre partikularen Interessen. Die Kirche dagegen hat ein Augenmerk auf das Gesamtwohl der Menschen und zwar aller Menschen. Einfach schon durch unseren christlichen Auftrag. Aus dieser Perspektive wäre es nicht richtig, die Öffnung der Läden am Sonntag zu erlauben."

Die Brunnenvergiftung wird als Taktik gern benutzt, wenn die eigene Position einer genaueren Untersuchung nicht standhält, wenn es um die eigene Sache also nicht zum Besten steht und man einer Diskussion ausweichen möchte. Sie ist besonders wirkungsvoll, wenn die gegnerische Position der landläufigen Meinung entgegensteht. Eine geschickte Brunnenvergiftung kann in solch einem Fall die Korrektheit des gegnerischen Standpunkts verdecken.

Noch eines ist wichtig: Gegen eine Brunnenvergiftung aufzustehen bedeutet, viel Energie und Kraft zu investieren, um seine Position zu vertreten. Die Kluft zwischen den Positionen wird dadurch scheinbar vergrößert und damit auch das Konfliktpotential. Durch eine Brunnenvergiftung wird ganz nebenbei auch die Stimmung vergiftet, und da die meisten Menschen nach harmonischen und friedlichen Beziehungen streben, stehen sie nicht auf, um ihre Position zu verteidigen, sondern bleiben lieber sitzen.

Wie wehrt man eine Brunnenvergiftung erfolgreich ab?

Bei besonders deutlichen und plumpen Fällen von Brunnenvergiftung empfehlen wir: Haben Sie Mut und trinken Sie aus dem Brunnen! Ignorieren Sie die Brunnenvergiftung, denn sie ist nur eine Illusion. Es wird Ihnen weniger passieren als Sie befürchten. Insbesondere dann, wenn Sie den Gesprächspartner auf echte Begründungen festnageln. Sehen Sie dazu folgendes Beispiel:

Beispiel

Max: „Niemand mit gesundem Menschenverstand wird heutzutage noch dafür plädieren, dass in unseren Schulen wieder eine Geschlechtertrennung eingeführt werden sollte."

Moritz: „Auch auf die Gefahr hin, dass mir gesunder Menschenverstand fehlt, bin ich doch der Meinung, dass einiges für eine Geschlechtertrennung spricht. Aber erkläre mir doch bitte, warum du eine Geschlechtertrennung für falsch hältst."

In weniger eindeutigen und versteckteren Fällen von Brunnenvergiftung markieren Sie die unfaire Taktik, stellen Sie kritische Fragen oder fordern Sie auf, echte Gründe zu nennen.

Beispiel: Bitte eine Überschrift einfügen

Gabi: „Also, wenn du nur noch ein bisschen Verstand hast, dann weißt du, dass es Unfug ist, in Deinem Alter noch den Motorradführerschein zu machen."

Ruth: „Was spricht denn dagegen, mit 50 noch Motorrad fahren zu wollen?"

Ruth reagiert auf Gabis Brunnenvergiftung mit einer Begründungsfrage. Dadurch schiebt Sie auf elegante Weise Gabi die Beweislast zu. Gabi kann sich nicht mehr hinter einer brunnenvergiftenden Formulierung verstecken.

28. Übung: Auf Brunnenvergiftungen reagieren

Wie könnte ein Vertreter des Einzelhandels auf die Position des Kirchenvertreters reagieren? Spielen Sie ein paar Möglichkeiten durch.

Die Evidenztaktik

Bei der Evidenztaktik wird ein Sachverhalt als völlig klar und evident hingestellt, so dass sich jede weitere Diskussion und Argumentation im Grunde erübrigt. Die Taktik funktioniert nach folgendem Schema:

Begründungsschema
Es ist vollkommen klar, dass A wahr/richtig ist. Also muss A wahr/richtig sein.

Man sieht sofort, dass bei dieser Taktik eigentlich keine Begründung und Argumentation stattfinden. Sie wird angewendet, wenn der Manipulator sich seiner Beweislast entledigen möchte. Denn, wenn etwas völlig klar und evident ist, braucht man es auch nicht weiter zu diskutieren. Die besondere Wirkung der Evidenztaktik besteht darin, den Gesprächspartner in seinem Sachverstand und seiner Kompetenz herabzusetzen, wenn er etwas bezweifelt oder bestreitet, was doch offenkundig ist. Der Manipulator setzt bei dieser Taktik häufig folgende Formulierungen ein:

- Es dürfte klar sein, dass ...
- Jeder weiß doch, dass ...
- Schon jedes Kind weiß, dass ...
- Es kann nicht geleugnet werden, dass ...
- Es ist ein unbestreitbares Faktum, dass ...
- Da sind wir uns doch einig, dass ...
- Es bedarf kaum einer Erwähnung, dass ...

29. Übung: Formulierungen zur Evidenztaktik

Vervollständigen Sie die obige Liste durch weitere Formulierungen, die Ihnen einfallen.

Am besten funktioniert die Taktik, wenn die Behauptung, die als sonnenklar hingestellt werden soll, ein gewisses Maß an Akzeptanz besitzt, wenn die Behauptung also zu den gängigen Meinungen gehört. Sie wird schwieriger anwendbar, wenn die dadurch geschützte Behauptung nur von einer Minderheit vertreten wird und eher exotischen Status hat.

Beispiel

Ein Software-Projekt bei Centaurus gerät ins Stocken. Es wird diskutiert, ob mehr Leute ins Team aufgenommen werden sollten. Ruth: „Ich denke, jedem ist doch klar, dass dieses Projekt nur erfolgreich zu Ende gebracht werden kann, wenn wir noch mehr Leute ins Team aufnehmen."

Ob das wirklich jeder so sieht? Wer jetzt gegen Ruth opponiert, der riskiert, gegen etwas zu sein, was anscheinend jedem – außer ihm selbst – klar ist. Er bringt sich somit automatisch in eine „Minderheitenposition", und Minderheiten haben es bekanntlich schwerer, ihren Standpunkt zu vertreten. Noch ein Beispiel:

Beispiel

Ein Politiker vertritt seine Position: „Die Menschen in unserem Lande suchen nach mehr Sicherheit. Sicherheit der Renten, Sicherheit der Arbeitsplätze, Sicherheit der Gesundheitsversorgung. Es ist ein unbestreitbares Faktum, dass Menschen mehr Wert auf Sicherheitsaspekte legen als auf unklare Gewinnversprechen, die sich wahrscheinlich als leere Versprechen herausstellen. Deshalb ist es auch Fakt, dass die Mehrheit der Menschen die angestrebten Sozialreformen der Regierungspartei ablehnen wird. Mehr ist dazu nicht zu sagen."

Wie schützt man sich vor der Evidenztaktik?

Lassen Sie sich von schützenden Formulierungen und Redewendungen nicht beeindrucken. Behalten Sie Ihre kritischen Zweifel, falls Sie welche haben. Äußern Sie vorsichtig, aber bestimmt Ihre Bedenken und Zweifel. Genau dies tut Karin im folgenden Beispiel:

Beispiel

Karin: „Es ist sicher ein nahe liegender Gedanke, das Team aufzustocken, um dadurch das Projekt planmäßig beenden zu können. Ich habe jedoch vor kurzem eine Untersuchung gelesen, die gezeigt hat, dass die Hereinnahme von neuen Mitgliedern in ein Team überraschenderweise den gegenteiligen Effekt hat, nämlich eine Projektverzögerung. Was haltet ihr davon, wenn wir uns diese Untersuchung noch einmal ansehen, bevor wir eine Entscheidung treffen?"

Möglich wäre auch, dem Manipulator eine Begründungsfrage zu stellen, um ihm so die Beweislast, die er ja loswerden wollte, wieder zuzuschanzen. Wieder hören wir Karin zu:

Beispiel

Karin: „Du sagst das so sicher, Ruth. Was sind denn die wichtigsten Gründe aus deiner Sicht, dass dies so klappen könnte, wie du vorgeschlagen hast?"

Ein weiteres Beispiel zeigt, wie mit einer Begründungsfrage die Evidenztaktik abgewehrt wird:

Beispiel

In einem Unternehmen soll ein neues Leistungs-Prämiensystem eingeführt werden. Abteilungsleiter Huber zu den anderen Abteilungsleitern: „Eines ist, glaube ich, völlig klar: Ein wirklich faires Prämiensystem wird sich sowieso nicht machen lassen. Irgendwo gibt es immer einen negativen Aspekt."
Herr Meier: „Warum glauben Sie das, Herr Huber?"

Meier stellt Huber einfach eine Warum-Frage und schon befinden wir uns wieder im Begründungsspiel, bei dem Herr Huber jetzt die Aufgabe hat, seiner Beweislast nachzukommen.

30. Übung: Die Evidenztaktik abwehren *(siehe Lösungsteil)*
Wie könnte man auf die Äußerung des Politikers aus unserem Beispiel von oben reagieren?

Die Garantietaktik

Bei der Garantietaktik verbürgt der Manipulator die Richtigkeit seines Standpunkts. Er wirft sich mit seiner ganzen Glaubwürdigkeit ins Feld und benutzt Redewendungen wie:

- Ich kann Ihnen versichern, dass ...
- Sie können mir glauben, dass ...
- Ich bin absolut überzeugt, dass ...
- Für mich gibt es nicht den geringsten Zweifel, dass ...

Benutzt der Manipulator solche Redewendungen, gibt er gewissermaßen sein Ehrenwort. Er bürgt für die Richtigkeit der aufgestellten Behauptung. Auch die Garantietaktik wird eingesetzt, um einer Diskussion zu entgehen und sich der Beweislast zu entledigen. In diesem Fall gibt der Manipulator seine persönliche Garantie für eine Sache. Wer nach diesem Schachzug noch Zweifel oder Kritik anmeldet, der könnte den Eindruck erwecken, er wolle die Glaubwürdigkeit des Sprechers in

Frage stellen. Die Taktik funktioniert besonders gut, wenn der Manipulator hohes Ansehen genießt oder eine Machtposition einnimmt. Vorgesetzte können diese Taktik in aller Regel sehr gut gegenüber ihren Mitarbeitern einsetzen. Beachten Sie folgendes Beispiel:

Beispiel

Bei BetaCom geht es um die Einführung eines neuen Zielsystems.
Inge: „Ich finde, das Arbeiten mit Zielen hilft uns nicht weiter, solange die Führung nicht dahinter steht."
Helmut: „Eines ist doch völlig klar: Wir müssen uns verändern, und da ist jeder Einzelne von uns gefragt. Ich versichere Ihnen, dass wir besonders unsere Zusammenarbeit durch dieses neue Zielsystem nachhaltig stärken werden."

Helmut benutzt im ersten Schritt die Evidenztaktik, um dann im zweiten Teil seiner Äußerung gleich die Garantietaktik nachzuschieben.

Wie wehrt man die Garantietaktik ab?

Am besten überlegen Sie sich eine geschickte Frage, durch die Sie dem Manipulator wieder die Beweislast zuweisen.

Paul versucht dies in folgendem Beispiel:

Beispiel

Paul ist neu bei Xworld. Er hat das Gefühl, von seinen Kollegen geschnitten zu werden. Immer wieder kommt es zu kleinen Streitereien. Paul sucht Unterstützung bei seiner Vorgesetzten Nina, die zu beschwichtigen versucht. Nina: „Ich versichere Ihnen, dass die Schwierigkeiten, die Sie im Moment mit Ihren Kollegen haben, nur die typischen Startprobleme sind."
Paul: „Das freut mich, dass Sie die Angelegenheit noch positiv sehen können. Aber was macht Sie denn da so sicher?"

Durch seine Frage zielt Paul auf eine Begründung und Präzisierung. Er stellt die Glaubwürdigkeit von Nina nicht in Frage, sondern er gibt ihr das Signal: Erzähl mir mehr.

***31. Übung: Die Garantietaktik abwehren** (siehe Lösungsteil)*

Familie Rot möchte ihren Urlaub dieses Mal in Deutschland im Bayerischen Wald verbringen. Martina und Martin, 12 und 14 Jahre alt, opponieren und würden lieber wieder auf die Kanarischen Inseln fahren wie die letzten beiden Jahre. Der Vater vertritt seinen Standpunkt nun auf folgende Weise. „Jetzt hört mal auf mit eurem Gemeckere. Ich garantiere euch, dass ihr im Bayerischen Wald genauso viel Spaß haben werdet wie auf den Kanaren." Wie könnte man darauf reagieren? Welche Fragen könnte man stellen?

Die Traditionstaktik

Traditionen haben häufig einen hohen Stellenwert. Und das zu Recht. Manches Mal aber wird mit dem Traditionsbegriff jede vernünftige Diskussion abgewürgt. Wer kennt ihn nicht, den berühmten Satz: „Das haben wir schon immer so gemacht und damit basta!"
Eine klassische Killerphrase mit einem Traditionsargument als Kern. Traditionsargumente haben diese Form:

Begründungsschema
A ist richtig oder gut, weil A schon lange Bestand hat, weil es sehr alt ist.

Dahinter kann der durchaus richtige Gedanke stecken, dass Dinge nur dann alt werden können, wenn sie sich bewährt haben. Dinge, die sich nicht bewähren, werden nicht alt. Prima Facie eine plausible Überlegung. Man sollte aber eine Sache nicht aufgrund der Tatsache akzeptieren, dass sie alt ist. Es sollte eine weitere Überlegung hinzukommen, nicht nur das Traditionsargument. Wenn man sich nur auf Traditionsaspekte verlässt, dann kann das Argument fehlerhaft und eine Manipulationstaktik sein. Einige Beispiele veranschaulichen dieses Manöver:

Beispiel 1

Claudia argumentiert gegen die Einführung eines Konfliktmanagementsystems in ihrem Unternehmen: „Ich finde, wir sind bisher sehr gut ohne Konfliktmanagement ausgekommen. Wir haben unsere Probleme noch immer auf die eine oder andere Weise gelöst."

Beispiel 2

Klaus wehrt sich gegen eine neue Produktpolitik: „Wir haben immer diese Produktpolitik verfolgt und sind doch ziemlich erfolgreich damit gewesen, nicht wahr?"

Die Traditionstaktik wird in der Regel benutzt, um für die Aufrechterhaltung des Status quo einzutreten. Durch diese Taktik sollen Veränderungen abgewehrt werden. Sie ist eine typische Blockadetaktik.
Obwohl Veränderungen wichtig und notwendig wären, haben es diejenigen, die dies deutlich erkennen, oft schwer, mit ihren Ideen durchzudringen. Fast nichts ist für Menschen beängstigender als Veränderung, und gerade heutzutage, da allerorten permanenter Wandel gepredigt wird, sehnen sich viele Menschen nach Konstanz und Beständigkeit.

Auf diesen Wunsch zielt der Manipulator mit der Traditionstaktik ab. Die Taktik ist besonders erfolgreich, wenn sie in Begriffe wie „Kontinuität“ und „Vertrautheit“ verpackt wird.
Natürlich steht Tradition für Erfahrung und Erfahrung auch für Wissen. Da aber die Welt sich ändert, kann das Beharren auf Tradition und Bewährtes schnell in eine Sackgasse münden – mit dem Ergebnis: Lautes Wehklagen und der Spruch: „Wenn wir das nur früher gewusst hätten!“

Wie schützt man sich vor der Traditionstaktik?

Am besten reagieren Sie auf die Traditionstaktik mit kritischen Fragen oder mit Fragen, die konstruktiv nach vorn gerichtet sind. Zum Beispiel:

Beispiel

„Gut, wir haben es bisher immer auf diese eine Weise gemacht. Aber wie könnten wir es sonst noch machen?“

Im nächsten Beispiel reagiert Jürgen geschickt auf Verenas Traditionstaktik:

Beispiel

Verena: „Wir haben seit der Gründung unseres Unternehmens kein Personalentwicklungskonzept gebraucht. Und es hat auch so funktioniert, oder?“
Jürgen: „Du sagst, es hat auch so funktioniert. Gut, aber welchen zusätzlichen Nutzen könnten wir denn aus einem solchen Konzept für unseren Betrieb ziehen?“

Jürgen versucht, durch eine Frage die Aufmerksamkeit auf die positiven Aspekte eines Personalentwicklungskonzepts zu lenken. Auf diese Weise erhofft er sich, Verenas starres Beharren auf die Vergangenheit zu durchbrechen.

32. Übung: Traditionsargument einsetzen

Konstruieren Sie ein Traditionsargument zur Abwehr einer Liberalisierung des Ladenschlussgesetzes.

33. Übung: Traditionsargument abwehren *(siehe Lösungsteil)*

Wie könnte man auf folgende Äußerung von Christoph reagieren?

Christoph: „Wir haben bisher nie mehr als 10.000 Euro pro Jahr für unser EDV-System ausgegeben. Wir waren sehr zufrieden, und alles hat funktioniert. Was soll uns die Einrichtung dieses neuen Systems also bringen außer zusätzlichen Kosten?“

Die Tabuisierungstaktik

Die Tabuisierungstaktik wird benutzt, wenn man eine Diskussion bestimmter Standpunkte von vornherein vermeiden und ausklammern möchte. Die Standpunkte werden tabuisiert.
Das kann verschiedene Gründe haben: Man will die kostbare Zeit nicht mit vermeintlich unnützen Diskussionen vergeuden, man möchte einfach seine Position durchsetzen und mögliche Schwächen verschleiern. Die Tabuisierungstaktik ist eine autoritäre Taktik. Sie kann besonders wirkungsvoll von Personen verwendet werden, die eine starke Machtposition innehaben. Vor allem Vorgesetzte werden also zur Tabuisierungstaktik greifen. Dies geschieht in folgenden Beispielen:

Beispiele

Der Abteilungsleiter zu seinem Team: „Eins möchte ich gleich vorwegschicken. Wir werden uns auf keine Diskussion einlassen, die die Einstellung von Herrn Müller betrifft. Hier ist meine Entscheidung gefallen."

Der Geschäftsführer auf einer Strategieklausur sagt zu den Workshopteilnehmern: „Möglicherweise werden einige noch einmal auf die Frage zurückkommen wollen, warum wir in den asiatischen Markt vordringen sollten. Ich möchte gleich zu Anfang betonen, dass ich eine Diskussion dieser Frage für unfruchtbar halte ..."

Dr. Mannheimer zu seinem Assistenzarzt: „Um eines noch mal klar und deutlich zu betonen: An der von mir verordneten Therapie für Patient Bauer wird sich nichts mehr ändern."

Wer die Tabuisierungstaktik benutzt, wirft seine Autorität in die Waagschale. Dagegen aufzustehen und zu opponieren könnte als Versuch gewertet werden, die bestehenden Machtverhältnisse in Frage zu stellen.

Was kann man gegen die Tabuisierungstaktik tun?

Eine Reaktion auf die Tabuisierungstaktik erfordert natürlich viel Fingerspitzengefühl, weil Sie davon ausgehen können, dass der Manipulator aus nicht genannten, eigennützigen Motiven zu dieser Taktik greift. Wenn sich dieser dann auch noch in einer entsprechenden Machtposition befindet, riskieren Sie, dass diese Macht gegen Sie eingesetzt wird. Wenn Sie dennoch eine bereits ausgeschlossene Behauptung vertreten möchten, sollten Sie das sehr gut begründen können, zum Beispiel, indem Sie auf die positiven Effekte Ihrer Meinung hinweisen.

In den folgenden Beispielen versuchen Georg und Hanna jeweils auf eine Tabuisierungstaktik zu reagieren:

Beispiel

Eine Besprechung bei Beta-Royal, bei der es um die Planung der nächsten Verkaufsfördermaßnahmen geht.

Rüdiger: „Die Verkaufszahlen, die hier auf dem Tisch liegen, können nicht bezweifelt werden. Lassen Sie uns also diskutieren, welche Konsequenzen wir aus diesen Daten ziehen wollen."

Georg: „Die Zahlen scheinen in der Tat sehr einleuchtend zu sein. Ich habe jedoch einen Fehler in unserer Methode entdeckt, der möglicherweise unser ganzes Datenmaterial umstürzt. Kann ich Ihnen das vorstellen?"

Rüdiger klammert zunächst einen bestimmten Punkt (die Gültigkeit des Zahlenmaterials) aus der Diskussion aus. Georg greift aber exakt diesen Sachverhalt auf. Der entscheidende Aspekt seines Vorgehens: Er gibt eine Begründung dafür, warum das vorgelegte Datenmaterial diskutiert werden sollte.

Beispiel

Die Geschäftsleitung der RBZ GmbH bespricht, wie man auf die jüngste Preissenkung durch die Konkurrenz antworten sollte.

Maya: „Wir brauchen gar nicht zu diskutieren, ob wir der Preissenkung unserer Mitbewerber folgen sollen oder nicht. Da müssen wir mitmachen. Es bleibt uns nichts anderes übrig."

Hanna: „Ich sehe da eine Möglichkeit, wie wir die für uns negative Preissenkung nicht mitzumachen bräuchten und doch konkurrenzfähig bleiben."

Durch Mayas Äußerung wird der mögliche Standpunkt, das Preisniveau beizubehalten, als nicht diskussionswürdig ausgeschlossen. Die Argumentierenden nehmen sich dadurch die Option, neue Alternativen zu überlegen und vor allem auch für diese Alternativen gute Gründe zu finden. Hanna reagiert jedoch sehr elegant und geschickt, indem sie ein positives Angebot macht.

***34. Übung: Die Tabuisierungstaktik aushebeln** (siehe Lösungsteil)*

Wie könnte man auf die Einleitung durch den Geschäftsführer aus unseren Beispielen ganz am Anfang und die Äußerungen von Dr. Mannheimer reagieren?

Die Perfektionsfalle

Die Perfektionsfalle ist eine klassische Blockadestrategie. Dabei wird ein Vorschlag abgelehnt, weil er nicht perfekt ist, obwohl kein besserer Lösungsvorschlag in Sicht ist. Die Perfektionsfalle beruht auf dem Fehlschluss der unerreichbaren Vollkommenheit. Betrachten Sie dazu folgendes Beispiel.

Beispiel 1

„Schatz, wie wollen wir denn dieses Jahr nach Rom fahren?" fragt Berta, „also ich wäre ja fürs Fliegen." Guido, Bertas Freund, antwortet etwas zögerlich: „Wir sollten nicht mit dem Flugzeug reisen. Man kann nicht hundertprozentig wissen, ob es wirklich sicher ist."

Guido lehnt Bertas Vorschlag ab, weil es keine absolute Sicherheit beim Fliegen gibt. Aber welche Alternativen existieren? Auch Züge oder Autos können in Unfälle verwickelt werden. Guido begeht den Fehlschluss der unerreichbaren Vollkommenheit.
Hierzu noch ein Beispiel:

Beispiel 2

Robert ist Unternehmensberater. Er versucht, seinen Kunden davon zu überzeugen, dass es sinnvoll wäre, eine präzise Zukunftsstrategie zu entwickeln.
Kunde: „Sie sagen, wir brauchen eine Strategie. Aber wer garantiert uns, dass wir durch diese Strategie wirklich erfolgreicher werden? Können Sie uns das garantieren?"
Robert: „Natürlich nicht."
Kunde: „Sehen Sie."

Auch Roberts Kunde begeht den Denkfehler der unerreichbaren Vollkommenheit. Niemand wird garantieren können, dass eine Strategie so perfekt ist, dass automatisch ein wirtschaftlicher Erfolg eintritt.
In vielen Situationen steht uns keine perfekte Lösung zur Verfügung. Wir müssen vielmehr aus den uns gegebenen Möglichkeiten wählen. Jede dieser Optionen kann für sich genommen mit Defiziten behaftet sein. Man begeht einen Denkfehler, wenn man eine Alternative verdammt, weil sie nicht perfekt ist, obwohl keine bessere Lösung in Reichweite ist.
Wer perfekte Lösungen fordert, die alle Unwägbarkeiten ausschließen, verkennt die Realität. Wir haben immer nur mit begrenzten Möglichkeiten zu tun, die nie vollkommen sind, weil wir nicht alle Risiken ausschließen können. Könnten wir das, dann wären wir allmächtig.

Tappen Sie also nicht selbst in diese Falle, und verlangen Sie keine perfekten Lösungen, wo dies unrealistisch ist.
Der Manipulator stellt die Perfektionsfalle auf, wenn er Vorschläge ablehnen oder Veränderungen verhindern möchte. Viele Vorschläge werden durch diese Taktik angegriffen, indem zum Beispiel geäußert wird, dass der Vorschlag im Grunde nicht weit genug geht, oder indem Veränderungen gefordert werden, die nicht erfüllbar sind und die jenseits der Kontrolle der Personen liegen, die den Vorschlag gemacht haben.

Wie schützt man sich vor der Perfektionsfalle?

Sie können den Fehlschluss direkt ansprechen, oder Sie stellen eine geschickte, kritische Frage. Dazu folgendes Beispiel:

Beispiel 3

Konrad ist skeptisch gegenüber einem Qualitätssicherungssystem, das demnächst in seiner Abteilung eingeführt werden soll: „Es ist schön und gut, ein Qualitätssicherungssystem zu haben. Aber wer garantiert uns, dass dann keine Fehler mehr auftreten? Wie gewinnen wir die Sicherheit, dass wir wirklich keine Mängel mehr produzieren? Ein Qualitätssicherungssystem nach den ISO 9000 Normen kann uns das bestimmt nicht liefern."
Anna reagiert auf Konrads kritische Äußerungen: „Wir sollten nicht den Fehler begehen und das geplante Qualitätssicherungssystem zurückweisen, weil es möglicherweise nicht absolut perfekt ist. Welche bessere Alternative sehen Sie zu dem geplanten System?"

Anna lädt Konrad durch ihre Frage ein, darüber nachzudenken, welche bessere Lösung existiert. Dadurch macht sie noch einmal klar, dass es nicht darum geht, eine absolut perfekte Lösung zu suchen, sondern die beste der möglichen Alternativen zu wählen.

35. Übung: Die Perfektionsfalle abwehren *(siehe Lösungsteil)*

Wie könnte Berta auf Guidos Einwand aus unserem ersten Beispiel reagieren?

36. Übung: Die Perfektionsfalle anwenden

Argumentieren Sie gegen Studiengebühren an deutschen Universitäten und benutzen Sie dabei die Perfektionsfalle. Tipp: Auf welchen perfekten Zustand, der nie erreichbar sein wird, könnten Sie verweisen?

Die Irrelevanztaktik

Wenn man einen Standpunkt begründen möchte, ist man verpflichtet, echte Gründe aufzuführen. Die genannten Gründe müssen für den Standpunkt relevant sein. Wenn der Manipulator eine Begründung liefert, die mit seinem Standpunkt im Grunde nichts zu tun hat, dann wendet er die Irrelevanztaktik an. Diese Taktik ist ein typisches Ablenkungsmanöver. Ganz deutlich wird das im nächsten Beispiel:

Beispiel

Elke, ein Tennisprofi, wird gefragt, ob Leistungssport eigentlich irgendeinen Nutzen stifte. Sie antwortet: „Soll Leistungssport wirklich unnütz sein? Ich sage Ihnen eines. Wir arbeiten tagtäglich extrem hart an uns. Viele Stunden werden mit äußerst anstrengendem Training verbracht. Wir stehen dabei auch unter einem riesigen psychischen Druck. Deshalb braucht man eine enorme mentale Stärke."

Es mag alles richtig sein, was Elke vorbringt. Aber zeigt es, dass Leistungssport nützlich ist? Elke begründet irgendeine andere Position, aber nicht die, die eigentlich zur Debatte steht. In Argumentationssituationen sollten Sie sehr genau darauf achten, ob tatsächlich die Position begründet wird, die zur Diskussion steht, oder ob bewusst oder unbewusst ein Ablenkungsmanöver gestartet wird.

Die Irrelevanztaktik wird gern eingesetzt, wenn man sich einer Kritik oder einem Angriff ausgesetzt sieht. Das Entscheidende bei der Taktik ist, dass man den Eindruck erweckt, als sei man noch beim Thema. Deshalb wird der Manipulator so oft wie möglich die Begriffe benutzen, die zum Diskussionsgegenstand passen, um auf diese Weise den Anschein aufrechtzuerhalten, als spräche man noch von derselben Sache.

Wie schützt man sich vor der Irrelevanztaktik?

Wenn Sie Zweifel haben, ob die genannten Gründe Ihres Gesprächspartners wirklich relevant sind, dann bitten Sie Ihren Gesprächspartner am besten, seine Meinung noch einmal genau zu erläutern. Wenn er wieder dieselben zweifelhaften Gründe nennt, können Sie ihn durch eine kritische Frage auf die Irrelevanz aufmerksam machen und ihm gleichzeitig die Chance geben, seine Argumentation zu verbessern. Wird ganz bewusst ein Ablenkungsmanöver unternommen, sollten Sie versuchen, den Gesprächspartner deutlich auf das Thema oder die Frage zurückzuführen.

Natürlich sollten Sie aufpassen, nicht zu früh Ihre Kritik der Irrelevanz zu äußern, denn es könnte ja sein, dass es dem Gesprächspartner im

Laufe seiner Ausführungen noch gelingt, einen Begründungszusammenhang herzustellen. Folgendes Beispiel zeigt, wie man auf eine Irrelevanztaktik reagieren kann:

Beispiel

Harald: „Ich glaube, wir sollten der Empfehlung des Beratungsunternehmens folgen und ein eigenes Forschungs- und Entwicklungszentrum aufbauen. Denn wir alle wissen doch, ‚Innovation' ist das Zauberwort – gerade in unserer Branche."

Regina: „Natürlich ist Innovation in unserer Branche extrem wichtig. Aber inwiefern siehst du einen Zusammenhang zum Aufbau eines eigenen Forschungs- und Entwicklungszentrums?"

Regina erkennt, dass der Aufbau eines eigenen Forschungs- und Entwicklungszentrums und die Wichtigkeit von Innovationen zwei verschiedene Dinge sind. Natürlich stehen beide in einem Zusammenhang. Aber es ist unklar, wie die Wichtigkeit von Innovationen die Notwendigkeit eines eigenen Forschungszentrums bedingt. Auf diesen Zusammenhang zielt auch Reginas Frage.

***37. Übung: Die Irrelevanztaktik abwehren** (siehe Lösungsteil)*

Martha argumentiert gegen eine Freigabe der Ladenöffnungszeiten: „Die Menschen in unserem Land brauchen Sicherheit und Raum für sich und ihre Familie. Die Familien leiden immer stärker unter dem allgemeinen Werteverfall, der sich in unserer Gesellschaft breit macht. Diesen Verfall sollten wir stoppen. Ich bin daher eindeutig gegen eine Freigabe der Ladenöffnungszeiten." Wie könnte man darauf reagieren?

Die Taktik des Nichtwissens

Eine sehr krude Taktik des Manipulators nennt man Taktik des Nichtwissens. Dabei wird auf folgende Weise geschlossen:

Begründungsschema
Wir wissen nicht (es wurde nie bewiesen), dass A wahr ist → daher: A ist falsch.
Oder:
Wir wissen nicht (es wurde nie bewiesen), dass A falsch ist → daher: A ist wahr

Das ist natürlich eine fehlerhafte Argumentation. Ein klassisches Beispiel für diese Taktik sehen wir der folgenden Diskussion zwischen Julia und Hans um die Existenz Außerirdischer.

Beispiel

Julia: „Ich glaube durchaus, dass wir von Aliens besucht wurden und dass es Ufos gibt."
Hans: „Das ist doch sehr gewagt. Woher willst du denn wissen, dass es Ufos gibt."
Julia: „Bisher wurde nie das Gegenteil bewiesen."

Das mag sein (wobei der Beweis für die Nicht-Existenz einer Sache ohnehin ziemlich schwer ist). Aber natürlich heißt das noch lange nicht, dass es Ufos gibt. Aus dem Nicht-Wissen um eine Sache folgt nicht die Wahrheit oder Falschheit des Gegenteils.
Es gibt aber im Zusammenhang mit dem Argument aus dem Nicht-Wissen durchaus vernünftige Plausibilitätsargumente. Dazu brauchen wir nur folgendes Beispiel anzusehen.

Beispiel

Der Staatsanwalt zu seinem Kollegen: „Bisher konnten wir keine Belege dafür finden, dass Meier in die Mordaffäre verwickelt ist. Wir sollten daher davon ausgehen, dass er mit dem Mord nichts zu tun hat."

Die Argumentation des Staatsanwalts kann durchaus plausibel sein. Denn, wenn wir versuchen jemandem nachzuweisen, dass er ein Mörder ist, werden viele Untersuchungen angestellt. Wenn diese Untersuchungen zu keinem Ergebnis führen, dann ist es in der Tat vernünftig anzunehmen, dass unsere Anfangsvermutung unrichtig ist. Insofern stellt das Argument aus dem Nicht-Wissen ein plausibles Argument dar.

Wie schützt man sich vor einem Argument aus dem Nichtwissen?

Die fehlerhafte Version des Arguments aus dem Nicht-Wissen entkräftet man am besten dadurch, dass man den Fehler klar und deutlich benennt.

***38. Übung: Argument aus dem Nichtwissen abwehren** (siehe Lösungsteil)*

Wie könnte man auf folgende Äußerung reagieren: „Also ich bin ziemlich sicher, dass die Evolutionstheorie Darwins falsch ist. Bisher wurde nie wirklich ihre Wahrheit zum Beispiel durch Beobachtung bewiesen."

Der Angriff auf die Person

In einer Reihe von Situationen macht sich der Manipulator nicht einmal die Mühe überhaupt den Anschein sachlicher Argumentation zu entwickeln. Viel lieber schießt er sich gleich direkt auf sein Gegenüber ein. Wir nennen diese Attacken Angriffe auf die Person oder Argumentum ad hominem. Solche Angriffe treten in verschiedenen Versionen auf. Die wollen wir uns jetzt der Reihe nach ansehen.

Der Gesprächspartner wird direkt angegriffen

Nicht selten wird der Gesprächspartner vom Manipulator direkt angegriffen, indem er Charakter, Vertrauenswürdigkeit oder die Motive des Gesprächspartners in Zweifel zieht. Es gibt zahlreiche Argumentationsformen, die mit Argumenten gegen die Person arbeiten. Sie sind eine besonders beliebte Variante, um einem Gesprächspartner das Recht abzusprechen, eine bestimmte Behauptung aufzustellen oder eine bestimmte Position zu vertreten. Der Manipulator kritisiert den Argumentierenden und nicht den Standpunkt, den er vertritt. Hier einige typische Beispiele für diese Manipulationstaktik:

Beispiel

Nathalie: „Ich frage mich, warum ausgerechnet Sie sich so vehement dafür einsetzen, dass Herr Müller bleiben kann. Haben nicht gerade Sie darauf gedrungen, im letzten Jahr Frau Meier sofort zu entlassen."
Gustav: „Kein Wunder, dass die Produktion wieder gegen diesen Vorschlag ist. Die wehren sich doch gegen alles, was irgendwie fortschrittlich ist."
Hans: „Klar, dass Sie als Arbeitnehmervertreter gegen diese Lösung sind. Es könnte dadurch ja Ihr Einfluss verringert werden."

Argumente gegen die Person sind oft eine wirkungsvolle Waffe. In den meisten Fällen sind sie jedoch eine bloße Taktik, den Gesprächspartner aus dem Rennen zu werfen. Solche direkten Angriffe stellen eine recht üble und unlautere Kategorie von Manipulationsmitteln dar. Hinter einem direkten Angriff steckt der Versuch, den Gesprächspartner als ernst zu nehmenden Diskussionspartner zu diskreditieren. Dahinter verbirgt sich die Überlegung: Wer als Person diskreditiert ist, besitzt keine Glaubwürdigkeit mehr.
Argumente gegen die Person werden vom Manipulator oft dann eingesetzt, wenn eine unbeteiligte dritte Partei am Gespräch teilnimmt oder ein Publikum zugegen ist. Durch diese Taktik zieht er die Sympathien des Publikums auf seine Position. Der Dialogpartner hat es oft äußerst schwer, sich aus der argumentativen Schlinge zu befreien, die ihm um den Hals gelegt wurde.

Beispiel

Walter versucht bei einer Besprechung, Egon, seinen Widersacher, aus dem Rennen zu schlagen: „Sie sagen, die neuen Verkaufszahlen sprechen dafür, ein paar neue Leute einzustellen. Warum sollten wir Ihren Zahlen vertrauen? Haben Sie uns nicht im letzten Jahr wichtige Zahlen verschwiegen?"

Walter zieht die Vertrauenswürdigkeit von Egon in Zweifel, ein massiver Vorwurf und Angriff auf die Person.

Um keine Missverständnisse aufkommen zu lassen: Natürlich können in einer Argumentationssituation die Integrität einer Person und ihr Verhalten legitimer Gegenstand der Diskussion sein. Man denke nur an politische Debatten. Natürlich ist es uns wichtig, dass wir unseren Politikern vertrauen können. Wir erwarten, dass sie ehrlich und integer sind und sich nicht korrumpieren lassen. Charakterliche Eigenschaften spielen hier also eine wichtige Rolle. Deshalb können in politischen Debatten Argumente gegen die Person durchaus eine wichtige Funktion haben.
Der Charakter einer Person kann für ein Argument also tatsächlich relevant sein. Doch dürfen Aspekte des Charakters auch wirklich nur dann zum Diskussionsgegenstand werden, wenn sie dafür auch von Bedeutung sind. Ist jemand als Justizminister geeignet, wenn er schon mehrere Meineide geschworen hat? Selbst wenn er sich eines Besseren besinnt, seine Glaubwürdigkeit wird von Anfang an erschüttert sein. Vertrauen wir einer Zeugenaussage, die von einem notorischen Lügner stammt? Im Gerichtssaal können Argumente gegen die Person ausschlaggebend sein. Sollte jemand für einen hochrangigen Posten ausgewählt werden, der schon öfter einen Mangel an Urteilskraft gezeigt hat oder der nur sehr langsam Entscheidungen trifft? Was muss eine Führungskraft auszeichnen, was kann sie disqualifizieren? Ob Charakterfragen relevant sind, hängt also vom Diskussionsgegenstand ab. Argumente gegen die Person sind also nicht immer illegitim.

Wie wehrt man solche Angriffe auf die Person ab?

Sie sollten versuchen, so schnell wie möglich auf die sachliche Ebene des Gesprächs zurückzukehren. Eine Möglichkeit ist, dass Sie den Kritikpunkt als irrelevant für die Diskussion markieren. So geht David im nächsten Beispiel vor:

Beispiel

Auf einem Workshop der Leitungskräfte von Omnitech macht David den Vorschlag, zwei Abteilungen zusammenzulegen, um so die Arbeit besser zu

organisieren und stärker auf den Kunden auszurichten. Günter, ein Kollege, greift ihn an:
Günter: „Das ist doch Blödsinn, was Sie hier erzählen. Ausgerechnet Sie schlagen so schlaue Dinge vor. Dabei haben Sie mit Ihrer eigenen Firma Pleite gemacht."
David: „Ich glaube, der Punkt, den Sie hier ansprechen, hat nichts mit der Sache zu tun, die wir verhandeln. Uns geht es um die Frage, wie wir effektiver werden können und nicht darum, wie ich mein Unternehmen geführt habe. Welche stichhaltigen Einwände haben Sie denn?"

David versucht also, die Diskussion sofort wieder auf die sachliche Ebene zu bringen, indem er klarmacht, was der eigentliche Diskussionsgegenstand ist. Eine andere Möglichkeit für David wäre es gewesen, mit einer geschickten Frage zu reagieren, zum Beispiel: „Wie bringt uns Ihr Beitrag zu meiner Vergangenheit bei der inhaltlichen Lösung unserer Frage weiter?"
Sie können den persönlichen Angriff auch einfach ignorieren und auf der sachlichen Ebene weitermachen. Sehen wir uns dazu noch einmal das Beispiel an, bei dem Walter Egon angreift:

Beispiel

Walter: „Sie sagen, die neuen Verkaufszahlen sprechen dafür, ein paar neue Leute einzustellen. Warum sollten wir Ihren Zahlen vertrauen? Haben Sie uns nicht im letzten Jahr wichtige Zahlen verschwiegen?"
Egon: „Ich kann Ihnen meine Zahlen ausführlich erläutern, wenn Sie möchten. Legen Sie Wert auf eine Erläuterung?"

Egon entschließt sich, Walters persönlichen Angriff zu ignorieren und sofort zu den Sachthemen zurückzukehren. Er macht dazu das Angebot, sein Zahlenmaterial zu erklären. Auf diese Weise behält er die Initiative.
Sie können bei direkten Angriffen auf die Person auch den Präzisierungstrichter oder die Wattebausch-Methode (siehe erstes Kapitel) einsetzen. Es ist abhängig davon, mit welcher Äußerung Sie genau konfrontiert wurden.

Der Gesprächspartner wird indirekt angegriffen

Neben dem direkten Angriff auf die Person kann man auch indirekt angegriffen werden. Diese Variante wird häufiger benutzt als der direkte Angriff, da sie den Anschein von Objektivität wahrt und nicht so leicht als Beleidigung aufgefasst werden kann. Beim indirekten Argument gegen die Person zeigt der Manipulator einen Widerspruch auf zwischen dem Argument oder der Position einer Person und ihren

Lebensumständen, Verhaltensweisen oder früheren Äußerungen. Indirekte Argumente gegen die Person können – gerade weil sie einen Schuss Sachlichkeit enthalten – sehr wirkungsvoll sein. Hier sind zwei Beispiele für indirekte Angriffe:

Beispiel 1

Ministerpräsident eines Landes: „Der Bund ist nicht in der Lage, die Finanzkrise in den Griff zu bekommen und ordentlich zu sparen."
Abgeordneter: „Bevor Sie den Bund kritisieren, sollten Sie in Ihrem eigenen Land die Situation in den Griff bekommen."

Beispiel 2

Auf einem Workshop bei TeGnosis kommt es zu einer verbalen Auseinandersetzung zwischen den Teamleitern Bauer und Schulz.
Bauer: „Ich bin der Meinung, ein echtes Feedbacksystem könnte uns in unserem Unternehmen nützlich sein. Ich stelle mir vor, dass sich die Führungskräfte regelmäßig von ihren Mitarbeitern beurteilen lassen."
Schulz: „Dass der Vorschlag ausgerechnet von Ihnen kommt, wundert mich. In Ihrem Team stimmt es doch überhaupt nicht. Ständig hört man von irgendwelchen Konflikten. Offensichtlich funktioniert das bei Ihnen gar nicht mit dem Feedback."

Beispiel 3

Frau Peter gibt Frau Loibl eine Empfehlung, wie sie mit dem Verhalten ihrer Tochter besser zurechtkommen könne: „Vielleicht sollten Sie Ihre Tochter ihren eigenen Weg finden lassen und sie einfach machen lassen."
Frau Loibl: „Ich weiß nicht, wo Sie Ihre guten Ratschläge hernehmen. Ist Ihre Tochter nicht von zu Hause weggelaufen?"

In all diesen Beispielen wird versucht, auf einen Widerspruch in der Position des Gegenübers aufmerksam zu machen. Der Ministerpräsident wird beschuldigt, die Probleme im eigenen Land nicht im Griff zu haben. Schulz wirft Bauer vor, den Vorschlag gar nicht ernst zu meinen, da es in seinem Team erhebliche Konflikte gebe. Frau Loibl denkt, Frau Peter ist als Ratgeberin nicht qualifiziert, weil sie selbst Probleme mit ihrer Tochter hat. Immer wird die Gültigkeit einer Behauptung bezweifelt, indem man auf einen Widerspruch aufmerksam macht.

Manipulationsmanöver, die mit solchen vermeintlichen Widersprüchen arbeiten, sind nicht zu unterschätzen. Denn das indirekte Argument gegen die Person greift ihre Glaubwürdigkeit an. Ist aber die Glaubwürdigkeit einmal dahin, geht auch Vertrauen verloren. Und wo das Vertrauen fehlt, besitzen die besten Argumente keine Überzeugungskraft mehr. Darauf spekuliert der Manipulator. Natürlich kann es sein, dass in der Position eines Gesprächspartners ein Widerspruch steckt. In den meisten Fällen handelt es sich bei einem indirekten Angriff jedoch um keinen echten, sondern nur um einen fadenscheinigen Widerspruch. Das zeigt folgendes Beispiel:

Beispiel

Ein Jäger wird der Barbarei beschuldigt, weil er unschuldige Tiere nur zum Zeitvertreib töte. Die Replik des Jägers darauf: „Warum essen Sie harmlose Tiere? Das ist doch das gleiche."

Der Jäger wirft seinem Diskussionspartner vor, sich in einen Widerspruch zu verwickeln. Diese Replik des Jägers aber ist reine Taktik. Der Jäger liefert kein Argument dafür, dass die Jagd zum Zeitvertreib akzeptabel sei. Stattdessen greift er die Position des Kritikers an. Aber ist die Kritik, die er vorbringt, legitim? Weist er tatsächlich einen Widerspruch in der Position des Kritikers nach? Sehen wir uns die einzelnen Aussagen genauer an.

Der Kritiker beschuldigt den Jäger, Tiere nur zum Zeitvertreib zu töten. Welche Verhaltensweise klagt nun der Jäger an? Er attackiert die allgemeine Praxis, Fleisch zu essen. Aber zwischen der Gewohnheit, Fleisch zu essen und der Ablehnung der Jagd zum bloßen Zeitvertreib besteht sicherlich kein logischer Widerspruch. Die Replik des Jägers zielt also völlig daneben. Es besteht nur ein oberflächlicher, aber kein tatsächlicher Widerspruch in der Position des Kritikers.

Auch in der Position von Frau Bauer aus unserem Beispiel von oben steckt kein echter Widerspruch. Dass sie selbst Schwierigkeiten mit ihrer Tochter hat, steht nicht in Widerspruch zu ihrer inhaltlichen Empfehlung.

Wie schützt man sich vor einem indirekten Angriff gegen die Person?

Das Beste ist, wenn Sie klarmachen, dass vom Gesprächspartner zwei verschiedene Dinge miteinander verwechselt werden. Es ist eine Sache, Fleisch zu essen und eine andere Sache, Tiere zum Zeitvertreib zu töten. Es ist eine Sache, dass die eigene Tochter von zu Hause wegläuft und eine andere Sache, wie Frau Loibl mit ihrer Tochter umgehen sollte. Machen Sie also klar, dass von unterschiedlichen Dingen die Rede ist und kein Widerspruch besteht.

Der Angriff auf die Unparteilichkeit

Auch der Angriff auf die Unparteilichkeit des Gesprächspartners ist eine Variante eines Angriffs auf die Person. Dabei unterstellt der Manipulator seinem Gesprächspartner Voreingenommenheit. Die Kritik läuft darauf hinaus, dass man nicht darauf vertrauen kann, dass der Gesprächspartner wirklich einen fairen Dialog führt, da er versteckten Motiven und heimlichen Interessen folgt, die ihn zwangsläufig auf eine bestimmte Position festlegen. Aufgrund seiner Interessenlage kann der Gesprächspartner somit unmöglich objektiv sein.
Hier ein Beispiel für diese Taktik:

Beispiel

Bei einer Gemeinderatssitzung der Gemeinde Krumpholzmaning:
Max: „Ich glaube auch, es wird höchste Zeit, dass wir uns um die Erschließung des Auviertels kümmern und es als Bauland ausweisen. Das kann unserer Gemeinde nur gut tun."
Maria: „Dass du diesen Vorschlag unterstützt, wundert mich nicht. du hast doch dort selbst ein Grundstück, oder?"

Maria wirft Max versteckte Motive vor, für eine bestimmte Seite zu argumentieren. Sie stellt seine Fairness und Objektivität in Frage. Dieses Manöver ist in vielen Fällen eine unfaire Taktik. Max besitzt möglicherweise gute Gründe für seinen Standpunkt. Diese Gründe sollte man von ihm einfordern. Stattdessen unterstellt Maria Max sehr eigennützige materielle Interessen. Doch selbst wenn Max einen wirklichen Nutzen davon hätte, wenn das Auviertel als Bauland ausgewiesen würde und er somit natürlich auch private Interessen daran hätte, folgt daraus noch nicht zwangsläufig, dass seine Position nicht haltbar ist und er somit von der Diskussion ausgeschlossen werden sollte.
Vielleicht wollte Maria andererseits auch gar nicht erklären, dass der Standpunkt von Max wertlos ist, sondern nur, dass man im Auge behalten sollte, dass Max in einen Interessenkonflikt geraten könnte.

Wie schützt man sich vor diesem taktischen Manöver?

Versuchen Sie auf der sachlichen Ebene des Gesprächs weiterzumachen. Leugnen Sie nicht, was nicht zu leugnen ist. Wenn man bestimmte Interessen hat, dann kann man sie in der Regel auch zugeben. Daraus folgt nämlich nicht, dass einem nur daran gelegen ist, seine eigenen Interessen durchzusetzen. Aus der Tatsache, dass man Interessen hat, folgt noch keine Voreingenommenheit. Ein guter Verhandler wird immer nach Lösungen Ausschau halten, bei denen die Interessen aller Beteiligten berücksichtigt werden.

Beispiel

Wie hätte Max auf Maria somit reagieren können? Eine Möglichkeit wäre folgende Äußerung: „Natürlich habe ich dort ein Grundstück, und natürlich hätte ich auch einen Nutzen davon, wenn wir das Gebiet als Bauland ausweisen. Ich habe jedoch davon unabhängige Gründe, die für meinen Standpunkt sprechen. Drei davon kann ich ja z. B. mal nennen ..."

Max versucht, wieder eine sachliche Atmosphäre zu schaffen, indem er sofort zugibt, was nicht abgestritten werden kann. Sein Trumpf ist Ehrlichkeit. Natürlich könnte er den Ball auch mit gleicher Stärke zurückspielen, indem er seine Gesprächspartnerin gleichfalls der Voreingenommenheit bezichtigt. Dann hätte er sich vielleicht so geäußert:

Beispiel

„Klar, dass ihr Naturschützer mit solchen Unterstellungen arbeitet. Ihr seid ja am Fortschritt unserer Gemeinde überhaupt nicht interessiert. euch wäre es doch am liebsten, wenn wir uns zurück ins letzte Jahrhundert entwickeln würden."

Eine rationale Diskussion wird nach dieser Äußerung aber kaum mehr stattfinden. Die Diskussion würde eher in ein fruchtloses Streitgespräch münden.
Obwohl es manchmal vernünftig ist, die Objektivität von Personen in Frage zu stellen, ist es gefährlich, dem Dialogpartner zu unterstellen, seine Argumente und Überzeugungen seien hoffnungslos dogmatisch und voreingenommen. Auf diese Weise wird jeder Dialog beendet. Die Folge sind Emotionalisierung, Frustration und der Wunsch, es dem Gegner heimzuzahlen.

39. Übung: Angriffe gegen die Person durchspielen

Suchen Sie sich einen Gesprächspartner. Sie können das Ganze abwechselnd durchspielen. Greifen Sie sich gegenseitig mit Worten an, der andere muss jeweils den Angriff abwehren. Spielen Sie verschiedene Versionen der Angriffe gegen die Person dabei durch.

40. Übung: Angriffe gegen die Person abwehren *(siehe Lösungsteil)*

Klaus ist Unternehmensberater. Er ist bei GlobalContact eingeladen einen Kurzvortrag über das Thema Leitbild zu halten. Im Vortrag schlägt Klaus vor, dass ein solches Leitbild auch für GlobalContact von Nutzen sein könnte. Daraufhin äußert ein Manager von GobalContact: „Das ist natürlich klar, dass Sie das so sagen. Sie würden bestimmt gern ein solches Leitbild bei uns einführen. Immerhin leben Sie ja davon." Wie könnte man darauf reagieren?

41. Übung: Angriffe gegen die Person abwehren *(siehe Lösungsteil)*

Benjamin ist Arzt. Er ist gegen Genmanipulationen. Bei einer Diskussion wird er auf folgende Weise angegriffen: „Ich dachte als Arzt muss es Ihnen darum gehen, Menschen zu helfen. Wie können Sie denn da gegen Genforschung sein."

42. Übung: Angriffe gegen die Person abwehren *(siehe Lösungsteil)*

Rudi ist Unternehmer. Bei einer Diskussion vertritt er die Auffassung, dass der Einzelne mehr Verantwortung übernehmen sollte. Er wird mit folgenden Worten angegriffen: „Sie tun sich da leicht. Als Unternehmer streichen Sie genügend Gewinn ein, um solche unsolidarischen Forderungen aufstellen zu können." Wie könnte man darauf reagieren?

Die Prinzipienfalle

Fakten zu ignorieren, weil sie unseren heiligen Prinzipien entgegenstehen, ist ein Denkfehler. Die Prinzipienfalle arbeitet jedoch mit eben diesem Fehler: Tatsachen werden ignoriert oder verneint, weil sie Prinzipien oder festen Überzeugungen widersprechen, an denen man unbedingt festhalten möchte. Dieser Denkfehler heißt *Fehlschluss der Faktenverneinung.* Unsere Prinzipien und Überzeugungen sollten jedoch immer an der Realität getestet werden und nicht umgekehrt. Wenn Tatsachen unseren allgemeinen Anschauungen widersprechen, müssen wir sie in der Regel eben ändern.

Beispiel

Bei SenTex wurde ein neues Produktentwicklungsteam zusammengestellt. Die beiden Teamleiter, Andreas und Franz, unterhalten sich darüber, wie die Zusammenarbeit im Team bisher läuft. Beide stellen fest, dass man bisher sehr zufrieden sein kann. Das Team arbeitet wirklich gut zusammen. Franz ist jedoch noch etwas skeptisch. Er glaubt, dass nach der klassischen Teamtheorie noch eine Spannungsphase – Storming-Phase genannt – eintreten muss, bevor eine wirklich fruchtbare Zusammenarbeit entstehen kann.

Franz: „Ich glaube, die Gruppe muss erst eine Storming-Phase durchlaufen, bis sie wirklich gut zusammenarbeiten kann."

Andreas: „Aber die Gruppe arbeitet doch schon erfolgreich. Schon nach zwei Tagen hat sie einen kompletten Projektplan erarbeitet."

Franz: „Das ist nur oberflächlich betrachtet so, es wird sich noch ändern. Das wirst du schon sehen."

Franz betrachtet die Welt mit seiner Theorie im Hinterkopf. Da die Fakten der Theorie zu widersprechen scheinen, ändert Franz nun nicht die Theorie, sondern die Welt: Die Welt ist nicht wirklich so, wie sie uns scheint.

Oft ist es vernünftig, an einem Prinzip oder einer Überzeugung festzuhalten, auch wenn es eine widersprechende Tatsache gibt. Allerdings muss dann nach einer Erklärung gesucht werden, warum das Faktum das Prinzip nicht wirklich widerlegt. Verkehrt wäre es jedoch, Prinzipien oder allgemeine Überzeugungen generell nicht an den Tatsachen zu messen.

Die Prinzipienfalle wird oft dann eingesetzt, wenn man der Realität einfach nicht ins Auge blicken möchte. Oft ist sie Ausdruck purer Hilflosigkeit. Geschickt wird sie angewandt, wenn die Tatsachen nicht direkt geleugnet, sondern so uminterpretiert werden, dass gezeigt werden kann, dass sie nicht das sind, was sie zu sein scheinen. Dieses Manöver versucht Hans im folgenden Fall anzuwenden:

Beispiel

Hans ist der Meinung, dass es im Abteilungsteam einen tiefer liegenden Konflikt geben muss. Peter, sein Kollege, erklärt: „Aber alle haben geäußert, dass sie keinen solchen Konflikt sehen." Darauf sagt Hans: „Gerade das zeigt doch, dass es da einen Konflikt gibt."

Hans deutet die Tatsachen (hier: die Äußerung der Teammitglieder, dass kein Konflikt existiere) so, dass sie zu seiner Überzeugung passen. Auf diese Weise könnte man beliebige Standpunkte rechtfertigen. Will man beispielsweise für die Position eintreten, dass Entwicklungshilfe unter allen Umständen absolut notwendig ist, hätte man mit folgender Argumentation leichtes Spiel: Zeitigt die Entwicklungshilfe positive Effekte, ist hinreichend bewiesen, dass sie gebraucht wird. Bleiben die Erfolge dagegen aus, zeigt das nur, dass mehr Entwicklungshilfe erforderlich ist.

Wie schützt man sich vor der Prinzipienfalle?

Nennen Sie die Taktik beim Namen, um deutlich zu machen, welches Manöver der Manipulator gerade versucht. So reagiert Erich im folgenden Beispiel:

Beispiel

Erich: „Es gibt eine Reihe von Anzeichen, dass es in Asien zu Währungsturbulenzen kommen könnte."

Günter: „Es ist trotzdem gut und richtig, in Asien zu investieren. Wir lassen uns nicht mürbe machen."

Erich: „Günter, wir sollten aufpassen, nicht den Fehlschluss der Faktenverneinung zu begehen. du weißt selbst, wie leicht es passieren kann, an der Realität vorbei zu handeln. Lass uns doch die Tatsachen noch einmal prüfen."

***43. Übung: Die Prinzipienfalle abwehren** (siehe Lösungsteil)*
Wie könnte Andreas auf Franz aus unserem ersten Beispiel reagieren?

Emotionale Begriffsattacken

Die Worte, die Sie benutzen, färben Ihre Argumente. Nur durch die Wahl Ihrer Worte können Sie Ihre inhaltliche Argumentation unterstützen und die Ihres Gesprächspartners unterminieren. Wer etwas Positives ausdrücken möchte, spricht anstelle von „Kosten" von „Investitionen", anstelle von „Problemen" von „Situationen" oder „Herausforderungen", anstelle von „Fehlern" von „Verbesserungspotentialen", anstelle von „Krisen" von „Lernchancen": Wer Dinge eher ins Negative rücken möchte, spricht nicht von „Lernchancen", sondern von „Krisen", anstelle von „Herausforderungen" von „Katastrophen", anstelle von „konstruktiven Vorschlägen" von „unausgegorenen Ideen" usw.

Diese Macht der Worte nutzt der Manipulator aus. Wörter können die Argumentation in ein bestimmtes Licht rücken, so dass die inhaltliche Qualität der Argumente aus dem Blickfeld gerät. Sehen Sie sich folgendes Beispiel an:

Beispiel

Egon: „Wir sollten in unserem Unternehmen kein Reengineeringprogramm starten. Das ist doch nur wieder eine dieser Managementmoden, die aus Amerika importiert wurden."

Egon ist gegen ein Reengineeringprogramm. Das ist seine zentrale Behauptung. Er begründet diese Behauptung damit, dass es sich dabei um eine jener Managementmoden handelt, die aus Amerika importiert werden. Das Reizwort ist der Ausdruck „Managementmode". Die Verwendung impliziert, beim Reengineering handle es sich um keine substantielle Methode, die Erfolg verspricht, sondern lediglich um eine neue, kurzlebige Modeerscheinung. Dieses Reizwort dominiert das gesamte Argument. Wenn jemand auch nur ansatzweise in eine ähnliche Richtung denkt wie Egon, wird er die zentrale Behauptung sofort

unterschreiben. Im Grunde wird durch die Verwendung von negativen Ausdrücken jede Argumentation unterbunden.
Auch im folgenden Fall wird versucht, durch einen emotional gefärbten Ausdruck den eigenen Standpunkt zu untermauern:

Beispiel

Rudi zu seinen Arbeitskollegen: „Es bringt doch nichts, wenn wir schon wieder eine neue Arbeitsgruppe bilden. Da findet doch nur nutzloses Palaver statt."

Ist das ein gutes Argument gegen die Einrichtung einer Arbeitsgruppe? Dass in solchen Arbeitsgruppen nur nutzloses Palaver stattfindet, ist der einzige Grund, den Rudi anführt. Aber das ist reine Polemik. Wenn Rudis Kollegen Arbeitsgruppen auf ähnliche Weise einschätzen, wird er jedoch dankbare Anhänger finden.
Wörter besitzen „Überzeugungsenergie“, die sich auf das gesamte Argument übertragen kann. Achten Sie daher darauf, ob in einem Argument Ausdrücke vorkommen, die allein aufgrund ihrer polemischen Kraft eine Konklusion zu stützen versuchen.

Wie wehrt man emotionale Begriffsattacken ab?

Entweder Sie stellen eine kluge Frage, durch die Sie den Gesprächspartner wieder auf eine sachliche Schiene lenken, (Frage an Rudi: „Was könnte man tun, um nutzloses Palaver, wie Sie sagen, zu verhindern?“) oder Sie weisen darauf hin, dass der von Ihrem Gesprächspartner benutzte Ausdruck auf die Situation nicht zutrifft. (Reaktion auf Rudi: „Sie haben völlig recht. Es sollte verhindert werden, dass in Arbeitsgruppen ineffektiv diskutiert wird. Das aber können wir ohne weiteres erreichen, wenn wir ...“)

***44. Übung: Emotionale Begriffsattacken abwehren** (siehe Lösungsteil)*
Wie könnte man auf Egon aus unserem ersten Beispiel reagieren?

Die Strohmanntaktik

Bei der Strohmanntaktik geschieht folgendes: Dem Gesprächspartner wird ein fiktiver Standpunkt unterstellt, oder sein Standpunkt wird verzerrt oder übertrieben. Der fiktive oder veränderte Standpunkt ist dann ein leichter Gegner, der vom Manipulator mühelos niedergestreckt werden kann.

Vor allem in Pro-und-Kontra-Diskussionen werden Strohmänner gebaut. Dabei entsteht diese Taktik oft nicht einmal absichtlich. In vielen Fällen kommt es dazu, weil man den Standpunkt des Gesprächspartners entweder nicht genau begriffen oder dem Gesprächspartner nicht richtig zugehört hat. Besonders erfolgreich ist dieses Manöver dann, wenn der Gesprächspartner, dem ein bestimmter Standpunkt unterstellt wird, nicht anwesend ist.

Es gibt eine sehr raffinierte Variante, dem Gesprächspartner einen fiktiven Standpunkt anzudichten: Der Manipulator trägt eine gegenteilige Ansicht sehr betont und dezidiert vor. Indem er die Behauptungen gezielt unterstreicht, hört es sich so an, als würde der Gesprächspartner das Gegenteil vertreten. Genau dieses Manöver vollzieht ein Diskussionsteilnehmer im nächsten Beispielfall:

Beispiel

Politiker A: „Ich finde, wir brauchen mehr Mut, schwierige Fragen offen zu diskutieren."

Politiker B: „Meine Kollegen und ich stehen da mehr auf dem Standpunkt, dass es oberste Priorität sein muss, wieder einen klaren Konsens in unserer Gesellschaft herzustellen."

Wenn der Gesprächspartner (Politiker A) nicht schnell genug erklärt, dass auch für ihn die Herstellung eines Konsenses oberste Priorität hat, dann kann es sein, dass man ihm stillschweigend die gegenteilige Meinung unterschiebt.

Neben der Konstruktion eines fiktiven Standpunkts sind Übertreibungen, Vereinfachungen, Verallgemeinerungen, das Weglassen von Einschränkungen und Nuancen weitere Beispiele für die Strohmanntaktik. Eine Klage, die man in diesem Zusammenhang oft hört, ist, dass eine Äußerung aus dem Kontext gerissen wurde. Das kann selbst dann passieren, wenn jemand wörtlich zitiert wird. Die isolierte Äußerung kann Implikationen haben, die im Gesamtzusammenhang nicht aufgetreten wären. Betrachten Sie zur Illustration folgenden Fall:

Beispiel

Hubert, ein bekannter Schauspieler, wird zu dem Gerücht befragt, er und seine Filmpartnerin hätten ein Verhältnis: „Sicher wäre die Vorstellung einer Affäre mit Nadja einfach ein Traum für viele Männer. Aber ich kann Ihnen versichern: Es gibt keine private Beziehung zwischen mir und Nadja."

Am nächsten Tag steht in der Zeitung: „Hubert: ‚Affäre mit Nadja einfach ein Traum.'"

Eine Meinung kann man leicht dadurch verallgemeinern und verfälschen, dass man qualifizierende Ausdrücke wie „einige“ oder „ein paar“ oder „manchmal“ weglässt, um den Eindruck zu erwecken, der Standpunkt beziehe sich auf „alle“ und „immer“: Ein Beispiel dafür liefert der nächste Fall:

Beispiel

Klaus: „Es kann manchmal sinnvoll sein, auch ein bisschen autoritär zu werden, gerade als Führungskraft, wenn es um wichtige Entscheidungen geht."
Lena: „Es gibt jetzt doch viele neue Erkenntnisse zum Thema Führungsstil. Ich verstehe nicht, wie du für einen autoritären Führungsstil eintreten kannst."

Für Lena ist die verallgemeinerte These natürlich viel leichter angreifbar, als die abgeschwächte These. Viele Gesprächspartner neigen daher dazu, die Standpunkte des anderen oberflächlich und undifferenziert darzustellen, um schließlich als Gewinner aus der Diskussion hervorzugehen.

Wie schützt man sich vor der Strohmanntaktik?

Wenn Ihnen ein fiktiver Standpunkt unterstellt oder Ihre Position verzerrt wird, sollten Sie sofort einhaken und darauf drängen, dass dies nicht Ihre Meinung widerspiegelt. Wenn Sie nämlich zu viel Zeit verstreichen lassen, kann es sein, dass sich niemand mehr an die ursprüngliche These erinnert. In der Zwischenzeit hat der Manipulator bereits gepunktet.

Beispiel

Paula: „Wichtig wäre aus meiner Sicht, dass wir stärker in Entscheidungsprozesse einbezogen werden und nicht einfach vor vollendete Tatsachen gestellt werden."
Rita, Paulas Vorgesetzte: „Wenn ich Sie bei jeder anstehenden Entscheidung fragen würde, was Sie tun würden, können Sie sich vorstellen, wohin uns das führt?"
Paula: „Mir geht es natürlich nicht darum, bei jeder anstehenden Entscheidung mitzusprechen. Mir geht es darum, dass wir einen Modus finden, wie wir bei strategisch wichtigen Entscheidungen einbezogen werden könnten. Das heißt möglicherweise nur, dass Sie uns um unsere Meinung fragen ..."

Paula macht sofort deutlich, dass Rita in ihrer Antwort Paulas ursprüngliche Position nicht richtig dargestellt hat.

45. Übung: Strohmann bauen *(siehe Lösungsteil)*
Jemand sagt in einer Diskussion „Ich finde Deutschland muss erheblich reformfreudiger werden, wenn es in Zukunft in der Weltgemeinschaft eine wichtige Rolle spielen möchte." Reagieren Sie auf diese Äußerung, indem Sie die Strohmann-Taktik anwenden.

46. Übung: Strohmanntaktik abwehren *(siehe Lösungsteil)*
Wie könnte Klaus auf Lena aus unserem Beispiel von oben reagieren?

Der Trivialitätstrick

Ein Spezialfall der Strohmanntaktik ist die Taktik des trivialen Einwands. Dabei bringt der Manipulator einen Einwand, der nur Randaspekte eines Themas, eines Vorschlags oder Arguments betrifft.

Beispiel

Sven: „Ich bin dagegen, dass wir umziehen. Wir müssten dann ja so vielen Leuten unsere neue Adresse mitteilen!"

Kennzeichen des trivialen Einwands ist, dass er zwar richtig zielt, aber nicht auf den Kern der Sache, sondern nur auf einen Nebenaspekt, der in der Diskussion vernachlässigt werden kann. Triviale Einwände werden entweder aus bloßer Angst vor Veränderungen vorgebracht oder als Taktik, wenn man keine echten Argumente vorbringen kann. Manchmal wird mit dieser Taktik versucht, den Gesprächspartner irrezuführen, ihn zu provozieren oder zu zermürben.
Was steckt wohl bei Rosi und Richard dahinter?

Beispiel

Rosi: „Ich finde es nicht richtig, dass unsere Abteilungen zusammengelegt werden. Da habe ich wahrscheinlich einen ganz anderen Arbeitsplatz und andere Tischnachbarn, die ich nicht so gut kenne."
Richard: „Mein Anwalt hat mir empfohlen, mich mit meinem Nachbarn gütlich zu einigen. Ich sehe das überhaupt nicht ein. Am Ende habe ich den noch beim Abendessen bei mir. Nein, ich will mit dem nichts zu tun haben. Das muss über das Gericht geregelt werden."

Wie wehrt man den Trivialitätstrick ab?
Bügeln Sie die Einwände nicht einfach nieder: Bleiben Sie Lady oder Gentleman. Es könnte sein, dass Ihr Gesprächspartner seine Einwände tatsächlich für relevant hält. Wenn Sie gereizt reagieren, wird Ihr Gesprächspartner sich nicht ernst genommen fühlen und die Gefahr einer Konfrontation entsteht. Versuchen Sie, den Einwand wie eine Frage zu verstehen, die Sie ruhig und sachlich beantworten. Oder machen Sie darauf aufmerksam, dass der Einwand zwar in bestimmten Situationen ein sinnvoller Aspekt sein kann, aber nicht den zentralen Punkt Ihrer Position trifft. Manchmal ist es geschickt, dem Einwand mit einer Frage zu begegnen. Auf diese Weise geht Andreas im folgenden Beispiel vor:

Beispiel

Andreas erklärt, dass es in einem Konfliktfall wichtig ist, herauszufinden, wo die Kerninteressen der beteiligten Parteien liegen.
Martha erwidert: „Aber was ist, wenn jetzt eine Partei gar nicht zum Gesprächstermin erscheint?"
Andreas erklärt: „Sicher besteht die Möglichkeit, dass ein Gesprächspartner nicht auftaucht. Welchen Zusammenhang sehen Sie da zu unserem Punkt, dass für die Lösung des Konflikts die Kerninteressen herausgearbeitet werden sollten?"

Durch seine Frage versucht Andreas Martha zum Nachdenken anzuregen. Wahrscheinlich erkennt Sie von allein, dass der Kern der Sache durch ihren Einwand nicht getroffen wird.

47. Übung: Auf Trivialitätstrick reagieren *(siehe Lösungsteil)*
Wie könnte man auf Richard aus unserem obigen Beispiel reagieren?

Der Zirkelschluss

Bei einem Zirkelschluss dreht sich der Manipulator im Kreis. Er begründet seinen Standpunkt mit genau diesem Standpunkt oder mit einer Formulierungsvariante davon. Betrachten Sie zum Beispiel folgenden Dialog:

Beispiel

Ines: „Es ging mir überhaupt nicht darum, Sie in irgendeiner Weise zu beleidigen und die Vereinbarung zu untergraben."
Klaus: „Ich bin mir nicht mehr sicher, ob ich Ihnen noch vertrauen kann."
Ines: „Es stimmt, was ich Ihnen sage. Sie können Frau Schulze fragen."

> Klaus: „Woher soll ich wissen, dass Frau Schulze nicht mit Ihnen gemeinsame Sache macht."
> Ines: „Das tut Sie bestimmt nicht. Das garantiere ich Ihnen."

Ob diese Garantie Klaus befriedigen wird? Klaus soll Ines vertrauen, weil Frau Schulze bestätigen kann, was sie sagt. Und Klaus kann der Aussage von Frau Schulze vertrauen, weil Ines die Vertrauenswürdigkeit von Frau Schulze garantiert. Ein schöner Zirkel.
Zirkelschlüsse werden meist unabsichtlich gebraucht. Der Manipulator merkt nicht, dass er seinen Standpunkt durch eine inhaltlich identische Aussage zu begründen versucht. Häufig greift der Manipulator zum Zirkelschluss, weil er sonst keine Argumente weiß. So in den folgenden Dialogen:

Beispiel 1

> Hermann: „Unser Marketing sollte viel aggressiver sein."
> Otto: „Warum denn?"
> Hermann: „Ich finde, es sollte einfach nicht so schwach und harmlos sein wie im Moment."

Beispiel 2

> Sohn: „Ich überlege, aus der Kirche auszutreten."
> Mutter: „Das halte ich für keinen guten Schritt."
> Sohn: „Warum denn?"
> Mutter: „Ich finde das einfach nicht richtig."
> Sohn: „Ja, aber warum?"
> Mutter: „Nein, es ist einfach nicht gut, aus der Kirche auszutreten."

In beiden Fällen wird uns keine echte Argumentation geliefert. Die einzelnen Standpunkte werden durch sich selbst begründet.
Oft fällt der Zirkelschluss gar nicht auf. Er wirkt überzeugend, weil er einen einschärfenden Charakter hat. Uns wird die Behauptung quasi eingebläut. Hat die Behauptung gute Chancen, vom Gesprächspartner akzeptiert zu werden, weil sie ihm angenehm oder sympathisch ist, dann kann es sein, dass der Zirkelschluss erfolgreich ist. Denn der Gesprächspartner wird das Argument nicht so genau prüfen, wenn er ohnehin schon in die Richtung der vom Manipulator vertretenen Behauptung tendiert.
Ein Zirkelschluss kann dadurch getarnt sein, dass die Begründung, die die Behauptung stützen soll, mit anderen Worten formuliert ist, obwohl sie inhaltlich dasselbe aussagt.

Marions Argument funktioniert nach diesem Muster:

Beispiel

Marion: „Die Gerechtigkeit verlangt, dass alle die gleiche Steuerlast tragen. Denn es ist ein Gebot der Fairness, dass alle Bevölkerungsgruppen zu gleichen Teilen Steuerbeiträge leisten."

Begründung und Behauptung sind identisch, das Argument dreht sich dadurch im Kreis. Aber es fällt nicht unbedingt gleich auf, da unterschiedliche Worte benutzt wurden, um den Standpunkt auszudrücken.

Wie wehrt man sich gegen diese Taktik?

Bei einem Zirkelschluss sollten Sie auf den Fehler aufmerksam machen. Wiederholen Sie die Behauptung, die der Manipulator aufgestellt hat, und die Gründe, die er genannt hat, um die Behauptung zu stützen. Dann wird deutlich, dass sich Ihr Gesprächspartner bei seiner vermeintlichen Argumentation im Kreis gedreht hat.

48. Übung: Zirkelschluss abwehren

Überlegen Sie bitte, wie man auf Marions Argument reagieren könnte.

Der Mengentrick

Wenn viele Menschen hinter einem stehen, ist das nicht selten ein wichtiger Machtfaktor. Die Macht der Menge aber ist irrelevant, wenn es um das Argumentieren geht. Denn nur weil viele Menschen etwas glauben oder befürworten, muss ein Standpunkt noch lange nicht richtig sein. Diese Art der Argumentation heißt Zahlenargument.

Beispiel

Kuno zu seinem Kollegen: „Natürlich war die deutsche Einheit sinnvoll. 60 Millionen Deutsche können sich doch nicht irren."

Es ist ein Fehler anzunehmen, dass eine Meinung berechtigt ist, nur weil viele Menschen diese Meinung vertreten. Aber der Mengentrick funktioniert oft sehr gut. Denn nur wenigen fällt es leicht, sich gegen eine Mehrheitsmeinung zu stellen.

Beispiel

Rainer: „Nathalie, ich verstehe ehrlich gesagt nicht, warum Sie so auf Ihrer Meinung beharren und unbedingt selbst einen Blick in die Unterlagen werfen wollen. Alle anderen in Ihrem Haus haben akzeptiert, dass es Experten dafür gibt, die besser beurteilen können, wie gut die Verträge sind."

Wenn Nathalie nun trotzdem darauf besteht, die Unterlagen einzusehen, dann stellt sie sich gegen eine unsichtbare Mehrheit.

Wie schützt man sich vor dem Mengentrick?
Weisen Sie darauf hin, dass die Anzahl der Anhänger nicht die Richtigkeit eines Standpunkts verbürgt.

Beispiel

Nathalie zu Rainer: „Es mag sein, dass alle anderen dies so akzeptiert haben. Mir ist es wichtig, selbst einen Blick in die Unterlagen zu werfen." So leicht ist Nathalie nicht zu erschüttern.

Eine andere Möglichkeit ist hier, ein illustratives Gegenbeispiel zu bringen, um die Taktik zu entlarven. („Früher haben die Menschen auch geglaubt, dass die Erde eine Scheibe ist.“)

49. Übung: Beispiele für den Mengentrick
Suchen Sie nach eigenen Beispielen für den Mengentrick.

Die Perspektivenfalle

Wenn wir Entscheidungen vorbereiten, sollten wir uns sehr genau damit beschäftigen, welche Argumente dafür sprechen und welche dagegen. Dann müssen wir abwägen, welche Seite schwerer wiegt und welche Seite die besseren Argumente hat. Wer einer solchen Pro-und-Kontra-Argumentation aus dem Weg geht, begeht den Fehler der einseitigen Perspektive. Diesen Fehler macht Agnes im folgenden Beispiel:

Beispiel

Agnes: „Ich halte nichts davon, sich selbstständig zu machen. Die Gefahren sind viel zu groß. du musst viel zu viel arbeiten, hast keine Freizeit mehr. du bist abhängig von den Banken, die dein Unternehmen finanzieren. du kannst dich nicht um deine Familie kümmern."

Der Fehlschluss der einseitigen Perspektive kann sowohl von der Vorteilsseite her geschehen als auch von der Nachteilsseite. Eine objektive Abwägung wird in jedem Fall vermieden. Wenn relevantes Material ignoriert wird, dann lassen wir uns dadurch zu schnell auf eine Seite der Entscheidung ziehen. In unserer eigenen Argumentation sollten wir darauf achten, ob wir wirklich vorurteilsfrei alle Perspektiven geprüft haben. Wir betrügen uns selbst, wenn wir bloß die eine Seite der

Medaille in Augenschein nehmen, nur weil sie am stärksten unseren Wünschen entspricht.
Es gibt eine sehr raffinierte Variante der Perspektivenfalle, die der Manipulator für uns aufstellen kann. Sie funktioniert auf folgende Weise: Angenommen, der Manipulator will für die positive Seite einer Entscheidung argumentieren. Dann nennt er zuerst einen ganz marginalen Nachteil, sozusagen das Zugeständnis an die andere Seite (er täuscht eine objektive Vor- und Nachteilsabwägung vor) und startet dann mit der Aufzählung der positiven Aspekte, die natürlich die negativen übertrumpfen.

Beispiel

Bei der Logo GmbH geht es um die Frage, ob man ein neues Produkt herstellen sollte, obwohl man bisher keinerlei Erfahrung mit der Produktion dieses oder eines ähnlichen Produkts hat. Rudi favorisiert die Idee der Produktion. Er argumentiert: „Natürlich würde die Herstellung dieses neuen Produkts bedeuten, dass unsere Mitarbeiter eingearbeitet werden müssten, aber dem stehen die Vorteile entgegen, dass wir uns ein ganz neues Marktsegment erschließen können, ein Marktsegment, das ein ungeheures Wachstumspotential aufweist."

Dass die Mitarbeiter eingearbeitet werden müssten, wenn man das fragliche Produkt herstellen will, ist nur ein Randaspekt der Nachteilsseite. Es dürfte schwerwiegendere Gründe geben, die gegen eine Produktion sprechen, über die Rudi aber geschickt hinweggeht.

Wie schützt man sich vor der Perspektivenfalle?

Bitten Sie den Manipulator um eine Darstellung der anderen Seite oder stellen Sie kritische Fragen, durch die Sie deutlich machen, dass man die Sache nicht nur einseitig betrachten darf.

Beispiel

Auf die oben genannte Tirade von Agnes gegen das Selbstständigmachen antwortet Hans: „Klar hast du recht. Das können wirklich alles Nachteile sein. Aber welche Vorteile würden sich denn ergeben?"

50. Übung: Perspektivenfalle abwehren *(siehe Lösungsteil)*
Überlegen Sie sich eine Erwiderung auf Rudis Argumentation.

Der definitorische Rückzug

Es gibt einige Verteidigungstaktiken, mit denen der Manipulator versuchen wird, seine Position zu retten, wenn er sie in Gefahr sieht. Eine übliche Form ist der definitorische Rückzug.
Bei einem definitorischen Rückzug ändert der Manipulator die Bedeutung der Wörter, wenn ein Einwand gegen seine ursprüngliche Formulierung vorgebracht wird.

Beispiel

Susanne: „Was ich gerade gesagt habe, war natürlich nicht als Kritikpunkt an Ihrem Vorschlag gemeint. Es war eher eine Einladung zu einem neuen Blickwinkel."

Der definitorische Rückzug wird eingeleitet durch Worte wie „Ich meine natürlich ...". Durch einen definitorischen Rückzug versucht man, einen Gesichtsverlust zu vermeiden, wenn man erkannt hat, dass es um die eigene Position ziemlich schlecht steht. Die Taktik geht am ehesten dann unbemerkt durch, wenn die gewählte neue Bedeutung sehr plausibel ist. Es wird für Sie nicht leicht sein nachzuweisen, dass Ihr Gesprächspartner tatsächlich einen definitorischen Rückzug begangen hat. Sie sollten ihn im Verdachtsfall noch einmal einladen, seine Position klar zu formulieren. Die nächsten Versuche eines definitorischen Rückzugs werden ihm dann schon schwerer fallen.

Absicherungstaktik und Sicherheitsleinen

Sich mehrdeutig oder vage ausdrücken

In engem Zusammenhang mit der Rückzugstaktik steht die Absicherungstaktik. Sie leitet oft einen definitorischen Rückzug ein. Dabei benutzt man mit voller Absicht mehrdeutige Begriffe oder vage Ausdrücke. Sollte die eigene Position gefährdet sein, zieht man sich einfach auf eine Bedeutung zurück, die dem Angriff entgeht.

Beispiel

Michael: „Mit offensiver Preispolitik habe ich natürlich nicht gemeint, dass wir in einen Preiskampf mit unseren Wettbewerbern eintreten sollten, sondern nur, dass wir in unserer Preispolitik flexibler sein sollten."

Michael hat in seiner Äußerung gleich wieder eine Sicherung eingebaut, indem er von einer „flexiblen Preispolitik" spricht. Diese

Position ist schwer anzugreifen, weil sie kaum einzugrenzen ist. Je nach dem Standpunkt des Gesprächspartners kann eine Bedeutung aus dem vagen Begriffsfeld „flexible Preispolitik" ausgewählt werden.
Die Absicherungstaktik ist ein typisches Manöver des Opportunisten, der sich auf nichts festlegt und sich dann der Meinung anschließt, die den sicheren Gewinn verspricht.

Wie schützt man sich vor diesem Manöver?

Bitten Sie den Manipulator, seine Position noch einmal genau zu präzisieren.

Sich auf versteckte Einschränkungen zurückziehen

Manchmal versucht der Manipulator, bereits in die Formulierung seines Standpunkts Sicherheitsleinen einzubauen. Eine Möglichkeit haben wir bereits im letzten Abschnitt kennengelernt. Eine weitere Sicherheitsoption sind versteckte Einschränkungen.
Was kann man unter einer versteckten Einschränkung verstehen? Ihr Gesprächspartner hat bei der Formulierung seines Standpunkts eigentlich eine Einschränkung gemacht. Über diese Einschränkung aber geht er im weiteren Verlauf seines Arguments flott hinweg, so dass die Behauptung schließlich einen absoluteren Eindruck macht als sie durch die Einschränkung eigentlich machen dürfte. Dem Zuhörer entgeht dieser Fehler der versteckten Einschränkung. Folgendes Beispiel soll das illustrieren:

Beispiel

> Manuela versucht, ihren Vorgesetzten davon zu überzeugen, dass die Aufgaben im Team neu verteilt werden sollten und dazu eine eigene Teamsitzung einberufen werden sollte.
> Manuela: „Praktisch alle Teammitglieder sind dafür, dass wir mal eine Besprechung abhalten, in der wir die Sache mit der Aufgabenverteilung zur Sprache bringen. Das haben die Gespräche gezeigt, die ich im Team geführt habe. Ich finde, bei dieser Einmütigkeit sollten wir eine solche Besprechung konkret planen."

Der Ausdruck „praktisch" schränkt die Reichweite von Manuelas Behauptung ein. Sie fährt aber so fort, als wären alle Mitglieder wirklich befragt worden. Diese Ungenauigkeit wird oft aus rein taktischen Gründen angewendet. Wenn das Publikum oder der Zuhörer den Standpunkt nämlich nicht akzeptieren sollte, bleibt dem Argumentierenden die Möglichkeit, sich herauszureden. Manuela könnte ihre ursprüngliche Aussage abstreiten und behaupten, sie habe nur von

einer „großen Mehrzahl" gesprochen, die für die Teamsitzung sei. Diese Taktik stellt eine Rückzugsmöglichkeit bereit, sollte der Manipulator in Bedrängnis geraten.
Andere typische Ausdrücke, die einschränkende Wirkung haben, sind:

- im Grunde
- im wesentlichen
- zu einem großen Teil
- unter gewissen Voraussetzungen
- im Prinzip

Solche einschränkenden Formulierungen sind für sich genommen nicht falsch oder inkorrekt. Es entsteht aber ein Argumentationsfehler oder ein Fehler in der Präsentation des eigenen Standpunkts, wenn man eine eingeschränkte Behauptung als absolute Behauptung darstellt.
Versteckte Einschränkungen werden oft und gern dann benutzt, wenn es keine definitiven Belege für einen behaupteten Zusammenhang gibt und eine Begründungslücke klafft. Obwohl also nur eine schwache Behauptung möglich ist, wird sie im Laufe der Diskussion zu einer starken Behauptung. Die Gefahr, aus schwachen Behauptungen starke zu machen, besteht vor allem da, wo es um die Beschreibung menschlichen Verhaltens geht und psychologische Erklärungen geliefert werden. Denn die meisten psychologischen Tatsachen und Zusammenhänge lassen nur sehr schwache Behauptungen zu.

Beispiel

Harald erläutert seine psychologische Theorie: „Jeder Mensch gehört zu einem bestimmten Typ. Mancher reagiert mehr auf visuelle Reize, mancher mehr auf auditive Reize. Wenn jemand zu Ihnen sagt: ‚Das möchte ich mir gern näher ansehen', dann ist er gewöhnlich ein visueller Typ. Jetzt müssen Sie eine Sprache benutzen, die ihn als Augenmensch anspricht und ihm visuelle Reize bieten."

Auf der einen Seite stellt Harald eine sehr starke Behauptung auf, er betont, jeder Mensch gehöre zu einem bestimmten Typ; auf der anderen Seite benutzt er sehr vorsichtige Formulierungen, die diesen Standpunkt einschränken. Er spricht davon, dass mancher mehr auf visuelle Reize reagiert und mancher mehr auf auditive Reize. Zeigt das, dass jeder Mensch zu einem gewissen Typus gehört?

Was kann man im Fall dieser Taktik tun?

Achten Sie darauf, ob der Manipulator einschränkende Formulierungen benutzt, die später insgeheim gestrichen werden, so dass die anfänglich schwache Behauptung zu einer starken Behauptung heraufgestuft wird. Fragen Sie den Manipulator, was genau seine Behauptung ist. Fordern Sie ihn also zu einer Präzisierung seines Standpunkts auf.

Beispiel

> Ludwig: „Wie ist das genau zu verstehen? Heißt das, dass jeder Mensch einem bestimmten Typus zuzuordnen ist, oder heißt es, dass manche Menschen sich einem bestimmten Typus zuordnen lassen?"

Ludwig bittet Harald also, seine eigentliche These zu präzisieren.

51. Übung: Versteckte Einschränkungen abwehren *(siehe Lösungsteil)*
Was empfehlen Sie, wie man auf Manuelas Äußerung reagieren sollte?

Der große Manipulationstaktiktest

Zum Abschluss haben wir für Sie noch einen großen Taktik-Test zusammengestellt: Versuchen Sie in den folgenden Beispielen die jeweilige logische Manipulationstaktik zu identifizieren.

1. Anton: „Das neue Arbeitslosengeld II ist ein wichtiger Baustein der Sozialreformen in Deutschland. Das ist nicht allein meine Meinung. Eine Reihe namhafter Experten teilt diese Ansicht."

   a) Brunnenvergiftung
   b) Angriff auf die Person
   c) Autoritätstaktik

2. Anja: „Falls wir hier keine Einigung erzielen, werden wir uns vor Gericht wieder sehen. Da ich aber fest davon ausgehe, dass wir zu einer Einigung kommen, bin ich absolut sicher, dass der Gang zum Gericht nicht notwendig sein wird."

   a) Falsches Dilemma
   b) Irrelevanztaktik
   c) Verneinung des Antecedens-Fehlschluss

3. Walter: „Thorsten ist der Meinung, dass unsere Investitionen in asiatische Aktien riskant sind. Aber da wir ja wissen, dass Thorsten ein rechtmäßig verurteilter Steuerhinterzieher ist, brauchen wir seiner Meinung wohl keinen Glauben zu schenken."

   a) Genetischer Fehlschluss
   b) Strohmanntaktik
   c) Evidenztaktik

4. Thorsten: „Niemand kann uns garantieren, dass unser Engagement in China von Erfolg gekrönt sein wird. Im Gegenteil: Man hört ja sogar ziemlich viele Misserfolgsstories. Wir sollten daher nicht nach China gehen."

   a) Trivialitätstrick
   b) Garantietaktik
   c) Perfektionsfalle

5. Klaus: „Wenn der Mensch keinen freien Willen hat, also keine wirkliche Entscheidungsfreiheit besitzt, dann müssen materielle Vorgänge im Gehirn unser Verhalten steuern. Schon heute können wir ziemlich sicher sein, dass unser Verhalten speziell durch das limbische System gesteuert wird. Daraus folgt rein logisch, dass wir keine Entscheidungsfreiheit besitzen können."

   a) Verneinung der Konsequenz
   b) Bejahung der Konsequenz
   c) Analogiefalle

6. Fritz: „Unsere Führungskräfte müssen lernen, klare und präzise Entscheidungen zu treffen. Etwa 35 Prozent aller Managementprobleme liegen in der Entscheidungsschwäche der Führungskräfte begründet. Wenn wir das in den Griff bekommen, verbessern wir uns entscheidend."

   a) Fehler der falschen Präzision
   b) Irrelevanztaktik
   c) Mengentrick

7. Claudia: „Ein Unternehmen ist wie ein Bienenstock. Es kann nur funktionieren, wenn es eine klare Organisation und Aufgabenverteilung gibt. Es ist daher wichtig, dass wir die Regeln und Verantwortlichkeiten ganz genau fixieren."

   a) Strohmanntaktik
   b) Evidenztaktik
   c) Analogiefalle

8. Sven: „Jeder, der halbwegs bei Sinnen ist, wird sehen, dass der Fabrikationsstandort in der Ukraine nicht mehr haltbar ist. Wir müssen daher überlegen, wie wir uns von dem Standort trennen können."

   a) Trivialitätstrick
   b) Genetischer Fehlschluss
   c) Brunnenvergiftung

9. Abgeordneter A: „Können Sie uns hier und jetzt und in aller Öffentlichkeit versichern, dass es in absehbarer Zeit zu keinen Steuererhöhungen kommen wird?"

   Abgeordneter B: „Das ist wirklich eine groteske Frage, die ausgerechnet von einem Kollegen stammt, der als Minister in der vorangehenden Regierungsperiode dafür verantwortlich war, dass fast jährlich die Steuern erhöht wurden."

   Welche Taktik benutzt B?

   a) Angriff auf die Person
   b) Lawinenargument
   c) Fehler der verstecken Einschränkung

10. Helmut: „Lassen Sie uns ganz nüchtern überlegen, welche Möglichkeiten wir haben: Wir können nichts tun und das Gesundheitssystem so belassen, wie es jetzt ist; wir können die Menschen zu einer rigorosen privaten Versorgung zwingen oder wir können unser Versicherungsmodell wählen. Das ist die prinzipielle Ausgangslage. Und da genügt jetzt nur ein bisschen Nachdenken um zu sehen, dass die einzig gangbare Option in unserem Modell besteht."

    a) Absicherungstaktik
    b) Fehlschluss der falschen Alternative
    c) Schwarzfärberei

11. Karin: „Wir sollten uns in der gegenwärtigen Situation von keinem unserer Unternehmensteile trennen. Wenn wir nämlich anfangen uns von Unternehmensteilen zu trennen, dann verlieren wir massiv an Substanz. Und das ist möglicherweise der erste Schritt zu unserem Ableben."

    a) Schwarz-Weiß-Malerei
    b) Bejahung des Antecedens
    c) Rutschbahntaktik

12. Ludwig: „Seit mehr als zehn Jahren benutzen wir unser etabliertes Projektmanagementsystem. Und das mit Erfolg. Und jetzt kommen Sie und wollen ein ganz neues System einführen. Nicht mit uns. Denn das bringt nichts."

    a) Falsches Dilemma
    b) Angriff auf die Unparteilichkeit
    c) Traditionsfalle

Lösungsteil

Lösungen zu Kapitel 1

Übung 5: Fragen umformulieren

Versuchen Sie bitte die folgenden offenen Fragen in geschlossene umzuformulieren.

Mögliche Lösungen (es gibt hier nicht die richtigen Formulierungen):

- *Welche Erfahrungen hast du schon mit dem neuen Windows gemacht?*
  Hast du das neue Windows schon mal benutzt?
- *Was gefällt Ihnen an Ihrer Arbeit?*
  Mögen Sie Ihre Arbeit?
- *Wie sehen Sie das Problem?*
  Kommen Sie mit dem Problem zurecht?
- *Was würden Sie an meiner Stelle tun?*
- Gibt es eine Lösung?
- *Woran erkennen wir, dass wir das Ziel erreicht haben?*
- Sind Sie sicher, dass wir das Ziel erreichen?
- *Warum lässt die Termintreue nach?*
- Konnten Sie nicht schneller fertig werden?

Und formulieren Sie bitte folgende geschlossene Fragen in offene um:

- *Kommst du mit ins Kino?*
  Was würdest du heute gern unternehmen?
- *Funktioniert die V-Maschine endlich wieder?*
  Wie steht es um die Einsatzbereitschaft der V-Maschine?
- *Soll ich mit Müller ein Kritik- oder ein Beratungsgespräch führen?*
  Wie soll ich mit Müller umgehen?
- *Wer ist für die Telefonzentrale zuständig?*
  Wie können wir eine konstante Erreichbarkeit in der Telefonzentrale gewährleisten?
- *Bis wann können Sie die bestellten Artikel liefern?*
  Was könnten Sie tun, um die Lieferung zu beschleunigen?

Übung 6: Auf Killerphrasen reagieren

Überlegen Sie sich Fragen, mit denen Sie auf folgende Killerphrasen reagieren könnten:

„Das ist doch alles Quatsch."
Was genau ist denn Quatsch?

„Das haben wir doch schon immer so gemacht."
Wie könnte man es sonst noch machen?

„Das kriegen wir beim Chef nie durch."
Was macht Sie da so sicher?

„Immer nur wir dürfen das Ganze ausbaden."
Was genau meinen Sie damit?

„Das bringt ja eh nichts."
Was müsste denn passieren, dass es was bringt?

Übung 9: Präzisierungstrichter ansetzen

Setzen Sie auf folgende Äußerungen mal den Präzisierungstrichter an. Welche Präzisierungsfragen könnte man als Reaktion auf die folgenden Äußerungen stellen?

„Ich glaube mit der Lösung können wir ganz zufrieden sein?"
Was genau ist für Sie daran zufrieden stellend?

„Mir schwant da nichts Gutes?"
Inwiefern?

„Also so geht es ja nicht. Sie treiben mit uns doch wohl ein ganz böses Spiel. Das lasse ich mir nicht länger bieten."
In welcher Hinsicht treiben wir ein böses Spiel?

„Wenn nur wieder alles so wäre wie früher ..."
Was genau meinen Sie damit?

„Mir scheint Ihr Vorschlag doch etwas unausgewogen zu sein ..."
Was bedeutet für Sie hier „unausgewogen"?

Übung 12: Die Sich-dumm-stellen-Methode benutzen

Sie haben mit Ihrem Gesprächspartner die Vereinbarung getroffen, dass er Ihnen am Ende jeder Woche einen Statusbericht über den Stand der Dinge in seinem Projekt schicken wird. Zumindest ist das die Vereinbarung, von der Sie ausgehen. Nun sagt Ihr Gesprächspartner: „O.K. Dann machen wir das so: Wenn es etwas Wichtiges in der Woche gibt, dann werde ich Ihnen das berichten." Natürlich möchten Sie von ihm in jeder Woche einen Bericht und nicht nur dann, wenn etwas Wichtiges anfällt. Benutzen Sie die Sich-dumm-Stellen-Methode und formulieren Sie eine Erwiderung.

„Wahrscheinlich habe ich mich vorher etwas unklar ausgedrückt. Mir wäre wichtig, dass Sie mir bis Freitag 16 Uhr in jeder Woche einen Bericht abliefern, unabhängig davon ob etwas Wichtiges passiert ist oder nicht."

Ihr Gesprächspartner hat sich die ersten beiden Wochen an die Vereinbarung gehalten. Ab der dritten Woche aber liefert er keinen Bericht mehr. Sie sprechen ihn und benutzen die Sich-dumm-stellen-Methode. Was könnten Sie sagen?

„Ich möchte gern noch mal auf unsere Vereinbarung bezüglich des Berichts zurückkommen; wahrscheinlich hat sich da ein Missverständnis eingeschlichen. Ich hätte das vielleicht genauer formulieren sollen. Seit letzter Woche habe ich nämlich keinen Bericht mehr von Ihnen bekommen. Wie sollten es am besten ganz klar machen: Ich wünsche mir von Ihnen einen Bericht bis Freitag 16 Uhr für die nächsten 35 Wochen ..."

Übung 14: Perspektive wechseln

Reagieren Sie bitte auf folgende Äußerungen mit einer Perspektivenwechsel-Frage:

Klaus: „Also, ich möchte jetzt einfach nicht mehr mit dir diskutieren. Entweder du akzeptierst meinen Vorschlag oder ich entscheide die ganze Sache allein. Dann wirst du schon sehen, wo du bleibst."

Reaktionsmöglichkeiten:

„Was denkst du, wie das auf mich wirkt, wenn du mich auf diese Wiese unter Druck setzt?"

„Was würdest du dazu sagen, wenn dich jemand auf diese Weise mit solchen Alternativen konfrontieren würde?"

Maria: „Ich weiß nicht, welches Problem Sie darin sehen, dass mir hin und wieder mal bei meinen Mitarbeitern eine bissige Bemerkung rausrutscht. Die sind doch nicht aus Watte. Also ich sehe da kein Problem. Da wird nur eine Mücke zum Elefanten gemacht ..."

Reaktionsmöglichkeit:

„Was glauben Sie, was Ihre Mitarbeiter dazu sagen?"

Hans: „Ich werde jetzt keine Rücksicht mehr auf Sie nehmen. Ich habe Ihnen lange genug zugehört. Entweder wir machen es so, wie ich sage oder Ende der Fahnenstange. Das ist mein letztes Wort."

Reaktionsmöglichkeit:

„Wenn Du an meiner Stelle wärst, wie würdest du dich jetzt verhalten?"

Übung 16: : Bewusst übertreiben

Versuchen Sie folgende Bemerkungen durch diese Methode zu entschärfen:

„Sie glauben wohl, die Weisheit mit Löffeln gefressen zu haben."

Danke, dass Sie mich für weise halten. Darum geht's mir aber eigentlich gar nicht ...

„Das ist bestimmt wieder irgend so ein alter Hut, den Sie mir hier andrehen wollen."

In gewisser Hinsicht sogar mehr als alt, eigentlich schon fast antik. Und damit ziemlich wertvoll. Ich kann Ihnen erläutern, inwiefern ...

„Das Gespräch wird jetzt wieder ganz schön was kosten, umsonst macht Ihr ja sowieso nichts."

Das ist richtig. (Hier ist gar keine Übertreibung nötig)

„Eins muss man euch lassen, schön teuer seid Ihr ja."

Danke, da legen wir auch viel Wert drauf. Weil nur dadurch können wir ...

„Gibt's überhaupt etwas, was Sie richtig können?"

Ich kann meinen Namen schreiben, möchten Sie es mal sehen?

Übung 19: Die Beweislast erkennen

Auf welcher Seite liegt in folgenden Situationen die Beweislast?

Petra und Martina diskutieren, ob die Türkei der EU beitreten soll. Petra ist dafür und Martina ist eher dagegen.

Beweislast gleich verteilt.

Frank und Herbert haben ihre Verhandlungen erfolgreich abgeschlossen. Franks Chef möchte jedoch noch eine kleine Änderung. Frank ruft Herbert an und macht den Änderungsvorschlag.

Beweislast auf Franks Seite.

Antonia und Johanna diskutieren über die Darwinsche Evolutionstheorie. Antonia hat Zweifel, ob die Theorie wirklich stimmt.

Beweislast auf Antonias Seite.

Übung 22: Argumentationsformen finden

Fall 1

Faktenargumentation

Fall 2

Normargumentation

Fall 3

Folgenargumentation

Fall 4

Anliegenargumentation

Fall 5

Nutzenargumentation

26. Übung: Ausstiegsoption finden

Sie stehen vor Gehaltsverhandlungen und Sie möchten gern mehr Geld: Was könnten hier Ihre Ausstiegsoptionen sein?

Mögliche Ausstiegsoptionen: statt mehr Geld andere Kompensation, Thema zum späteren Zeitpunkt wieder aufbringen, anderes Unternehmen suchen ...

Lösungen zur Trickkiste 1

Übung 2: Die Gegenseitigkeitsfalle

Wie sollte Frau Müller auf die Äußerung von Herrn Bauer aus unserem Beispiel von oben reagieren? (Tipp: die verschiedenen Themen auseinander halten.)

Frau Müllers Reaktion könnte zum Beispiel so aussehen: „Das freut mich natürlich zu hören, dass es mit dem Englisch-Kurs klappt. Wenn es Ihnen Recht ist, können wir die Details dazu ja gleich nach unserem Thema hier besprechen. Ich möchte jedoch gern noch mal darauf zurückkommen, warum ich heute bei Ihnen sitze ..."

Frau Müller lässt also nicht locker. Das Lockangebot, um sie gefügig zu machen, nimmt sie dankend zur Kenntnis, geht aber gleich wieder auf ihr eigentliches Thema zurück.

Übung 4: Die Konsistenzfalle

Sie möchten in einem Elektrogeschäft eine neue Digitalkamera kaufen. Sie würden jedoch gern einen niedrigeren Preis erzielen. Deshalb weisen Sie den Verkäufer darauf hin, dass in anderen Geschäften, die Kamera um bis zu 20 Prozent billiger ist. Auf welches Prinzip könnten Sie versuchen, den Verkäufer festzulegen, um dann die Konsistenzfalle anzuwenden? (Tipp: Denken Sie an das Thema Wettbewerb.)

Sie könnten versuchen, ihn auf das Prinzip „fairer Wettbewerb" festzulegen.

Übung 5: Die Konsistenzfalle

Wie könnte Max auf Herrn Wang aus unserem Beispiel von oben geschickt reagieren? (Tipp: Wie könnte er das Freundschaftsprinzip für seine Zwecke nutzen?)

Eine mögliche Reaktion könnte so funktionieren: „Lieber Herr Wang, Freundschaft ist das, wonach wir alle streben. Nur in einer freundschaftlichen Partnerschaft kann gegenseitiger Nutzen entstehen. Gerade weil das so ist und gerade weil es in Freundschaften natürlich manchmal Situationen gibt, in denen der eine stärker ist als der andere, ist uns wichtig, dem schwächeren Hilfe zur Selbsthilfe zu geben, um ihm so die Chance zu geben, von innen heraus organisch zu wachsen. Gern sind wir daher bereit, in kleinen Schritten mit Ihnen diesen Weg zu gehen."

Übung 7: Wahrnehmungskontraste nutzen

Stellen Sie sich vor, dass Sie Schuhe in einem Kaufhaus gekauft haben, die Ihnen nun doch nicht mehr sonderlich gefallen. Sie haben sie einmal getragen und möchten sie nun umtauschen oder zumindest das Geld zurück. Wie könnten Sie das Kontrastprinzip nutzen, um Ihr Anliegen zu formulieren? (Tipp: Verweisen Sie auf frühere Einkäufe in dem Kaufhaus.)

Eine mögliche Einleitung, bei der das Kontrastprinzip genutzt wird: „Ich habe in den letzten drei Jahren stets Schuhe bei Ihnen gekauft, und da bestimmt schon mehr als 1.000 Euro ausgegeben. Ich war auch immer zufrieden. Aber dieses Mal würde ich die gekauften Schuhe gern umtauschen. Das ist das erste Mal, dass ich wegen so was zu Ihnen komme."

Übung 8: Der Gegensatztrick

Überlegen Sie bitte, wie man am besten auf die Rede des Politikers aus unserem Beispiel von oben reagieren könnte.

Eine mögliche Reaktion: Lieber Redner: Ich bin nicht für Sie, aber ich bin nicht gegen die, die unser Land aus der Krise führen wollen. Im Gegenteil: ich bin für alle vernünftigen Wege, die uns aus dieser Situation führen. Nur gehört Ihr Weg da nicht dazu.

Übung 10: Bestätigungstrick einsetzen

Wie könnte eine bestätigende Äußerung in folgendem Fall aussehen. Nutzen Sie also den Bestätigungstrick, um Rudi in seiner Position zu bestärken.

Rudi: Die Deutschen sind unfähig zu Reformen. Da machen wir in anderen Ländern ganz andere Erfahrungen ...

Eine mögliche bestätigende Reaktion: „Ich sehe das ganz genau so. Gerade in England, um nur ein Beispiel zu nennen, war man in der jüngsten Vergangenheit sehr reformfreudig und erfolgreich."

Übung 12: Zahlenexperiment

Ihnen wird folgende Zahlenreihe vorgelegt: 2, 4, 6, 8, 10 ... Natürlich haben Sie eine Vermutung, wie die Reihe fortgesetzt wird. Um Ihre Vermutung zu testen, dürfen Sie aus folgenden fünf Fragen drei auswählen. Welche Fragen würden Sie auswählen?

a) Ist 12 in der Reihe enthalten?

b) Ist 14 in der Reihe enthalten?

c) Ist 11 in der Reihe enthalten?

d) Ist 18 in der Reihe enthalten?

e) Ist 13 in der Reihe enthalten?

Die meisten Menschen wählen a, b und d; denn sie vermuten, dass die Zahlenreihe mit 12,14,16 ... fortgesetzt wird. Die Regel also lautet: alle geraden Zahlen. Klug wäre es jedoch, die Vermutung zu testen und zwar zum Beispiel durch Hinzunahme von c oder e; da würde man nämlich erfahren, dass auch diese Zahlen in der Reihe enthalten sind. Die Regel lautet nämlich: alle geraden Zahlen bis 10 und dann alle natürlichen Zahlen. Dieses Beispiel zeigt erneut, dass wir dazu tendieren, nur nach bestätigenden Informationen für unsere Vermutung zu suchen, jedoch nicht gezielt nach widerlegenden.

Übung 14: Die Starker-Mann-Taktik

Wie könnte Hubert aus unserem ersten Beispiel auf die Starker-Mann-Taktik reagieren?

Huberts mögliche Reaktion: „Lassen Sie uns die relevanten Punkte doch einfach der Reihe nach besprechen. Bevor wir dabei über die Zukunft und Honorarfragen sprechen, fände ich es gut, wenn wir kurz die Leistungen im vergangenen Jahr beleuchten ..."

Übung 16: Ankereffekt und Feedback

Stellen Sie sich vor, Sie leiten ein Team und Sie möchten gern einmal ein ehrliches Feedback von Ihren Mitarbeitern erhalten. Sie haben deshalb mal eine Stunde Zeit auf einer Besprechung dafür eingeplant. Nun wissen Sie jedoch um den Ankereffekt. Das heißt, es könnte passieren, dass nach den ersten Feedbacks die anderen sich an dieses Feedback anhängen. Wie können Sie den Ankereffekt vermeiden?

Bitten Sie die Teammitglieder zum Beispiel in Zweier-Teams zusammen zu gehen und ihre drei wichtigsten Feedbackpunkte aufzuschreiben. So wird der Ankereffekt vermieden. Jedes Teammitglied könnte seine Feedbackpunkte auch jeweils auf eine Karte schreiben.

Übung 17: Auf Ankerfalle reagieren

Wie könnte Anton auf Thomas aus unserem Beispiel von oben reagieren? (Tipp: Sehen Sie noch mal unsere Liste mit Schutzmethoden durch.)

Thomas könnte bewusst einen Gegenanker setzen: „Da Sie bereits eine ganz konkrete Zahl in den Raum geworfen haben, möchte ich gleich auch gern meine Vorstellung nennen. Ich dachte an maximal 90.000 Euro." Jetzt muss die Verhandlung erst mal starten.

Übung 18: Die Darstellungsfalle

Angenommen Sie wären ein Finanzberater und Sie möchten einen wohlhabenden potentiellen Kunden, der bisher nur in Aktien investiert hat, davon überzeugen, stärker in Immobilien zu investieren. Versuchen Sie dabei den Formulierungseffekt zu nutzen. (Tipp: an Risiken und Sicherheitsaspekte denken!)

Hinweis zur Übung: Die Strategie muss lauten, den Sicherheitsaspekt bei der Investition in Immobilien in den Vordergrund zu rücken und auf das immense Risiko bei Aktien aufmerksam zu machen.

Übung 21: Besitzeffekt

Sie sind neuer Geschäftsführer in einem kleinen Krankenhaus. Vor dem Krankenhaus gibt es spezielle Parkplätze für die Chefärzte, den Verwaltungsleiter und den Geschäftsführer, also Sie. Sie finden, die Parkplätze sollten besser für Besucher genutzt werden. Was tun Sie, um die beteiligten Personen dafür zu gewinnen?

Sie könnten auf Krankenhäuser verweisen, wo diese Parkplätze im Sinne der Kundenorientierung abgeschafft wurden. Sie könnten eine Probephase starten, um zu sehen, wie die neu geschaffenen Parkplätze von den Besuchern angenommen werden (unterstützt durch eine kleine Umfrage unter den Besuchern).

Übung 22: Der Glaubwürdigkeitstrick

Was könnte Max aus unserem Beispiel 1 auf Sonja erwidern?

Max könnte zum Beispiel folgendes sagen: „Das ist natürlich jetzt nicht so gut, dass du da bereits vorgeprescht bist. Wenn wir uns daher heute dafür entscheiden sollten, keinen Betriebsausflug zu unternehmen, sollten wir auch überlegen, wie wir das gegenüber den Teams erklären, in denen du bereits einen Betriebsausflug angekündigt hast." Max macht durch diese Äußerung klar, dass das Thema noch nicht vorentschieden ist. Andererseits erkennt er die knifflige Lage von Sonja an und macht ein entsprechendes Angebot. Hier ist die Rechnung der Manipulatorin nicht aufgegangen.

Übung 25: Appell an moderate Gefühle aufbauen

Karin möchte dafür argumentieren, dass in ihrem Unternehmen (ein Unternehmen der Computerindustrie) noch mehr Geld in die Forschung gesteckt wird als bisher. Wie könnte sie einen Appell an moderate Gefühle aufbauen? (Tipp: Denken Sie daran, dass der Appell als ein Mittelweg dargestellt werden muss. Karin braucht also zwei Extreme, die ihre Position flankieren.)

Hinweis: Karin müsste ihre Argumentation so aufbauen, dass ihre Position als vernünftige Position zwischen zwei unhaltbaren Extremen erscheint. Die Extreme könnten hier sein: auf dem Status Quo verharren – die Forschungsausgaben dramatisch um 50 Prozent erhöhen. Karin selbst plädiert für eine Erhöhung um 15 Prozent.)

Übung 27: Emotionale Appelle identifizieren

An welche Emotionen wird in folgenden Beispielen appelliert:

Beispiel 1:

Martin: „Ich glaube, Sie sollten ein Interesse daran haben, dass diese Daten nicht an die Öffentlichkeit gelangen. Über mögliche Konsequenzen brauche ich Ihnen, glaube ich, gar nichts zu sagen. Erinnern Sie sich nur an den Fall Meier."

Beispiel 2:

Regina: „Denken Sie einmal klar darüber nach, was unsere Politiker machen. Ein leeres Versprechen nach dem anderen. Kann man da nicht verstehen, dass man Politik verdrossen ist, kann man da nicht verstehen, dass die Menschen den Wahlurnen fern bleiben?"

Beispiel 1: Appell an die Furcht
Beispiel 1: Appell an populäre Gefühle

Übung 28: Emotionalen Appell anwenden

Sie sind nicht damit einverstanden, dass einer Ihrer Nachbarn seinen Garten so verwildern lässt. Im Herbst fliegt außerdem das ganze Laub seiner Bäume in Ihren Garten. Wenn er seinen Garten ein bisschen pflegen würde, dann würde das nicht passieren. Das möchten Sie ihm gern klar machen. Welchen emotionalen Appell könnten Sie hier einsetzen? (Tipp: Was könnte dem Nachbar wichtig sein?)

Im Nachbarschaftsfall könnte folgender emotionaler Appell genutzt werden: Appell an die Solidargemeinschaft „Nachbarschaft"

Übung 32: Konsensdruckfaktor

Neben dem Faktor Unsicherheit gibt es noch einen weiteren Faktor, der den Konsensdruck fördert. Welche könnte das sein?

- *Langeweile*
- *Ähnlichkeit*
- *Sympathie*
- *Emotionale Anspannung*
- *Selbstgewissheit*

Der weitere Faktor ist Ähnlichkeit. Je mehr wahrgenommene Ähnlichkeiten existieren, umso stärker ist der Konsensdruck.

Übung 33: Die Falle des schlechten Gewissens abwehren

Wie hätte Herr Bauer aus unserem ersten Beispiel in diesem Abschnitt reagieren können, wenn er die Gelegenheit dazu gehabt hätte?

Die Reaktion von Herrn Bauer: „Ich sehe das ganz genau so wie Sie. Herr Meier und ich besprechen in diesem Zusammenhang gerade ein paar wichtige Punkte, die uns helfen können, unsere Position in der anstehenden Fusion zu verbessern. Frau Gerland rufe ich gleich nach dem Gespräch mit Herrn Meier an." (Herr Bauer greift die Punkte von seinem Chef auf und bestätigt sie.)

Übung 34: Halbwahrheiten erkennen

Was könnte Emma konkret tun, wenn sie den Verdacht hegt, dass Dieter ihr nicht die ganze Wahrheit gesagt hat?

Die einfachste und direkteste Lösung ist: Emma könnte versuchen, tatsächlich noch ein Gespräch mit ihrem gemeinsamen Chef zu führen. Sie könnte dazu einen ganz anderen Anlass als Gesprächsvorwand benutzen.

Übung 37: Die Gut-und-Böse-Taktik abwehren

Wie könnte Herr Müller in seinen Verhandlungen mit den Chinesen reagieren? Welche Formulierungsvorschläge haben Sie? Was könnte er konkret sagen, wenn er das Spiel der beiden Manipulatoren durchschaut hat? (Tipp: Wie könnte Herr Huber die Situation für sich nutzen? Ist ein Gegengeschäft möglich?)

Herr Müller macht in der Verhandlung mit den Chinesen zunächst kein Zugeständnis. Er versucht einen Deal vorzuschlagen: „Wir können gern über einen gewissen Preisnachlass reden. Besonders dann, wenn es von gegenseitigem Nutzen ist. Das bedeutet für uns; wenn Sie uns 20 Prozent mehr an Waren abnehmen, dann bieten wir Ihnen einen Nachlass von fünf Prozent. So würden wir beide gewinnen."

Übung 40: Knappheitskniff abwehren

Sie sind Geschäftsführer in einem Maschinenbauunternehmen und führen Verhandlungen mit einem potentiellen Lieferanten. Dieses Unternehmen hat eine neue Technologie entwickelt, die Ihre eigenen Arbeitsprozesse erheblich beschleunigen und zu einer großen Produktivitätssteigerung führen könnte. Die in Frage stehende Maschine soll 10 Mio. Euro kosten. Ihnen ist das um 2 Mio. zu teuer. Nun sagt Ihr Gesprächspartner: „Wissen Sie, Sie sind natürlich nicht das einzige Unternehmen, mit dem wir konkrete Gespräch führen. Zwei Ihrer Mitbewerber sind da natürlich auch im Rennen. Ich würde es gern mit Ihnen machen, das sage ich ganz offen; ich glaube, wir passen auch von der Philosophie her zusammen. Aber natürlich müssen Sie uns da noch gehörig entgegenkommen."

Ihr Verhandlungspartner baut also ein Knappheitsszenario (potentielle Mitbewerber), um Sie unter Druck zu setzen. Wie reagieren Sie? (Tipp: Denken Sie an die Verlangsamung.)

Reaktion auf das Knappheitsszenario: „Das ist mir natürlich klar, dass Sie nicht allein mit uns Gespräche führen. Und Sie haben ganz klar Recht, wenn Sie sagen, dass wir gerade von der Philosophie zusammenpassen. Uns geht es gerade ja auch um eine langfristige Zusammenarbeit, was sich für Sie bestimmt in langer Sicht auszahlen würde ... (Hier wird das Knappheitsszenario einfach ignoriert.)

Übung 41: Knappheitskniff anwenden

Bauen Sie für das Gespräch mit dem Lieferanten der Maschine selbst eine Knappheitstaktik ein. Wie könnte sie aussehen? (Tipp: Auf welchen knappen Faktor könnten Sie anspielen: Ressourcen? Zeit? ...)

Eigene Knappheitstaktik: „Wie bieten Ihnen für die Maschine acht Millionen Euro. Das liegt natürlich unterhalb dessen, was Sie sich vorstellen. Das ist mir klar. Aber langfristig wird es sich für Sie auszahlen. Bei unserem Angebot ist für Sie vielleicht noch interessant zu wissen, dass wir bis Ende dieser Woche eine definitive Antwort brauchen, weil im nächsten Monat die Planung für das neue Werk in Österreich abgeschlossen sein muss."

43. Übung: Knappheitsargument entwickeln

Sie haben Interesse am Kauf eines Hauses. Sie sind bereits in erste Gespräche mit einem Hausbesitzer eingetreten, dessen Haus Ihnen gefallen würde. Er kann sich aber nicht entscheiden, ob er das Haus verkaufen soll oder nicht. Entwickeln Sie ein Knappheitsargument. (Tipp: Welche Engpassfaktoren könnte es für Sie geben, die Sie dazu zwingen, eine rasche Antwort des Hausbesitzers zu bekommen? Wie könnten Sie diese Engpassfaktoren in ein Knappheitsargument einbauen?)

Beispiel für den Hauskauf: „Wir brauchen leider bis zum Ende dieses Monats eine Antwort. Wir müssen nämlich für unsere Tochter eine passende Schule suchen. Das muss bis dahin geschehen; sonst kann sie nicht mehr eingeschult werden. Ich hoffe, das ist für Sie Zeit genug, eine Entscheidung zu treffen."

Lösungen zur Trickkiste 2

Übung 2: Den genetischen Fehlschluss abwehren

Wie könnte man auf Rudolf reagieren, der in unserem ersten Beispiel den Betriebsrat disqualifiziert?

Mögliche Reaktion: „Wir sollten unterscheiden zwischen dem Inhalt eines Vorschlags und von wem der Vorschlag kommt. Und in diesem Fall sollten wir uns auf den Inhalt konzentrieren. Was spricht denn rein inhaltlich gegen den Vorschlag, dass wir neue Märkte erschließen?"

Übung 3: Den genetischen Fehlschluss abwehren

Wie könnte man auf folgende Äußerung reagieren: „Ich habe die ganz starke Intuition, dass es besser ist, unsere Marketingaktivitäten zuerst in Deutschland zu starten, bevor wir in die anderen Länder gehen."

Mögliche Reaktion (Frage): „Kannst du für deine Idee ein paar Gründe anführen?"

Übung 4: Den genetischen Fehlschluss rekonstruieren

Versuchen Sie die Argumentation von Helmut übersichtlich nach unserem Schema aufzuschreiben.

Die Argumentation sieht so aus:

Wenn die neue Struktur kommt, dann werden Hunderte von Kollegen ihre Arbeitsplätze verlieren. Wir verhindern die Umstrukturierung (die neue Struktur kommt nicht), daher: alle Arbeitsplätze werden gesichert.

Übung 6: Ein Gegenbeispiel entwickeln

Überlegen Sie sich ein Gegenbeispiel, durch das man zeigen kann, dass es sich bei diesem Schluss um ein fehlerhaftes Argument handelt. (Tipp: Suchen Sie nach Prämissen, die bekanntlich wahr sind und einer Behauptung, die zwar aus den Prämissen folgte sollte, die aber bekanntermaßen falsch ist.)

Wenn Berlin in Bayern läge, dann läge Berlin in Deutschland (Das ist richtig).

Berlin liegt nicht in Bayern (Auch das ist richtig).

Daher: Berlin liegt nicht in Deutschland (Und das ist wohl falsch).

Dieses Beispiel hat dieselbe Struktur wie unser fehlerhaftes Argument. Es ist daher gut als Gegenbeispiel geeignet, um die Fehlerhaftigkeit aufzudecken.

Übung 8: Gültig oder ungültig?

Welches der folgenden konditionalen Argumente ist gültig, welches ungültig?

a) Nur wenn das Top-Management schnell eine Entscheidung treffen wird, können wir unser Geschäftsrisiko niedrig halten. Und ich weiß, dass sie heute noch eine Entscheidung treffen werden. Also wird auch unser Risiko minimal sein.

b) Wenn das Bewusstsein wirklich nur ein Prozess im Gehirn ist, dann haben wir auch keine echte Entscheidungsfreiheit. Aber das Bewusstsein ist kein bloßer Gehirnprozess; deshalb sind wir auch voll verantwortlich.

c) Ich habe volles Vertrauen, dass unser Sozialsystem erhalten bleibt. Es stimmt zwar: Unsere Sozialsysteme würden früher oder später zusammenbrechen, sollte sich Deutschland nicht zu großen Reformen durchringen können. Aber Deutschland macht genau das: große Reformen durchführen.

d) Wenn Mitgefühl kein wichtiger Wert in unserer Gesellschaft wäre, dann würden die Menschen auch nicht so zahlreich für die Opfer der jüngsten Katastrophe spenden. Das zeigt deutlich, wie stark dieser Wert in unserer Gesellschaft vorherrscht.

a) ungültig, da Nein-zum-Antecedens-Fehlschluss

b) ungültig, da Nein-zum-Antecedens-Fehlschluss

c) ungültig, da Nein-zum-Antecedens-Fehlschluss

d) gültig, da Nein-zur-Konsequens-Argument

Übung 9: Schwarzweißmalerei abwehren

Wie könnte man auf Huberts Argumentation aus unserem Beispiel von oben reagieren?

Mögliche Reaktion: „Ich gäbe dir recht, falls A oder B wirklich unsere einzigen Optionen wären. Was macht dich so sicher, dass es außer A und B nicht noch eine andere Lösung gibt?"

Übung 10: Schwarzweißmalerei abwehren

Tanja hat ein Auto gesehen, das sie sich kaufen möchte. Sie hat jedoch wenig Hoffnung, das Auto zu bekommen. Hier ist ihre Argumentation: „Entweder ich kriege das Auto für 2.000 Euro (so viel kann ich nämlich ausgeben) oder ich habe keine Chance. Da ich es für 2.000 Euro sowieso nicht bekomme, brauche ich gar nicht hin zu gehen."

Wie würden Sie darauf reagieren?

Mögliche Reaktion: Wer sagt dir denn, dass du das Auto nicht für 2.000 Euro bekommst?

Übung 11: Fehlschluss der falschen Alternative abwehren

Wie könnte man auf den Bankberater reagieren? Welche kritischen Fragen könnte man stellen?

Mögliche Fragen: Was gibt es denn außer den von Ihnen genannten Anlageformen noch für Möglichkeiten? Wieso sehen Sie mit Ihren Vorschlägen alle Anlageformen als ausgeschöpft?

Übung 13: Gegendilemma entwerfen

Überlegen Sie sich ein positives Dilemma als Konter auf Nadjas Dilemma-Argument von oben

Positives Dilemma: „Aber sieh es doch mal so: Entweder du nimmst das Angebot an oder du lehnst es ab. Wenn du es annimmst hast du Gelegenheit ein ganz neues Land kennen zu lernen und Erfahrungen zu machen, die für deine Karriere bestimmt hilfreich sind. Wenn du es nicht annimmst, dann kannst du bei deinem Freund bleiben und dich hier auf deine Weiterbildung konzentrieren. Also hast du entweder in Japan eine Chance oder hier zusammen mit deinem Freund. Es gibt also nicht nur Probleme."

Natürlich ist Nadjas Entscheidungsproblem dadurch noch nicht gelöst.

Übung 15: Kausale Fehlschlüsse

Klaus sagt: „Immer wenn unser Chef aus dem Urlaub zurück kommt hat er die erste Woche schlechte Laune. Ich glaube, dass zu langer Urlaub bei ihm schlechte Laune erzeugt." Was würden Sie darauf erwidern? Tipp: Welche kritischen Fragen könnten Sie stellen?

Möglichkeit (Frage): „Welchen Zusammenhang siehst du denn zwischen langem Urlaub und schlechter Laune? Das würde mich interessieren."

Übung 16: Kausale Fehlschlüsse

Regina sagt: „Das Projekt ist nur fehlgeschlagen, weil die Franzosen wieder mal keinen genauen Plan hatten. Das ist jetzt schon das dritte Mal, dass ich so was erlebe. Für mich steht fest: Wenn du Franzosen im Team hast, kann es nur schief gehen." Wie könnte man darauf reagieren? Tipp: Auch hier könnten kritische Fragen helfen.

Mögliche Reaktion (Fragen): „Könnte es nicht auch andere Ursachen geben, warum das Projekt fehlgeschlagen ist? Deine Erfahrung in allen Ehren: Ist deine Schlussfolgerung nicht ein bisschen zu voreilig?"

Übung 20: Auf die Rutschbahntaktik reagieren

Wie könnte man auf Lothars Plädoyer gegen die Einführung eines LKW-Mautsystems reagieren? Was ist das schwächste Glied in der von ihm konstruierten Kausalkette?

Eine mögliche Reaktion: „Es ist sicher richtig, dass durch die Einführung der LKW-Maut die Kosten für die Spediteure steigen werden. Das wird sich möglicherweise in höheren Transportpreisen niederschlagen, falls die Spediteure das gegenüber ihren Kunden wirklich durchsetzen können. Sie wissen, der Wettbewerb ist sehr stark. Hier ist die Kausalkette Ihres Lawinenarguments bereits brüchig. Aber richtig abenteuerlich wird Ihre Argumentation in der Folge. Die Zwangsläufigkeit, die Sie hier suggerieren ist alles andere als ausgemacht ..." (Ein wichtiger Punkt in dieser Reaktion ist die Nennung der Taktik mit Namen).

Übung 21: Auf die Rutschbahntaktik reagieren

Rutschbahntaktiken können auch in Kurzform auftreten. Zum Beispiel: „Was sind die Folgen der Erfassung biometrischer Daten in unseren Personalausweisen? Wir machen den ersten Schritt auf dem Weg in den Polizeistaat."

Welche kritischen Fragen könnte man als Erwiderung auf eine solche Kurzfassung eines Lawinenarguments stellen?

Zentrale kritische Frage: „Wie sieht denn die Kausalkette, die Sie hier andeuten, konkret aus? Wie stellen Sie da genau einen Kausalzusammenhang her?"

Übung 22: Auf die Präzedenzfall-Lawine reagieren

Wie könnte man auf Carls Argumentation reagieren?

Reaktion: „Ich glaube nicht, dass wir uns zwangsläufig in eine unüberschaubare Position manövrieren. Was wir klarmachen müssen ist, dass es sich tatsächlich nur um einen Einzelfall handelt. Und ob uns das gelingt, hängt von der Begründung ab, die wir geben."

Übung 23: Die Analogiefalle kontern

In einer Podiumsdiskussion geht es um die Frage, wie ethisch sich Unternehmen verhalten müssen. Der Vorstandsvorsitzende einer Bank argumentiert, dass man Unternehmen nicht jede ihrer Handlungen vorwerfen können. „Man kann", so fährt er fort, „als Unternehmen nicht immer überblicken, zu welchen Zwecken die Teile, die man herstellt, benutzt werden. Man kann nicht immer wissen, dass die produzierten Teile beispielsweise zum Bau von Waffen genutzt werden." Ein pfiffiger Student steht darauf hin auf und argumentiert: „Das bedeutet ja auch, dass man den Kokabauern in Kolumbien nicht vorwerfen kann, dass sie Koka anbauen. Denn immerhin können sie ja auch nicht wissen, zu welchen Zwecken das Koka schließlich benutzt würde." Der Student benutzt ein Analogieargument. Darauf reagiert der Topmanager mit der Bemerkung, auf solche rhetorischen Spielchen lasse er sich nicht ein. Wie könnte man besser auf die Argumentation des Studenten reagieren?

Zwei Reaktionsmöglichkeiten:

Analogie bestreiten: „Sie übersehen hier eine Sache. Im Unterschied zu unseren Teileproduzenten wissen Ihre Kokabauern sehr wohl, wozu Ihre Pflanze eingesetzt wird."

Recht geben: „Sie haben Recht. Letztlich könnte man auch den Kokabauern keinen Vorwurf machen. Denn auch sie können keinen vollständigen Überblick darüber haben, welcher Schaden durch ihre Pflanze angerichtet wird ..."

Übung 26: Autoritätstaktik einsetzen

Stellen Sie sich vor, Sie sollen für eine zweiprozentige Erhöhung der Mehrwertsteuer argumentieren. Wie könnte ein Autoritätsargument dafür aussehen?

Hinweis: Suchen Sie sich einen Spezialisten oder am besten eine ganze Riege von Spezialisten, auf die Sie sich berufen können.

Übung 30: Die Evidenztaktik abwehren

Wie könnte man auf die Äußerung des Politikers aus unserem Beispiel von oben reagieren?

Mögliche Reaktion: „Bei all den Fakten, die Sie vor uns ausgebreitet haben, würde mich doch interessieren, warum Sie konkret glauben, dass die Menschen die geplanten Sozialreformen nicht akzeptieren werden." (Nicht locker lassen und nach Begründungen verlangen.)

Übung 31: Die Garantietaktik abwehren

Familie Rot möchte ihren Urlaub dieses Mal in Deutschland im Bayerischen Wald verbringen. Martina und Martin, 12 und 14 Jahre alt, opponieren und würden lieber wieder auf die Kanarischen Inseln fahren wie die letzten beiden Jahre. Der Vater vertritt seinen Standpunkt nun auf folgende Weise. „Jetzt hört mal auf mit eurem Gemeckere. Ich garantiere euch, dass ihr im Bayerischen Wald genauso viel Spaß haben werdet wie auf den Kanaren." Wie könnte man darauf reagieren? Welche Fragen könnte man stellen?

Fragen an den Vater: „Woher weißt du das so genau? Was ist es denn, was uns besonders viel Spaß machen wird?"

Übung 33: Traditionsargument abwehren

Wie könnte man auf folgende Äußerung von Christoph reagieren?

Christoph: „Wir haben bisher nie mehr als 10.000 Euro pro Jahr für unser EDV-System ausgegeben. Wir waren sehr zufrieden, und alles hat funktioniert. Was soll uns die Einrichtung dieses neuen Systems also bringen außer zusätzlichen Kosten?"

Reaktion: „Das ist richtig. Bisher haben wir nie mehr als 10.000 Euro ausgegeben. Doch wenn du noch mal nachdenkst: Unter welchen Umständen wäre es für dich sinnvoll, mehr zu investieren? Das würde mich mal interessieren." (Ziel: Blockade durch Fragen auflösen)

Übung 34: Die Tabuisierungstaktik aushebeln

Wie könnte man auf die Einleitung durch den Geschäftsführer aus unseren Beispielen ganz am Anfang und die Äußerungen von Dr. Mannheimer reagieren?

Reaktion auf die Äußerung des Geschäftsführers: „Ich verstehe, dass Sie nicht noch mal in eine Diskussion über den Asienmarkt eintreten möchten. Ich würde jedoch gern nur eine Anmerkung machen, um zu einem bestimmten Punkt, der mir noch unklar ist, Gewissheit zu bekommen. Sie betrifft unsere Konkurrenz ..."

Assistenzarzt zu Dr. Mannheimer: „Eine Frage hätte ich jedoch noch, mir wäre da einfach Ihre Empfehlung wichtig. Angenommen wir hätten Therapie XX angewendet: Welche Risiken hätten dabei bestanden?"

Übung 35: Die Perfektionsfalle abwehren

Wie könnte Berta auf Guidos Einwand aus unserem ersten Beispiel reagieren?

Mögliche Reaktion: „Lieber Guido, nichts und niemand kann dir 100-prozentige Sicherheit garantieren, selbst wenn du jetzt gleich zum Supermarkt gehen wirst und noch ein paar Eier für uns holst ..."

Übung 37: Die Irrelevanztaktik abwehren

Martha argumentiert gegen eine Freigabe der Ladenöffnungszeiten: „Die Menschen in unserem Land brauchen Sicherheit und Raum für sich und ihre Familie. Die Familien leiden immer stärker unter dem allgemeinen Werteverfall, der sich in unserer Gesellschaft breit macht. Diesen Verfall sollten wir stoppen. Ich bin daher eindeutig gegen eine Freigabe der Ladenöffnungszeiten." Wie könnte man darauf reagieren?

Mögliche Reaktion: „Martha, ich sehe ehrlich gesagt nicht, in welchem Zusammenhang der Werteverfall in unserer Gesellschaft mit der Ausweitung der Ladenöffnungszeiten steht. Wie hängt denn das zusammen?"

Übung 38: Argument aus dem Nichtwissen abwehren

Wie könnte man auf folgende Äußerung reagieren: „Also ich bin ziemlich sicher, dass die Evolutionstheorie Darwins falsch ist. Bisher wurde nie wirklich ihre Wahrheit zum Beispiel durch Beobachtung bewiesen."

Hinweis: Dass eine Theorie nicht direkt durch Beobachtung verifiziert werden kann, bedeutet nicht, dass sie falsch ist. Eine gute Theorie zeichnet sich durch mehr als die bloße Vorhersagbarkeit beobachtbarer Tatsachen aus. Zum Beispiel: ihre Erklärungskraft von Phänomenen und ihr stimmiger Zusammenhang mit anderen Theorien. Die Behauptung, dass die Darwinsche Theorie falsch ist, ist also viel zu stark und daher nicht haltbar.

Übung 40: Angriffe gegen die Person abwehren

Klaus ist Unternehmensberater. Er ist bei GlobalContact eingeladen einen Kurzvortrag über das Thema Leitbild zu halten. Im Vortrag schlägt Klaus vor, dass ein solches Leitbild auch für GlobalContact von Nutzen sein könnte. Daraufhin äußert ein Manager von GobalContact: „Das ist natürlich klar, dass Sie das so sagen. Sie würden bestimmt gern ein solches Leitbild bei uns einführen. Immerhin leben Sie ja davon." Wie könnte man darauf reagieren?

Mögliche Reaktion: „Sie haben recht, ich lebe zum Teil davon Leitbilder für Unternehmen zu entwickeln. Es ist auch richtig, dass Ihr Unternehmen ein solches Leitbild gebrauchen könnte. Ob jetzt mit meiner Unterstützung, mit der von jemand anderen oder indem sie selbst alles in Hand nehmen. Worauf es mir ankommt ist ...

Übung 41: Angriffe gegen die Person abwehren

Benjamin ist Arzt. Er ist gegen Genmanipulationen. Bei einer Diskussion wird er auf folgende Weise angegriffen: „Ich dachte als Arzt muss es Ihnen darum gehen, Menschen zu helfen. Wie können Sie denn da gegen Genforschung sein."

Mögliche Reaktion von Benjamin (nutze ein „Gerade, weil- Argument"): „Gerade weil es mir darum geht, Menschen zu helfen, kann ich Genmanipulationen nicht für gut heißen. Ich kann Ihnen gern noch mal begründen, warum ..."

Übung 42: Angriffe gegen die Person abwehren

Rudi ist Unternehmer. Bei einer Diskussion vertritt er die Auffassung, dass der Einzelne mehr Verantwortung übernehmen sollte. Er wird mit folgenden Worten angegriffen: „Sie tun sich da leicht. Als Unternehmer streichen Sie genügend Gewinn ein, um solche unsolidarischen Forderungen aufstellen zu können." Wie könnte man darauf reagieren?

Mögliche Reaktion (Taktik umkehren): „Ich glaube, dass gerade mein Vorschlag hoch solidarisch ist. Denn dadurch wird jedes unfaire Verhalten von vornherein ausgeschlossen. Verantwortung bedeutet nämlich, nicht nur Verantwortung für sich selbst, sondern auch für seine Mitmenschen zu übernehmen. Das ist ein Punkt, dem ich sehr verpflichtet bin. In meinem Unternehmen habe nämlich nicht nur ich ein Auskommen, sondern 400 andere Menschen. Ich bin mir bewusst, welche Verantwortung ich innehabe."

Übung 43: Die Prinzipienfalle abwehren

Wie könnte Andreas auf Franz aus unserem ersten Beispiel reagieren?

Reaktion durch Frage: „Was macht dich denn da so sicher? Die Fakten scheinen ja zunächst eine andere Sprache zu sprechen."

Übung 44: Emotionale Begriffsattacken abwehren

Wie könnte man auf Egon aus unserem ersten Beispiel reagieren?

Reaktion: „Nun, egal wie wir es nennen. Die Frage ist doch: Was müssen wir bei uns wie verändern, um die nächsten Jahre zu überleben?"

Übung 45: Strohmann bauen

Jemand sagt in einer Diskussion „Ich finde Deutschland muss erheblich reformfreudiger werden, wenn es in Zukunft in der Weltgemeinschaft eine wichtige Rolle spielen möchte." Reagieren Sie auf diese Äußerung, indem Sie die Strohmann-Taktik anwenden.

Möglicher Strohmann: „Ich halte gar nichts davon, Deutschland als eine neue Weltmacht etablieren zu wollen."

Übung 46: Strohmanntaktik abwehren

Wie könnte Klaus auf Lena aus unserem Beispiel von oben reagieren?

Reaktion von Klaus: „Moment, es geht mir nicht um einen autoritären Führungsstil. Vielleicht habe ich meine Worte falsch gewählt. Worum es mir geht ist ..."

Übung 47: Auf Trivialitätstrick reagieren

Wie könnte man auf Richard aus unserem obigen Beispiel reagieren?

Reaktion „Abendessen muss ja wirklich nicht gleich sein. Aber, was mich interessieren würde: Was würde denn für Sie eine außergerichtliche Einigung an Vorteilen bringen?"

Übung 50: Perspekivenfalle abwehren

Überlegen Sie sich eine Erwiderung auf Rudis Argumentation.

Reaktionen (Fragen stellen): Wie gewinnen wir in kurzer Zeit die notwendige Kompetenz? Welche Risiken sind damit für uns verbunden? Welche Ausstiegsoptionen sollten wir uns offen halten? Was würde das für unser bisheriges Geschäft bedeuten?

Übung 51: Versteckte Einschränkungen abwehren

Was empfehlen Sie, wie man auf Manuelas Äußerung reagieren sollte?

Reaktion (Präzisierungstrichter einsetzen): „Was heißt ‚praktisch alle'? Wie viele sind es genau?"

Lösung zum großen Manipulationstaktiktest

1 c
2 c
3 a
4 c
5 b
6 a
7 c
8 c
9 a
10 b
11 c
12 c

Über die Autoren

Dr. Andreas Edmüller ist Managing Partner bei *Projekt Philosophie.* Arbeitsschwerpunkte: Konfliktmanagement, Coaching, Teamunterstützung und Leadership; alles auch im internationalen Bereich. Er ist außerdem Privatdozent für Philosophie an der LMU München. Zusammen mit seinem Geschäftspartner Thomas Wilhelm hat er bereits mehrere erfolgreiche Bücher zu den Themen Argumentieren, Manipulation und Moderation verfasst.

Dr. Thomas Wilhelm ist seit 1991 als Managing Partner bei *Projekt Philosophie* für öffentliche Institutionen und internationale Organisationen tätig. Seine Arbeitsschwerpunkte sind Leadership, Argumentationstraining und interkulturelle Kommunikation.